신판

형법각론

법학박사 이 규 호

청목출판사

머리말

본서는 1990년 박사과정을 수료하고 강의한 경험을 바탕으로 만든 1999년 경찰형법(박문각)과 유원대학교 경찰소방행정학부 영교시반 강의 및 방학특강 자료, 아산캠퍼스 경찰학부(경찰보안 전공, 교정복지 전공) 판례 등 자료를 바탕으로 더 학생들이 쉽게 형법에 접근, 이해할 수 있도록 하였다.

따라서 관련 조문과 개념을 대표적인 사례 중심으로 파악하게 하고 필요한 내용을 가능한 한 간단하게 정리, 서술하였다.

기출문제 이상의 예상문제는 존재하기 어렵다고 보는 평소 지론에 따라 기출 성향을 표시하였다.

본서의 부족한 부분은, 열정의 강의와 사랑의 지도로 채워 나가고자 한다.

부족한 제자를 형사법학자가 될 수 있도록 지도해 주신 정진연 교수님(숭실대, 형법박사논문 지도교수), 백형구 변호사님(외국어대), 이형국 교수님(연세대), 임종률 교수님(성균관대, 형법석사논문 지도교수), 김종원 교수님(성균관대, 박사논문 심사위원장), 차용석 교수님(한양대, 석사논문 심사위원장), 성시탁 교수님(외대), 김영훈 교수님(숭실대), 강구철 교수님(국민대), 강경근 교수님(중앙선관위 상임위원), 양건 교수님(감사원장), 한인섭 교수님(서울대)께 머리 숙여 감사드린다.
더욱 학문에 정진할 것이며 은사님들로부터 받은 사랑을, 그 이상으로 제자들에게 실천하고자 한다.

학문에 더욱 정진할 수 있고 제자들에게 자비를 실천할 수 있도록 배려해 주신 채훈관 총장님과 故 김맹석 설립자님께 감사드리며, 또한 동료 교수님들께도 감사한 마음이다.

끝으로 짧은 기간 내에 부족한 원고를 세심하게 정리해 주신 청목출판사 유성열 사장님 이하 직원 선생님들께도 고마움을 표하며, 본서로 공부하는 수험생 모두가 원하는 시험에 합격하기를 소망하는 바이다. 특히 사랑하는 우리 유원대학교 제자들 전원에게 합격의 영광이 있기를 합장 발원하는 바이다.

2023년 8월
저자 이규호

차 례

제3편 국가적 법익에 대한 죄

제 1 편

개인적 법익에 관한 죄

1 chapter

생명과 신체에 관한 죄

<학습 길잡이>

살인죄는 사람의 생명을 침해하는 범죄이므로 언제부터 사람으로 볼 것이며 언제부터 사람이 아닌 것으로 볼 것인가 하는 사람의 시기와 종기의 문제를 정리해 두는 것이 중요하다. 존속살해죄의 존속범위와 그 공범관계, 합의동사의 문제를 위계·위력에 의한 살인죄와 관련하여 정리해 두어야 한다.

상해와 폭행의 죄에 있어서는 상해와 폭행의 개념적 구별, 상해죄의 동시범 특례의 출제빈도가 높다.

과실치사상의 죄에 있어서는 업무상 과실치사상죄의 업무개념, 유기와 학대의 죄에 있어서는 특히 유기죄의 성립 여부에 관한 구체적 사례 문제의 출제빈도가 높다.

제1절 살인의 죄

I. 총 설

1. 보호법익 및 보호정도

살인의 죄란 사람을 살해함으로써 그 생명을 침해하는 범죄를 말한다. 보호법익은 사람의 생명이며, 보호의 정도는 침해범으로서의 보호이다.

2. 사람의 시기와 종기[1)]

살인죄의 객체는 '사람'이므로 여기서 어느 때로부터 사람으로 볼 것인가(사람의 시기), 어느 때 이후부터는 사람이 아닌 것으로 볼 것인가(사람의 종기)가 문제된다.

구분	학 설	내 용
시기	진통설 〔분만개시설〕 (통설 · 대판 2007.6.29, 2005도 3832)	분만 진통이 시작되는 때 (다만 제왕절개수술 시에는 자궁절개 시점)
	일부노출설	태아의 신체의 일부가 모체에서 노출된 때
	전부노출설(민법의 통설)	분만이 완료되어 태아가 모체로부터 완전히 분리된 때
	독립호흡설	태아가 모체에서 완전 분리되어 독립하여 폐에 의한 호흡을 개시한 때
종기	뇌사설[2)]	뇌 기능이 종국적으로 정지한 때 (법원서기보)
	호흡정지설	호흡이 영구적으로 정지한 때
	맥박종지설(심장사설)	심장의 박동이 정지한 때 (경장승진)

II. (보통) 살인죄

제250조(살인) ① 사람을 살해한 자는 사형, 무기 또는 5년 이상의 징역에 처한다.
제254조(미수범) 본죄의 미수범은 처벌한다.

1. 주체

피해자 이외의 모든 자연인이다.[3)]

---

1) 사례연습 ① 진통이 있으며, 자연분만 중인 산모의 출산을 도와주던 조산사가 태아가 체외로 나오기 전에 체내에서 고의로 살해한 경우 : 진통설(분만개시설)에 의하면 살인죄 성립, 일부노출설 · 전부노출설 · 독립호흡설에 의하면 살인죄 불성립(⇨ 부동의 낙태죄 문제) ② 교통사고로 뇌 기능은 정지하였으나 호흡과 맥박은 계속되는 환자에 대하여 인공적으로 호흡과 맥박을 정지시키는 행위 : 뇌사설에 의하면 살인죄 불성립, 호흡정지설 · 맥박종지설에 의하면 살인죄 성립한다.

2) 뇌사판정의 선행조건은 진단이 확실하고 자발적인 호흡이 없고 치료불가능 상태를 확인하는 것이 필요하다(뇌사판정의 기준은 장기이식법에 규정).

3) 법인 또는 법인격 없는 단체는 본죄의 주체가 될 수 없다. 다만 영국은 기업살인법

2. 객체

사람, 즉 행위자 이외의 모든 생명 있는 자연인이다. (자연인만 해당하므로) 법인은 제외된다.

(행위자 이외의 타인이어야 하므로) 자살은 구성요건해당성이 없다.

생명이 있는 자연인인 이상 생존능력의 유무는 불문하므로 빈사 상태의 환자 · 기형아 · 생존 가망이 없는 영아 · 실종선고를 받은 자 · 확정판결을 받은 사형수라도, 본죄의 객체에 해당된다.4)

3. 행위(살해)

1 살해의 방법

살해의 수단 · 방법에 제한이 없다. 따라서 유형적 방법(타살 · 독살 · 사살 · 교살 등) · 무형적 방법(정신적 고통에 의한 살해), 직접적 방법 · 간접적 방법(독약을 우송하여 살해 · 정신병자를 이용한 살해), 작위 · 부작위(어머니가 유아에게 젖을 주지 아니하여 죽게 한 경우)를 불문한다.

미신적 방법(예 기도 · 저주)에 의한 살해는, 행위성과 인과관계가 없으므로 살인죄가 성립하지 않는다. (경사승진)

국가의 재판을 이용(예 위증 · 무고)하여 사형을 당하게 한 경우에는, (증인 · 고발인의 재판지배를 인정할 수 없으므로) 살인죄의 간접정범이 성립할 수 없다. (경사승진)

2 실행의 착수와 기수 시기

살인죄의 실행착수 시기는, 총을 조준한 때, 낫을 휘두르려고 접근한 때가 된다(판례).

본죄는 (침해범으로) 살해행위로 사망의 결과가 발생한 때 기수가 되며, 행위와 결과 사이에는 인과관계가 있어야 한다.

(Corporate Manslaughter and Corporate Homicide Act)을 27년 제정하여 회사법인, 정부부처, 경찰조직 등의 과실치사를 인정하고 있다.

4) 다만 사자는 사체손괴죄의 객체가 될 뿐이다.

4. 주관적 구성요건요소

본죄가 성립하기 위해서는 주관적 구성요건으로 고의가 있어야 한다. 이 때의 고의는 확정적 고의일 필요는 없고 미필적 고의(예 사람이 맞아 죽어도 무방하다고 생각하고 총을 발사한 경우)로도 충분하다.[5)]

다만 적재가 되어 있는 임산물에 대한 부정성 여부를 조사하기 위해, 화물차의 승강구에 뛰어올라 정차를 명하는 경찰을 폭행한 결과, 추락 사망하도록 한 경우, 살인의 결의가 있다고 속단할 수는 없다(대판).

5. 위법성

1 일반적인 위법성조각사항

정당방위나 정당행위(예 교도관의 사형집행)에 의한 살해행위는, 위법성이 조각된다.

다만 피해자의 승낙에 의한 살해에서는 (생명은 처분할 수 있는 법익이 아니어서 위법성이 조각되지 않고) 촉탁승락살인죄가 성립한다. 또한 긴급피난에 의한 살해의 경우도, 생명은 이익교량이 불가하므로 위법성이 조각되지 않는다.

2 안락사 (euthanasia)[6)]

죽음에 임박한 환자에 대해 고통제거의 수단으로 적극적 생명단절을 사용하는 적극적 안락사를 허용할 것인지가 문제가 된다.[7)]

다수설은 ① 환자가 불치병에 걸려 사기가 임박하였고 ② 환자의 (정신적 고

5) 범행당시 살인의 범의가 있었는지 여부는 피고인이 범행에 이르게 된 경위・범행동기・준비된 흉기의 유무 종류 용법・공격부위와 반복성・사망결과발생 가능성정도 등 범행전후의 객관적 사정을 종합하여 판단할 수밖에 없다(대판 2009.2.26, 2008도9867).

6) 죽음에는 자연사와 비자연사가 있다. 후자에는 자살, 타살, 사고사, 안락사가 있다. 안락사(유써네이셔)에는 (생명단축 여부 기준에 의거) 진정안락사와 (생명을 단축시키는) 부진정안락사가 있다. 후자에는 (촉탁승락 살인죄가 될 수 있는) 적극적 안락사와 (연명치료중단, 장기이식을 위한 뇌사자 장기적출 허용문제와 연결되는) 소극적 안락사가 있다. 1996년 오스트레일리아가 최초로 입법화하였다.

7) 대판 2004.6.24, 2002도 995(판례는 부정적이며, 의사에게 살인 방조를 그리고 환자가 원한 경우라면 촉탁살인죄로도 처벌할 수 있다는 입장이다). 안락사와 비교되는 개념에는, 의사의 조력에 의한 자살(physician-assisted suicide) 개념이 있다.

통이 아닌) 육체적 고통이 극심하며 ③ 환자의 고통을 제거하기 위한 것이고 ④ 환자의 진지한 촉탁 또는 승낙이 있고 ⑤ 원칙적으로 의사에 의해 시행되고 ⑥ 그 방법이 윤리적으로 정당하다고 인정되는 경우에, 안락사는 위법성이 조각된다고 해석한다. (경장승진)

미국은 소극적 안락사(존엄사)는 긍정, 적극적 안락사는 부정하고 있고 오리건주에서는 1997년 존엄사법(Death with Dignity Act)을 제정하였다. 네덜란드는 2000년 불치의 질병에 걸린 환자의 (적극적) 안락사를 허용하는 법안이 통과된 바 있고, 스위스, 태국, 벨기에 등도 안락사를 허용하고 있다. 우리나라는 2008년 장기이식법 제정 이후, 2018년 연명의료결정법도 제정되었다.

6. 죄 수

본죄의 죄수는 피해자의 수에 따라 결정된다.

① 1개의 행위로 여러 사람을 살해한 경우 : 수개 살인죄의 상상적 경합

② 시간적으로 접속한 수인의 살해 행위 : 수개 살인죄의 경합범

③ 동일인에 대한 살인예비 · 미수 · 기수 : 1개의 살인죄(법조경합 중 보충관계)

④ 살인행위에 수반되는 상해 · 의복 손괴 : 1개의 살인죄(불가벌적 수반행위로써[8] 상해 · 손괴는 살인죄에 흡수). (경감승진)

III. 존속살해죄

제250조(존속살해) ② 자기 또는 (생존하는 법률상) 배우자의 직계존속을 살해한 자는 사형, 무기 또는 7년 이상의 징역에 처한다.

제254조(미수범) 본죄의 미수범은 처벌한다.[9]

---

8) 살인 후 죄적을 은폐하려고 시체를 다른 장소로 옮겨 유기한 경우 (사체유기가 불가벌의 수반행위가 아닌) 살인죄와 사체유기죄의 경합범이 된다(대판).

9) (사법시험) 불구인 노모를 살해하려고 산에 유기했으나 행인이 아사상태 노모를 발견해 구조한 경우 갑은? 존속살해죄의 미수범.

1. 법적 성격

행위의 대상에 대한 특수한 신분관계로 형이 가중되는 가중적 구성요건으로서, 부진정 신분범이다.

2. 합헌성 여부

존속살해죄를 보통살인죄보다 중하게 처벌하는[10] 것은, (헌법의 평등원칙에 반하지 않는가에 대해 논란이 있으나) 합헌설이 헌법재판소[11] 및 다수의 견해이다.

3. 객체(자기 또는 배우자의 직계존속)

1 직계존속

본 범죄의 주체로는 직계비속 또는 그 배우자 즉 아들 며느리 사위 등이 있다(신분범). 직계존속이란 민법상의 개념으로, 인식 대상이다.

① 혼인외 출생자의 경우 생부는 인지절차를 거치지 않는 한 직계존속이 아니다(예, 혼인외 출생자가 인지 전의 부 살해 ⇨ 보통살인죄). 그러나 혼인외 출생자라 하더라도 생모는 출생으로 당연히 법률상 친자관계가 인정되므로 생모는 인지 전이라도 본죄의 객체가 된다.[12]

② 타인 사이라 할지라도 입양관계가 성립하면 법률상 직계존속이 된다(예, 양자가 양부모 살해 ⇨ 존속살해죄). 한편 타가에 입양하더라도 실부모와의 친자관계는 그대로 존속하므로, 실부모도 본죄의 객체가 된다.

2 자기 또는 배우자

① 자기 : 행위자 자신을 말한다.

---

10) 행위객체가 "존속"일 때 가중처벌조항이 있는 경우 ; ① 존속살해 ② 존속상해 ③ 존속폭행 ④ 존속학대 ⑤ 존속체포·감금 ⑥ 존속유기 ⑦ 존속협박(주의. 존속약취유인 및 존속과실치사죄에는 없음)

11) 헌법재판소 2013.7.25., 2011헌바267 참조.

12) (사실상) 계모와 자, 적모와 서자는 직계존속이 아니므로 보통살인죄만 성립한다(다만 자가 법률상 계모를 살해하면 존속살해이다). 피고인을 친생자로 한 출생신고는 입양신고서로서의 효력이 있으므로 (양자관계) 존속살해죄가 된다(대판).

② 배우자 : 법률상 개념으로, 사실혼 관계에 있는 자는 포함되지 않는다.

배우자란 살아 있는 배우자를 의미하므로, 사망한 배우자의 직계존속을 살해한 경우에는 본죄가 성립되지 않는다. 다만 배우자의 신분관계는 실행행위에 착수할 때 존재하면 되므로, 같은 기회에 배우자를 먼저 살해하고 계속하여 그의 직계존속을 살해하는 경우, 존속살해죄가 성립한다. (경위승진)

4. 고 의(인식+의사)

본죄가 성립하려면 자기 또는 배우자의 직계존속을 살해한다는 고의가 있어야 한다.

① 존속살해의 의사로 보통살인의 결과를 발생시킨 경우 : 보통살인죄만 성립한다(다수설).

② 보통살인의 의사로 존속살해의 결과를 발생시킨 경우 : 제15조 제1항에 의하여 보통살인죄가 성립한다.

5. 공범관계

본죄는 신분관계로 형이 가중되는 부진정 신분범이므로, 신분 없는 공범에 대해서는 제33조 단서가 적용된다. 따라서 본죄에 가담한 비신분자는 보통살인죄의 책임을 진다(통설).

A와 B가 공동으로 A의 부를 살해	A는 존속살해죄, B는 보통살인죄이 공동정범
A가 B를 교사하여 A의 부를 살해	A는 존속살해교사범, B는 보통살인죄의 정범
A가 B를 교사하여 B의 부를 살해	A는 보통살인교사범, B는 존속살해죄의 정범(법원직)
A가 B를 방조하여 A의 부를 살해	A는 존속살해 방조범, B는 보통살인죄의 정범
A가 B를 방조하여 B의 부를 살해	A는 보통살인 방조범, B는 존속살해죄의 정범

6. 죄수

사람을 살해목적으로 현주건조물에 방화하여 사망에 이르게 한 경우(부진정 결과적가중범인) 현주건조물방화치사죄만 성립하나, 그 사람이 존속인 경우는 존속살해와 현주건조물방화치사죄의 상상적 경합범이 된다(대판).

Ⅳ. 영아살해죄

제251조(영아살해) 직계존속이 치욕을 은폐하기 위하거나 양육할 수 없음을 예상하거나 특히 참작할 만한 동기로[13] 인하여 분만 중 또는 분만직후의 영아를 살해한 때에는 10년 이하의 징역에 처한다.[14]

제254조(미수범) 본죄의 미수범은 처벌한다.

1. 법적 성격

신분으로 인해 형이 감경되는 부진정 신분범(감경적 신분범)이다. 자수범이 아니므로, 산모가 (제3자를 이용하여) 영아살해죄의 간접정범이 될 수 있다.

2. 주체(법률상 직계존속)

통설의 직계존속은 법률상 직계존속뿐 아니라 사실상 직계존속도 포함한다고 본다.

판례는 법률상 직계존속에 국한시킨다. 따라서 동거관계에서 태어난 영아를 남자가 살해한 경우, 영아살해죄가 아닌 보통살인죄의 책임을 져야 한다(대판).

일반인이 영아를 살해한 경우 역시 살인죄가 된다.

3. 객체 (분만 중 또는 분만 직후의 영아)

분만중이란 분만진통이 시작하여 분만이 완료할 때까지를 말하며, 분만 직후란 분만으로 인한 흥분상태가 계속되는 동안을 말한다.[15]

4. 주관적 요건

본죄의 주관적 요건으로 고의와 동기가 있어야 한다.[16]

---

13) (절도의 동기와 같은) 범죄 동기는, 구성요건요소가 아니다. 다만 영아살해죄는 조문에 있어 예외로 주관적 구성요건 요소이다.

14) 영아유기죄(제272조)는, 영아살해죄 구성요건 중에 '분만 중 또는 분만 직후'가 빠지게 되며, 그리고 살해가 유기로 바뀌게 된다.

15) 젖먹이 살해 → 보통살인죄

16) 동기가 없으면 보통살인죄가 된다.

1 **고 의**

영아 살해에 대한 인식과 인용을 말한다.

2 **동 기** (경감승진)

① 치욕을 은폐하기 위한 경우 : 명예를 지키기 위한 경우(예, 강간으로 인한 임신, 미혼모의 사생아 출산)이다.

② 양육할 수 없음을 예상한 경우 : (고교생이어서) 영아를 양육할 경제적 능력이 없다고 판단한 경우이다.

③ 특히 참작할 만한 동기로 인한 경우 : ①② 이외에 특히 책임감경을 인정할 수 있는 경우(예, 기형아의 출산, 조산으로 생육가능성이 없는 경우)이다.

Cf. 가족계획상 자녀의 출산을 원하지 않는 경우는, 포함되지 않는다.

5. 공범관계

신분관계로 형이 감경되는 부진정 신분범이므로, 신분없는 공범에 대해서는 제33조 단서가 적용된다.

V. 촉탁승낙 살인죄

제252조(촉탁, 승낙에 의한 살인 등) ① 사람의 촉탁 또는 승낙을 받아 그를 살해한 자는 1년 이상 10년 이하의 징역에 처한다.
제254조(미수범) 본죄의 미수범은 처벌한다.[17)]

1. 법적 성격

본죄는 피해자의 촉탁 또는 승낙을 받아 그를 살해함으로써 성립하는 범죄이다. 살인죄에 비하여 형을 감경하고 있는바, 그 근거에 대해서는 책임감경설과 다수설인 불법감경설(피해자의사에 반하지 않아 불법감경)의 대립이 있다.

17) 촉탁승락 살인죄에서는 예비음모처벌이 없다.

2. 객체(살해를 촉탁 · 승낙한 자)

촉탁승낙자는 죽음을 이해하고 자유로운 의사결정능력이 있는 자이어야 한다. 유아나 정신병자는, 의사결정능력이 없어서 대상이 아니다.[18]

3. 행위(촉탁 · 승낙에 의한 살해)

[1] 촉탁 · 승낙의 의미

① 촉탁(요구) : 이미 죽음을 결의한 피해자가 타인에게 자신을 살해해 줄 것을 요구하는 진지하고 명시적인 의사표시를 말한다(살인의 고의가 있으면 본죄는 불성립).

② 승낙(동의) : 이미 살해를 결의하고 있는 자에게 피해자가 자신의 살해에 대해 동의하는 의사표시를 말한다.

[2] 촉탁 · 승낙의 요건

① 촉탁 · 승낙의 상대방은 특정될 것을 요하지 아니한다(수인 또는 일반인에 대한 촉탁 · 승낙 가능).

② 촉탁은 명시적인 것이어야 하나, 승낙은 명시적 · 묵시적이어도 무방하다. 언어 이외에 거동에 의한 촉탁 · 승낙도 가능하다. 현실적인 실행의 착수가 없으면, 예비음모처벌이 없어서 불벌대상이다.

③ 촉탁 · 승낙은 살해행위 이전에 있어야 한다. 따라서 살인이 미수에 그친 후의 승낙은, 살인미수죄가 될 뿐이다.

④ 촉탁 · 승낙은 피해자 자신이 직접 한 것이어야 한다. 따라서 제3자에 의한 촉탁 · 승낙의 경우에는 보통살인죄가 성립한다.

⑤ 촉탁 · 승낙은 자유의사에 따른 진지한 것이어야 한다. 따라서 강박 · 기망에 의한 촉탁 · 승낙의 경우에는, 위계 · 위력에 의한 살인죄(제253조)가 성립한다.

---

18) 5세 아이에게 죽어서 아빠 만나러 가자고 해서 수면제를 먹었으나 아이만 사망한 경우 → 엄마는 보통살인죄

4. 주관적 구성요건

[1] 촉탁승낙에 의하여 사람을 살해한다는 고의

[2] 착 오

① 촉탁·승낙이 없음에도 있는 것으로 오인하고 살해한 경우 : 제15조 제1항 사실의 착오에 의하여, 촉탁·승낙살인죄가 성립한다.

② 촉탁·승낙이 있음에도 없는 것으로 오인하고 살해한 경우 : 본죄는 촉탁·승낙이 있음을 인식한 경우에만 성립하므로, 보통살인죄가 성립한다(다수설).

VI. 자살관여죄(교사·방조)

제252조(촉탁, 승낙에 의한 살인등) ② 사람을 교사 또는 방조하여 자살하게 한 자도 전항의 형(1년 이상 10년 이하 징역)과 같다.
제254조(미수범) 본죄의 미수범은 처벌한다.

1. 의의 및 법적 성격

[1] 의 의

사람을 교사 또는 방조하여 자살하게 함으로써 성립하는 범죄를 말하며, 자살관여죄라고도 한다(살인죄에 대한 감경적 구성요건).

촉탁승낙살인죄가 적용 안될 때만, 본죄를 적용한다(보충관계).[19]

[2] 법적 성격

자살은 살인죄의 구성요건해당성이 없기 때문에, 처벌되지 않는다. 자살을 처벌하지 않으면서 자살을 교사·방조한 자를 처벌하고 있는 근거가 무엇인가에 대하여 견해가 대립된다.

① 공범독립성설 : 자살이 범죄가 아닌데도 이를 교사·방조한 자를 자살관여죄로 처벌함은, 형법이 공범독립성설을 취하고 있는 실정법적 근거라고 한다.

---

19) 행위자에게 행위지배가 있으면 촉탁승낙살인, 자살자에게 행위지배가 있으면 자살방조죄이다(행위지배기준설).

② 공범종속성설 : 자살의 공범을 원래 처벌할 수 없기 때문에 이를 공범 아닌 독립범죄로 특별히 규정한 것이라 보며, 따라서 본죄는 공범에 대한 총칙규정이 적용될 여지가 없다고 한다(다수설).

2. 객 체

본죄의 객체는 행위자 이외의 자연인이다. 판례에 의하면 자살의 의미를 이해할 수 있는 능력이 없는 자(예, 유아)를 교사 또는 방조한 때는 살인죄의 간접정범이 성립한다.(경위승진)

3. 행위(자살을 교사 또는 방조)

① 자살교사 : 자살의사가 없는 타인에 대하여 자살을 결심하게 하는 행위이다. 다만 교사의 방법이 위계·위력에 의한 것일 때에는 위계·위력에 의한 살인죄(제253조)가 성립한다.

② 자살방조 : 이미 자살을 결심하고 있는 자에 대하여 자살을 용이하게 하여 주는 행위(예, 자살을 결심하고 있는 자의 유서대필)이다.[20]

자살관련 카페게시판에 자살유독물 판매광고를 한 행위는 사기일환이고 변사자들이 다른 경로로 청산염입수 후 자살한 경우, 유독물광고는 자살방조죄에 해당하지 아니한다(대판).

③ 실행의 착수시기 : 본죄의 실행의 착수시기는 자살을 교사·방조한 때이다(통설). 따라서 타인에게 자살을 교사·방조했으나 응하지 않은 경우에는 본죄의 미수범이 성립한다.

④ 기수시기 : 피해자의 자살이 완료되어 사망의 결과가 발생한 때이다. 자살이 실패한 경우에는 본죄의 미수범이 된다.

4. 주관적 구성요건

본죄가 성립하기 위하여서는 타인으로 하여금 자살을 결심하게 하거나, 자살을 결심한 타인을 돕겠다는 고의가 있어야 한다.

---

20) 자살을 용이하게 해준다는 (방조자의) 인식이 필요하다(대판 2005.6.10, 2005도1373).

5. 합의동사

합의에 의한 공동자살을 기도한 자 가운데 한 사람이 살아났을 경우에, 생존자를 자살교사나 자살방조로 처벌할 수 있는가의 문제이다.

[1] 진정 같이 죽을 의사로 정사를 기도하였으나 한 사람이 살아난 경우에는 생존자의 행위가 사망자에 대하여 자살의 교사·방조로 인정되면 자살교사 또는 자살방조가 성립된다.

① 서로 사랑하고 있는 남녀가 정사할 것을 합의하고 음독하였으나 여자만 사망한 경우 ⇨ 상호무형방조가 되므로, 남자는 자살방조죄(법원서기보)

② 甲은 세상을 비관한 나머지 乙과 함께 자살할 것을 결심하고 乙을 설득하여 乙의 동의를 얻어 독약을 乙에게 먹게 하고 자신도 음독한 경우?

甲은 사망하고 乙은 생존하였을 경우 ⇨ 乙은 무죄[21)]

甲이 생존하고 乙이 사망한 경우 ⇨ 甲은 자살교사죄

③ 어머니가 생활고를 비관하여 5세된 딸과 함께 동반자살을 시도하여 딸만 사망할 경우 ⇨ 5세된 딸은 죽음의 의미를 이해할 수 없는 자이므로, 어머니는 보통살인죄(경위승진)

[2] 자기는 같이 죽을 의사가 없으면서 동반자살을 가장하여 타인을 자살하게 한 경우(예, 甲은 애인 乙에게 정사하자고 속여 乙에게는 독약을 주고, 자신은 설탕을 먹었던 바, 乙만이 사망한 경우)에는 위계에 의한 살인죄가 성립한다. (법원서기보, 경위 승진)

Ⅶ. 위계·위력에 의한 살인죄

제253조(위계 등에 의한 촉탁살인등) 전조의 경우에 위계 또는 위력으로써 사람의 촉탁 또는 승낙을 받아 그를 살해하거나 자살을 결의하게 한 때에는 제250조의 예에 의한다.

제254조(미수범) 본죄의 미수범은 처벌한다.

---

21) 동반자살에 가담한 사실은 있으나 방조사실을 인정할 수 없기 때문이다.

1. 의의 및 법적 성격

1 의 의

위계 또는 위력으로써 사람의 촉탁 또는 승낙을 받아 그를 살해하거나 자살을 결의시켜 자살하게 함으로써 성립하는 범죄이다.

2 법적 성격

외형상으로는 촉탁·승낙살인죄나 자살교사죄와 유사하나, 피해자의 진정한 의사에 반한다는 점에서 살인죄와 유사한 성격을 갖는다.

2. 행 위

위계 또는 위력으로써 사람의 촉탁·승낙을 받아 그를 살해하거나 자살하게 하는 것이다.

1 위 계

목적·수단을 상대방에게 알리지 않고 그의 不知나 착오를 이용하여 목적을 달성하는 것(예, 합의동사를 가장하여 자살케 한 경우, 적군에게 포위되었다고 기망하여 자살하게 한 경우)을 말한다. 기망 이외에 유혹도 포함한다.

2 위 력

사람의 의사를 제압할 수 있는 무형적·유형적 힘을 말한다. 폭행·협박은 물론 정치적·경제적·사회적 지위를 이용하는 것도 포함된다. 예, 쿠데타로 정권을 잡은 갑이 반대파 을에게 자살하지 않으면 너의 가족을 몰살시키겠다고 하여 을이 자살한 경우

3 실행의 착수 및 기수시기

상대방에게 위계·위력을 행사한 때에 실행의 착수가 있다. 기수(시기)는 피해자가 사망한 때이다.

3. 고 의

본죄의 객관적 구성요건에 해당하는 사실에 대한 인식과 의사가 있어야 한다.

4. 처 벌

본죄에 해당하는 때에는 제250조의 예에 의하여 처벌한다.[22]

Ⅷ. 살인 예비음모죄

제255조(예비, 음모) 제250조(보통살인 · 존속살해)와 제253조(위계 · 위력에 의한 살인 죄)의 죄를 범할 목적으로 예비 또는 음모한 자는 10년 이하의 징역에 처한다.[23]

1. 의 의

본죄는 살인죄, 존속살해죄, 위계 · 위력에 의한 살인죄를 범할 목적으로 예비 또는 음모함으로써 성립한다(목적범).

2. 행위(예비 또는 음모)

3. 주관적 구성요건

본죄가 성립하기 위해서는 주관적 구성요건으로 예비 · 음모 행위 자체에 대한 고의 외에 기본범죄인 살인죄의 구성요건을 실현하려는 목적이 있어야 하며, 단순한 미필적 인식으로는 부족하다(갑을 살해하려고 총을 구입한 경우처럼, 적어도 살해할 대상자가 구체적으로 특정되어야 본죄 성립).

4. 죄 수

예비 · 음모가 발전하여 미수 또는 기수의 단계에 이를 때에는, 본죄는 이에

22) 따라서 본죄의 객체가, 일반인이면 보통살인죄의 형으로, 자기 또는 배우자의 직계존속인 경우에는 존속살해죄의 형으로 처벌한다.

23) 다만 영아살해(제251조) 촉탁승낙살인(제252조①) 자살교사방조(제252조②) ⇨ 예비음모 처벌이 없다.

흡수되어 별도의 예비음모죄가 성립되지 아니한다(법조경합 중 보충관계).

제 2 절 상해와 폭행의 죄

Ⅰ. 총 설

타인의 신체에 폭행 또는 상해한 경우의 범죄이다.

1. 보호법익 및 보호정도

폭행죄의 보호법익은 신체의 완전성(불가침성), 상해죄의 보호법익은 생리적 기능이며, 폭행죄의 보호정도는 거동범, 상해죄의 보호정도는 침해범으로서의 보호이다.

2. 상해죄와 폭행죄와의 차이

구 분	상해죄	폭행죄
의 의	고의로 타인의 신체를 상해 (유형·무형의 수단)	고의로 타인의 신체에 폭행 (유형의 수단)
보호법익	신체의 생리적 기능(건강)	신체의 완전성(건재)
범죄종류	결과범(실질범)	거동범(형식범)
소추조건	없다(피해자의 의사를 무시하고 처벌가능)	반의사불벌죄
피해자 승낙	사회상규에 위배되지 않는 경우 위법성조각	언제나 위법성 조각
미수·과실	처벌	불처벌

Ⅱ. 상해죄

1. 상해죄

제257조(상해) ① 사람[24]의 신체를 상해한 자는 7년 이하의 징역, 10년 이하의

24) 자신과 태아는 대상이 아니다.

자격정지 또는 1천만원 이하의 벌금에 처한다.
③ 미수범은 처벌한다.

1 보호법익 및 객체

① 보호법익은 타인신체의 생리적 기능(건강)이다.

② 본죄의 객체는 행위자 이외의 타인의 신체이므로, 자상은 원칙적으로 본죄의 구성요건해당성이 없다. 다만 자상도 병역법, 군형법상 처벌대상은 될 수 있다. 태아는 본죄의 객체가 아니어서, 태아 상해는 모체상해죄만 성립한다.[25)]

2 행위(상해)

본죄의 행위는 상해이다. 상해의 개념에 해서는 견해의 대립이 있다.

① 상해의 개념

생리적 기능 훼손설 (다수설 · 판례[26)])	• 상해란 생리적 기능을 훼손(장애)하는 행위라는 견해이다. 생리적 기능훼손 예 : 성병감염, 수면장애, 식욕감퇴,[27)] 피로권태, 처녀막 파열, 보행불가능, 기절실신[28)](경찰 1차, 경사승진[29)]) cf. 폭행 : 신체의 외관변경 예 : 음모 또는 모발 · 수염 · 손톱에 대한 절단, 일시적인 인사불성
신체의 완전성 침해설	• 상해를 신체의 완전성에 대한 침해로 보는 견해이다. 이에 따르면 생리적 기능 장애는 물론 신체의 외관을 변형시킨 것도 상해가 된다. • 상해=〉 생리적 기능훼손 + 신체의 외관변경
절충설	• 생리적 기능장애 또는 신체의 외모에 대한 중대한 변화를 상해로 이해하는 견해이다. • 상해=〉 생리적 기능 훼손 + 신체외관의 중대한 변경(여자의 현저한 모발절단) Cf. 여자의 소량 모발 절단 : 폭행

25) 낙태죄가 처벌되던 시기에 대법원은, '태아 사망은 임산부의 신체에 별도의 신체훼손이 없으므로) 임산부의 상해에 해당하지 않는다(대판 2009.7.9., 29도1025)'는 입장이었다.

26) 굳이 치료할 필요가 없는 하찮은 상처나, 멍, 7일간 치료를 요하는 멍, 음모의 모간부분만 잘라낸 경우, 근육통은 상해(죄)가 아니다.

27) 상해 폭행의 다음 설명 중 틀린 것은?(여경 3차)
① 폭행으로 수면장애 식욕감퇴의 결과가 나타났다면 상해가 될 수 있다.
② 상해죄의 성립에는 폭행의 인식이 있으면 충분하고 상해의사의 존재까지는 필요치 않다.
③ 상대의 시비를 만류하면서 조용히 얘기나 하자면 그의 팔을 두세 번 그은 사실만 가지고는 신체에 대한 불법 공격이라 할 수 없어 폭행이 아니다.

대법원의 상해판단 기준으로는, 건강상태가 불량하게 변동될 것, 일상생활 기능에 장애 초래될 것, 자연치유가 될 수 없는 경우일 것 등이 있다.

② **상해의 수단 · 방법** : 상해의 수단 · 방법에는 제한이 없다.

유형적 방법 · 무형적 정신적방법(예, 공포감을 주어 정신장애), 작위 · 부작위(예, 어머니가 아이에게 음식을 주지 않아 신체쇠약), 간접정범(예, 피해자를 협박하여 그로 하여금 자상케 한 경우[30])을 불문한다.(7급 검찰)

상해유형에는 상처, 일부분리, 질병감염, 기능장애, 정신적인 건강침해 등이 있다.

3 주관적 구성요건

본죄가 성립하려면 상해의 고의(예, 두목이 조직을 배반하면 어떤 조치가 있을 것인가에 관해 본보기로 조직원을 가죽혁대로 구타해 상해를 입힌 경우[31])가 있어야 한다.[32] (여경 2차) 다만 예외를 인정한 경우(예, 상해죄의 성립에는 상해원인인 폭행에 대한 인식이 있으면 충분하고 상해를 가할 의사의 존재까지는 필요하지 않다고 한 경우[33])도 있다.

① 폭행의 고의로, 상해의 결과가 발생한 경우 : 폭행치상죄

② 상해고의로 구타한 바, 단순폭행에 그친 때 : 상해미수(7급 검찰, 경찰)

---

④ 상해의 고의로 폭행한 결과가 발생하면 폭행죄가 성립한다. ---> 상해미수

28) 상해의 예 : 갑은 을에게 2시간 동안 (회칼로 죽여버리겠다거나) 소주병을 깨서 찌를 듯한 태도를 보이면서 협박하다가, 손바닥으로 을의 얼굴 목덜미를 수회 때리자 을은 극도의 공포심을 이기지 못하고 기절했다가 한참 후 정신을 차렸다. 갑의 죄(판례)? (협박과 상해의 경합범이 아니라) 협박죄는 상해죄에 흡수되어 상해죄만 성립한다. (경찰 1차)

29) 갑은 노상에서 통행인 을과 언쟁 끝에 을의 얼굴을 주먹으로 강타하고 을이 부상으로 실신하였다. 그리고 갑은 을의 호주머니에서 떨어진 지폐를 주워 그곳을 떠났다. 갑은? (경사승진) ① 강도죄 ② 강도상해죄
③ 상해죄와 점유이탈물횡령의 경합범 ④ 상해죄와 절도죄의 경합범

30) 중상해의 간접정범 판례 (피해자에 대한 협박정도가 의사결정자유를 상실케 함에 족한 이상, 피해자자신이 면도칼로 자기콧등을 길이 2.5센티 깊이 0.56센티 절단함으로써 안면부 불구가 된 경우) (사시, 행시, 경찰1차)

31) 상해의 고의가 인정되어, 폭행치상의 결과적 가중범이 아니다.

32) 우리 형법규정은, 상해와 폭행의 고의를 엄격히 구별한다.

33) 대판 2000.7.4, 99도4341.

4 위법성

① 피해자의 승낙 : 피해자의 승낙에 의한 상해는 상해행위 그 자체가 사회상규 공서양속에 반하지 않는 범위 내에서 위법성이 조각[34]된다(통설).(7급 검찰)

면제대가로 채무자 신체상해는 사회상규에 반한 경우이다. 또한 본인의 동의 없이 이루어진 신장의 이식은 상해죄에 해당한다.

② 의사의 치료행위 : 업무로 인한 정당한 행위로서, 위법성이 조각된다(통설 · 판례).

③ 징계행위 : (체벌이) 징계권의 행사로 사람의 신체를 상해하는 것은 징계권의 범위를 넘었다고 보아야 하기 때문에, 본죄의 위법성이 조각되지 않는다(상해죄 성립).

5 죄 수

① 1개 행위로 다수 상해 ⇨ 수개 상해죄의 상상적 경합

② 동일의사에 기한 수개의 거동으로 동일인을 상해 ⇨ 포괄 1죄

③ 동일의사에 기한 수개의 거동으로 수인을 상해 ⇨ 수개 상해죄의 경합범

④ 행위자가 상해의 고의로 구타하다가 도중에 아예 죽여버리는 것이 낫다고 생각하여 살해한 경우 ⇨ 상해와 살인의 실체적 경합범

2. 존속상해죄

제257조(존속상해) ② 자기 또는 배우자의 직계존속[35]에 대하여 제1항의 상해죄를 범한 때에는 10년 이하의 징역 또는 1천500만원 이하의 벌금에 처한다.
③ 전2항의 미수범은 처벌한다.

3. 중상해죄 · 존속 중상해죄

제258조(중상해, 존속 중상해) ① 사람의 신체를 상해하여 생명(신체 아님)에 대한 위험을 발생하게 한 자는 1년 이상 10년 이하의 징역에 처한다.

34) 운전에 대한 위험을 인식하고 동승한 경우는, 승낙에 의한 위법성조각이 될 수 있다.
35) 친자라는 사실은, 호적상의 기재 여부로 좌우되는 것은 아니다(대판).

② 신체의 상해로 인하여 불구 또는 불치·난치의 질병에 이르게 한 자도 전항의 형과 같다.
③ 자기 또는 배우자의 직계존속에 대하여 전2항의 중상해죄를 범한 때(존속중상해)에는 2년 이상의 유기징역에 처한다.

1 의 의

중상해죄는 상해에 의하여 특별히 중대한 결과를 발생시킨 경우에 단순상해죄보다 형을 가중하는 가중적 구성요건이다.

존속중상해죄는 중상해죄에 대한 신분관계로 형이 다시 가중되는 가중적 구성요건이다.

2 법적 성격

중상해의 결과를, 과실로 발생하는 경우뿐 아니라 고의로 발생한 경우에도 성립하는 **부진정 결과적 가중범**이다(다수설).

3 구성요건

본죄는 생명에 대한 위험발생, 불구 또는 불치나 난치의 질병이라는 중한 결과를 발생시켜야 한다.

1) 객관적 표지

① 생명에 대한 위험발생 : 치명상을 가한 경우를 말한다. 다만 신체에 대한 위험발생은 중상해가 아니다. (경위승진)

중상해 여부는 진단이 몇 주 나왔는지 여부로만 판단되는 것은 아니다. 따라서 실명은 3주 진단이라도 중상해이지만, 반면에 허벅지에 철심을 박은 경우는 12주 진단이라도 중상해에 해당하지 않는다.

② 불구 : 신체의 중요부분이 절단되거나 그 기능이 상실된 경우(예, 실명, 혀 또는 성기 절단, 손발 절단, 청력 상실 등)를 말한다.[36] 따라서 치아탈골은

---

36) 다만 개인사정은 고려하지 않는다(예, 야구선수·피아니스트 손가락의 일부 절단은 중상해의 불구가 아니다). 또한 치아를 2개 부러뜨린 경우에도 중상해가 아니다(대판).
갑은 을에게 "A의 다리를 부러뜨려 한두 달 입원케 하라"고 교사하고, 을로부터 순차 지시를 받은 병과 정은 칼로 A의 우측가슴을 찔러 A에게 약3주 치료를 요하는 우측흉부자상을 가했다. 갑,을,병의 죄책은(대판 2005.12.9, 2005도7527)? 갑과 을은 상해의 교

해당하지 않는다.

③ 불치 또는 난치의 질병 : 치료의 가능성이 없거나 현저히 곤란한 질병(예, 에이즈 감염, 정신병 유발, 척추 장애 등)을 말한다.

2) 주관적 표지

기본범죄인 상해의 고의가 있어야 한다.

4 적용범위

본죄는 상해의 고의가 있어야 하므로, 폭행의 고의로 중상해의 결과를 발생케 한 때에는?(중상해죄의 상해고의가 없으므로) 폭행치상죄가 성립하고, 다만 처벌만은 중상해죄의 형으로 처벌하게 된다(다수설).[37]

4. 특수상해(제258조의2)

단체 다중의 위력을 보이거나 위험 물건을 휴대하여 상해죄나 중상해죄를 범한 경우로, 불법이 가중된 구성요건이다(1년 이상 10년 이하 징역. 미수처벌).

다만 2인 이상이 공동하여 상해죄를 범하면 (형법 제258조의2 특수상해죄가 아니라) **폭처법** 제2조 제2항 **공동상해죄**가 된다.

5. (존속)상해치사죄

제259조(상해치사, 존속상해치사) ① 사람의 신체를 상해하여 사망에 이르게 한 자는 3년 이상의 유기징역에 처한다.
② 자기 또는 배우자의 직계존속에 대하여 전항의 상해치사죄를 범한 때에는 무기 또는 5년 이상의 징역에 처한다.

사범, 병과 정은 (중상해 아닌) 상해죄. (사시, 행시, 경찰)

37) 형법상 '重'자가 붙은 범죄

• 중상해죄(제258조 ①) • 중유기죄(제271조 ④) • 중권리행사방해죄(제326조)	• 생명에 대한 위험발생
• 중손괴죄(제368조 ①)	• 생명 또는 신체에 대한 위험 발생
• 中체포 · 중감금죄(제277조)	• 가혹 행위(체포감금+가혹행위=결합범)

1 의의 및 성격

① 상해치사죄 : 사람의 신체를 상해하여 치사하게 함으로써 성립하는 범죄이다.[38] 상해에 대해서는 고의가 있었으나 사망에 대해서는 고의가 없는 **진정결과적 가중범**(중한 결과가 과실에 의해서만 발생)이다. *cf.* 사망에 대한 미필적 고의라도 있으면 살인죄

판례, 낙산비치사건(상해후 사망으로 오인, 자살가장하려 낭떠러지로 떨어뜨려 뇌출혈사망),[39] 변태남편치사 사건(이혼소송중 남편이 찾아와서 변태성행위를 강요하자 복부 찔러 사망), 19세가 이미 제압한 도둑을 추가로 폭행해 사망한 경우 정당방위가 부정되어 징역 1년 6월에 집행유예 3년(대판 2014)이 선고된 바 있다.

② 존속상해치사죄 : 자기 또는 배우자의 직계존속의 신체를 상해하여 사망결과를 발생하게 하는 경우에 성립하는 진정결과적 가중범이며, 신분관계로 형이 가중되는 구성요건이다.

2 결과적 가중범의 공동정범

판례[40]는 결과적 가중범의 공동정범은 **기본범죄행위를 공동할 의사만 있으면 충분**하고 결과를 공동할 의사는 필요하지 않다(행위공동설)는 입장이다.

---

38) 갑은 계속 교제하기를 원하는 자신의 제의를 을녀가 거절한다는 이유로 을녀의 얼굴을 수회 때리자 을은 이에 대항하여 갑의 손가락을 깨물었고 이에 격분한 갑은 을의 머리카락을 잡아 흔들고 발로 배를 수회 차는 등 폭행을 가하자 이에 견디다 못한 을은 갑의 폭행을 피하려고 도로를 건너 도주하다 차량에 치어 사망하였다. 갑의 죄책은(판례)? (순경 3차) ① 살인 ② 강간치사 ③ 폭행치사 ④ 상해치사
사망의 결과를 갑에게 귀속시키려면 사망의 결과가 상해로 인하여 직접 야기된 것이어야 한다. 피하려고 도주하다 사망을 했으므로 **직접성**(原則)이 인정된다(사망결과를 귀속시킬 수 있어 상해치사죄).

39) 판례, 함께 호텔에 투숙한 피해자에게 상해를 가하고 이로써 피해자가 정신을 잃고 빈사상태에 빠지자 사망으로 오인하고 자살을 위장하기 위하여 베란다 아래로 떨어뜨려 두개골골절로 사망케 했다. 여기에서 법적 쟁점과 행위자죄책은?(순경 1차) ① 방법의 착오 - 상해와 상해치사의 경합범
② 방법의 착오 - 포괄해 상해치사 ③ 인과관계착오 - 포괄해 살인 ④ 인과관계착오 - 포괄해 상해치사

40) 패싸움 중 한사람이 칼로 찔러 상대를 죽게 한 경우, 다른 공범자가 그 결과에 대한 인식이 없었다고 하더라도 상해치사(공동정범)의 책임이 있다(대판).

6. 상해죄의 동시범 특례

제263조(상해의 동시범) 독립행위가 경합하여 상해의 결과를 발생하게 한 경우에 있어서 원인된 행위가 판명되지 아니한 때에는 공동정범의 예(고의 기수범 처벌)에 의한다.

1 동시범과 상해죄 동시범특례의 개념

동시범이란 2인 이상이 의사연락 없이[41] 동시 또는 이시(예, 2시간 후)에[42] 동일한 행위 객체에 대해 구성요건적 결과를 실현하는 경우를 말한다.

동시범은 (각자 단독정범에 불과하므로) 자기의 행위에 의해 발생된 결과에 대해서만 책임을 진다. 만약 결과발생의 원인된 행위가 밝혀지지 않는 경우에는 각 행위자를 미수범으로 처벌한다.

제263조는 상해의 동시범에 대한 특례를 인정하여 상해의 원인된 행위가 판명되지 아니한 때에는 각자를 공동정범으로 처벌토록 함으로써, **개별책임의 원칙에 대한 예외**를 인정하고 있다.(경위승진, 7급 검찰, 법원서기보)

2 법적 성격

제263조는 피고인에게 자기의 행위로 상해의 결과가 발생하지 않았음을 증명할 거증책임을 지우는 거증책임 전환규정이다(다수설).

3 적용 요건

① 독립행위의 경합 : 2개 이상의 행위가 서로 의사연락 없이 같은 객체에 대하여 행하여지는 것을 말한다.

② 상해의 결과발생 : (폭행에 의하든 상해에 의하든) 상해의 결과가 발생하여야 한다.

③ 원인행위의 불판명 : 원인행위가 판명된 때는 각자 자기행위로부터 발생

---

41) 즉 공동가공의 의사가 있었다면 동시범의 문제는 제기될 여지가 없다(대판).

42) 갑으로부터 폭행을 당하고 쇼파에 누워 있는데 2시간 후 을이 와 쇼파에서 밀어 떨어뜨려 뇌출혈사망을 하게 한 경우(만약 누구에 의한 것인지 불판명)? 폭행치사의 공동정범(대판) (사시, 경찰 1차)

한 결과에 대하여 책임을 지게 될 뿐이다. 그러나 피고인은 상해결과가 자신의 행위에 기인한 것이 아님을 입증 못하면 상해기수의 공동정범이 된다.

4 특례의 적용범위

동시범의 특례규정은 상해죄와 폭행치상죄에 적용된다(대판).

폭행치사죄나 상해치사죄에도 적용될 것인가에 대해 (다수설은 유추해석금지 위반을 들어서 사망의 결과에 동시범특례 적용을 반대하나), 판례[43]는 긍정의 입장이다. (여경 2차)

다만 상해나 폭행치사의 요소를 포함하더라도, (그 보호법익을 달리하는) 강간치상죄나 강도치상죄에는 제263조의 적용이 없다(대판).

6. 상습 (상해 · 존속상해 · 중상해 · 존속중상해) 죄

제264조(상습범) 상습으로 제257조(단순상해 · 존속상해), 제258조(중상해 · 존속중상해)의 죄를 범한 때는 그 죄에 정한 형의 2분의 1까지 가중한다.[44]

III. 폭행죄

1. 폭행죄

제260조(폭행) ① 사람의 신체에 대하여 폭행(협의)을 가한 자는 2년 이하의 징역, 500만원 이하의 벌금, 구류 또는 과료에 처한다.
③ 피해자의 명시한 의사에 반하여 공소를 제기할 수 없다.

1 법적 성격

반의사불벌죄, 형식범(거동범)으로 미수 처벌이 없고(경감승진), 과실범 처벌도 없다.

43) 異時(이시)에 갑과 을이 의사의 연락없이 병에게 상해를 가하여 병이 사망했으나 누구의 행위인지 판명되지 않은 경우, 틀린 설명은(판례)?(여경 2차) ① 강간치상에는 적용되지 않는다. ② 이시 행위에도 적용된다. ③ 폭행치사죄에는 동시범특례가 적용된다. ④ 상해치사죄에는 동시범특례가 적용되지 않는다.

44) 상습성이라는 신분 관계로 인하여, 형이 가중되는 부진정신분범이다.

[2] **객체**(타인의 신체)

타인의 신체에 대한 유형력행사이기 때문에, 야간소음, 전화걸기, 거짓소식 전하기는 폭행에 해당되지 않는다. 다만 반복 계속적이고 심하면 폭행에 해당될 수 있다.

[3] **행위**(폭행)

① 형법상 폭행의 개념 : 현행 형법규정 속에 나타난 폭행은 네 가지로 분류된다.

구 분	개 념	해당 범죄
최광의의 폭행 (대상 문제)	사람이나 물건에 대한 것이든 묻지 않고 일체의 유형력의 행사를 말한다.	• 내란죄(제87조) • 소요죄(제115조) • 다중불해산죄(제116조)(경정승진)
광의의 폭행 (대상 문제)	'사람'에 대한 직접 · 간접[45]의 유형력의 행사를 말한다.	• 공무집행방해죄[46](여경) • 특수도주죄(제146조) • 강요죄(폭행은 광의, 협박은 협의)
협의의 폭행 (대상 문제)	사람의 신체에 대한 직접적 · 간접적인 유형력의 행사(직접적 신체접촉 불요)를 말한다.	• 폭행죄(제260조) • 특수공무원폭행죄[47](제135조) (여경) • 미성년자 인취죄의 약취 중 폭행
최협의의 폭행 (정도 문제)	상대방의 반항을 억압할 정도의 유형력의 행사를 말한다.	• 강도죄(제333조) • 강간죄(제297조) • 준강도죄(제335조)

② 폭행죄의 폭행 의미 : 본죄의 폭행이란 사람의 신체에 대한 직간접적인 유형력의 행사를 말하며,[48] 반드시 신체에 대한 직접적인 접촉을 요건으로 하

45) 파출소 바닥에 인분을 던진 경우.
46) 폭행의미가 가장 넓게 해석되는 것은? (여경) ① 폭행죄 ② 존속폭행죄 ③ 강도죄 ④ 공무집행방해죄. 공무집행방해죄의 폭행에 해당여부는 음량의 크기 높이 지속시간 종류 의도 거리 주변상황을 종합고려하여 판단해야 한다(대판). 고성능 확성기로 장송곡을 큰 음향 반복재생해서 군청 공무원 및 군부대 군인 6명의 직무집행을 방해한 경우에 해당한다(전주지법 2018.3.8., 2014고단770).
47) 공무원이 직권을 이용해 폭행한 경우, 1/2까지 가중처벌.
48) (본죄의 폭행은 사람의 신체에 대한 것임을 요하므로) 타인의 집 마당에 인분을 던지거나, 홧김에 방문을 발로 치는 것만으로는, 폭행죄가 성립하지 않는다.

는 것은 아니다.

③ 폭행의 수단 · 방법 : 제한이 없다(다만 상해죄와 달리 무형적 방법은 없다). 직접적 · 간접적 방법, 작위 · 부작위를 불문한다.[49] (경장승진)

④ 기수시기 : 본죄는 형식범이므로 유형력의 행사만 있으면 곧 기수에 이르고, 구체적인 결과야기는 필요 없다.

4 주관적 구성요건

본죄가 성립하기 위해서는 폭행의 고의가 있어야 한다.

① 상해의사로 구타하여, 단순 폭행에 그친 경우 ⇨ 상해미수

② 폭행의사로 폭행하여, 상해 발생 ⇨ 폭행치상

5 위법성

폭행죄도, 형법총칙의 일반적 위법성조각사유에 의해 위법성이 조각된다.

6 반의사불벌죄

본죄는 피해자의 명시적인 불처벌 의사가 있으면 처벌하지 못한다.

다만 피해자가 사망한 후, 그 상속인이 피해자를 대신해서 처불불원의 의사표시를 할 수 있는 것은 아니다.

49) 폭행 사례 (여경 2차, 101단)

폭행죄에 해당하는 사례
• 신체에 돌을 던져 빗나간 경우 • 손발(삿대질)이나 물건을 휘두르며 던진 경우(신체 접촉 없음) • 수염이나 모발을 자르는 행위, 침을 뱉는 행위 • 심한 소음이나 음향을 내는 경우 • 계속전화를 걸어 벨이 울림(계속전화를 걸어 벨소리에 신경쇠약 ⇨ 폭행치상죄) • (면전에서) 심한 욕설 · 폭언을 수차례 반복하는 경우(다만, 단순히 눈을 부릅뜨고 십팔놈아 가면 될 거 아니야라고 욕한 경우, 폭언을 하며 방문을 발로 차는 경우 ⇨ 폭행이 아니다. 大判)(101단) • 근접하여 고함을 질러 놀라게 하는 경우(다만, 먼 거리에 있는 자에게 전화하면서 고성을 내거나, 전화대화를 녹음해 듣게 하는 것은 고통을 줄 정도의 음향을 이용했다는 특별한 사정이 없다면 ⇨ 폭행이 아니다. 또한 이 도둑놈아 하면서 때릴 듯 위세를 보이는 것도 폭행이 아니다. 大判) • 최면술을 건 경우

7 죄수 및 타죄와의 관계

① 폭행이 협박내용과 같을 때(예, 폭행을 가할 것을 고지한 후 폭행한 경우) ⇨ 협박죄는 폭행죄에 흡수되어, 폭행죄만 성립)

② 협박의 내용이 폭행보다 무거운 법익침해인 경우(예, 살인을 고지한 후 폭행한 경우) ⇨ 폭행죄와 협박죄의 경합범

③ 폭행이 다른 범죄(예, 상해·살인)의 수단으로 사용 ⇨ 폭행은 해당범죄(상해·살인)에 흡수(미수문제로 연결)

④ 행위자에게 애당초 폭행의 고의만 있었는데 상해 또는 살해의 결과 발생 ⇨ 그 중한 결과에 과실이 있는 경우에 한해, 폭행치상 또는 폭행치사 성립

2. 존속폭행죄

第260條(존속폭행) ② 자기 또는 배우자의 직계존속에 대하여 제1항의 죄를 범한 때에는 5년 이하의 징역 또는 700만원 이하의 벌금에 처한다.[50]
③ 피해자의 명시한 의사에 반하여 공소를 제기할 수 없다.

3. 특수폭행죄(폭처법 제3조 적용)

第261條(특수폭행) 단체 또는 다중의 위력을 보이거나 위험한 물건을 휴대하여 제260조 제1항 폭행죄 또는 제2항의 존속폭행죄를 범한 때에는 5년 이하의 징역 또는 1천만원 이하의 벌금에 처한다.[51]

1 단체 또는 다중의 위력을 보이는 폭행

① 단체 : 단체란 공동 목적을 가진 다수인의 계속적·조직적 결합체를 말한다.

② 다중 : 다중이란 단체를 이루지 못한 다수인의 집합을 말한다(조직성 계속성의 결여).

③ 위력 : 상대방의 의사가 현실적으로 제압될 것을 요하지 않는다. 다만 상대방의 의사를 제압할 만한 세력을 인식시킬 정도는 되어야 한다.[52]

---

50) 단순폭행죄에 대해 신분관계로 인한 가중적 구성요건이며 부진정신분범, 반의사불벌죄에 해당한다.

51) 반의사불벌죄가 아니다.

52) 대판 2006.2.10., 2005도174. 예, 향우회 대표나 해병전우회장 자격으로 빰을 때린 경우.

본죄는 단체 또는 다중의 위력을 보이는 것이지 단체 또는 다중 그 자체를 보이는 것이 아니므로 폭행현장에 단체 또는 다중이 있을 것을 요하지 않는다(통설).

2 위험한 물건의 휴대에 의한 폭행

① 위험한 물건 : 위험한 물건이란 그 성질이나 사용방법에 따라서는 사람의 생명·신체에 해를 줄 수 있는 동산(예, 자동차[53]·독사·면도칼[54]·깨진 유리병·드라이버·곡괭이자루·시멘트벽돌·굵기 4-5센티 각목[55]·염산 황산 최루가스·실탄있는 공기총·21센티 야전삽·농약 먹이려고 당구큐대로 폭행시·사주된 동물·안 깨진 맥주병 등)을 말한다.[56]

② 휴대 : 휴대란 위험한 물건을 몸에 지닌 것[57]을 말한다.[58] 반드시 범행 이전부터 몸에 지녀야 하는 것이 아니라 범행현장에서 범행에 사용하려고 위험한 물건을 집어들거나(사용 포함) 피해자에게 던진 경우에도 휴대가 된다(상대방의 인식은 불요[59]하나, 행위자는 알아야[60]).[61]

---

53) 운전자 갑은 견인료납부를 요구하면서 승용차 앞을 가로막고 있는 교통관리직원 을의 다리를 차범퍼로 들이받고 약 1미터 진행하여 바닥에 넘어뜨린 경우, 갑의 죄책은? (101단)
① 살인미수 ② 상해미수 ③ 업무상 과실치상 ④ 특수폭행
다만 라노스 소형승용차로 소나타 중형차를 충격할 당시 두 차 모두 정지했다가 막 출발하는 상태로서 속도가 느렸으며 차량손괴정도가 약하고 피해자가 입은 상해정도가 비교적 경미한 경우, 소형차는 위험한 물건이 아니다(대판 2009.3.26, 2007도3520).

54) 다만 버섯 채취목으로 휴대하고 산으로 가는 중이라면 흉기휴대가 아니다(대판).

55) 다만 쇠파이프로 머리를 구타당하면서 이에 대항하려고 그 곳에 있던 각목(길이1미터 직경5센티)으로 상대허리를 구타한 경우, 특수폭행죄의 위험한 물건이 아니다(대판). (경찰1차)

56) 주의. 머리를 가볍게 3-4회 당구큐대로 때리고 배로 밀친 경우에는 당구큐대는 위험 물건 X, 당구공 X, 장난감권총 X, 부동산 X, 주먹 X, 발 X (대판). 술에 취해 소란을 피우면서 특정인을 겨냥하지 않고 소화기를 집어 던진 경우 폭처법 제3조 제1항 위험한 물건이 아니다(대판 2010.4.29, 2010도930).

57) 따라서 자기가 기거하는 장소에 보관했다는 것만으로는 휴대가 아니다(대판).

58) 소지나 몸에 지닌 이상 그것을 피해자가 인식할 것을 요하지 않는다. 또한 실제로 범행에 사용했을 것을 요하는 것도 아니다 (대판 2007.3.30, 2007도914).

59) 대판 2004.6.11, 2004도2018(피고인의 부엌칼 휴대사실을 피해자가 알지 못했더라도 피고인은 "흉기 기타 위험한 물건을 휴대하여" 피해자를 강간한 것이 된다).

60) 따라서 행위자가 위험물건을 휴대하고 있다는 것을 알아야 하는데, 모른 경우에는 (특수폭행이 아닌) 폭행죄문제가 된다.

61) 휴대가 부정된 사례에는, 버섯채취 목적으로 칼을 가지고 산으로 가던 중 주거에 침입은 했으나 사용의도는 없던 경우, 편지에 동봉하는 것은 휴대라고 할 수 없다 (대판). 마약

3 주관적 구성요건

단체 또는 다중의 위력을 보이거나 위험한 물건을 휴대한다는 사실(피해자인식 불요, 실제 사용했을 것도 불요 - 여경 1차) 및 폭행의 상대방에게 폭행한다는 점에 대한 고의가 있어야 한다.[62]

4. 폭행치사상죄

제262조(폭행치사상) 폭행(제260조) 또는 특수폭행(제261조)의 죄를 범하여 사람을 사상에 이르게 한 때에는[63] 상해죄 · 존속상해죄 · 중상해죄 · 존속중상해죄 · 상해치사에 정한 형으로 처벌한다.[64]

5. 상습폭행죄 (반의사불벌죄 아님)

제264조(상습범) 상습적으로 단순폭행[65]죄(제260조 ①), 존속폭행죄(제260조 ②) 또는 특수폭행[66]죄(제261조)를 범한 때에는 그 죄에 정한 형의 2분의 1

사범이 범행현장에서 버리려고 비닐에 담아둔 칼을 들고 있다가 체포된 경우, 사용의도가 없어 휴대가 아니다(대판 2008.7.24, 2008도2794).

62) 형법상 '특수'가 붙은 범죄

• 특수공무방해죄(제144조) • 특수폭행죄(제261조), • 특수체포 · 감금죄(제278조) • 특수협박죄(제284조) • 특수주거침입죄(제320조) • 특수손괴죄(제369조)	"단체 또는 다중의 위력을 보이거나 위험한 물건을 휴대하여…"
• 특수도주죄(146조)	"수용설비 · 기구를 손괴하거나 사람에게 폭행 · 협박을 가하거나 2인 이상이 합동하여…"
• 특수절도죄(제331조)	① "야간에 문호 또는 장벽 기타 건조물의 일부를 손괴하고…" ② "흉기휴대 또는 2인 이상이 합동하여…"
• 특수강도죄(제334조)	① "야간에 사람의 주거 등에 침입하여…"② "흉기휴대하거나 2인 이상이 합동하여…"

63) 갑과 을은 공동하여 A를 폭행한 후 당구장 3층 화장실에 숨어 있던 A를 다시 폭행하려고 갑은 화장실을 지키고 을은 당구기구로 문을 내리쳐 부수자 위협을 느낀 A는 화장실창문 밖으로 숨으려다가 실족하여 떨어져 사망하였다. 갑과 을의 죄책은(판례)?(폭행과 사망사이 인과관계 긍정) 폭행치사의 공동정범(경사승진)

64) 본죄는 폭행 또는 특수폭행의 죄를 범하여 사람을 사상에 이르게 함으로써 성립하는 결과적가중범이다(반의사불벌죄×).

까지 가중한다.[67]

폭행죄와 관련해서, 형법 제264조 상습범 규정은 실제는 존속폭행의 경우에만 적용된다. 나머지는 폭처법이 우선 적용된다.

제 3 절 과실치사상죄

Ⅰ. 과실치상죄

제266조(과실치상) ① 과실로 인하여 사람의 신체를 상해에 이르게 한 자는[68] 500만원 이하의 벌금, 구류 또는 과료에 처한다.[69]

폭행치사의 성립을 긍정한 판례	폭행치사의 성립을 부정한 판례
• 빰을 강타하여 사망 • 폭행으로 인하여 피해자가 뒤로 넘어지면서 머리를 천장에 부딪쳐 뇌출혈로 사망 • 어린아이를 업은 사람을 밀어 넘어뜨려 어린 아이가 사망 (경위승진) • 안수기도하면서 가슴 배를 반복해 누르거나 때려 사망	• 피해자의 빰을 한 번 살짝 때리거나, 어깨를 잡고 약간 걸어가는 정도의 폭행을 가하였는데 피해자의 특이체질 때문에 사망한 경우 • 삿대질하는 것을 피하고자 피해자가 뒷걸음치면서 장애물에 걸려 넘어져 두개골골절로 사망한 경우

65) 폭처법상 상습폭행죄 적용된다.
66) 폭처법이 적용된다.
67) 반의사불벌죄가 아니다.
68) 예, 공사현장 감독자가 도로에 웅덩이를 판 후 안전조치를 취하지 않고 그대로 방치하여 야간에 그곳을 지나던 행인이 웅덩이에 떨어져 상해를 입은 경우 등
69) (사시 42회) 갑은 자기에게 길을 물으러 다가오는 행인을 강도로 오인하고 방어할 생각으로 그를 때려 상해를 입혔다. 그 오인에 과실이 있는 경우 갑의 형사책임에 대해 잘못 기술된 것은?
① 엄격고의설에 의하면 상해고의가 부정되므로 과실치상 처벌
② 엄격책임설에 의하면 상해죄로 처벌
③ 구성요건착오를 유추적용하는 제한적 책임설에 의하면 과실치상 처벌
④ 법효과제한 책임설에 의하면 상해의 불법고의가 부정되므로 과실치상으로 처벌
과실에 의한 위법성조각사유전제사실착오를, 제한고의설과 엄격책임설은 고의책임을 인정한다. 반면에 엄격고의설과 소극적 구성요건요소설(양설은 고의가 조각되기 때문이라고) 법효과제한책임설(구성요건 고의는 인정하나 책임고의가 탈락하기 때문이라고)은 과실책임을 인정하는 근거가 다르다.

② 제1항의 죄는 피해자의 명시한 의사에 반하여 공소를 제기할 수 없다(반의사불벌죄).[70]

II. 과실치사죄

제267조(과실치사) 과실로 인하여 사람을 사망에 이르게 한 자는 2년 이하의 금고 또는 700만원 이하의 벌금에 처한다.[71] (미수범규정×, 반의사불벌죄×, 결과적 가중범×)

III. 업무상 과실치사상죄 · 중과실치사상죄

제268조(업무상과실 · 중과실 치사상) 업무상 과실 또는 중대한 과실로 사람을 사상에 이르게 한 자는 5년 이하의 금고 또는 2천만원 이하의 벌금에 처한다.

1. 업무상 과실치사상죄(실제 교통사고처리특례법 적용[72] 다수)

1 의 의

본죄는 과실치사상죄에 비하여 업무자라는 신분관계로 인하여 형이 가중되는 가중적[73] 구성요건이다(부진정신분범).[74] 가중근거는 결과예견가능성이 크기

(④ 법효과제한 책임설에 의하면 상해의 책임고의가 부정되므로, 법효과는 사실착오와 같아 과실범문제가 남아, 과실치상으로 처벌된다)

70) 과실치사죄는 고의범이 아니므로 미수처벌이 없고, 반의사불벌죄가 아니다. 과실과 결과 사이에 상당인과관계의 존재는 요한다.

71) 대법원판례로는 전역병 바다 행가레 사건(과실치사 인정), 여러 번 연탄가스(0.4, 0.5센티 틈세)로 죽을 뻔한 집의 주인이 고쳐달라는 임차인요구를 묵살하여 임차인사망(소규모수선으로 임대인과실 없다)사건, 만취자를 촛불이 켜진 방에 두고 나와 몸부림쳐 장판에 화재발생시 피고인에게 예방조치의무 인정한 촛불실화사건(과실치사와 실화 상상적경합범). 담임교사가 교실안쪽 유리청소만 지시했는데 베란다로 넘어가 사망한 사건(교사의 과실치사 부정) 등이 있다.

72) 업무상과실치상과 중과실치상죄도 교통사고처리특례법(제3조)상 반의사불벌죄이다. 다만 1-12호에 해당하면 반의사불벌죄가 아니다.

73) '업무상'이면서도 가중처벌이 아닌 경우는? 업무상 과실장물취득죄이다. 장물취득죄는 단순과실범 처벌이 없기 때문이다. (경사승진)

74) 야간에 비가 내려 노면이 미끄러운 도로를 시속 60킬로로 앞차와 약 30미터 간격을 유지한 채 진행하다가 앞차에 의해 역과되어 누워 있는 피해자를 다시 역과하여 사망하게

때문이다(예견가능성설).

판례는 (삼풍백화점 붕괴사건,[75] 성수대교 붕괴사건[76]에서) 과실범의 공동정범을 인정하여, 업무상 과실치사상죄의 공동정범을 인정하였다.

2 업 무

업무란 사람이 사회생활상의 지위에 기하여 계속하여 행하는 사무를 말한다. (경위승진)

① 사회성(사회생활상의 지위) : 업무는 사회생활상의 지위에 기한 사무이어야 한다[77](예, 자전거 오토바이로 배달하는 점원의 행위). 다만 자연적 생활현상(운동 · 식사 · 산책 · 수면 등)은 본죄 업무라 할 수 없다(예, 가정부가 주인집개를 데리고 산책 중 개가 행인을 물은 경우⇨ 업무상 과실치상 아님). (경위승진)

② 계속성 : 업무는 객관적으로 상당한 횟수가 반복되거나 반복 계속할 의사로 행하여진 것이어야 한다. 따라서 단, 1회의 행위라도 장래 반복할 의사로 행한 때(예, 의사가 개업 첫날 의료사고를 낸 경우)에는 업무에 해당(⇨ 업무상 과실치사상죄) 한다.

계속성이 없는 것(예, 호기심으로 단, 1회의 운전을 하다 어린이를 친 경우)은 업무가 아니다(⇨ 단순과실치상죄). (경장승진)

③ 사무 : 업무는 사회생활상 지위에서 계속성을 가지는 사무여야 한다. 사무는 공무 · 사무, 주된 사무 · 부수사무, 영리목적 · 오락목적, 적법 · 불법 여부를 묻지 않는다(예, 무면허운전, 무면허 의료행위).

예컨대, 공원언덕에 있다가 유모차가 굴러 아이가 다친 경우에서, **엄마**가 한 때에는 단순과실치상, **보모**가 하면 업무상 과실치상에 해당한다.

④ 본죄의 업무 : 본죄의 업무는 성질상 사람의 생명 · 신체에 위해를 가할 염려가 있는 위험성 있는 것(예, 의사 갑은 간호사에게 수혈을 맡겼는데 그 간호사가 다른 환자에게 수혈할 혈액을 당해 환자에게 잘못 수혈하여 환자가 사

한 경우, 업무상 과실을 인정하였다. (101단)

75) 대판 1996.8.23., 96도1231.

76) 대판 1997.8.22., 97도1740.

77) 다만 사회생활상 지위에 기한 것은 아니지만 계속하여 종사하는 사무도 업무에 해당한다(예 : 자동차를 오락목적으로 계속 반복해서 운전하는 경우).

망한 경우)이어야 한다.[78] (여경 2차) 다만 건물 소유자로서 건물을 비정기적으로 수리한 경우는 본죄 업무로 보기 어렵다.

본죄의 업무와 업무방해죄의 업무는 모두 반복계속할 의사로 행한 것이면 충분하다. 실제로 반복계속해서 행해질 것을 요하지는 않는다.(경찰 3차)

구 분	업무상 과실치사상죄	업무방해죄
1. 성 격	책임가중요소	보호법익 또는 행위객체
2. 내 용	생명 신체의 **위험을 수반** (또는 방지)하는 업무***	무제한
3. 오락목적 업무	포함	불포함
4. 보호가치	불요(즉 위법한 업무 포함)*	필요
5. 공무포함 여부	포함	학설대립**

3 업무상 과실의 내용

업무상 과실이란 업무상 요구되는 필요한 주의의무[79]를 게을리한 것을 말한다. 주의의무 범위는 구체적 사정을 고려하여 업무의 종류와 성질에 따라 결정된다.[80]

---

78) 진정신분범의 요소로서 업무와 부진정신분범의 요소로서 업무

진정신분범의 요소 (업무자의 행위만이 구성요건에 해당되는 경우)	• 업무상 비밀누설죄(제317조) • 허위진단서작성죄(의사 한의사 치과의사 조산사) 업무상 과실장물죄(제364조)
부진정신분범의 요소 (일반인의 행위도 처벌되지만 업무자의 행위이기 때문에 가중처벌 되는 경우)	• 업무상 과실치사상죄(제268조) • 업무상 횡령죄(제356조) • 업무상 배임죄(356조) • 업무상 실화죄(제171조) • 업무상 과실교통방해죄(제189조 ②) cf. 업무상 낙태죄(헌법 불합치결정)

79) 산부인과 의사가 산모의 태반조기박리에 대한 대응조치로서 응급제왕절개수술을 시행하기로 결정했다면 이런 경우에는 적어도 수술시행결정과 아울러 산모에게 수혈을 할 필요가 있을 것이라고 예상되는 특별한 사정이 있어 미리 혈액준비를 해야 할 주의의무가 있다 (대판). 다만 특별한 사정이 없는 일반적인 제왕절개수술에서는 혈액을 미리 준비 안 했어도 업무상 주의의무위반이 아니다(대판). (여경 2차, 101단 2차)

80) 피해자를 감시하도록 업무를 인계받지 않은 간호사가 자기 환자의 회복처치에 전념하고 있었다면, 회복실에 다른 간호사가 남아 있지 않은 경우에도 다른 환자의 이상증세가 인식될 수 있는 상황에서라야 이에 대한 조치를 할 의무가 있다고 보일뿐 회복실내의 모든 환자에 대해 적극적 계속적으로 주시 점검을 할 의무가 있다고 할 수 없다(대판). (여경 3차, 10단 2차) ; 야간에 갑은 비가 내려 노면이 미끄러운 도로를 시속 60킬로로 앞차

4 죄수

업무상 과실치사상죄와 도로교통법위반죄(무면허운전, 음주운전)와의 관계는 실체적 경합관계에 있다(예, 무면허운전 또는 음주운전 행위로 사람을 사상한 경우 ⇨ 본죄와 도로교통법위반죄의 경합범. 다만 무면허운전과 음주운전 간에는 ⇨ 상상적 경합관계가 있게 된다.

2. 중과실치사상죄

중대한 과실로 인하여 사람을 사상에 이르게 함으로써 성립하는 범죄이다.

중대한 과실이라 함은 약간의 주의를 기울였더라면 결과발생을 방지할 수 있었던 경우의 과실을 말한다(예, 35도 여름날 2시간 이상을 아이를 차에 두고 쇼핑한 후 돌아와 보니 아이가 사망한 경우).

제 4 절 낙태의 죄

Ⅰ. 총 설

1. 의 의

낙태란 태아를 자연분만기에 앞서서 인위적으로(고의・기수범만 처벌) 모체 밖으로 배출하거나 태아를 모체 안에서 살해하는 것을 말한다(통설). 임산부에 대한 상해라 볼 수 없다(대판). (깜작 놀라게 하는) 무형적 방법으로도 가능하다. 낙태죄의 존폐에 관해서는 태아보호라는 차원에서 존치를 주장하는 입장과 임부의 자기결정권의 존중이라는 차원에서 폐지를 주장하는 입장의 대립이 있다.

2019년 4월 11일 헌법재판소의 낙태죄 헌법불합치 판결로, 국회가 헌재결정을 참고하여 낙태죄 조항을 개정해야 한다.

아래 내용은 아직 개정되지 않은 상황이어서 전에 있던 내용이다.

와 약 30미터 간격을 유지한 채 진행하다가 앞차에 의해 역과되어 누워 있는 피해자를 다시 역과해서 사망하게 한 경우, 업무상 과실이 있다(대판). (여경, 101단 1차)

2. 보호법익과 보호정도

① 주된 보호법익은 태아의 생명 · 신체의 안전이며, 부차적으로는 산모의 생명 · 신체의 안전이다.

② 본죄는 태아가 모체 밖으로 배출된 때에 기수가 되는 추상적 위험범(예, 위증죄 현주건조물방화죄)으로 미수범처벌이 없다.

II. 자기낙태죄

제269조(낙태) ① 부녀가 약물 기타 방법으로 낙태한 때에는 1년 이하의 징역 또는 200만원 이하의 벌금에 처한다.

1. 주체(임신한 부녀 ; 진정신분범)

① 임부 아닌 자(예, 타인의 절대적 강제 하에서 임부가 낙태한 경우)는 본죄의 간접정범이 될 수 없고 부동의 낙태죄의 정범(⇨ 타인은 부동의낙태죄)이 될 뿐이다.

② 임부는 타인을 이용하여(예, 임부가 스스로 낙태하려다가 신체에 이상이 생겨 임부의 생명이 위태롭게 되자 의사로 하여금 긴급피난의 방편으로 태아를 배출하게 했을 경우) 간접정범으로 본죄 실현이 가능하다(⇨ 임부는 자기낙태죄의 간접정범)

2. 객체(모체 내의 살아 있는 태아)

3. 행위(낙태)

1 의의

낙태란 자연분만기에 앞서 인위적으로 살아 있는 태아를 몸 밖으로 배출시키거나, 모체 내에서 살해하는 것을 말한다.

2 수단 · 방법

제한없다. 자기 스스로 하건, 타인에게 의뢰하건 불문한다.

3 기수시기

① 태아가 모체 밖으로 배출된 때에 기수가 된다.

태아의 생명 · 신체에 대한 구체적 위험발생은 요하지 않는다(추상적 위험범).

② 모체 밖으로 배출한 후 살아 있는 태아를 살해하면, 낙태죄와 살인죄(특수동기시 영아살해죄)의 경합범이 된다.

4. 주관적 구성요건(고의)

낙태에 대한 인식과 의사가 있어야 한다. 과실낙태는 불가벌이다.

① 임신이 되었음에도 불구하고, 임신하지 않았다고 오인 ⇨ 사실의 착오로 고의 조각된다.

② 상상임신 ⇨ 불능범이다.

③ 낙태가 가족계획 국가정책에 순응하는 것이라 믿는 경우 ⇨ 법률의 착오에 해당한다. 다만 오인에 정당한 이유가 없어 낙태죄가 성립한다.

5. 공범관계

1 타인이 임부의 촉탁 · 승낙을 받아 임부와 공동으로 낙태한 경우

임부는 항상 자기낙태죄가 성립하고, 타인은 동의낙태죄 또는 업무상 동의낙태죄가 성립한다(필요적 공범).

① 임부와 '남편'이 공동으로 낙태 ⇨ - 임부(자기낙태죄)
- 남편(동의낙태죄)

② 임부의 부탁을 받고 '의사'가 낙태 ⇨ - 임부(자기낙태죄)
- 의사(업무상 동의낙태죄)(경위승진)

2 임부에게 낙태를 교사하거나 방조(약을 구해 주거나 의사소개)하여 낙태하게 한 경우

임부는 자기낙태죄정범, 타인은 자기낙태죄의 교사범 또는 종범[81]이 된다.

III. 동의낙태죄

제269조(낙태) ② 부녀의 촉탁 또는 승낙을 받아 낙태하게 한 자도 제1항의 형과 같다.

1. 주 체

본죄의 주체는 업무상 동의낙태죄(제270조 ①)에 열거되어 있는 자 外의 자를 말한다.

2. 행위(임부의 촉탁 또는 승낙을 받아 낙태하게 하는 경우)

① 촉탁 · 승낙은 임부의 자유로운 의사에 의한 것이어야 한다.[82)]

② '낙태하게 함'이란 행위자가 스스로 낙태행위를 하는 경우를 말한다.

- 임부의 촉탁에 의해 낙태를 행한 경우 ⇨ 동의낙태죄
- 임부에게 낙태를 교사한 경우 ⇨ 자기낙태죄의 교사범

IV. 업무상 동의낙태죄

제270조(의사등의 낙태, 부동의 낙태) ① 면허가 있는 의사, 한의사, 조산사, 약제사 또는 약종상이 부녀의 촉탁 또는 승낙을 받아 낙태하게 한 때에는 2년 이하의 징역에 처한다.

1 본죄는 의사 등의 신분관계로 인하여 책임이 가중되는 가중적 구성요건으로서, 부진정신분범이다.

2 본죄의 주체는 '의사 · 한의사 · 조산사 · 약제사 · 약종상'에 제한된다(수의

81) 임산부가 낙태하려는 것을 알면서 의사를 소개, 그 의사가 낙태한 경우 ⇨ 임산부는 자기낙태죄, 의사는 업무상 동의낙태죄, 소개시킨 자는 낙태죄의 종범(경찰)

82) 따라서 강요 · 기망 · 착오에 의한 촉탁 · 승낙의 경우에는 부동의 낙태죄가 성립한다.

사, 치과의사나 간호사는 본죄의 주체가 아니다).(9급 검찰) 모두 면허 있는 자여야 한다.

V. 부동의 낙태죄

제270조(의사등의 낙태, 부동의낙태) ② 부녀의 촉탁 또는 승낙없이 낙태하게 한 자는 3년 이하의 징역에 처한다.

1 동의낙태죄보다 불법이 가중된 가중구성요건이다.

2 주체 : 제한 없다(의사 등이 임부 동의 없이 낙태시술 ⇨ 본죄 해당).

3 임부 몰래 또는 임부의 무지를 이용한 경우도 본죄가 성립한다.

VI. 낙태치사상죄[83)]

제269조(낙태) ③ 제2항의 죄를 범하여 부녀를 상해에 이르게 한 때에는[84)] 3년 이하의 징역에 처한다. 사망에 이르게 한 때에는 7년 이하의 징역에 처한다.

제270조(의사등의 낙태, 부동의낙태) ③ 제1항 또는 제2항의 죄를 범하여 부녀를 상해에 이르게 한 때에는 5년 이하의 징역에 처한다. 사망에 이르게 한 때에는 10년 이하의 징역에 처한다.

83) 동의낙태죄 · 업무상 동의낙태죄 · 부동의 낙태죄의 결과적 가중범(중한결과 예견가능성 필요)이다.

84) 낙태 중 임부의 신체상해는 불가벌적 수반행위이나, 그 범위를 넘는 신체상해는 낙태치상죄이다.

제5절 유기와 학대의 죄

Ⅰ. 유기죄

1. 의의 및 보호법익

1 의 의

유기의 죄는 노유·질병 기타 사유로 인하여 부조를 요하는 자를 보호할 의무 있는 자(진정신분범)가 유기함으로써 성립하는 범죄이다.

2 보호법익

피유기자의 생명·신체의 안전이다.

3 보호정도

단순유기죄는 (구체적 위험발생을 요하지 않는) 추상적 위험범이다. 그 이유는, 경찰서 정문 앞에 유기한 때처럼 구조가 확실한 경우, (구체적 위험범설에 의하면 유기죄가 되지 않지만) 추상적 위험범설에 의하면 유기죄가 성립하기 때문이다(대판).(경사승진) 다만 중유기죄는 구체적 위험범에 속한다.[85]

2. 단순유기죄

제271조(유기) ① 노유, 질병 기타 사정으로 인하여 부조를 요하는 자를 보호할 법률상[86] 또는 계약상[87] 의무 있는 자[88]가 유기한 때에는 3년 이하의 징역 또는 500만원 이하의 벌금에 처한다.

---

85) 중유기는 (구체적 위험범이어서) 생명에 대한 구체적 위험발생이 있어야, 기수가 된다.
86) 경직법상 경찰의 보호조치의무, 도로교통법상 사고운전자의 구호의무, 민법상 부부의 부양의무, 응급의료법 및 의료법상 응급의료의무 등이 있다.
87) 사회상규나 조리가, 아니다.
88) 간호사, 보모, 간병인 등이 있다.

1 주 체

주체는 부조를 요하는 자(일상생활에서 필요한 동작이 불가능한 자)를 보호할 법률상·계약상 의무가 있는 자(보호의무자)이다.

보호의무 있는 자의 유기행위만을 처벌(진정신분범)하므로 보호의무자의 보호의무 위반죄로서의 성격을 갖는다.

(법률·계약 이외에) 사무관리·관습·조리에 의한 보호 의무는, 죄형법정주의 원칙상 인정되지 않는다(다수설·판례)[89].(9급 검찰)

2 객 체

객체인 요부조자란 다른 사람의 도움 없이는 자기의 생명·신체에 대한 위험을 스스로 극복할 수 없는 사람을 말한다. 다만 임신 여성이나 신체 거동이 가능한 경제적 극빈자는 여기에 속하지 않는다.

3 행위(유기)

유기란 요보호자를 보호 없는 상태에 두는 것을 말한다.

유기의 방법에는 제한이 없다. 적극적·소극적 유기 모두 포함되며, 작위에 의한 방법은 물론 부작위에 의해서도 가능하다.

단순유기죄는 추상적 위험범이므로, (법익침해의 결과가 발생할 필요는 없고) 유기행위가 있으면 바로 기수가 된다. (경사승진)

보호의무자가 노약자를 사립양로원의 문 앞에 내려놓고 도망하면서, 타인의 구조가 없으면 행위자가 스스로 구조할 의사로서 부근에서 망을 보는 경우에도 유기죄의 기수가 된다. 타인에 의한 구조가능성 여부는 불문하기 때문이다.

4 주관적 구성요건 (고의) (경사승진)

유기의 고의, 즉 자신이 (보호의무자로서) 요부조자를 유기한다는 인식이 있어야 한다.

---

89) 대법원은 강간치상범이 실신상태에 있는 피해자를 방치하고 도주하였더라도 유기죄는 불성립한다 : 술에 취한 甲과 乙이 우연히 같은 길을 가다가 개울로 떨어져 甲은 가까스로 귀가하고 乙은 머리를 다쳐 앓다가 추운 날씨에 심장마비로 사망한 경우 甲은 무죄라고 판시한 바 있다.

행위자에게 처음부터 상해 또는 살인의 고의가 있었고 유기가 하나의 수단이 된 경우라면 상해나 살인죄가 성립(예, 노모를 살해하기 위하여 산속에 버렸으나 행인이 구조하였을 경우 ⇨ 존속살해미수)할 뿐이다.

3. 존속유기죄

제271조(존속유기) ② 자기 또는 배우자의 직계존속에 대하여 제1항의 유기죄를 범한 때에는 10년 이하의 징역 또는 1,500만원 이하의 벌금에 처한다.

4. 중유기 · 존속중유기죄[90]

제271조(중유기, 존속중유기) ③ 제1항 (단순유기)죄를 범하여 사람 생명에 대한 위험발생하게 한 때(중유기, 구체적 위험범)에는 7년 이하 징역에 처한다.
④ 제2항의 (존속유기)죄를 범하여 사람의 생명에 대하여 위험을 발생한 때(존속중유기)에는 2년 이상의 유기징역에 처한다.

5. 영아유기죄

제272조(영아유기) 직계존속(부모 조부모 포함)이 (부진정 신분범) 치욕을 은폐하기 위하거나 양육할 수 없음을 예상하거나 특히 참작할 만한 동기로 인하여 영아(분만 직후만이 아니라 젖먹이 포함[91])를 유기한 때에는 2년 이하의 징역 또는 300만원 이하의 벌금에 처한다.

6. 유기치사상죄 · 존속유기치사상죄

제275조(유기치사상) ① 제271조 내지 제273조의 죄를 범하여 사람을 상해에 이르게 한 때에는 7년 이하 징역에 처한다. 사망에 이르게 한 때에는 3년 이상 유기징역에 처한다.
② 자기 또는 배우자의 직계존속에 대하여 제271조 또는 제273조의 죄를 범하여 상해에 이르게 한 때에는 3년 이상의 유기징역에 처한다. 사망에 이르게 한 때에는 무기 또는 5년 이상의 징역에 처한다.

---

90) 부진정 결과적 가중범인 중유기죄는 구체적 위험범(생명에 대한 구체적 위험이 발생한 때 본죄 성립)이나, 주의할 것은 단순유기는 추상적 위험범이다.

91) 영아살해죄에서는 영아유기죄와 달리 분만중·분만 직후가 들어간다.

유기죄나 존속유기죄를 범하여, 사람을 사상에 이르게 하는 결과적 가중범이다(제275조).

종교상의 이유로 수혈을 거부하여 딸을 사망케 한 어머니에 대해서는, 부작위에 의한 유기치사죄(확신범)가 성립한다.[92] (경위승진, 9급 검찰)

II. 학대죄

1. 단순학대죄

제273조(학대) ① 자기의 보호 또는 감독을 받는 사람을 학대한 자는 2년 이하의 징역 또는 500만원 이하의 벌금에 처한다.

1 주 체

타인을 보호·감독하는 자(진정신분범)이다.

본죄는 유기죄가 법률상·계약상 보호의무자만이 주체가 되는 것과는 달리 보호·감독의 근거에 제한이 없다. 따라서 사무관리·관습·조리에 의한 경우도 포함된다.[93]

2 객 체

행위자의 보호·감독을 받는 자[94]이다.

3 행 위

학대란 육체적·정신적 고통을 가하는 가혹한 대우(닭장사건 예, 4세 된 아들을 대소변 못 가린다는 이유로 닭장에 가두고 구타한 행위, 필요한 정도의 휴식·수면을 허용하지 않는 경우)를 의미한다(통설).[95] 다만 단순한 법인격침해

92) 여호와 증인사건(대판)이다. 자신이 운영하는 주점에 손님으로 와서 수일간 식사는 전혀 안하고 계속 만취한 피해자를 주점내 그대로 방치, 저체온증으로 사망한 경우, 피고인은 주점운영자로서 생명신체 위해 없도록 경찰 또는 지인에게 연락 등 조치를 강구하지 않아 계약상 부조의무 위반으로 유기치사죄가 성립될 수 있다(2017년 변호사자격시험).

93) 주의할 것은 유기죄는 법률상 계약상 보호의무자만 주체라는 점이다.

94) 다만 18세 미만 아동은 아동복지법의 적용을 받는다.

95) 본죄는 경향범이다. 판례에 따르면 아버지가 12세 딸에게 8년간 성관계를 한 것은 반인

나 반인륜만으로는 부족하고 학대행위가 적어도 유기에 준할 정도에 이르러야 한다.[96]

학대가 있음과 동시에 범죄완성이 되는 즉시범(또는 상태범)이다. 다만 친권자의 징계권 범위로 위법성이 조각되는 경우 그 부분은 별도 무죄 판결을 할 수 있다(대판).

2. 존속학대죄

第273조(존속학대) ② 자기 또는 배우자의 직계존속에 대하여 전항의 학대죄를 범한 때에는 5년 이하의 징역 또는 700만원 이하의 벌금에 처한다(부진정 신분범).

3. 아동혹사죄[97](경위승진)

第274조(아동혹사) 자기의 보호 또는 감독을 받는 16세 미만의 자[98](성별불문, 기혼불문)를 그 생명 또는 신체에 위험한 업무에 사용할 영업자 또는 그 종업자에게 인도[99]한 자는 5년 이하의 징역에 처한다. 그 인도를 받은 자(필요적 공범)도 같다.[100]

4. 학대치사상죄, 존속학대치사상죄

학대 또는 존속학대를 범하여, 사람(피학대자)을 사상에 이르게 함으로써 성립하는, 第275조는 결과적 가중범이다.

륜적 범죄이지만 학대에 해당하지는 않는다고 한다. 주의할 것은 (위험업무에 사용할 영업자에게 인도하는) 第274조 아동혹사죄와 다르다는 점이다.

96) 대판 2000. 4. 25, 2000도223.

97) 아동학대는 아동복지법, 아동학대범죄처벌특례법 참조.

98) 근로기준법 제65조 제1항에서는 인신 중이거나 산후 1년 미경과 여성 및 18세 미만자를 도덕상 또는 보건상 유해 위험 사업에 사용하지 못하도록 정하고 있다(위반시 3년 이하 징역 또는 2천만원 이하 벌금).
다만 형법상 아동혹사죄의 처벌이 5년 이하 징역으로 더 높아서, 16세 미만자의 경우 형법을 적용할 것이다. 그러나 16세 미만이라도 생명 신체의 위험업무가 아닌 도덕상 유해 업무에 사용이라면 (형법상 아동혹사죄가 아닌) 근로기준법이 적용될 것이다.

99) 인도한 것이 아니라 인도하기로 계약한 것만으로는 아동혹사죄가 되지 않는다.

100) 아동혹사죄는 진정신분범이며, 인도자와 인수자의 필요적 공범(대향범)이다. 그 보호법익은 아동의 생명 신체 (아동복지권)이며, 현실로 위험업무에 종사를 요하지 아니한다(추상적 위험범. *ex*. 16세 미만자를 배 선장이나 서커스단장에게 팔아넘긴 행위)

2 chapter

자유에 대한 죄

<학습 길잡이>

본 장에서는 협박의 개념(광의 · 협의 · 최협의)을 정리해 두어야 하며, 본 장에 해당하는 범죄의 구성요건(주체 · 객체 · 행위 · 고의 · 목적 등)을 여러 번 읽어두고 죄수 및 타죄와의 관계의 정리를 통하여 실력의 폭을 넓혀야 한다. 체포 · 감금죄, 부녀매매죄, 강간치사상죄의 출제빈도가 높다.

제 1 절 협박의 죄

I. 총 설

1. 의 의

사람을 협박(해악의 고지)함으로써 성립하는 범죄이다.[1)]

---

1) 강요죄는 폭행 · 협박으로 사람의 권리행사를 방해하거나 의무 없는 일을 하게 하는 경우이다.

2. 보호법익 및 보호정도

보호법익은 개인의 의사결정의 자유이며, 보호의 정도는 (통설이 침해범으로 보는 것과 달리) 판례는 위험범으로 보고 있다.

3. 형법상 협박의 개념

형법상 협박의 개념은 광의 · 협의 · 최협의로 구분되어 사용된다.

구 분	개 념	해당 범죄
광의의 협박	타인에게 공포심이 생길 수 있는 모든 해악의 고지를 말하며, 현실적으로 상대방이 공포심을 느꼈는지의 여부는 묻지 않는다(위험범).[2]	• 소요죄(제115조) • 다중불해산죄(제116조) • 공무집행방해죄(광의폭행) • 직무강요죄(제136조②) • 특수도주죄(제146조) • **협박죄 (판례**[3])
협의의 협박	상대에게 현실로 공포감을 갖게 하는 해악의 고지를 말한다(침해범).	• 강요죄(폭행은 광의) • 공갈죄(제350조) • 미성년자 인취죄의 약취의 협박
최협의의 협박	상대방의 반항을 불가능하게 하거나 현저히 곤란하게 할 정도의 해악의 고지를 말한다.	• 강도죄(제333조) • 강간죄(제297조) • 점유강취죄

II. 협박죄

제283조(협박) ① 사람을 협박한 자는 3년 이하의 징역, 500만원 이하의 벌금, 구류 또는 과료에 처한다.

③ 제1항 및 제2항의 죄는 피해자의 명시한 의사에 반하여 공소를 제기할 수 없다.[4]

제286조(미수범) 본죄의 미수범은 처벌한다.

2) 즉 일반인이 공포를 느낄 정도의 해악고지가 상대에게 도달만 하면 기수범이 된다.
3) 대판 2007.9.28., 2007도606.
4) 형법상 반의사불벌죄에는 폭행죄, 협박죄, 존속폭행죄, 존속협박죄, 외국원수 및 외국사절에 대한 폭행 협박죄, 명예훼손죄, 출판물에 의한 명예훼손죄, 외국원수 및 외국사절에 대한 모욕 및 명예훼손죄, 외국국기 국장모독죄, 과실치상죄 등이 있다.

1. 객체(사람[5]))

본죄는 의사결정의 자유를 침해하는 침해범이므로 본죄의 객체인 사람은 해악의 고지에 의하여 두려움을 느낄 수 있는 정신능력을 가진 사람이어야 한다.

따라서 유아·명정자·수면중인 자·정신병자는 보호법익인 의사결정의 자유가 없으므로 본죄의 객체가 아니다. (경장승진) 법인도 본죄 객체가 아니다.

2. 행위(협박)

[1] 본죄의 협박은 해악을 고지하여[6]) 상대방에게 현실로 공포심을 느끼게 하는 것을 말한다(판례[7])가 공포심을 일으키기에 충분한 해악의 고지 즉 위험범으로 보는 것과 달리 다수설은 협의의 협박으로 봄).[8])

[2] 경고와의 구별

해악의 발생이 직접·간접으로 행위자에 의하여 좌우될 수 있는 것으로 고지된 경우에는 협박이 되나, 그렇지 않은 경우(예, 자연발생적인 길흉화복이나[9]) 종말론같이 천재지변의 도래를 알리는 경우, 로스쿨 교수가 내강의를 안 들으면 변호사시험 불합격할 것이라고 말한 경우)에는 경고로서 불가벌이다.(경장승진)

[3] 기수시기

① 다수설에 의하면 본죄는 침해범이므로, 해악의 내용이 상대방에 도달되어

---

5) 사람이란 자연인인 타인을 의미하므로, 법인은 본죄의 객체가 될 수 없다. (경찰)

6) 해악고지의 방법에는 제한이 없다.
말다툼 끝에 자신의 동거남과 성관계한 자에게 파묻어 버리겠다고 한 것이나, 가위로 찌를 듯한 자세를 취한 경우 판례는 협박을 인정했으며, 해악의 내용은 반드시 위법이어야 하는 것도 아니다. 피고인의 요구를 안 들어주면 세무서에 서류를 보내 조사받고 망하게 하겠다고 하여 피해자장모로 하여금 전하게 하고 피해자부인에게 다음날 전화를 통하여 세무조사를 나올 것이라고 한 것 또한 대법원은 협박죄(해악의 고지)를 인정하였다. 처의 간통사실을 남편에게 알리겠다고 말한 경우도 협박에 속한다. 친권자가 자식을 야구방망이로 때릴 듯이 죽여 버린다고 한 것은 교양권이 아니라는 것(협박) 또한 판례입장이다. 다만, 실현불능은 협박이 아니며(피해자의 입장에서 가능으로 인식 시에는 협박임), 언쟁 중에 입을 찢어버리겠다는 것 역시 욕설에 불과하여 협박이 아니다. 또한 여관매수인이 잔금을 지불했는데도 부동산양도를 하지 않아서 고소하겠다고 한 것은 협박죄가 되지 아니한다. 즉 별도의 권리남용이 있어야 협박에 해당한다.

7) 대판 2012.8.17, 2011도 10451

8) 반의사불벌죄(단, 특수협박 상습협박 제외)이고, 미수범을 처벌한다.

9) 조상천도제를 안지내면 재앙이 온다고 고지한 사건은, 협박에 해당하지 않는다(대판).

상대방에게 공포심이 일어났을 때 기수가 된다.[10] 공포심을 못 느끼면 미수가 된다.

② 해악을 통고했지만 상대방에게 도달하지 않았거나, 고지된 해악의 의미를 상대방이 인식하지 못한 경우, 상대방이 해악의 고지에 대해 전혀 공포심을 느끼지 아니한 경우 등은, 협박죄의 미수범이 된다.

3. 주관적 구성요건(고의)

본죄의 고의란 상대방에게 해악을 고지하여 공포심을 느끼게 한다는 사실에 대한 인식·인용을 말한다. 행위자가 현실로 해악을 실현할 의사를 가질 것을 요하지 않는다.[11]

4. 위법성

정당한 권리행사의 수단으로 협박한 경우, 목적과 수단의 균형성을 고려하여 협박이 사회상규(제20조)에 반하지 않으면 위법성이 조각되지만, 다만 실질적으로 권리남용에 해당될 경우(예, 채무변제를 독촉하기 위해서 생명·신체에 대한 위해를 고지)에는 협박죄가 성립한다.[12]

5. 죄수 및 타죄와의 관계

① 동시에 수인에게 협박을 한 경우 ⇨ 수개의 협박죄의 상상적 경합

② 협박과 동시에 상해를 가하거나, 상해 직후 다시 별개의 협박을 한 경우 ⇨ 협박죄와 상해죄의 경합범

③ 폭행을 가하겠다고 협박 후 폭행을 한 경우 ⇨ 폭행죄만 성립(흡수관계)

---

10) 대법원에 의하면 정보과 근무 경찰이 빨리 채무변제를 하지 않으면 상부에 보고하여 문제로 삼겠다고 한 것은 협박죄의 기수가 된다.

11) 협박을 통해 어떤 목표결과를 달성하려는 의사가 있게 되면, 강요죄문제가 될 수 있다.

12) 회사 돈을 횡령한 경리부서 여직원에게, 성관계를 요구하면서 고소하겠다고 하면 협박죄가 성립하나, 피해변상을 안하면 고소하겠다고 한다면 협박죄가 성립하지 않는다.

III. 존속협박죄

제283조(존속협박) ② 자기 또는 배우자의 직계존속에 대하여 제1항의 협박죄를 범한 때에는 5년 이하의 징역 또는 700만원 이하의 벌금에 처한다.
③ 제1항 및 제2항의 죄는 피해자의 명시한 의사에 반하여 공소를 제기할 수 없다.
제286조(미수범) 본죄의 미수범은 처벌한다.

IV. 특수협박죄(폭처법 우선 적용)

제284조(특수협박) 단체 또는 다중의 위력을 보이거나 위험한 물건을 휴대하여 전조 제1항(협박), 제2항(존속협박)의 죄를 범한 때에는 7년 이하의 징역 또는 1천만원 이하의 벌금에 처한다.
제286조(미수범) 본죄의 미수범은 처벌한다.

V. 상습협박죄(폭처법 우선 적용)

제285조(상습범) 상습으로 제283조 제1항(협박죄), 제2항(존속협박죄) 또는 전조(특수협박)의 죄를 범한 때에는 그 죄에 정한 형의 2분의 1까지 가중한다.
제286조(미수범) 본죄의 미수범은 처벌한다.

제 2 절 강요의 죄

보호법익은 사람(자연인)의 의사결정의 자유와 의사활동의 자유이다.[13]

보호의 정도는 침해범으로서의 보호이다.

13) 법인은 범죄의 객체가 아니다. (경장 시험)

Ⅰ. 강요죄

제324조(강요) ① 폭행 또는 협박으로 사람의 권리행사를 방해하거나 (법적) 의무 없는 일을 하게 한 자는 5년 이하 징역 또는 3천만원 이하 벌금에 처한다.
제324조의5(미수범) 제324조 내지 제324조의4의 미수범은 처벌한다.

1. 객체(행위자 이외의 자연인)

강요죄는 사람의 의사결정의 자유를 침해하는 범죄이므로 의사의 자유를 가진 자로 제한된다.

2. 행위(폭행이나 협박으로 권리행사방해하거나 의무없는 일을 하게 하는 것)

[1] 폭행(광의) 또는 협박(협의)

① 폭행 : 강요죄의 수단인 폭행은 반드시 사람의 신체에 대한 유형력의 행사에 국한되지 않는다. 사람에 대한 직접·간접의 유형력의 행사(예, 맹인의 안내자에 대한 폭행, 지팡이 뺏기·장애인의 wheelchair 손괴[14])를 말한다(광의의 폭행).[15]

② 협박 : 강요죄의 수단인 협박은 상대방이 현실로 공포심을 느낄 수 있을 정도의 해악의 고지를 말한다(협의의 협박).

[2] 권리행사의 방해 또는 의무 없는 일을 행하게 하는 것

① 권리행사를 방해한다는 것은 타인이 행사할 수 있는 권리를 행사하지 못하게 하는 것을 말한다.[16] 권리는 반드시 법령에 근거가 있을 것을 요하지 않고, 재산적 권리·비재산적 권리를 불문한다.[17]

② 의무 없는 일을 행하게[18] 한다는 것은 법적인 의무 없는 자에게 이행을

14) 마취제 수면제의 사용, 가옥의 명도를 받기위하여 임대인이 수도 전기의 공급차단 등
15) 절대적 폭력과 강제적 폭력을 포함한다.
16) 승용차의 뒤를 바짝 따라가 경적을 울리고 전조등을 깜박여서 위협하는 것은 권리행사방해에 해당하나, 폭행을 가해 자살이나 음주운전을 중지시킨 것은 권리행사의 방해에 해당하지 아니한다.
17) 투표권행사의 방해, 강간범이 협박으로 고소를 못하도록 한 경우 등

강요하는 것(예, 폭행 · 협박에 의해 계약포기서에 날인하게 하는 행위, 지나가는 자가용을 세워 칼로 협박해서 목적지까지 운행[19])을 말한다.[20](7급 검찰)

③ 기수시기

본죄는 (침해범으로) 권리행사가 현실적으로 방해되거나 의무 없는 일을 했을 때 기수가 된다.

폭행 · 협박을 했으나 권리행사를 방해하지 못하였거나, 폭행 · 협박 그 자체가 미수에 그친 경우에는 강요죄의 미수범이 된다.

3. 주관적 구성요건

본죄의 고의는 폭행 · 협박의 고의 뿐 아니라 권리행사를 방해하거나 의무 없는 일을 행하게 한다는 고의가 있어야 한다.

4. 위법성

정당한 권리행사나 정당한 목적달성을 위한 수단으로[21] 강요행위를 한 경우(예, 음주운전 · 자살을 저지하기 위한 폭행 · 협박)에는 상당성을 초과하지 않는 한 위법하지 않다(⇨ 강요죄 불성립).

5. 죄수 및 타죄와의 관계

① 강요죄는 개인의 자유를 보호하는 범죄 가운데 가장 포괄적이고 일반적인 범죄이므로, 체포감금의 죄 · 약취유인의 죄 · 강간죄 · 강제추행죄 등이 성립한 때에는 강요죄는 별도로 성립하지 않는다(특별관계).

② 강요죄가 성립한 때에는 협박죄는 따로 성립하지 않는다(보충관계).[22]

---

18) 만약 폭행협박으로 법적 의무있는 일을 행하게 한다면, (강요죄가 아닌) 폭행협박죄만 될 뿐이다. (경찰2차)

19) 물론 택시라면 강도죄의 문제로 전환된다.

20) 대법원에 의하면 골프시설운영자가 회원에게 불리하게 변경된 회칙에 대해 동의하는 서류를 제출하지 아니하면 회원대우를 하지 않겠다고 통지한 것은 강요죄라고 보지만, 폭력조직의 전력이 있는 피고인이 연예인에게 팬미팅공연에 불응하면 좋지 않은 일을 당할 것이라고 협박한 것은 강요죄의 고의(공연의무 부재 인식)가 부정되어 강요죄에 해당한다고 보지 아니한다.

21) 과잉수단 사용 금지.

II. 특수강요죄 및 중권리행사방해죄(중강요죄)

1. 특수강요죄

제324조(특수강요) ② 단체 또는 다중의 위력을 보이거나 위험한 물건을 휴대하여 제1항의 강요죄를 범한 자는 10년 이하 징역 또는 5천만원 이하 벌금에 처한다.

구 폭처법규정을 형법개정에서 편입한 경우이다.
다만 2인 이상 공동하여 강요죄를 범한 경우는 (형법상 특수강요죄가 아닌) 폭처법 제2조 제2항의 공동강요죄가 된다.

2. 중강요죄

제326조(중권리행사방해) 제324조(강요죄) 또는 제325조(점유강취 · 준점유강취)의 죄를 범하여 사람의 생명에 대한 위험을 발생하게 한 자는 10년 이하의 징역에 처한다 (구체적 위험범).

III. 인질강요죄

제324조의2(인질강요) 사람을 체포 · 감금 · 약취 또는 유인하여 이를 인질로 삼아 제3자(국가 포함)에 대하여 권리행사를 방해하거나 의무없는 일을 하게 한 자는 3년 이상의 유기징역에 처한다.
제324조의5(미수범) 제324조 내지 제324조의4의 미수범은 처벌한다. (사시 40회)
제324조의6(형의 감경) 제324조의2 또는 제324조의3의 죄를 범한 자 및 그 죄의 미수범이 인질을 안전한 장소로 풀어준 때에는 그 형을 감경할 수 있다(자의성 불요).

1. 보호법익

보호법익에는 피강요자의 의사결정 및 활동의 자유, 인질의 자유가 있다.

22) 공갈죄나 강도죄의 성립이 이루어지면, 강요죄는 따로 성립하지 아니한다(보충관계).

2. 입법취지

인질을 이용하여 범죄인의 석방을 요구하거나 체포를 면탈하려고 하거나 인질을 정치적 목적으로 이용하는 것을 방지하려는 목적에서 신설된 규정이다.

3. 법적 성격

인질을 이용하여 강요행위를 저지르는 것이므로 강요죄보다 불법이 가중된 구성요건이다.[23)]

4. 행위의 객체(사람)

인질행위의 객체인 사람과 강요행위의 객체인 사람이었다. 인질의 객체는 자연인인 타인으로서 제한이 없으나, 피강요자는 의사결정 및 의사활동의 자유를 가진 자로 제한된다.[24)]

5. 행위(체포 · 감금 · 약취 · 유인하여 이를 인질로 삼아 강요하는 것)

[1] 체포 · 감금 · 약취 · 유인

체포 · 감금 · 약취 · 유인을 수단으로 하여 강요하여야 한다.[25)]

[2] 인 질

인질로 삼는다는 것은 체포 · 감금 · 약취 · 유인된 자의 생명 · 신체 등 안전에 관한 제3자의 우려를 이용하여, 석방이나 생명 · 신체에 대한 안전보장의 대가로 제3자를 강요할 목적으로, 체포 · 감금 · 약취 · 유인된 자의 자유를 구속하는 것을 말한다.[26)]

[3] 강 요

강요란 사람의 권리행사를 방해하거나 의무 없는 일을 억지로 하게 하는 것

---

23) 체포감금 또는 약취유인죄와 강요죄의 결합범이다.
24) 강요죄의 객체는 의사결정능력 및 활동능력이 있어야 한다.
25) 이들 수단이 아니면 강요죄만 성립한다.
26) 인질은 제3자가 아니므로, 인질에 대한 강요는 인질강요죄에 해당하지 아니한다.

(예, 정부의 고관이나 외교관을 납치하여 인질로 삼고, 해당 정부에 대해 억류 중인 정치범이나 양심수를 석방하라고 강요하는 경우)을 말한다. 강요의 상대방은 개인 · 단체 · 국가기관을 불문한다.

6. 실행의 착수 및 기수시기

1 착수시기

강요의사를 가지고 체포 · 감금 · 약취 · 유인행위를 개시한 때라는 견해[27)]와 강요행위를 개시한 때라는 견해(다수설)가 대립되고 있다.

2 기수시기

권리행사가 현실적으로 방해되었거나 의무 없는 일을 행하게 된 때 기수에 이른다.

7. 주관적 구성요건

본죄가 성립하기 위해서는 체포 · 감금 · 약취 · 유인의 고의 뿐만 아니라 인질 및 강요에 대한 고의도 있어야 한다.

8. 죄수 및 타죄와의 관계

여러 명을 납치하여 인질로 삼고, 1인에게 강요행위를 한 때에는 1개의 인질강요죄만 성립한다.

본죄가 성립할 때에는 체포 · 감금죄, 약취 · 유인죄, 강요죄 등은 따로 성립하지 아니한다(법조경합 보충관계).

IV. 인질상해죄[28)] · 인질치상죄[29)]

제324조의3(인질상해 · 치상) 제324조의2(인질강요죄)의 죄를 범한 자가 인질을

---

27) 행위자의 범행계획을 고려하면 타당하다고 한다.
28) 인질강요와 상해죄의 결합범이다.
29) 인질강요죄의 결과적 가중범이다.

상해하거나 상해에 이르게 한 때에는 무기 또는 5년 이상의 징역에 처한다.

제324조의5(미수범) 제324조 내지 제324조의4의 미수범은 처벌한다.

제324조의6(형의 감경) 제324조의2 또는 제324조의3의 죄를 범한 자 및 그 죄의 미수범이 인질을 안전한 장소로 풀어준 때에는 그 형을 감경할 수 있다.[30]

V. 인질살해죄 · 인질치사죄

제324조의4(인질살해 · 치사) 제324조의2(인질강요죄)의 죄를 범한 자가 인질을 살해한 때에는[31] 사형 또는 무기징역에 처한다. 사망에 이르게 한 때에는 무기 또는 10년 이상의 징역에 처한다.[32]

제324조의5(미수범) 제324조 내지 제324조의4의 미수범은 처벌한다.

제 3 절 체포와 감금의 죄

보호법익은 사람의 신체활동의 자유, 특히 장소선택의 자유이다. 이때의 자유는 일정한 장소에서 떠날 수 있는 자유이며, 잠재적 자유를 의미한다(통설).

보호의 정도는 침해범으로서의 보호이며, 미수범은 처벌한다.(경사승진)

I. 체포감금죄

제276조(체포, 감금) ① 사람을 체포 또는 감금한 자는 5년 이하의 징역 또는 700만원 이하의 벌금에 처한다.

제280조(미수범) 본죄의 미수범은 처벌한다.

cf. 제124조 불법체포 감금죄

30) 자의성을 요하지 않아서, 중지미수의 특별규정으로 이해할 수 있다.

31) 인질강요죄와 살인죄의 경합범.

32) 인질살해 · 인질치사죄에서는, 안전한 장소로 풀어준 때에 인정하는 해방감경규정의 적용이 없다.

1. 객체(신체활동의 자유를 가지는 자연인)

현실적인 신체활동의 자유를 갖지 않았더라도 곧 활동이 기대되는 잠재적인 신체의 자유를 가진 자(예, 수면중인 자 · 만취자 · 정신병자 · 불구자 등)이면 본죄의 객체가 된다.[33] 다만 출산 직후의 영아(갓난아이)는 (신체활동의 자유가 없으므로) 본죄의 객체가 될 수 없다.

2. 행위(체포 또는 감금[34])

[1] 체포(직접 구속)

체포란 사람의 신체에 대하여 직접적이고 현실적인 구속을 가하여 신체활동의 자유를 빼앗는 것(예, 새끼줄로 묶고 약 5분간 끌고 다닌 경우,[35] 경찰관을 사칭하여 연행하거나 권총을 겨누고 동행시킨 경우[36])을 말하며 그 수단과 방법에 제한이 없다.[37](경장승진, 사시 41회)

[2] 감금(간접 구속)

감금이란 사람을 일정한 장소 밖으로 나가지 못하게 하여 신체적 활동의 자유를 장소적으로 제한하는 것(예, 옥상에 있는 사람에 대하여 사다리를 제거하는 행위)을 말한다.[38] 그 수단방법에는 유형 · 무형의 제한이 없다. 다만 장소적 제한이 있다는 점에서 체포와 구별된다. (경장승진)

보호법익은 잠정적인 떠날 자유이다.

---

33) 정신병자라도 감금죄의 객체가 된다(대판).

34) 체포는 행동의 자유를 뺏는 것, 감금은 이동의 자유를 뺏는 것이다.

35) 대판 2000.3.24, 2000도102.

36) 즉 부분적인 자유가 있더라도, 전체적으로 활동의 자유가 없다면 체포에 해당한다. 한편 권총을 겨누고 도주를 못하게 하면 감금죄, 강의실에 못 들어가도록 하면 강요죄이다. 사람을 협박하여 일정한 장소에 출두하게 하는 것은 신체의 현실적 구속이 없으므로 강요죄에 속한다.

37) 마취시켜 꼼짝 못하게 하는 경우 등

38) 대법원에 의하면 행동의 자유 박탈은 반드시 전면적이어야 하는 것이 아니므로, 감금된 특정구역안에서 (자기 휴대폰을 이용해서 30차례 통화하는 등) 일정의 생활자유가 허용되었더라도 감금죄가 성립한다.

체포의 예	감금의 예(경사승진, 법원서기보)
• 수족을 포박하여 몸을 잡는 행위 • 마취시켜 꼼짝 못하게 하는 행위 • 경찰관을 속여서 체포하게 하는 경우(제3자의 행위를 이용한 간접정범) • 풀어주어야 할 법적 의무 있는 자가 풀어주지 않는 경우(부작위에 의한 체포) • 긴 밧줄로 사람을 묶어서 한쪽 끝을 잡고 있는 경우	• 목욕중인 부녀 옷을 숨겨서 못나오게 하는 경우, 우물 속에 들어간 사람을 나오지 못하게 밧줄을 치워버린 경우 • 택시기사가 하차를 청하는 승객을 내려주지 않고 계속 질주하는 경우[39] • 간수가 형기가 만료된 사실을 알면서도 재소자를 2일 동안 석방하지 않는 경우(부작위에 의한 감금) • 방 안에 사람이 있는 줄 모르고 열쇠를 잠근 후, 그 사실을 알고도 문을 열어주지 않는 경우[40]

3 기수 및 종료 시기

본죄는 계속범이므로 체포·감금행위가 시간적으로 어느 정도 계속된 때에 기수가 된다. 체포·감금상태가 계속되는 동안은 범죄가 종료되지 않고, 피해자의 자유가 회복된 때에 종료된다.

(체포감금 의사는 있었으나) 일시적인 자유박탈(예, 방 안에서 못나오도록 30초간 문을 잠근 경우)은 시간적 계속성 결여로 인하여 본죄의 미수범(또는 폭행죄)에 해당한다.

3. 위법성

검사 또는 사법경찰관의 영장에 의한 구속, 현행범인의 체포, 친권자의 징계행위, 치료를 위한 정신병자의 감금 등은 (업무로 인한 행위로) 형법 제20조의 정당행위에 해당되어 위법성이 조각된다.[41]

피해자의 양해가 있으면, 구성요건해당성이 조각된다.

---

39) 강간목적으로 피해자를 강제로 승차시키고 달린 경우, 동승자를 감금죄의 공동정범으로 볼 수 있다는 것이 판례의 입장이다.

40) 경비원이 절도범을 체포하여 버릇을 고쳐주려고 아파트 지하창고에 이틀 동안 가둔 경우, 감금죄가 된다.

41) 대법원은 수용시설이 부랑아들의 야간도주 방지를 위하여 취침시간 중 출입문내에서 잠금장치를 한 것은 정당행위라고 본다. 또한 정신병자의 모친승낙하에 간호차원에서 보호실문을 야간에만 3일감금한 행위는 사회통념상 그 위법성이 부정된다.

4. 죄수 및 타죄와의 관계

① 사람을 체포하여 감금한 경우 ⇨ 포괄하여 1개의 감금죄만 성립한다.

② 감금의 수단으로 행해진 폭행 · 협박 ⇨ 불가벌적 수반행위로서 감금죄에 흡수된다.

③ **감금 중에** 범한 강간이나 강도 ⇨ 감금죄와 강간죄 또는 강도죄의 실체적 경합이 된다.

④ **강도(강간)의 수단으로** 체포감금 ⇨ 체포감금죄와 강도죄(강간죄)의 상상적 경합이 된다.[42]

⑤ 사람을 체포 · 감금하여 그 석방대가로 금품을 강취 ⇨ 인질강도죄가 된다.

⑥ 미성년을 유인한 자가 계속 불법감금 ⇨ 미성년자유인죄와 감금죄의 경합범이 된다. (경간부)

II. 존속체포 · 존속감금죄

제276조(존속체포, 존속감금) ② 자기 또는 배우자의 직계존속에 대하여 제1항의 체포감금죄를 범한 때에는 10년 이하의 징역 또는 1천500만원 이하의 벌금에 처한다.

제280조(미수범) 본죄의 미수범은 처벌한다.

III. 중(中)체포감금죄[43], 존속 中체포감금죄

제277조(중체포, 중감금,[44] 존속중체포, 존속중감금) ① 사람을 체포 또는 감금하여 가혹한 행위를[45] 가한 자는 7년 이하의 징역에 처한다.

② 자기 또는 배우자의 직계존속에 대하여 전항의 죄를 범한 때에는 2년 이상

---

42) 다만 강도 후에도 감금이 계속된 경우는, 강도와 감금죄의 실체적 경합범이 된다.

43) **결과적 가중범이 아니다.** 체포감금후 폭행협박하면 (행위반가치가 적용되어 중한 처벌을 받는) 중체포감금죄이다.

44) 여관에 감금한 후에 폭행을 한 것은 (가혹행위에 해당하므로) 중감금죄가 성립한다.

45) 예, 폭행 협박, 음란행위, 나체를 만들어서 수치심 유발, 안 재우기 등

의 유기징역에 처한다.

제280조(미수범) 본죄의 미수범은 처벌한다.

Ⅳ. 특수체포감금죄

제278조(특수체포, 특수감금) 단체 또는 다중의 위력을 보이거나 위험한 물건을 휴대하여 전2조(체포·감금, 존속체포·감금, 중체포·감금, 존속중체포·감금)의 죄를 범한 때에는 그 죄에 정한 형의 2분의 1까지 가중한다.

제280조(미수범) 본죄의 미수범은 처벌한다.

Ⅴ. 상습체포감금죄

제279조(상습범) 상습으로 제276조(체포·감금, 존속체포·감금) 또는 제277조(중체포·감금, 존속중체포·감금)의 죄를 범한 때에는 전조(특수체포·감금)의 예에 의한다.

제280조(미수범) 본죄의 미수범은 처벌한다.

Ⅵ. 체포감금 치사상죄[46], 존속체포감금 치사상죄

제281조(체포·감금 치사상) ① 제276조 내지 제280조의 체포감금죄를 범하여 사람을 상해에 이르게 한 때에는 1년 이상의 유기징역에 처한다. 사망에 이르게 한 때에는 3년 이상의 유기징역에 처한다.

② 자기 또는 배우자의 직계존속에 대하여 제276조 내지 제280조의 죄를 범하여 상해에 이르게 한 때에는 2년 이상의 유기징역에 처한다. 사망에 이르게 한 때에는 무기 또는 5년 이상의 징역에 처한다.

---

46) 체포·감금죄의 결과적 가중범이다. 대법원은 하차요구를 무시하고 목적지 아닌 다른 장소로 60-70킬로로 운행하여 하차를 못하게 한 경우에는 감금죄, 이 상황에서 빠져나오려고 하다가 길바닥에 떨어져 상해를 입고 결과적으로 사망한 경우에는 인과관계를 긍정하여 감금치사죄로 판시한 바 있다. (경위승진) 판례에 따르면 동거녀를 술집에 못 나가게 할 목적으로 머리카락을 자르고 알몸으로 있게 한 후 문에 못질을 하였는데 동거녀가 창문에서 뛰어내려 사망한 경우, 중감금치사죄이다.

제4절 약취와 유인의 죄

Ⅰ. 총 설

1. 의 의

약취유인죄(=인취죄)는 사람을 약취(폭행 협박을 수단으로, 의사에 반하여 데려감) 또는 유인(기망 유혹으로, 의사에 반하지 않게 데려감)하여 자기 또는 제3자의 실력적 지배하에 둠으로써, 개인의 자유로운 생활 관계를 침해하는 범죄이다. 인취죄 중 일부가 친고죄이었으나 친고죄규정 부분이 폐지되었다.

다만 형법은 돈을 노리는 유괴범(인취범)은 인질강도죄로 처벌하고 있다.

특정범죄가중처벌 등에 관한 법률(제52조의2)은 인취죄에 대한 가중처벌규정을 두고 있다.

2. 보호법익과 보호정도

피인취자의 자유권이 주된 보호법익이지만, 부차적으로는 보호자의 보호감독권도 보호법익이 된다(통설·판례).[47] 보호정도는 침해범의 보호이다. (7급 검찰)

Ⅱ. 미성년자의 약취유인죄

제287조(미성년자의 약취·유인) 미성년자를 약취 또는 유인한 자는 10년 이하의 징역에 처한다.

제294조(미수범) 미수범은 처벌한다.

제295조의2(형의 임의적 감경) 이 장의 죄를 범한 자가 약취·유인·매매 또는 이송된 자를 안전한 장소로 풀어준 때에는 그 형을 감경할 수 있다.[48]

제296조(예비·음모) 죄를 범할 목적으로 예비·음모한 자는 3년 이하 징역에 처

47) 따라서 미성년이 동의하더라도 인취죄가 된다. 대판 2003.2.11, 2002도7115.

48) 체포감금, 인질강도, 인질살해, 인질치사죄는 해방감경규정이 없다.

한다.

제296조의 2 (세계주의) 대한민국 영역 밖에서 죄를 범한 외국인에게도 적용한다.

1. 주 체

주체에는 그 제한이 없다.[49] (별거 중인) 실부모도, (자신을 제외한) 미성년자라도 주체가 될 수 있다. 미성년자도 다른 미성년자를 약취유인할 수 있다.

미성년자의 보호감독자도, 다른 보호감독자의 감호권을 침해 남용하여 본죄의 주체가 될 수 있다. (경찰 1차)

2. 객 체

행위의 객체는 미성년자(만 19세 미만인 자)이다.

다만 주의할 것은 (형법은 민법과 취지가 다르므로) 민법의 성년의제와 달리,[50] 형법에서는 혼인한 미성년자도 본죄의 객체가 된다(다수설).[51]

3. 행위(약취 또는 유인)

인취행위가 보호자에게 행해질 수도 있다. 즉 보호자를 떠나가게 할 수도 있다. 부작위로 할 수도 있다(예, 스스로 가출해 자신의 지배하에 온 미성년을 보호자에게 알리지 않는 경우).

약취유인의 결과 미성년을 자기나 제3자의 사실적 지배에 두는 상태가 발생해야 한다.[52]

미성년이 자발적으로 가출한 경우에는, 인취자가 ① 피인취자에 대한 보호자의 감호권을 침해하는 행위를 하였는가? ② (아니면) 오히려 회복시켜 주기 위한 노력을 하였는가? 여부에 따라 약취유인죄의 성립여부가 결정된다.[53]

---

49) 대법원은 외조부가 맡아 양육하던 아들을 아들의 의사에 반해 사실상 자신의 지배하에 옮긴 아빠에게 미성년자 약취유인죄를 인정한 바 있다.

50) 공직선거법도 성년의제를 인정하지 않고 있다.

51) 성년의제는 민법규정이기 때문이다.

52) 왜냐하면 미성년인취죄는 미성년의 자유권과 함께 보호자의 감호권을 일정기간 박탈하는 범죄이기 때문이다.

53) 대판 1982.4.27, 82도186(인취죄 성립) ; 대판 1998.5.15, 98도690(인취죄 불성립).

1 약취(=납치)

약취란 수면제나 마취제를 사용하는 등 '폭행(협의) 또는 협박으로'[54] 사람을 자기 또는 제3자의 지배하에 옮기는 행위를 말한다. 심신상실이나 항거불능 상태를 이용하는 것도 가능할 수 있다.

2 유인(=유괴)

유인이란 '기망 또는 유혹에 의해' 사람을 자기 또는 제3자의 지배하에 옮기는 행위를 말한다.[55] 따라서 미성년의 단순 가출은 본죄를 구성하지 않는다.

유아는 약취의 객체가 될 뿐, 의사능력이 없으므로 (약취의 대상은 될 수 있어도) 유인의 객체가 될 수 없다.[56]

4. 실행의 착수 및 기수시기

1 착수시기

약취 · 유인의 수단인 폭행 · 협박 · 기망 · 유혹을 개시한 때이다.[57]

2 기수시기

(공범성립의 가능성을 고려해 볼 때) 본죄는 계속범(다수설)[58]이다. 따라서 약취 · 유인 후 어느 정도의 시간이 경과한 때 기수(침해범)가 되며, 피인취자의 자유가 회복되어 석방된 때에 범죄행위가 종료[59]된다.

피인취자를 불법하게 감금하면 별도의 감금죄가 성립한다.

---

54) 사실상의 힘 행사를 포함한다.
55) 다만 (목사가 종말론으로 미성년을) 가출하게만 한 경우, 자기나 제3자의 실력적 지배하에 옮겼다고 할 수 없으므로, 미성년자유인죄가 아니다. (사시 41회)
56) 유인은 의사에 반하지 않게 데려가야 하기 때문이다.
57) 보호자를 폭행 · 협박 · 기망 등으로 떠나게 하고 피해자를 자기의 실력지배 하에 둘 수도 있기 때문에 장소이전은 요건이 아니라고 본다(다수설). 즉 (미성년의) 부모를 멀리 보내는 방법도 있다.
58) 반면에 권오걸 교수 등은 상태범설(자신의 지배하에 두면 기수)을 취한다.
59) 종료한 때부터 공소시효가 진행된다.

5. 주관적 구성요건

본죄의 **고의**는 피인취자가 미성년자라는 사실 및 약취 · 유인에 대한 인식이 있으면 된다. (목적범이 아니어서) 약취 · 유인의 동기나 목적은 불문한다.[60] 따라서 남의 아이를 부모보다 월등히 훌륭하게 키우겠다는 목적으로 인취한 경우라도, 본죄는 성립한다.

다만 미성년을 추행 간음 영리 결혼 국외이송 등 목적으로 인취한 경우에는, 본죄가 아니다. 또한 목적여하에 따라서는 특정범죄가중처벌법이 적용된다.

6. 위법성

피인취자(미성년) 및 친권자, 양자 모두 승낙시 위법성이 조각된다.[61]

피해자의 승낙의사표시에 하자가 있어서는 안 되고 보호자의 동의 또한 권리남용으로 위법한 의도가 있으면 안 된다. 공서양속에 반해서도 안된다.

피인취자의 승낙만 있는 경우 (친권자의 감독권도 보호법익이므로) 위법성이 조각되지 않는다. (사시 40회)

7. 죄수 및 타죄와의 관계

약취 · 유인한 자가 계속해서 피인취자를 감금한 경우(예, 甲이 초등학생 乙에게 영화를 보여주겠다고 거짓말하여 유인한 후 여관방으로 데리고 가서 오랜 시간 가두어 둔 경우)에는 미성년자 약취 · 유인죄와 감금죄의 실체적 경합범이 된다(통설 · 판례).[62] (경위승진)

---

60) 따라서 미성년자를 보호양육하기 위해 인취한 때도 미성년자인취죄의 범죄가 성립한다.

61) 구성요건해당 조각설도 있다.

62) 대법원은 미성년만 있는 주거에 침입하여 강도행위를 하다가 미성년과 그 부모에게 폭행협박을 하여 일시적으로 미성년에 대한 부모의 보호관계형성에 침해를 주었더라도, 범인의 의도는 오로지 금품갈취를 위한 억압에 있다고 보아 강도죄 이외에 별도의 미성년자인취죄의 성립을 부정한 바 있다.

Ⅲ. 추행 · 간음 · 영리 목적(目的)의 약취유인죄[63]

제288조(영리 등을 위한 약취, 유인, 매매 등)[64] ① 추행, 간음(친고죄 삭제) 또는 영리의 목적(목적범)으로 사람을 약취 또는 유인한 자는 1년 이상 10년 이하의 징역에 처한다. (5천만원 이하 벌금 [65]병과 가능)

② 노동력착취, 성적매매 성적착취, 장기적출을 목적으로 사람을 약취 또는 유인한 자는 2년 이상 15년 이하의 징역에 처한다.(5천만원이하 벌금병과 가능)

③ **국외**[66]이송 목적으로 사람을 약취 또는 유인하거나, 또는 약취 · 유인된 사람을 **국외**에 이송한 자도 2년 이상 15년 이하의 징역에 처한다.(5천만원 이하 벌금 병과 가능)

제294조(미수범) 미수범은 처벌한다.(해방 감경규정 적용)(제296조의 2 세계주의 적용)

제295조의2(형의 감경) 본죄를 범한 자가 약취 · 유인 · 매매 또는 이송된 자를 안전한 장소로 풀어준 때에는 그 형을 감경할 수 있다.

제296조(예비·음모) 죄를 범할 목적으로 예비 · 음모한 자는 3년이하 징역에 처한다.[67] (101단)

제296조의 2(세계주의) 대한민국 영역 밖에서 죄를 범한 외국인에게도 적용한다.

1. 객 체

성년 · 미성년, 남자 · 여자(의사능력 유무)를 불문한다.

미성년자가 그 대상일 때에는 (미성년자 약취 · 유인죄가 아니고) 본죄가 성립한다.

---

63) 기본적 구성요건은 제287조이고 목적이 있어야 가중처벌을 된다.

64) 상습범규정을 삭제하였으나, 실제는 실체적 경합범으로 처리하는 바 상습범처럼 1/2 가중 처리된다.

65) 제288조 제3항의 국외이송목적 인취하고 그리고 인취자를 국외이송도 한 경우, 실체적 경합범이라는 학설 등 견해대립이 있다.

66) (세계주의 적용이라는 차원에서 볼 때) 한국 이외 국가 장소라고 보기보다는 주재국 이외 국가 장소로 보는 것이 타당할 것이다.

67) 모집책과 전달책은 예비음모가 없다.

2. 행위(약취 또는 유인)

3. 주관적 구성요건(고의 및 목적)

약취 · 유인의 고의 외에 추행 · 간음 · 영리의 목적이 있어야 한다(목적범).[68)]

1 추행 등 목적

추행목적이란 피인취자를 추행행위의 주체 또는 객체로 삼으려는 목적을 말한다.

간음목적이란 법적 결혼 이외의 성교행위의 목적을 말한다(예, 17세 소녀를 간음목적으로 인취했으나 다음날 그 소녀가 탈출하여 간음하지 못한 경우). (여경)

영리목적이란 행위자 또는 제3자에게 재산상 이익을 얻게 할 목적을 말한다.

2 노 · 성 · 장 목적

노동력착취(2019년 지적장애인 무임금 강제노역 축사노예사건), 성적매매 성적착취(성매매알선행위처벌법 참조), 장기적출을 목적으로 사람을 약취 또는 유인한 경우이다.

3 국외이송 목적

국외이송 목적으로 사람을 약취 또는 유인하거나, 약취 · 유인된 사람을 국외에 이송한 경우이다.

4. 기수시기

본죄는 목적범이므로 이러한 목적을 가지고 사람을 약취 · 유인하면 목적이 실현되지 않은 경우라도 본죄의 기수(예, 甲은 18세 소녀 乙을 포주 丙에게 팔려고 乙을 유인한 후 丙에게 인도하지 못한 채 체포된 경우, 甲은 영리목적약취유인죄의 기수)가 된다. (경감승진)

---

68) 석방 대가로 재물을 취득할 목적으로 약취 · 유인한 경우 ⇨ 영리의 목적에 해당하므로 영리목적 약취 · 유인죄(다수설)이나, 다만 피인취자가 미성년자인 경우에는 특정범죄가중처벌 등에 관한 법률 제5조의 2에 해당한다. 약취 · 유인한 후 석방대가로 재물을 요구한 경우 ⇨ 인질강도죄(제336조)

Ⅳ. 인신매매죄

제289조(인신매매) ① 사람을 매매한 자는 7년 이하 징역에 처한다.(벌금병과 가능)

② 추행 간음 결혼 영리에 사용할 목적으로 사람을 매매한 자는 1년 이상 10년 이하 징역에 처한다.(5천만원이하 벌금병과 가능)

③ 노동력착취, 성적매매 성적착취, 장기적출을 목적으로 사람을 매매한 자는 2년 이상 15년 이하의 징역에 처한다.(5천만원이하 벌금병과 가능)

④ 국외이송 목적으로 사람을 매매하거나, 매매된 사람을 국외에 이송한 자도 2년 이상 15년 이하의 징역에 처한다.(5천만원이하 벌금병과 가능)

제294조(미수범) 미수범은 처벌한다.(해방 감경규정 적용)(제296조의 2 세계주의 적용)

제295조의2(형의 감경) 본죄를 범한 자가 약취·유인·매매 또는 이송된 자를 안전한 장소로 풀어준 때에는 그 형을 감경할 수 있다. (친고죄 ×)

제296조(예비·음모) 죄를 범할 목적으로 예비·음모한 자는 3년 이하 징역에 처한다.

제296조의 2(세계주의) 대한민국 영역 밖에서 죄를 범한 외국인에게도 적용한다.

1. 보호법익

인간으로서의 존엄과 가치이다. (경사승진)

2. 주 체

배우자 보호자 등 주체에는 그 제한이 없다. 금전대가 주고받은 매도인과 매수인 모두 정범으로 처벌되는 필요적 공범이다. (경사승진)

3. 객 체

사람인 이상 성년·미성년, 기혼·미혼을 불문한다.

4. 행위(매매)

여기서 매매란 사람의 신체를 유상으로 마치 물건처럼 거래(무상 불포함)하여 상대방에게 넘겨주는 경우이다. 교환도 본죄의 매매에 포함된다. (경사승진)

5. 기수시기

사람에 대한 실력적 지배가 상대방 측에 이전되었을 때 기수로 된다. 목적의 달성여부는 불문한다.[69] (경사승진) 아직 대가를 지급하지 않았어도 기수이다. (여경)

6. 주관적 구성요건

인신매매죄 이외의 경우에는 본죄가 성립하기 위해서는 인신매매의 고의 이외에 목적이 있어야 한다.

V. 약취·유인·매매·이송 등 상해죄 및 치상죄

제290조(약취 유인 매매 이송 등 상해·치상) ① 제287조 미성년약취유인죄부터 제289조 인신매매죄까지의 죄를 범하여, 약취 유인 매매 이송된 사람을 상해한 때에는 3년 이상 25년 이하의 징역에 처한다.(5천만원 이하 벌금병과 가능)
② 제287조부터 제289조까지의 죄를 범하여, 약취 유인 매매 이송된 사람을 상해에 이르게 한 때에는 2년 이상 20년 이하의 징역에 처한다.(5천만원 이하 벌금병과 가능)

제294조(미수범) 제290조 제1항(결합범)의 미수범은 처벌한다.[70] (해방 감경규정 적용)(제296조의 2 세계주의 적용)

제295조의2(형의 감경) 본죄를 범한 자가 약취 · 유인 · 매매 또는 이송된 자를 안전한 장소로 풀어준 때에는 그 형을 감경할 수 있다.

제296조(예비·음모) 제290조 제1항의 죄를 범할 목적으로 예비 · 음모한 자는 3년이하 징역에 처한다.

---

69) 계약만 체결하고 아직 인도하지 않은 경우에는 본죄의 미수가 된다.
70) cf. 결과적 가중범 미수 처벌은 없다.

제296조의 2(세계주의) 대한민국 영역 밖에서 죄를 범한 외국인에게도 적용한다.

본죄는 미성년자 약취 · 유인죄(287조)와 영리 등을 위한 약취 · 유인죄(287조)에 대한 특별관계에 있으므로 국외이송 목적으로 약취 · 유인한 이상 객체가 미성년자이거나 영리 등 목적이 있는 경우에도 본죄만 성립한다.

Ⅵ. 약취·유인·매매·이송 등 살인죄 및 치사죄

제291조(약취 유인 매매 이송 등 살인·치사)[71] ① 제287조 미성년약취유인죄부터 제289조 인신매매죄까지의 죄를 범하여, 약취 유인 매매 이송된 사람을 살해한 때에는 사형 무기 또는 7년 이상의 징역에 처한다. (5천만원이하 벌금병과 가능)
② 제287조부터 제289조까지의 죄를 범하여, 약취 유인 매매 이송된 사람을 사망에 이르게 한 때에는 무기 또는 5년 이상의 징역에 처한다. (5천만원이하 벌금병과 가능)

제294조(미수범) 제291조 제1항의 미수범은 처벌한다.(제296조의 2 세계주의 적용)

제296조의 2(세계주의) 대한민국 영역밖에서 죄를 범한 외국인에게도 적용한다.

Ⅶ. 약취 · 유인 · 매매 · 국외이송된 자의 수수은닉죄

제292조(약취, 유인, 매매, 이송된 자의 수수[72] 또는 은닉) ① 제287조 또는 제289조의 약취, 유인이나 매매된 자 또는 이송된 자를 수수 또는 은닉한 자는 7년 이하의 징역에 처한다. (추행 간음에서 친고죄 삭제) (5천만원이하 벌금병과 가능)
② 제287조부터 제289조까지의 죄를 범할 목적으로 사람을 모집 운송 전달한 자도 7년 이하 징역에 처한다.

제294조(미수범) 제292조 제1항의 미수범은 처벌한다.(5천만원 이하 벌금병과 가능) (해방 감경규정 적용) (제296조의 2 세계주의 적용)

제295조의2(형의 감경) 본죄를 범한 자가 약취 · 유인 · 매매 또는 이송된 자를 안전한 장소로 풀어준 때에는 그 형을 감경할 수 있다.

제296조(예비·음모) 제292조 제1항의 죄를 범할 목적으로 예비 · 음모한 자는 3

71) (죽었는데 무슨 해방인가라는 차원에서) 해방 감경규정을 삭제하였다.
72) 피인취자를 자신의 실력적 지배하에 두는 것을 말한다.

년이하 징역에 처한다.

제296조의 2(세계주의) 대한민국 영역 밖에서 죄를 범한 외국인에게도 적용한다.

제5절 강간 및 추행의 죄

보호법익은 성적 자기결정권(자유권)이며, 보호정도는 침해범이다.

Ⅰ. 강간죄

제297조(강간) 폭행 또는 협박으로 사람을 강간한 자는 3년 이상의 유기징역에 처한다.

제297조의 2(유사강간) 폭행 또는 협박으로 사람에 대해 구강 항문 등 신체(성기제외)의 내부에 성기를 넣거나, 항문에 손가락 등(성기제외)의 일부 또는 도구를 넣는 행위를 한 사람은 2년 이상의 유기징역에 처한다.

제300조(미수범) 본죄의 미수범은 처벌한다.[73]

제305조의2(상습범) 상습범에게는 그 죄에 정한 형의 1/2까지 가중한다.

제305조의3(예비음모) 강간, 유사강간, 준강간, 강간상해, 제305조의 예비음모자는 3년 이하 징역에 처한다.

1. 주 체

주체에는 제한이 없다.[74] 성적인 능력유무를 불문하므로 성적무능력자라도 본죄의 주체가 될 수 있다.

2. 객 체

본죄의 객체는 (19세 이상의[75]) **사람**(예, 주체가 남성이면 객체는 여성, 주

---

73) 피고인이 피해자를 강간하려고 협박하다가 다음에 만나 친해지면 응해 주겠다는 취지의 간곡한 부탁을 하자 강간행위를 그만둔 경우 ⇨ (간곡한 부탁은 사회통념상 범죄실행의 장애라고 여겨지지 않으므로) 강간죄의 중지미수이다. (경사승진)

74) 신분범이 아니다.

75) 13**세 미만**은 성폭법 제7조 제1항 가중처벌, 19**세 미만**은 아동청소년성보호법 제7조 제1항 가중처벌이 있다. 따라서 형법상 강간죄의 객체는, 실질적으로 19**세 이상**인 사람이

체가 여성이면 객체는 남성)이다.

기혼 · 미혼 · 성년 · 미성년을 불문한다.[76] 매춘부, 성전환자, 법률상의 부인도 대상이 된다.[77]

3. 행위(폭행 또는 협박으로 사람을 간음, 강간)

1 폭행 · 협박

본죄의 폭행 · 협박은[78] **상대방**[79]의 반항을 불가능하게 하거나 현저히 곤란하게 할 정도의 것이어야 한다(최협의의 폭행 · 협박).[80] 마취제 · 수면제 등의 약물을 사용하거나, 최면술을 거는 것도 본죄의 폭행에 해당한다.

(형법이 아닌) 성폭력범죄처벌특례법[81]상 **특수강간**죄는 흉기 등 위험물건을 지닌 경우 또는 2명 이상이 합동하여 강간한 경우도 무기 또는 5년 이상 징역 대상이다.

2 간 음

간음은 성기를 상대방의 성기에 직접 삽입하는 성교행위를 말한다. 폭행 · 협박과 간음 사이에는 (시간 전후는 불문하고) 인과관계가 있어야 한다(대판). 행위자가 실행에 착수한 후, 동의하면 강간(rape) 미수가 된다.[82]

된다.

76) 13세 미만의 부녀라도 폭행 협박을 수단으로 강간하면 (미성년 의제강간이 아닌) 강간죄가 된다.

77) 혼인관계가 실질적으로 유지되고 있어도 남편이 반항을 불가능하게 하거나 현저히 곤란하게 할 정도의 폭행협박을 가해 아내를 간음하면 강간죄가 된다(대판 2013.5.16, 2012도 14788).

78) 행위자 스스로가 한 것이어야 한다. 즉 제3자가 한 폭행협박을 이용하여 간음하는 것은 준강간이다.

79) 상대방의 **동생**을 해고하겠다고 협박하여 성교한 경우는, (강간죄가 아닌) 강요죄의 문제이다.

80) 폭행협박이 피해자 신체에 한정되는 것은 아니다(대판). 여관주인에게 구조요청을 할 수 있는 데도 창피하여 안한 경우에는 강간죄가 되지 않는다.

81) 강간을, (형법이 개인적 법익 문제로 보는 것과 달리) 성폭력범죄처벌특례법은 사회적 법익 범죄로 보고 있다.

82) 성폭력(sexual assault)을 (폭행 협박과 관계없이) 동의 여부를 중심으로 판단하자고 하는 비동의 간음죄(Sexual Consent Law)에 관한 논의가 활발히 진행되고 있다.

4. 실행의 착수 및 기수 시기

① 착수시기 : 폭행 · 협박을 개시한 때[83]

② 기수시기 : 성기가 상대방의 성기에 들어가는 순간(삽입설[84])

5. 주관적 구성요건

본죄가 성립하기 위해서는 폭행 · 협박에 의하여 사람을 강간한다는 고의가 있어야 한다.

6. 죄수 및 타죄와의 관계

① 강간의 수단으로 폭행 · 협박 ⇨ 폭행 · 협박은 강간죄에 흡수.[85] 다만 폭행 중 강간의 범의를 일으켜 강간한 경우 ⇨ 폭행죄와 강간죄의 경합법

② 강간의 수단으로 행한 감금 ⇨ 강간죄와 감금죄의 상상적 경합

③ 불법 감금 중 강간의 고의가 생겨 간음 ⇨ 감금죄와 강간죄의 (실체적) 경합범

④ 주거침입하여 강간 ⇨ 주거침입죄와 강간죄의 (실체적) 경합범이었으나, 성폭력법 개정으로 주거침입강간죄(제3조 제1항)

⑤ 위험물(흉기)휴대 또는 2인 이상 합동으로 강간[86] ⇨ 성폭력처벌및피해자보호법상 특수강간

---

83) 대법원은 주거에 침입해 엉덩이만 만진 것만으로는 폭행 협박이 없어서 강간의 실행착수를 부정하나, (경찰 1차) 팬티를 벗기려고 하거나 여관방에 유인 후 성교를 요구한 경우 ⇨ 강간죄의 실행착수를 인정한 바 있다.

84) 만족설도 있다.

85) 대법원은 간음하고 200미터 지나 다시 1회 간음한 경우처럼, 동일한 폭행협박으로 수회 간음한 경우 단순일죄로 처리한 바 있다. 다만 1회 강간으로 상처를 입히고 1시간 후 장소를 옮겨 다시 1회 강간한 경우에는 실체적 경합범으로 판시하였다.
한편 강간행위시 추행은 불가벌적 수반행위로 강간죄에 흡수된다.

86) 예, 사전모의에 따라 강간목적으로 심야에 쉽게 도망갈 수 없는 산으로 피해자들을 유인한 다음 곧바로 암묵적 합의에 따라 각자 마음에 드는 피해자를 데리고 100미터이내에 있는 거리에 있는 곳으로 흩어져 동시 또는 순차적으로 피해자들을 각각 강간한 경우, 3인이 특정한 1명씩의 피해자만 강간해도, 각 강간의 실행행위도 시간 · 장소적으로 협동관계에 있다고 보아야 할 것이므로 피해자 3명 모두에 대한 특수강간죄가 된다(대판 2004.8.20, 2004도2870). (경위승진)

⑥ 강간목적을 실현한 후 특수강도 고의로 다이아목걸이를 빼앗아간 경우 ⇨ 강간죄와 특수 강도의 실체적 경합범[87] (경찰 1차)

⑦ 동일한 폭행협박으로 수회 성교한 경우 강간 단순일죄 성립 (다만 각각 다른 폭행협박으로 성교하면 수죄 성립)

II. 강제추행죄

제298조(강제추행) 폭행 또는 협박으로 사람에 대하여 추행을 한 자는 10년 이하의 징역 또는 1천500만원 이하의 벌금에 처한다.
제300조(미수범) 본죄의 미수범은 처벌한다.
제305조의2(상습범) 상습범에게는 그 죄에 정한 형의 1/2까지 가중한다.

1. 주 체

제한이 없다(남자 · 여자 불문[88]). 신분범도 자수범도 아니다. 간접정범으로도 가능하다.

2. 객 체

사람(남자 · 여자 불문)이다.

3. 행위(폭행 또는 협박으로 추행하는 것)

[1] 폭행 · 협박

폭행 · 협박의 정도에 대하여는 강간죄의 경우와 동일하다[89]는 견해(다수설)와 (기습추행 등이 있다 보니) 의사에 반한 유형력 행사라면 대소강약을 불문한다[90]는 견해(판례[91])가 있다.

87) 대판 2002.2.8., 2001도6425. 다만 학설은 (폭행협박과 재물탈취 사이에 인과관계를 부정하여) 강간과 절도의 경합범이라고 한다. cf. 성폭법상 특수강도강간.
88) 여자가 남자를 강간한 경우, 강간죄가 된다.
89) 다만 폭행 자체가 추행이면 반항이 불가능할 정도까지를 요하지 않는다(대판).
90) 다만 폭행협박이 추행보다 시간적으로 앞선 경우에는, 상대방의 항거를 곤란하게 할 정도의 폭행협박이 있어야 한다(대판 2007.1.25., 2006도5979).

[2] 추 행

추행이란 성적 도의관념에 반하며 일반인에게 성적 수치심과 혐오의 감정을 일으키게 하는 일체의 음란행위(예, 상대방을 알몸이 되게 하는 경우, 여자의 음부를 손으로 만지는 행위 등)로 성적 자기결정(권)의 자유를 침해하는 행위를 말한다.[92] 공연성은 요하지 않는다.

4. 주관적 구성요건

폭행 또는 협박에 의하여 사람을 추행한다는 **고의**가 있어야 한다.[93]

III. 준강간죄 · 준강제추행죄

제299조(준강간, 준강제추행) 사람의 심신상실 또는 항거불능의 상태를 이용하여 간음 또는 추행을 한 자[94]는 전3조의 예에 의한다.
제300조(미수범) 본죄의 미수범은 처벌한다.
제305조의2(상습범) 상습범에게는 그 죄에 정한 형의 1/2까지 가중한다.

1. 객체(심신상실 또는 항거불능 상태에 있는 사람)

[1] 사 람

객체는 남 · 여를 불문한다.

[2] 심신상실

정신능력의 상실로 말미암아 정상적인 성적 자기결정을 할 수 없는 상태(만취자, 수면중인 자 및 일시 의식을 잃고 있는 자도 포함)를 말한다.[95] 즉 형법

91) 대판 2004.4.16., 2004도52.
92) 대법원에 따르면 춤을 추면서 유방을 만진 경우, 유부녀에게 혼외정사를 폭로하겠다고 협박하여 강제추행한 경우, 골프장 사장과의 친분을 내세워 골프장 여종업원을 협박(불응시 불이익부여)하여 **러브샷**한 경우 등에서 **강제추행**죄를 인정하였다.
93) 다만 주관적인 동기나 목적은 불문한다.
94) 주체에는 제한이 없다. 다만 피해자와 4촌 이내 혈족 및 인척관계에 있는 자가 범하면, 성폭력범죄처벌특례법 제5조 제3항에 의거 가중 처벌된다.
95) 그러나 심신미약자는 제302조에서 별도로 규정하고 있기 때문에 본죄의 심신상실에 포

제10조의 심신상실[96]과 달리, 준강간의 심신상실은 생물학적 장애를 요소로 하지 않는다. (군법무관 14회)

3 항거불능

항거불능은 심신상실 이외의 사유로 심리적·육체적으로 반항할 수 없는 경우를 말한다.[97] 다만 피해자가 목사나 의사의 성적 행위를 인식하고도 기망당해 용인한 경우, (위계에 의한 미성년 심신미약자 간음추행죄, 업무상 위력간음죄, 제304조 위계 간음죄는 별론으로 하고) 준강간죄나 준강제추행죄의 항거불능상태 이용으로 볼 수 없다(대판).[98]

2. 행 위

심신상실 또는 항거불능 상태를 이용하여(폭행이나 협박 없음)[99] 간음 또는 추행하는 것이다.

〈사례연구〉

1. 의사가 자기를 신뢰한 여자 환자에게 치료를 가장하여 간음·추행 ⇨ 준강간죄 또는 준강제추행죄

2. 심신미약자를 기망하여 간음·추행 ⇨ 심신미약자 간음·추행죄(제302조)

3. 행위자가 처음부터 마취제·수면제·최면술 등을 이용하여 항거불능 상태를 야기하여 간음·추행한 경우 ⇨ 강간죄 또는 강제추행죄 성립

함되지 않는다.
자신의 애인으로 착각하여 (여관에 갈 필요 없이) 그냥 빨리 하라고 하여 간음한 경우 (대판 2000.2.25, 98도4355) ⇨ (준강간죄를 부정하여) 무죄 (경찰 3차) (그러나 주거침입죄의 문제가 된다).

96) 제10조 심신상실은 생물학적 기초와 규범적 관점에서 사물을 변별하거나 의사를 결정할 능력이 없는 것을 의미한다. (군법무관)

97) 의사가 환자의 치료를 가장하여 간음하는 경우 (심리적 반항 불가), 이미 여러 차례 강간을 당해 기진맥진한 상태인데 이를 이용하여 성교한 경우 등이다.

98) 대판 2000.5.26., 98도3257 참조.

99) 처음부터 마취제로 항거불능 상태를 야기한 후 이루어진 간음은, 강간죄가 된다.

3. 실행착수시기

피고인이 잠을 자고 있는(이용하여) 피해자의 옷을 벗기고 자신의 바지를 아래로 내린 상태에서 피해자의 가슴 엉덩이 음부를 만지고 성기를 피해자의 음부에 삽입하려 했다면, 준강간죄의 실행의 착수가 있다(대판).[100] (경찰 2차)

Ⅳ. 미성년자(13세 미만) 의제강간 · 의제강제추행죄[101]

제305조(미성년자에 대한 간음추행) ① 13세 미만의 사람에 대해 간음하거나 13세 미만의 사람에게 간음 추행을 한 자는 제297조(강간), 제297조의2(유사강간), 제298조(강제추행), 제301조(강간 등 상해 · 치상) 또는 제301조의2(강간 등 살인 · 치사)의 예에 의한다.

② 13세 이상 16세 미만의 사람에 대해, 간음 추행한 19세 이상의 자는 제297조 제297조의2, 제298조, 제301조 또는 제301조의2 예에 의한다.

제305조의2(상습범) 상습범에게는 그 죄에 정한 형의 1/2까지 가중한다.

성폭력범죄처벌특례법이 우선 적용된다.

1. 객 체

13세 미만의 사람(의제강간죄, 의제강제추행죄)이다.[102]

2. 행위(간음 또는 추행)

폭행, 협박, 위계, 위력을 요하지 않는다. 따라서 주의할 것은, 객체가 13세 미만이라 할지라도 폭행 협박에 의해 간음 또는 추행한 때는, 강간죄나 강제추행죄가 성립한다.[103]

---

100) 대판 2000.1.14., 99도5187.

101) 미수 처벌한다(대판).

102) 미성년여부에 대해 착오에 따른 과실범은 무죄이다. 다만 13세 미만은 승낙이 있어도 유죄이다.

103) 13세이상 19세미만 사람의 경우? 동의시 범죄 불성립, 폭행협박으로 간음시 강간죄, 위계위력으로 간음시 미성년자간음죄가 된다. 한편 대법원은 초등학교 4학년생의 성기를 만진 담임에게 미성년자의제강제추행죄로 판시한 바 있다(대판 2006.1.13, 2005도6791).

② 피해자(13세 미만자)의 동의가 있는 경우라도, 미성년자 의제강간·의제강제추행죄가 성립한다(예, 초등학교 4학년 남자 학생의 담임교사가 교실에서 자기 반의 남학생 성기를 만진 행위[104]). (경장승진, 행시)

아파트 엘리베이터 안에서 11세 여학생과 단 둘이 탄 다음 성기를 꺼내 움직이며 다가간 경우, 성폭력범죄처벌특례법상 위력에 의한 추행죄가 된다(대판).[105]

3. 주관적 구성요건

피해자가 13세 미만이라는 사실과 간음·추행한다는 점에 대한 고의가 있어야 한다. 그 외에 (성욕을 자극 만족시키려는) 주관적 동기나 목적은 요구되지 않는다.[106]

① 13세 이상으로 인식했으나 13세 미만시 ⇨ 사실착오로써 고의 조각[107]

② 13세 미만으로 인식했으나 13세 이상임 ⇨ 불능범이 되어 본죄 불성립

4. 미수범 처벌문제

형법은 본죄에 관하여 미수범처벌규정(제300조)을 준용하지 않으나, 제305조는 강간죄·강제추행죄에 의한다고 하고 있고 강간죄가 강제추행죄의 미수범은 처벌되기 때문에, 본죄의 미수범도 처벌된다(통설, 판례[108]). (여경, 101단)

Ⅴ. 강간상해·강간치상죄, 강간살인·강간치사죄

제301조(강간 등 상해·치상) 제297조 제297조의2 298조부터 제300조까지의 죄를 범한 자가 사람을 상해하거나 상해에 이르게 한 때에는 무기 또는 5년 이상의 징역에 처한다.[109]

제301조의2(강간 등 살인·치사) 제297조 제297조의2 298조부터 제300조까지의 죄를 범한 자가 사람을 살해한 때에는 사형 또는 무기징역에 처한다. 사망에

104) 대판 2006.1.13, 2005도6791.
105) 대판 2013.1.16, 2011도 7164.
106) 대판 2006.1.13, 2005도6791.
107) 과실범이나, 처벌규정이 없다.
108) 대판 2007.3.15., 2006도9453.
109) 성폭법 제8조 강간 등 상해, 강간치상 참조.

이르게 한 때에는 무기 또는 10년 이상의 징역에 처한다.

1. 의 의

강간죄, 강제추행죄, 준강간 · 준강제추행죄, 미성년자의제강간 · 강제추행 그 미수범을 범한 자가 사람을 상해 · 살해하거나 상해 · 사망에 이르게 함으로써 성립하는 범죄이다.110)

2. 법적 성질

강간상해죄 · 강간살인죄의 경우는 고의범이지만, 강간치상죄 · 강간치사죄는 결과적 가중범이다.

3. 구성요건

[1] 강간 · 강제추행 등의 행위와 사망 · 상해의 결과 사이에 인과관계와 객관적 귀속이 있어야 한다.

[2] 사망 · 상해의 결과는 간음 · 추행행위 그 자체에서 일어나거나(예, 회음부 찰과상, 성병감염, 처녀막파열) 그 수단인 폭행 · 협박에 의해서 야기되거나(예, 치아탈락) 간음 · 추행행위에 수반되어 발생한 경우(예, 피해자가 폭행 · 협박을 피하기 위하여 창문을 통해 탈출하려다 추락하여 사망한 경우) 모두 해당된다.111)

[3] 강간 · 추행 등의 기본행위가 기수로 되었건 미수에 그쳤건 불문하고, 사망이나 상해의 결과가 발생하면 본죄의 기수가 된다.112)

〈사례연구〉

1. 甲이 12세 소녀의 동의하에 간음을 하여 처녀막이 파열된 경우 ⇨ (의제

110) 강간범이 상해를 한 경우, 고의범은 강간상해, 상해의 고의없이 과실로 상해의 결과가 발생한 과실범은 강간치상이 된다.

111) 14세가 차안에서 강간을 피하려고 우측슬관절부위 찰과상을 입은 것은 강간치상의 상해라고 보았다. 그러나 성행위시 생긴 반상출혈상, 왼손바닥이 2센티 긁힌 경우, 경부 및 전흉부 피하출혈통증으로 7일 가료해야 하는 경우에 대해서 대법원은 상해를 부정하였다.

112) 다만 사망 뒤 간음은 사체오욕죄가 된다.

강간에 의한 상해가 발생하였으므로) 강간치상죄의 기수 (경장승진)

2. 甲이 乙녀를 강간하려 했으나 심한 반항으로 실패하고 乙녀는 치아가 탈락하는 상해를 입은 경우 ⇨ 강간치상죄의 기수 (경감승진, 경찰1차)

3. 甲이 乙녀를 강간하고 성병까지 전염시켰으나 합의를 한 경우 ⇨ 강간치상죄의 기수

4. 갑은 을녀를 강간하고 실신하게 만든 후 아무 구호조치없이 도주한 경우 ⇨ (유기죄가 아니라) 강간치상죄 (경사승진)

④ 주관적 구성요건

① 강간 등 상해 · 살인죄 : 강간 · 추행 및 상해 · 살인의 고의가 있어야 한다. (예, A가 B의 목을 조르고 간음하여 B의 목에 상처를 입혔는데, A에게는 상해의 고의가 인정된 경우 ⇨ 강간치상죄 ×, 강간상해죄 ○)

② 강간 등 치상 · 치사죄 : 강간 · 강제추행에 대한 고의와 사망상해의 결과발생에 대한 과실(예견가능성)이 있어야 한다.[113]

4. 타죄와의 관계

① 강간의 의도로 폭행하여, 부녀를 사망시킨 직후, 간음한 경우 ⇨ 강간치사죄와 사체오욕죄의 (실체적) 경합범

② 강간치상 후 범행의 발각이 두려워 즉시 피해자를 살해한 경우 ⇨ 강간치상죄와 살인죄의 (실체적) 경합범 (법원서기보)

③ 여자화장실 용변칸을 노크해서 남편으로 오인한 여자가 문을 열어주자, 여자를 위협해서 반항을 억압한 후 간음하려 했으나, 남편이 달려와 미수에 그친 채, 2주간의 상해를 입힌 경우 ⇨ 주거침입죄와 강간치상죄[114] (경사승진)

④ 강간치상을 한 자가 실신 피해자를 구호 않고 방치한 경우 ⇨ (유기죄 경합이 아닌) 강간치상죄만 성립

⑤ 데이트 중인 남녀를 발견하고 강간하려고 남자를 폭행해 상해를 입히고

113) 상해란 처녀막파열, 수면장애, 성병감염, 히스테리유발, 보행불능 등이 있다.
114) 대판 2003.5.30, 2003도1256. 성폭력특별법상으로는 제9조 제1항에 해당한다.

이런 폭행으로 외포하게 하여 강간을 하고 상해를 입힌 경우 ⇨ 상해죄와 강간치상죄의 (실체적) 경합범

VI. 미성년자 · 심신미약자 위계위력간음추행죄

제302조(미성년자 등에 대한 간음) 미성년자(13세 미만 제외) 또는 심신미약자에 대하여 위계 또는 위력으로써 간음 또는 추행을 한 자는 5년 이하의 징역에 처한다.

제305조의2(상습범) 상습범에게는 그 죄에 정한 형의 1/2까지 가중한다.

1. 객체(미성년자 또는 심신미약자)

미성년자란 13세 이상 19세 미만을 의미하며(13세 미만은 제305조 적용), 혼인여부는 불문한다.

심신미약자란 정신기능의 장애로 정상적인 판단능력이 부족한 자를 말하며, 그 연령은 묻지 않는다.

2. 행위(위계 또는 위력으로 간음 또는 추행하는 것)

위계라 함은 치료나 종교의식을 빙자하여 간음을 인식하지 못하게 하는 등 상대방을 착오에 빠지게 하여 정당한 판단을 못하게 하는 것을 말한다.[115]

위력이라 함은 사람의 의사를 제압할 수 있는 힘을 말한다. 다만 강간죄 및 강제추행죄의 폭행 · 협박 정도에 이르지 않아야 한다.

115) 피고인이 피해자를 여관으로 유인하기 위해 남자를 소개시켜 주겠다고 거짓말을 하고 피해자가 속아서 여관으로 오게 되었고 거기에서 성관계가 이루어졌다 해도 그녀가 여관으로 온 행위와 성교행위사이에는 불가분의 관련성이 있는 것은 아니므로 피해자가 간음행위 자체에 착오에 빠졌다거나 이를 알지 못했다고 할 수 없어서 피고인의 위 행위는 위계에 의한 심신미약자간음죄에 해당하지 않는다(대판 2002.7.12, 2002도2029). (경찰간부, 경감승진, 사시46회)

Ⅶ. 업무상 위력 간음죄

제303조(업무상 위력 등에 의한 간음) ① 업무, 고용 기타 관계로 인하여 자기의 보호 또는 감독을 받는 사람에 대하여 위계 또는 위력으로써 간음한 자는 5년 이하의 징역 또는 1천500만원 이하의 벌금에 처한다.

제305조의2(상습범) 제297조부터 제300조까지, 제302조, 제303조 또는 제305조 상습범에게는 그 죄에 정한 형의 1/2까지 가중한다.

1. 주 체

업무나 고용관계로 사실상 사람을 보호감독 지위에 있는 자이다(진정신분범).

2. 객 체

자기의 보호·감독을 받는 19세 이상의 자이다(다수설).[116]

3. 행위(위계나 위력을 사용하여 간음[117]하는 것)

추행에 대해서는, 성폭법 제10조 제1항에 의해 처벌이 이루어진다.

4. 타죄와의 관계

① 13세 미만의 피보호·감독 사람을 위계·위력으로 간음 ⇨ 미성년자의제강간죄(제305조)만 성립

② 13세 이상의 미성년자 또는 심신미약자인 피보호·감독 사람을 위계·위력으로 간음 ⇨ 미성년자·심신미약자간음죄(제302조)만 성립(다수설)

116) 행위자가 직접 고용은 하지 않았지만, 처가 경영하는 미용실에 고용된 자도 업무상 위력간음죄의 객체에 해당한다(대판).

117) 추행은 해당하지 않는다.

Ⅷ. 피구금자 간음죄

제303조(업무상 위력 등에 의한 간음[118]) ② 법률에 의하여 (적법하게) 구금된 사람(피의자 피고인 불문)[119]을 감호하는 자(예, 검찰 경찰 교정직의 공무원)가 그 사람을 간음한 때에는 7년 이하의 징역에 처한다.

주된 보호법익은 성적 결정의 자유이고, 부수적인 보호법익은 감호자의 청렴성이다.

1. 주체(구금된 사람을 감호하는 자, 진정신분범)

2. 객체(법률에 의하여 적법하게 구금된 사람[120])

법정소란으로 감치처분을 받아서 구금된 자를 포함한다.

3. 행위(구금된 사람을 간음)

피구금부녀의 동의를 얻어 간음한 경우에도 본죄가 성립한다. 감호자의 청렴성도 부차적인 보호법익이기 때문이다. (경위승진)

간음 수단에는 제한이 없으나, 폭행·협박을 사용하여 간음한 경우는 강간죄가 성립한다.

---

118) 형법 제303조가 간음만 처벌하고 있어서, 추행도 처벌이 필요하다는 생각에, 성폭법 제10조(업무상 위력 등에 의한 추행죄)가 신설되었다.
119) 현재 미구금자(예, 선고유예 집행유예 중인 자, 보호관찰 중인 자)는 제외한다.
120) 불법적으로 구금된 자는 해당하지 않는다.

3 chapter

명예와 신용에 대한 죄

<학습 길잡이>

명예에 관한 죄의 보호법익은 외적 명예로, 명예의 주체가 될 수 있는 자와 없는 자를 구별하여 정리해 두어야 한다. 명예훼손죄와 모욕죄는 사실의 적시 유무에서 구별되고 있다는 점을 이해하고, 위법성조각사유로서 제310조를 정리해 두어야 한다. 명예훼손죄, 모욕죄, 업무방해죄의 출제빈도가 높으므로 구체적 사례를 통하여 정리해 두어야 하며 각 죄의 구성요건(특히 행위태양)은 법조문을 반복하여 정리해 두어야 한다.

제 1 절 명예에 관한 죄

Ⅰ. 총 설

1. 보호법익

① 명예에 관한 죄의 보호법익은 외적 명예(사람의 인격적 가치에 대해 타인에 의해서 일반적으로 주어지는 사회적 평가)이다. 내적 명예(진가), 명예감정(자기가 자기를 평가)은 보호법익이 아니다. (경장승진)

② 명예훼손죄뿐만 아니라 모욕죄의 보호법익도 외적 명예이므로, 명예훼손죄와 모욕죄는 사실적시의 유무에서 차이가 난다(통설·판례).

2. 보호정도(추상적 위험범으로서의 보호)[1]

3. 소추조건

명예에 관한 죄 중 모욕죄와 사자명예훼손죄만 친고죄이고, 나머지는 모두 반의사불벌죄이다. (9급 검찰)

II. 명예훼손죄

제307조(명예훼손) ① 공연히 (진실한)사실을 적시하여 사람의 명예를 훼손한 자는 2년 이하의 징역이나 금고 또는 500만원 이하의 벌금에 처한다.
② 공연히 허위의 사실을 적시하여 사람의 명예를 훼손한 자는 5년 이하의 징역, 10년 이하의 자격정지 또는 1천만원 이하의 벌금에 처한다.
제312조(고소와 피해자의 의사) ② 제307조와 제309조의 죄는 피해자의 명시한 의사에 반하여 공소를 제기할 수 없다.

1. 객체(사람의 명예)

1 외적 명예

인격적 가치에 대한 평가는 모두 본죄의 명예가 된다.[2] 다만 지불능력·지불의사에 대한 경제적 평가(신용)는 신용훼손죄의 보호법익이므로 본죄 명예에서 제외된다. (경장승진)

2 명예의 주체 (7급 9급 검찰, 경감승진, 경사승진)

① 모든 자연인은 주체가 될 수 있다.[3] 자연인인 이상 유아·정신병자·범죄자 등도 명예의 주체가 된다. 다만 사자는 사자명예훼손죄(제308조)에 있어서

1) 따라서 미수범을 불처벌한다.
2) 진가 이상으로 평가되는 허명도 명예가 된다.
3) 다만 태아는 제외된다.

명예의 주체가 된다.

법인도 사회생활에서 그 활동 · 봉사 · 제품생산 등과 관련하여 명성을 누릴 수 있으므로 명예향유의 주체가 된다.[4]

법인격 없는 단체(정당 · 노조 · 병원 · 종교단체 · 종친회 · 향우회 등)도 법에 의하여 인정된 사회적 기능을 담당하고 통일된 의사를 형성할 수 있는 한 명예향유의 주체가 된다.

② 다만 사교단체(골프 · 낚시 · 등산클럽 등)와 범죄단체는 법에 의하여 인정된 사회적 기능을 담당하지 않으므로, 가족[5]과 동리는 통일된 의사에 의해 활동하는 단체가 아니므로 명예의 주체가 아니다. 상인들, 학자들, 서울시민, 경기도민 등 불특정 막연한 것은 명예의 주체가 될 수 없다.[6]

2. 행위(공연히 사실의 적시 또는 허위사실을 적시하여 명예를 훼손하는 것)

1 공연성

공연성(인정)이란 불특정인 또는 다수인이 인식할 수 있는 상태(예, 동네사람과 시어머니가 있는 자리에서 "시커멓게 생긴 놈하고 매일같이 붙어 다닌다. 가게를 마치면 여관 가서 누워자고 아침에 들어온다 ; 3인이 있는 자리에서 허위사실유포 ; 수사경찰관으로부터 고문 폭행을 받았다는 허위사실을 4인에게 순차적으로 유포한 경우 ; 진주민속예술보존회 이사장이 이사회나 임시총회를 진행하다가 10명 회원이 있는 자리에서 타인명예를 훼손하는 내용의 말을 한 경우 ; 직장의 전산망에 설치된 전자게시판에 타인명예를 훼손하는 내용의 글을 게시한 경우[7])를 말한다.

그러나 단둘이, 남편 앞, 친인척 앞, 피해자와 동업관계이고 친한 자에게만 이야기한 경우, 소속 학교법인 이사장 앞으로 제출한 경우, 이혼소송중인 처가 남편친구에게 서신을 보내면서 남편명예를 훼손하는 문구가 기재된 서신을 동봉한 경우[8]에는 공연성이 부정된다.

4) 그러나 법인은 명예훼손범죄의 주체가 아닌 객체가 된다.
5) 가족은 명예의 주체가 될 수 없으나, 가족구성원 개개인의 명예훼손은 된다.
6) 다만 영동경찰서의 경찰, 서울법대 교수, 모든 국회의원은 명예의 주체가 된다.
7) 대판 2000.5.12, 99도5734.

불특정인이면 다수인 · 소수인을 불문하고,[9] 다수인이면 특정 · 불특정을 불문한다.

인식할 수 있는 상태에 관한 학설을 보기로 한다.

① 직접 인식가능성설 : 불특정 또는 다수인이 직접 인식할 수 있는 상태에 이르면 현실적으로 인식하지 않아도 공연성이 있다는 견해이다(다수설).

② 전파성 이론 : 개별적으로 특정한 1인에게 사실을 적시하였다 하더라도 그 말을 들은 사람이 불특정 또는 다수인에게 그 말을 전파할 가능성이 있으면 공연성을 인정하자는 것이, 판례의 입장이다.[10]

2 사실의 적시

① 사실

사실이란 현실적으로 발생하고 증명할 수 있는 과거와 현재의 상태이다. 사실은 피해자에게 직접적으로 관련된 사실이어야 한다. 따라서 처의 간통사실의 적시는 남편에 대한 명예훼손죄가 되지 않는다.[11] (7급 검찰)

② 사실의 적시

사실의 적시란 사람의 사회적 가치(평가)를 저하시키는데 충분한 사실을 지적하는 것이다.

사실의 적시는 특정인의 가치가 침해될 수 있을 정도로 구체적일 것을 요하며,[12] 피해자가 특정될 것을 요한다.[13]

---

8) 대판 2000.2.11, 99도4579.

9) 판례는 목욕탕에서 4인, 종로거리에서 6인이 있는 경우에 공연성을 인정하였다. 일기장에 기재는 공연성이 부정된다. 특정인이고 소수인 경우에만 공연성이 부정된다.

10) 직장전산망 전자게시판에 게시한 경우, 택시기사에게 폭로한 경우, 편지수신인이 그 내용을 유포할 가능성이 있는 경우, 그리고 진정서와 고소장을 한 사람에게 개별적으로 우송한 경우라도 전파가능성이 있으면 공연성이 인정된다. 또한 개인블로그의 비공개대화방에서 상대로부터 비밀준수약속을 받고 일 대 일 대화를 했어도 그것만 갖고는 전파가능성을 부정할 수 없다는 것이 판례이다.
전파가능성 부정 사례로는 귀엣말사건(나중에 타인에게 전파해도 부정됨), 피해자가 근무하는 학교법인 이사장 앞 진정서제출사건, 피해자와 동업관계인 친한 자에게 피해자를 험담한 사건 등이 있다.

11) 이미 누구나 알고 있는 공지의 사실도 명예훼손이 되지 아니한다.

12) 애꾸눈 병신 아무것도 아닌 똥고다리 같은 놈이 잘 운영되는 어촌계를 파괴하려 한다고 말한 것은 사실의 적시에 해당하지 아니한다. (법무사) 예배중에 목사가 특정목사를 가리

사실의 적시 방법에는 제한이 없다. 구두 · 문서 · 신문 · 잡지 · 라디오 등을 불문한다.[14)]

적시된 사실의 진실여부는 본죄의 성립에 영향이 없다.

3 기수시기

본죄는 추상적 위험범이므로, 공연히 사실을 적시하여 불특정 또는 다수인이 인식할 수 있는 상태에 이르면 바로 기수가 된다.[15)] 명예가 현실로 침해되었을 것은 요하지 아니한다.

3. 주관적 구성요건

본죄가 성립하기 위해서는 타인의 명예를 훼손하는데 적합한 사실을 적시한다는 고의가 있어야 한다.[16)]

허위사실의 적시 명예훼손에서 범인이 그와 같은 사실이 허위라는 것을 인식해야 한다.[17)]

4. 위법성조각사유

1 일반적 위법성조각사유

① 피해자의 승낙 : 본죄의 위법성을 조각한다(통설).

② 정당행위 : 형사재판에 있어서 검사의 기소요지진술, 국회의원의 청문회상 발언, 증인의 증언, 피고인과 변호인의 방어권 행사는 법령에 의한 행위로서 다소 명예훼손적인 진술을 담고 있더라도 위법성이 조각된다. 보도기관의 보도,

---

켜 이단 중에 이단이라고 설교한 것은 사실의 적시가 아니라는 것이 대법원판례의 입장이다.

13) 세부에 있어 다소 다르거나 과장되어도 명예훼손이 된다.

14) 동성애자라고 인터넷사이트에 게시한 경우도 명예훼손이다. 내사종결처리사건을 사건조사 경찰관이 내일부로 검찰에서 구속영장이 떨어진다고 한 것은 현재에 기초하였기에 장래일을 적시했어도 명예훼손에 해당한다.

15) 대법원에 의하면 기사를 통해 사실을 적시하는 경우, 기사화되어 보도되어야만 외부에 공표된다고 한다. 즉 취재만한 상태에서 아직 기사화되지 않은 경우, 전파가능성이 없어 공연성이 없다고 본다.

16) 허위사실을 진실로 알고 적시하면 사실착오로 단순명예훼손죄이며, 또한 허위인줄 알고 진실을 적시한 경우에도 단순명예훼손이다.

17) 대판 2000.2.25, 99도4757.

예술작품의 논평, 학술세미나에서 비판 등은 업무로 인한 행위로서 위법성이 조각된다.

2 형법 제310조에 의한 위법성조각사유

제310조(위법성의 조각) 제307조 제1항의 행위가 진실한 사실로서 오로지 공공의 이익에 관한 때에는 처벌하지 아니한다.

① 입법 취지

개인의 명예보호와 표현의 자유와의 충돌을 조화·조정하기 위한 것이다.

② 요 건

제310조가 적용되기 위해서는 적시된 사실이 전체적으로 보아서 진실한 사실이어야 하고 객관적으로 볼 때 공익에 관한 것으로 행위자 주관적으로 사실적시가 공공의 이익을 위한 것이어야 한다.[18] 다만 선거유세도중 상대의 무능력을 들어 비방하는 것은 진실이라도 비방목적이 있어 원칙적으로 위법이다.[19]
다만 적시사실이 공익에 관한 것이면 비방목적은 원칙적으로 부정된다(대판).

③ 효 과

실체법적 효과는, 위법성 조각이다.[20] (경위승진·7급 검찰)
절차법적 효과는, 거증책임 불전환설(거증책임은 역시 검사가 져야 한다)이 있으나, 거증책임 전환규정설(적시사실의 진실성과 공익성에 관한 거증책임을 피고인이 부담해야 한다)이 대법원의 입장이다.

---

18) 신문기자 甲이 오로지 공익을 위하여 공무원 乙의 공금 1000만원 횡령사실을 보도했으나 사실은 100만원이 부족한 경우 甲은? 무죄이다. (경사승진)
행위자의 주요한 동기목적이 공익을 위한 것이라면, 부수적으로 다른 사익이 내포되어 있더라도 형법 제310조의 적용을 배제할 수 없다는 것이 판례의 입장이다.
단체협상을 유리하게 하려고 확성기로 행인에게 대표이사의 명예를 훼손한 행위는 공익을 위한 것에 해당하지 아니한다(대판 2004.10.15, 2004도3912).

19) 그러나 2004년 판례에서는 대통령후보 가족의 전력발언은 비방목적이나, 진실이며 공익을 위한 경우라고 하여 위법성조각을 인정한 바 있다(대판 2004.10.27, 2004도3919).

20) 대법원은 기간제 교사가 교장의 차접대요구와 부당대우내용을 게재한 명예훼손행위는 공익에 관한 것이라고 하여 위법성조각을 인정하였다(대판 2008.7.10, 2007도9885). 허위사실을 진실로 오인하고 공익을 위해 적시한 경우 진실이라고 믿을 만한 상당한 이유가 있으면 위법성이 조각된다. 한편 전교조원들이 학교운영의 투명성보장을 요구하며 정상적인 운영을 목적으로 사실을 적시했더라도 이사장과 교장의 거주지 앞에서 그들의 주소까지 명시하여 명예를 훼손한 행위는 공익을 위한 적시라 볼 수 없어 위법성이 조각되지 아니한다(대판 2008.3.14, 2006도6049).

5. 죄수 및 타죄와의 관계

[1] 죄수의 기준

본죄는 일신전속적인 법익보호 범죄이므로, 죄수는 피해자의 수를 기준으로 하여야 한다.

① 1개 문서나 1회 발언기회에 2인 이상의 명예를 훼손 ⇨ 수개 명예훼손죄의 상상적 경합

② 수개의 신문에 같은 광고를 게재해 1인 피해자의 명예훼손 ⇨ 1개 명예훼손죄(포괄1죄)

[2] 명예훼손행위 중 모욕적 언사를 사용한 경우 ⇨ 명예훼손죄만 성립(법조경합 흡수관계)

[3] 공연히 허위사실을 적시하여 명예와 신용을 동시에 훼손한 경우 ⇨ 명예훼손죄(제307조 ②)와 신용훼손죄의 상상적 경합

[4] 공연히 진실한 사실을 적시하여 신용을 훼손한 경우 ⇨ 명예훼손죄

III. 사자의 명예훼손죄

第308條(사자의 명예훼손) 공연히 허위의 사실을 적시하여[21] 사자의 명예(보호법익)를 훼손한 자는[22] 2년 이하의 징역이나 금고 또는 500만원 이하의 벌금에 처한다.

第312條(고소와 피해자의 의사) ① 제308조와 제311조의 죄는 고소가 있어야 공소를 제기할 수 있다(친고죄.[23] 고소권자는 사자의 친족과 자손 - 형소법 제227조).

---

21) 사자에 대해 진실한 사실을 적시한 때에는 본죄가 불성립한다.

22) 판례에 의하면 알면서도 사자는 죽은 게 아니라 빚 때문에 도망 다닌다고 공연히 허위사실을 적시하면 사자의 명예훼손이 된다. (101단)

23) 형소법 제230조 제1항 : 친고죄는 범인을 알게 된 날로부터 6월이 경과하면 고소하지 못한다. 다만 고소할 수 없는 불가항력 사유가 있으면 사유가 없어진 날로부터 기산한다.

Ⅳ. 출판물에 의한 명예훼손죄

제309조(진실, 허위사실 – 출판물 등에 의한 명예훼손) ① 사람(사자 제외)을 비방할 목적으로 신문, 잡지 또는 라디오 기타 출판물(TV Video 영화)에 의하여 제307조제1항의 진실사실 적시 명예훼손죄를 범한 자는 3년 이하의 징역이나 금고 또는 700만원 이하의 벌금에 처한다.

② 제1항의 방법으로 제307조 제2항의 허위사실 적시 명예훼손죄를 범한 자는 7년 이하 징역, 10년 이하 자격정지 또는 1500만원 이하의 벌금에 처한다.

제312조(고소와 피해자의 의사) ② 제307조와 제309조의 죄는 피해자의 명시한 의사에 반하여 공소를 제기할 수 없다.

※ 목적범, 반의사불벌죄, 공연성 불요, 객체는 사람의 명예(사자는 사자명예훼손죄 문제임)

1. 법적 성격

본죄는 '비방목적'을 필요로 하는 목적범이다.[24)]

행위방법이 전파성이 큰 출판물(신문 · 잡지 · 라디오 기타 출판물)에 의한다는 점에서 불법이 가중되는 가중적 구성요건이다.

2. 객관적 구성요건

공연성은 본죄의 요건이 아니다. 출판물 등은 공연성보다 전파가능성이 높기 때문이다.

기타 '출판물'은 적어도 인쇄한 물건이어야 하므로 낱장 인쇄물 등 단순히 프린트하거나 손으로 쓴 것은 여기에 해당하지 않는다.

본죄는 추상적 위험범 · 거동범이므로 출판물 등에 의해 사실을 적시함으로써

24) 대법원이 비방목적을 인정한 사례로는 간첩작전사진을 광주사태시의 공수부대학살이라고 월간중앙에 인도 게재하게 한 경우(개인비방이 아닌 공수부대장 등에 대한 비방목적이지만 출판물에 의한 명예훼손인정)가 있다. 본죄를 부정한 사례로는 의사가 의료기사와의 분쟁을 정치적으로 해결하려고 국회의원에게 허위제보를 한 것 뿐이었는 데 국회의원의 발표로 그 사실이 일간신문에 게재된 경우(대판 2002.6.28, 2000도3045), 국립대교수가 제자를 성추행했다고 지역여성단체가 자신의 홈피에 게재(제반사정을 종합하여 볼 때에 성폭력근절을 위한 공익목적이므로 비방목적을 부정) 경우(대판 2005.4.29, 2003도2137) 등이 있다.

불특정 또는 다수인이 인식할 수 있는 상태에 이르면 기수가 된다.[25)]

3. 주관적 구성요건요소

본죄는 목적범으로 고의외에 비방목적(특별 주관적 요건)이 있어야 한다.[26)]

다만 적시된 사실이 공익에 관한 것인 때는, (특별한 사정이 없는 한) 비방목적은 부정된다.

V. 모욕죄

제311조(모욕) 공연히(전파가능성 의미) 사람을 모욕한 자는[27)] 1년 이하의 징역이나 금고 또는 200만원 이하의 벌금에 처한다.

제312조(고소와 피해자의 의사) ① 제308조와 제311조의 죄는 고소가 있어야 공소를 제기할 수 있다(다만 외국사절 외국원수의 모욕죄는 친고죄가 아닌 반의사불벌죄로서 공연성 불요).

1. 법적 성격

외적 명예가 보호법익이라는 점에서 명예훼손죄와 동일하나, 사실의 적시가 없다는 점에서 명예훼손죄와 구별되는 구성요건이다.[28)] (경위승진, 법원서기보)

2. 객 체

유아, 정신병자, 자연인, 법인 등이다(사자 제외). 판례는 집단에 대한 모욕죄를 인정하고 있다.[29)]

---

25) 현실적으로 인식하였는지의 여부 및 비방목적의 달성여부는 불문한다.

26) 비방목적이 없으면 명예훼손죄문제로 넘어가게 된다. 한편 오로지 공익을 위한 것이라도 비방목적이 있다면 위법성이 조각되지 아니한다.

27) 모욕죄는, 사실의 적시가 없다.

28) 판례에 의하면 단순한 추상적인 판단 또는 경멸적인 감정표현으로 사회적인 평가를 저하시키는 경우가 모욕이다.

29) 2011년 강용석 의원사건에서 여성아나운서 비하발언관련 아나운서직업을 가진 집단에 대한 모욕적 표현에 해당하여 개개인의 명예를 훼손했다고 판시한 바 있다.

3. 행위(공연히 사람을 모욕하는 것)

1 공연성

불특정 또는 다수인이 인식할 수 있는 상태(예, 인터넷게시판에 타인비방 글 게시)를 말한다.

2 모 욕

구체적인 사실의 적시 없이 사람에 대하여 추상적인 경멸의 의사표시를 하는 것(예, 도둑놈·죽일 놈·나쁜 놈·망할 년, 무당년, 첩년, 창녀 같은 년, 육사 교장이 졸업식장에서 대통령에게 경례거부 등)을 말한다.[30] (9급 검찰, 법원서기보, 경위승진)

모욕의 수단·방법에는 제한이 없다. 언어·거동·서면을 불문하나 그것은 설명가치를 가져야 하므로 단순한 농담·불친절·무례만으로는 모욕이라 할 수 없다.

자신의 일기장에 '乙은 곰 같은 놈'이라고 기입하여 소지하고 있는 행위는, 모욕이지만 공연성이 없어 모욕죄는 성립하지 않는다. (경위승진)

3 기수시기

본죄는 추상적 위험범이므로 공연히 모욕함으로써 기수가 되며, 피해자의 외적 명예가 현실적으로 훼손되거나 불특정 또는 다수인이 현실로 인식했음을 요하지 않는다.

4. 위법성

모욕죄도 형법 총칙의 위법성조각사유가 적용될 수 있다(예, 채권자가 채권추심을 하면서 모욕적인 언사를 사용한 경우 정당행위로 무죄).[31] 다만 형법각론

30) 2009년 8월 시내버스내의 인도인 후세인교수에게 더럽고 냄새난다고 말한 사건은, 모욕죄(벌금형)로 약식기소된 바 있다.

31) 대법원에 의하면 시사프로그램시청 후 시청자의견란에 자식을 범법행위의 방패로 쓰다니 대단합니다라고 게시한 사례는 모욕적 언사이나 자기의견 강조과정상 일부표현이어서 사회상규에 위배되지 아니하여 무죄가 된다(대판 2003.11.28, 2003도3972). 또한 골프클럽 회원 게시판에 운영의 불합리성을 게시하면서 한심하고 불쌍한 인간이라고 경멸적인 표현

의 제310조가 모욕죄에도 적용되는가인데, 판례와 다수설은 부정하고 있다.

5. 죄수 및 타죄와의 관계

① 모욕과 동시에 명예훼손을 한 경우 ⇨ 명예훼손죄만 성립(법조경합 중 흡수관계)

② 외국원수 · 외국사절을 모욕한 경우 ⇨ 외국원수 · 외교사절에 대한 모욕죄만 성립(법조경합 중 특별관계). 이 경우 공연성은 요건이 아니다.[32]

제 2 절 신용 · 업무와 경매에 관한 죄

Ⅰ. 총 설

보호법익은 신용훼손죄는 신용, 업무방해죄는 업무, 경매입찰방해죄는 경매 · 입찰의 공정성이다. 보호의 정도는 모두 추상적 위험범(현실 결과발생 불요)으로서의 보호이다.

Ⅱ. 신용훼손죄

제313조(신용훼손) 허위의 사실을 유포하거나 기타 위계로써 사람의 신용을 훼손한 자는 5년 이하의 징역 또는 1500만원 이하의 벌금에 처한다.

1. 객 체

객체는 사람의 신용(경제적 명예)이다.

① 사람 : 자연인 · 법인 · 법인격 없는 단체 모두 포함된다.

을 한 사례 역시 사회상규에 위배되는 정도는 아니라고 하여 모욕죄를 부정한 바 있다(대판 2008.7.10, 2008도1433).

32) 친고죄가 아닌 반의사불벌죄이다.

② 신용 : 사람의 경제적 활동(예, 지불능력)에 대한 사회적 평가를 말한다.

2. 행위(허위 사실을 유포하거나 기타 위계로써 신용을 훼손하는 것, 공연성 불요)

1 허위사실의 유포 (위계의 예)

허위사실의 유포란 객관적으로 진실이 아닌 사실을 퍼뜨리는 것(예, 甲이 乙에게 "丙은 파산당한 사람이므로 아무도 돈을 빌려주지 않는 것이 좋을 것"이라고 거짓말을 한 경우)을 말한다.[33] (경사승진)

2 기타 위계

위계란 상대방의 착오나 무지를 이용하거나 기망·유혹의 방법으로 상대방을 착오에 빠뜨리는 일체의 행위를 말하며, 비밀로 행하든 공공연하게 행하든 불문한다.[34]

3 신용의 훼손

신용훼손이란 지불능력이나 지불의사에 대한 사회적 신뢰를 저하시킬 우려가 있는 상태를 발생시키는 것을 말한다.[35]

3. 기수시기

본죄는 추상적 위험범이므로 신용을 훼손하는 결과가 현실적으로 발생할 것을 요하지 않고, 신용을 훼손할 만한 허위사실의 유포시 또는 기타 위계의 행사가 있으면 기수가 된다.

4. 죄수 및 타죄와의 관계

① 공연히 허위 사실을 적시하여 명예와 신용을 훼손한 경우 ⇨ 명예훼손죄와 신용훼손죄의 상상적 경합범

33) 대법원에 의하면 집도 남편도 없는 과부이어서 계주를 하면서 계불입금을 가지고 도주해도 도와줄 사람이 없다고 한 것은 개인적인 의견에 불과하여 본죄의 허위사실유포가 아니라고 판시한 바 있다(대판). 한편 신용훼손죄는 공연성을 요하지 않는다.

34) 신용훼손죄 업무방해죄 경매입찰방해죄의 공통요소는 위계이다. (여경시험)

35) 가게의 물건값이 유달리 비싸다고 한 것은 신용훼손죄에 해당하지 않는다.

② 공연히 진실을 적시하여 명예와 신용을 훼손하는 경우 ⇨ 명예훼손죄만 성립 (경감승진)

③ 하나의 행위로 신용을 훼손하고 업무도 방해한 경우 ⇨ 업무방해죄와 신용훼손죄의 상상적 경합범

Ⅲ. 업무방해죄

제314조(업무방해) ① 허위사실의 유포 기타 위계의 방법 또는 위력으로써 사람의 업무(보호법익은 업무)를 방해한 자(추상적 위험범)는 5년 이하의 징역 또는 1,500만원 이하의 벌금에 처한다.

1. 주체 및 객체

주체는 자연인이다(법인 제외).

객체는 사람(자연인 · 법인 · 법인격 없는 단체)의 업무이다.

업무방해죄(Business Obstruction)[36]에서, 업무란 사람이 사회생활상의 지위에 기인하여 계속적으로 종사하는 사무나 사업이다(통설 · 판례).[37]

사회생활상 지위에 기인하여 행하는 사무인 이상 보수유무 · 영리의 유무 · 주된 업무 · 부수적 업무를 불문한다.[38]

업무는 원칙적으로 계속 · 반복의 의사를 가지고 반복하여 종사하는 사무이어야 한다.

일시적 또는 오락을 위한 업무는 제외된다. (적법성까지는 요하지 않으나) 형법상 보호할 가치가 없는 업무(예, 성매매 업무, 비의료인의 의료업, 떳다방의 중개업)는 제외된다.[39] (경위승진)

---

36) 정보통신망법상 신용훼손죄, 명예훼손죄와 함께 범해서 가중처벌되는 경우가 다수이다.

37) 대법원은 1999년 판례에서, 영조물인 대학교 자체는 업무방해죄의 업무주체가 될 수 없다고 판시하여 법인의 범죄능력을 부정한 바 있다.

38) 경제적인 사무, 정신적인 사무를 불문한다. 판례에 의하면 업무에 기초된 계약 또는 행정행위가 반드시 적법해야 하는 것은 아니다.

39) 법원의 직무집행정지 가처분결정으로, 직무집행이 정지된 자가 업무를 계속하는 것은 (보호받을 가치의 상실로서) 업무방해죄의 업무가 아니다.

생명·신체에 대한 위험을 초래할 업무에 국한되지 않는다. 업무상 과실치사상죄의 업무는 위험업무에 국한된다.

업무방해죄의 업무에 공무가 포함되는가? 이 문제에 대하여는 공무포함설, 공무제외설(대판), 절충설의 대립이 있다. 공무방해에 관한 죄가 별도로 규정되어 있으므로 업무방해죄의 업무에 공무는 불포함[40]되지만, 다만 (폭행·협박·위계 이외의 수단, 즉) 위력으로써 공무를 방해한 경우는 업무방해죄의 대상이 된다고 해야 할 것이다(절충설).[41]

2. 행 위

허위사실의 유포(예, 甲은 乙회사가 번창하는 것을 시기하여 신문에 乙회사제품은 인체에 유해하다는 허위사실을 공표한 경우)를 하거나[42] 기타 위계위력으로 업무를 방해하는 것이다. cf. 경범죄처벌법상 업무방해죄는, 못된 장난으로 타인이나 단체, 공무수행자의 업무를 방해하는 경우이다.

1 허위사실 유포와 위계

진실을 유포한 경우에는 업무방해죄가 아닌 명예훼손죄 문제(공연성 필요)가

40) 대판 2009.11.19., 2009도4166.

41) 업무상 과실치사상죄의 업무와 업무방해죄의 업무를 비교하면 다음과 같다.

구분	업무상 과실치사상죄	업무방해죄
같은 점	사회생활상 지위에서 행하여지는 계속·반복적 사무 보수유무, 영리유무, 주된 업무, 부수업무 불문	
차이점	생명·신체에 위험을 초래할 수 있는 업무에 제한	이에 제한되지 않음
	업무에 수반되는 일체의 행위포함 (오락업무 포함)	오락적 업무는 제외
	정당성·적법성·유효성 불요	형법이 보호할 정도의 정당성은 필요(적법성·유효성 불요)
	공무 포함	공무 불포함(다수설)

42) 변호사사무실 앞에서 자기의 등에 무죄를 약속하고 200만원 선임료를 지불했는데 라고 흰 가운에 적색페인트로 써서 입고 배회한 경우, 업무방해죄(유포)이다. 그러나 중요부분이 객관적인 사실에 합치하고 단지 세부분에 약간의 차이가 있거나 다소 과정표현이 있는 정도에 불과하여 타인의 업무에 방해할 위험이 없는 경우에는 본죄의 허위사실유포에 해당하지 아니한다.

될 수 있다(예, 경쟁관계의 乙식당에 대해 한우만 판매한다고 하지만 젖소라고 여러 손님들에게 말한 경우).

허위사실 유포한 1개 행위가 허위사실 유포의 명예훼손죄에도 해당 시는 업무방해와 명예훼손죄의 상상적 경합범이 된다.

위계에 의한 업무방해죄에 해당하는 예	해당하지 않는 예
• 시험문제누설[43] 또는 대리시험 (법원서기보, 경사승진) • 타인명의의 허위학력과 경력을 제출하여 위장취업하는 경우(사문서위조 아님) • 동종 또는 유사한 상호나 상표를 사용하여 고객을 빼앗는 경우 • 타인 어장의 해저에 장애물을 침몰시켜 어업을 못하게 하는 겨우 • 종업원의 기술이 졸렬하니 해고하라는 편지를 사장에게 발송한 경우 • 종업원을 유혹해서 달아나도록 해서 요정영업을 못하게 한 경우 • 경쟁사의 종업원을 유혹해 고객 빼앗기를 한 경우 • 석사논문을 대필한 경우 • 대학총장이 기부금을 낸 자녀의 성적을 고쳐서 무지의 입학사정위원에게 처리하게 해서 합격시킨 경우	• 공장을 양도한 후에 계약을 위배하여 외상채무자로부터 외상대금을 수령(경감승진) • 어장의 대표자가 후임자에게 어장에 대한 허위의 채권을 주장하면서 인장의 인도를 거절

② 위 력

사람의 의사를 제압 (또는 혼란하게)할 만한 일체의 세력을 말하며 유형적(폭행 협박[44]) · 무형적(정치적 경제적 지위나 권세 이용) 방법을 불문한다(예, 음식점에서 고함을 지르며 뱀을 풀어 놓은 경우, 가옥명도를 받으려고 출입문을 폐쇄하거나 전기와 수도를 단절시킨 경우, 다수 근로자의 집단결근, 작업거부와 함께 회사출입문을 바리케이트로 통제, 자기명의로 등록된 피해자 학원에 대해 폐원신고한 경우, 광업소 조업방해, 회의개최를 집단적 폭언으로 방해, 단전 단수로 점포영업을 막은 경우, 근로자들에게 입갱하지 말 것을 선동하며 탈의실

43) 숙명여고 쌍둥이 시험지 유출사건 참조.

44) 헬스장에서 문신한 상태로, 한 시간 동안 위협적 말투로 두렵게 한 사건에서, 징역 9월이 선고된 바 있다.

점거 농성하는 경우).[45)]

3 업무의 방해

업무의 집행 자체를 방해하거나, 업무의 경영을 저해하는 것[46)]을 말한다. 본죄는 추상적 위험범이므로, 업무를 방해할 우려가 있는 상태가 발생한 때[47)] 기수가 된다. 방해결과가 현실적으로 발생하였을 것을 요하지 않는다.

3. 위법성

정당행위(예, 노동쟁의행위,[48)] 관리비체납 점포를 규정에 따라 단전조치), 피해자 승낙, 자구행위 등에 의해 위법성이 조각될 수 있다.

4. 죄수 및 타죄와의 관계

① 허위사실을 수차 반복하여 수인에게 전달하여 타인의 업무를 방해 ⇨ 업무방해의 단순1죄

② 1개 행위로 타인의 신용을 훼손함과 동시에 업무를 방해 ⇨ 업무방해죄와 신용훼손죄의 상상적 경합

③ 업무방해가 공갈 수단으로 사용된 경우 ⇨ 업무방해죄와 공갈죄의 경합범

④ 업무방해과정에서 공동재물손괴를 범했으나 피해자 및 행위태양이 다른 경우 ⇨ 업무방해죄와 손괴죄의 실체적 경합

---

45) 2005년 판례에 의하면 대부업체 직원이 이자의 지연을 문제삼아 법적인 조치를 취하면서 채무자 휴대폰에 수백회의 전화를 한 것은, 채무자의 간판 업무방해가 초래될 위험성이 있으므로 업무방해죄가 된다.
한편 공무집행방해죄에는 위력이 없다 보니까 현직 국회의원이 조카의 교통사고를 잘 봐달라고 전화를 한 경우, 공무집행방해죄가 아닌 업무방해죄가 된다.

46) 배달서류의 포장지 안에 특정종교를 비방하는 전단지를 넣어 배달한 경우, 업무방해죄가 된다. 또한 2008년도 판례에 의하면 업무수행 자체가 아니라 업무의 적정성 또는 공정성이 방해되면 업무방해죄라고 한다.

47) 변호사사무실 앞에서 붉은색 페인트로 '무죄약속하고 200만원에 선임했다'라는 허위사실을 기재한 흰 가운을 입고 주변을 배회하는 경우, 변호사업무 경영을 저해하여 업무방해죄이다(대판).

48) 위법성조각이 되려면 목적의 정당성(근로조건 유지 개선), 절차의 적법성(쟁의의 시기 절차가 법령에 적합), 방법의 정당성(폭력 등 반사회성이 없어야 함)이 필요하다.

Ⅳ. 컴퓨터 업무방해죄

제314조(컴퓨터 업무방해) ② 컴퓨터 등 정보처리장치 또는 전자기록등 특수매체기록(정보데이터가 보존된 상태)을 손괴[49)]하거나 정보처리장치에 허위의 정보 또는 부정한 명령을 입력(해킹)하거나 기타 방법(전원차단, 온도습도 등 작동환경파괴, 바이러스를 침투시켜 방해)으로 정보처리에 장애를 발생하게 하여 사람의 업무를 방해(추상적 위험범)한 자도 업무방해죄의 형과 같다. (여경)

1. 객 체

1 타인업무에 사용되는 컴퓨터 등 정보처리장치

자동적으로 계산이나 데이터를 처리할 수 있는 전자장치, 즉 컴퓨터 시스템을 말한다.[50)]

2 전자기록 등 특수매체기록

① 전자기록 : 전자적(예, 반도체기억집적회로, 반도체기억장치의 하나인 ROM, 주기억장치인 RAM) 또는 자기적(예, 자기디스크, 자기드럼)방식으로 저장된 기록을 말한다.

② 특수매체기록 : 전자기록 이외에 광기술이나 레이저 기술을 이용한 기록을 말한다.

③ 다만 (컴퓨터 등 정보처리장치에 사용하는 기록을 의미하므로) 녹음테이프·녹화필름·마이크로필름 등은 제외된다.[51)]

2. 행 위

손괴, 허위정보 또는 부정한 명령의 입력, 기타(예, 부정입수, 엿보기) 방법으

49) 고객명단, 거래명세의 삭제 등이 있다. 한편 손괴죄는 (법조경합으로) 컴퓨터업무방해죄에 흡수된다.

50) 반드시 기업체 또는 관청용인 것을 요하지 않는다.

51) 정보처리를 하지 않는 자판기부품인 마이크로프로세서, 휴대용계산기, 전자수첩 등 역시 컴퓨터업무방해죄의 객체가 아니다.

로 정보처리에 장애를 일으켜 타인의 업무를 방해하는 것이다.[52]

1 손 괴

물리적 파괴 · 멸실, 전자적 기록을 소거하는 것(예, 해커를 침투시켜 입력된 고객명단이나 거래명세사항을 삭제시키는 경우)도 포함된다.[53]

2 허위정보 · 부정한 명령의 입력

진실에 반하는 내용의 정보, 사무처리과정에서 안 줘야 할 명령어를 입력한 경우이다.[54] 주의할 점은, 댓글이나 사용후기에 대한 알바를 하다가 문제되는 경우가 발생할 수 있다.

3 기타 방법에 의한 장애 발생

위에 해당하지 않는 가해 수단으로 정보처리장치의 작동에 직접 영향을 미친 일체의 행위(예, 입출력장치의 손괴, 바이러스의 입력 등)를 말한다.

4 업무방해

본죄는 추상적 위험범이므로, 현실적인 방해의 결과가 발생할 필요는 없고 업무를 방해할 우려가 있는 때에 기수가 된다.

3. 죄수 및 타죄와의 관계

① 1개의 정보처리장치에 수차례 반복하여 허위정보를 입력 ⇨ 1개의 컴퓨터업무방해죄(단순1죄). 다만 컴퓨터업무방해죄가 성립하면 업무방해죄는 불성립한다(특별관계).

② 1개의 행위로 컴퓨터를 손괴하여 업무를 방해 ⇨ 손괴죄는 본죄에 흡수

52) 타인의 정보를 부정입수 하거나 엿보는 행위 역시 컴퓨터업무방해죄이다. (여경)

53) 자기디스크의 기록내용의 소거는 **손괴죄**이다. 그러나 이후 손괴하여 업무방해를 하면 컴퓨터업무방해죄가 된다.
대판 2022.1.4., 2017도16384(퇴사직전 회사 공용폴더로 백업하지 않은 자료를 인수인계 없이 삭제한 경우 업무방해와 부정경쟁방지법 위반죄) 참조.

54) 대판 2007.3.16., 2006도6663(대학의 컴퓨터 서버관리자가 전보된 상태에서 홈피관리자의 아이디와 비밀번호를 무단으로 변경한 경우, 컴퓨터업무방해죄를 인정한 바 있다).

(법조경합)

V. 경매입찰방해죄

제315조(경매, 입찰의 방해) 위계 또는 위력 기타 방법으로 경매 또는 입찰의 공정(보호법익)을 해한 자는 2년 이하의 징역 또는 700만원 이하의 벌금에 처한다.

1. 객 체

경매(구두)와 입찰(문서)이 있다.

2. 행 위

위계·위력(예, 입찰장소를 에워싸고 출입문을 막은 경우) 기타 방법으로 경매·입찰의 공정을 해하는 것(예, 가격경쟁자를 내세워 단독입찰을 경쟁입찰인 것처럼 가장)[55]이다.

3. 기수시기

기수시기는 경매·입찰의 공정을 해하는 행위가 있는 때(추상적 위험범)[56]이다. 즉 현실적으로 입찰의 공정을 해한 결과의 발생을 요하지 아니한다(대판). (경찰 1차)

55) 형법상 위계와 위력이 포함되는 범죄는 다음과 같다.

구 분	예
위계만 규정된 경우	위계에 의한 공무집행방해죄(제137조), 혼인빙자 등에 의한 간음죄(제304조), 신용훼손죄(제313조)
위계 또는 위력이 병렬적으로 규정된 경우	위계 등에 의한 촉탁살인등죄(제253조), 미성년자 등에 대한 간음죄(제302조), 업무상위력 등에 의한 간음죄(제303조 ①), 업무방해죄(제314조), 경매·입찰방해죄
위력만 규정된 경우	특수폭행죄(제261조), 특수체포·감금죄(제278조), 특수협박죄(제284조), 특수공무방해죄(제144조 ①)

56) 다만 2005년 판례에 의하면 입찰절차 자체가 부존재한 경우 입찰방해죄의 성립을 부정한 바 있다.

4
chapter

사생활평온에 대한 죄

<학습 길잡이>

비밀침해죄의 객체와 행위수단, 업무상 비밀누설죄의 행위주체, 특히 주거침입죄의 객체와 침입과 동의권자의 동의와의 관계에 중점을 두어 구성요건을 정리한다. 퇴거불응죄는 대표적인 진정부작위범이지만 형법은 미수범처벌규정을 두고 있다.

제 1 절 비밀침해의 죄

비밀침해죄의 보호법익은 개인사생활의 비밀(Privacy)이며, 업무상 비밀누설죄는 개인의 비밀이 주된 보호법익이지만 특정직업종사자들의 비밀준수에 대한 일반인의 신뢰도 부차적인 보호법익으로 고려되고 있다.[1)]

보호정도는 추상적 위험범으로서의 보호이다.

1) 정보통신망이용촉진 및 정보보호법에서 가중처벌하고 있다.

Ⅰ. 비밀침해죄

제316조(비밀침해) ① 봉함 기타 비밀[2] 장치한 사람의 편지(우편엽서 제외), 문서 또는 도화를 개봉한(대화나 듣기 아님) 자는[3] 3년 이하의 징역이나 금고 또는 500만원 이하의 벌금에 처한다(추상적 위험범).

② 봉함 기타 비밀장치한 사람의 편지(우편엽서 제외), 문서, 도화 또는 전자기록 등 특수매체기록을 (개봉하지 않고) 기술적 수단을 이용하여 그 내용을 알아낸 자도[4] 제1항의 형과 같다(침해범). (미수불벌)

제318조(고소) 본장의 죄는 고소가 있어야 공소를 제기할 수 있다. (과실범불벌)

1. 주 체

제한이 없다.

2. 객체(봉함 기타 비밀장치한 타인의 편지, 문서, 도화, 전자기록 등 특수매체기록)

[1] 편지 · 문서 · 도화 · 전자기록 등 특수매체기록

① 편지 : 우편물에 한하지 않으며 발송 전후 · 도중을 불문한다.[5]

② 문서 : 문자 부호에 의한 의사표현물(예, 사문서 · 공문서 · 유언장 · 원고 · 일기장 · 메모 등)

③ 도화 : 그림으로 의사가 표시된 것(예, 사진 · 도표 · 설계도 등)[6]

④ 전자기록 등 특수매체기록 : 일정한 데이터에 관한 전자적 기록이나 광학적 기록(예, 컴퓨터 디스켓 · 녹음테이프 · 녹화테이프 등)

---

2) 국가, 공공단체의 비밀도 포함한다.
3) 추상적 위험범이어서, 뜯기만 하면 기수이다.
4) 기술적 수단을 이용한 경우에는 내용을 알아내야 기수이다. 알아내지 못하면 미수이지만 처벌규정이 없다.
5) 인편으로 전하는 것을 포함한다. 다만 수신인이 편지열람을 한 후에는 비밀침해죄의 객체가 되지 아니한다.
6) 편지 · 문서 · 도화 모두 의사표시된 것이어야 한다. 즉 의사가 표시되지 않은 것은 제외된다.

2 봉함 기타 비밀장치

① 봉함 : 봉투를 풀로 붙인 것과 같이 파손하지 않고는 그 내용을 알 수 없도록 한 것

② 비밀장치 : 봉함 이외의 방법으로 외포(外包)를 만들어 그 내용을 알 수 없게 하는 일체의 장치(예, 봉인한 것, 끈으로 매어 놓은 것, 서랍이나 금고에 넣어 열쇠를 잠근 것, 정보유출방지를 위해 패스워드 비밀번호 전자카드 지문감식 음성감식 체제를 한 경우 등)[7)]

3. 행위(개봉하거나 기술적 수단을 이용하여 그 내용을 알아내는 것)

1 개봉

① 개봉이란 봉함 기타 비밀장치를 파손하여 편지 · 문서 또는 도화의 내용을 알 수 있는 상태에 두는 것을 말한다.

② 제316조 제1항은 (추상적 위험범이므로) 개봉함으로써 기수가 되며, 행위자가 그 내용 요지를 했는가는 불문한다. 제2항은 (침해범으로) 기술적 수단을 이용하여, 내용을 알아내야 기수가 된다(미수 불벌).

2 기술적 수단을 이용하여 그 내용을 알아내는 것

① 개봉하지 않고 기술적 수단을 이용하여 봉함 기타 비밀장치한 편지 · 문서 · 도화 또는 전자기록 등 특수매체기록의 내용을 알아내는 것(예, 투시기나 자외선 또는 약물 사용, 해킹 등)을 말한다.[8)]

② 기술적 수단을 이용하여야 하므로, 단순히 불빛이나 햇빛에 비추어 봉합된 편지의 내용을 읽어보는 경우는 본죄에 해당되지 않는다.

③ 제316조 제2항은 기술적 방법으로 그 내용을 지득했을 때에 기수가 된다(침해범).[9)]

---

7) 봉함 · 비밀장치하지 않은 편지 · 우편엽서 등은 본죄의 객체가 아니다.
8) 못 알아내면 무죄이다.
9) 내용을 알아내지 못한 경우는 미수이나 처벌규정이 없어서 무죄가 되어 본죄가 성립하지 아니한다.

4. 주관적 구성요건(고의)

① 본죄는 행위자가 봉함 기타 비밀장치한 타인의 편지, 문서 또는 도화를 개봉한다는 점 또는 기술적 수단을 이용하여 그 내용을 탐지한다는 점에 대한 인식을 필요로 한다.

② 행위자가 타인에게 온 편지를 자기에게 온 것으로 착각으로 개봉 ⇨ 사실의 착오로서 고의가 없으므로 과실범처벌이 없어서 무죄이다.

③ 타인에게 온 편지를 자기가 뜯어볼 권한이 있다고 오신하고 개봉 ⇨ 법률의 착오로서 그 착오(오인)에 정당한 이유가 있으면 책임이 조각되어 무죄가 된다.

5. 위법성

① 피해자의 동의(양해)가 있으면 구성요건해당성을 조각한다.

② 편지를 개봉할 권한이 법령에 규정되어 있는 경우(형집행 및 수용자처우법 제43조, 형사소송법 제107조 제120조, 우편법 제28조 제2항, 통신비밀보호법 제3조 제5조) 및 친권자가 친권행사로서 자녀에게 온 편지를 개봉한 경우에는 정당행위로서 위법성이 조각된다.

6. 친고죄

발신인과 수신인 모두 본죄의 피해자에 해당하므로, 양자 모두 고소권자가 된다(통설).[10]

7. 죄수

편지를 절취해서 개봉한 경우 절도와 비밀침해죄의 경합범이 되고, 편지를 횡령해서 개봉한 경우에는 횡령죄와 비밀침해죄의 경합범이 된다.

10) 다만 친족간이라도 특례규정이 없어 형이 면제되지는 아니한다.

II. 업무상 비밀누설죄

제317조(업무상 비밀누설) ① 의사(수의사 아님) 한의사 치과의사 약제사 약종상 조산사(간호사 아님) 변호사(변호사 아닌 변호인 및 법무사, 노무사 아님) 변리사 공인회계사(세무사 아님) 공증인 대서업자(법무사, 행정사 포함)나 그 직무보조자[11] 또는 이러한 직에 있던 자가 그 업무처리 중 지득한 타인의 비밀을 누설한 때(기수)는 3년 이하 징역이나 금고, 10년이하 자격정지 또는 700만원 이하 벌금에 처한다.

② 종교직에 있는 자 또는 있던 자가 그 직무상 지득한 사람의 비밀을 누설한 때(기수)는 전항의 형과 같다.

제318조(고소) 본장의 죄는 고소가 있어야 공소를 제기할 수 있다.

1. 주 체

본죄의 주체는 제317조에 열거된 자에 국한된다(진정신분범).[12] (경감승진)

2. 객체(업무처리中 또는 직무上 지득한 타인의 비밀)

타인의 비밀이란 생존 자연인과 법인 및 법인격 없는 단체의 비밀을 포함한다. (공지사실은 비밀이 아니나 그에 이르지 않은) 세평은 비밀이 될 수 있다.

본죄의 보호법익은 개인의 비밀이고 친고죄이므로, 국가·공공단체의 비밀은 포함되지 않는다〔공무상 비밀누설죄(제217조), 외교상 비밀누설죄(제113조)의 객체가 된다〕.

어떤 사실을 비밀로 볼 것인지 판단기준에 대해, 통설인 (주관설[13]과 객관설[14]의) 절충설에 의하면, 비밀은 유지 의사와 유지 이익이 있어야 한다.[15]

---

11) 병원의 간호사, 사무장, 직원 등이 있다.

12) 반면에 업무상 횡령·업무상 배임·업무상 실화는 부진정 신분범이다. 한편 업무상 비밀누설죄는 자수범이자 추상적 위험범이나, 공연성을 요하지 아니한다.

13) 주관설은, 비밀주체의 의사를 기준으로 한 견해이다. 이에 대해서는 자의에 따라 불합리하게 확대나 축소될 수 있다는 비판이 있다.

14) 객관설은, 객관적인 비밀유지 이익을 기준으로 판단한다. 이에 대해서는 본인의 비밀유지 의사를 도외시한다는 비판이 있다.

15) 따라서 의사가 성병감염을 누설하는 것은 비밀이지만, 감기에 걸렸다는 것을 누설하는

3. 행위(누설)

① 공연히 누설할 것을 요하지 않으므로 제3자인 1인에게 알려도 누설이 되고(공연성 불요), 상대방이 비밀유지 의무를 지는 자이거나 남에게 알리지 않을 것을 조건으로 알렸어도 누설이 된다. 누설 방법은 불문한다.

② 본죄는 추상적 위험범이므로 상대방에게 도달되면 기수가 된다. 기존에 비밀을 아는 이에게 누설하는 것은 본죄가 되지 아니한다. 상대가 고지된 내용을 알아들었을 것을 요하지 않는다.

4. 위법성

① 피해자의 동의(양해) ⇨ 구성요건해당성의 조각

② 긴급피난 ⇨ 에이즈치료 및 감염방지를 위하여 의사가 환자부인이나 약혼녀에게 알린 경우

③ 정당행위 ⇨ 변호사가 변론상 누설, 증인이 증언하면서 누설한 경우, 의사가 전염병환자를 보건소에 신고한 경우

제 2 절 주거침입죄

Ⅰ. 총 설

우리 헌법은 제16조에서 "모든 국민은 주거의 자유를 침해받지 않는다"고 규정하고 있다. 이를 침해하는 범죄가 바로 주거침입죄이다.

1. 보호법익

1 주거권설(독일 통설)

본죄의 보호법익을 법적 권리로서의 주거권(다른 사람이 들어오거나 머물러

것은 비밀이 아니다.

도 되는가를 결정할 수 있는 권리)으로 보는 견해이다.

2 사실상 평온설(통설 · 판례)

본죄의 보호법익은 주거권이라는 법적인 권리가 아니라, 주거 내에 있어서의 공동생활자 전원의 사실상의 평온 그 자체라는 견해(법적 권리와 무관)이다.[16]

2. 보호정도

다수설로 거동범(추상적 위험범)설이 있으나, 주거침입죄는 미수처벌규정이 있으므로 침해범설이 타당하다고 본다. 또한 상태범설이 있으나, 계속범[17]설이 다수설이다.

II. 주거침입죄

제319조(주거침입) ① 사람의 주거, 관리하는 건조물(극장 관공서 공장), 선박이나 항공기 또는 점유하는 방실에 침입한 자(계속범)는 3년 이하의 징역 또는 500만원 이하의 벌금에 처한다.
제322조(미수범) 본장의 미수범은 처벌한다(침해범설의 논거).[18]

1. 객 체[19]

객체는 사람의 주거, 관리하는 건조물, 선박, 항공기, 점유하는 방실이다. /사람의 신체와 자동차는 해당하지 않는다. (경찰 1차)

간수하는 저택은 (규정에는 없으나) 내용적으로는 포함되는 것으로 본다(다만 야간주거침입 절도죄에서는 규정 있음).

16) 1983년 대법원은 일반승려 37명이 270명의 승려와 신도의 반대에도 불구하고 후문에 침입하여 경내에 진입한 것은 전임주지측의 사찰경내 사실상 점유 평온을 침해한 것이라는 입장이다.
17) 따라서 불법으로 주거침입해 기수가 되어 퇴거시까지 아무리 시간이 길어도 1개의 주거침입죄가 성립한다.
18) 과실범 처벌이 없다.
19) 출입금지표시만으로 주거침입죄의 객체가 되는 것은 아니다.

1 사람의 주거

주거(=현관이 아닌 담장 안이 객체)란 사람이 기거하고 침식에 사용되는 장소이다(다수설)

주거에 사용되는 한 일시적이든, 영구적이든 불문한다(예, 일정 기간만 사용하는 별장도 주거에 해당). 주거라면 거주자가 항상 현존할 필요는 없다(예, 일시 외출중이거나 장기 해외출장으로 비워둔 집도 주거에 해당).

주거의 구조·설비 여하를 불문한다(예, 천막·토굴·판잣집 등도 주거). 주택 건조물뿐 아니라 이에 부속(物)된 계단·복도·지하실·정원·차고 등도 주거에 포함된다.[20] 동산도 주거가 될 수 있다(예, 주거용 차량).

주거의 소유권여부는 불문한다. 또한 주거가 적법하게 시작된 이상 도중에 권원 없이 불법한 점유가 된 경우(예, 임대차 기간 종료 후에 임대인이 정당한 절차에 의하지 않고 임차인의 의사에 반해 임차주택에 침입한 경우)에도 사실상의 점유상태가 주거로서 보호(⇨ 주거침입죄)가 된다.[21] (경감승진, 경위승진)

공동주거의 경우, 공동생활에서 이탈한 후에는 타인의 주거가 된다.[22]

2 관리하는 건조물·선박·항공기

관리란 타인이 침입하는 것을 방지할 만한 설비를 갖추어 사실상 사람이 관리·지배하고 있는 것(예, 수위·경비원 또는 관리인을 두거나, 자물쇠를 잠그거나 못질을 해 둔 경우)을 말한다. (7급 검찰) 다만 관계자외 출입금지라고 간판표지를 세워 놓은 것만으로는, 관리라고 볼 수 없다.

건조물이란 주거를 제외한 일체의 건물과 그 부속물(예, 공장·창고·극장·백화점·관공서청사·빈집·학교·축사·골리앗크레인 등)을 말한다.[23]

---

20) 축사 앞 공터까지 차를 몰고 들어간 경우, 주거침입죄에 해당하지 않는다(대판 2010.4.29., 2009도14643).

21) 임대차 기간 종료 후에 임차인이 계속 점유 중 소유자가 출입구를 폐쇄하자 임차인이 이를 뜯고 들어간 경우 임차인에게는 주거침입죄가 성립하지 않는다. 한편 처음부터 계약 없이 무조건 사는 사람에게 퇴거를 요구하기 위하여 들어가는 것은 무죄이다.

22) 예, 가출한 자녀가 절도목적으로 부친의 집에 들어간 경우, 주거침입죄가 된다.

23) 타워크레인, 물탱크시설은 사람이 기거하거나 출입하는 장소가 아니므로 주거침입죄의 건조물이 아니다. 그러나 2007년도 대법원은 부지 밖의 피해자소유의 소독시설을 통하여 축사건물을 경매의 매수인이 출입한 경우 주거침입죄를 인정한 바 있다.

선박 · 항공기는 크기에 상관없으나, 사람의 주거에 상응하는 정도의 규모이어야 한다.[24]

3 점유한 방실

점유하는 방실은 건물 내에서 사실상 지배하는 장소(예, 호텔방 · 연구실 · 사무실 · 항공기내 승무원실 · 공중화장실 용변칸 · 비주거용인 건축공사장의 임시가건물)를 말한다. 다만 극장 좌석, 열차의 객석, 개집 등은 본죄의 객체가 아니다. (경위승진, 9급 검찰)

2. 행위(침입하는 것)

1 침 입

침입이란 주거자 · 관리자 · 점유자의 의사에 반해[25] 주거침입죄객체 내로 신체의 일부가 들어가는 것을 말한다.[26]

들여다보는 것, 전화를 거는 것, 소리를 지르는 것은 침입이 아니다.

침입은 외부로부터 침입을 말하므로, 이미 주거 안에 있는 자(죄수가 교도소의 다른 감방에 들어가거나 공무원이 상사의 방에 들어간 경우)에 대해서는 본죄가 성립하지 않는다.

2 주거자 등의 의사

주거침입죄는 주거자 등의 의사에 반하여 (몰래 들어가든 공공연히 들어가든) 주거에 들어감으로써 성립하기 때문에[27] 주거자의 의사에 따라 들어간 경우는 본죄가 성립하지 않는다(주거자 동의는 명시든 묵시든 양해로서 구성요건해당성조각).[28]

---

24) 카누, 소형모터보트는 주거침입의 객체가 아니다.

25) 거주자의 주관적 의사만으로 침입으로 판단하는 것이 아니라, 출입 당시 객관적 외형적으로 드러난 행위태양을 기준으로 주거침입 해당여부를 판단하는 것이 원칙이다(대판).

26) 2008년도 대법원은 무단침입으로 유죄판결을 받은 자가 이후 계속하여 당해주택에 거주하는 경우 별도의 주거침입죄를 인정한 바 있다.
2인 공동 침입 시에는 폭처법상 공동방실침입죄가 된다.

27) 1997년도 부산초원복집사건(불법선거운동 적발목적이라 하더라도 도청장치설치 목적이라면 음식점주인이 출입을 불허했을 것이므로 정당행위가 부정됨)에서는 대법원은 주거침입죄를 인정한 바 있다.

외관은 동의처럼 보이지만 강제 또는 기망에 의해 동의를 얻은 경우(예, 위조입장권을 제시하고 입장한 경우)에는 본죄가 성립한다.

범죄목적으로 들어간 경우 즉 절도·강도·폭행 등과 같이 범죄를 행할 목적으로 주거에 들어간 때에는 일반인의 출입이 자유롭게 허용되는 장소(예, 백화점, 역, 은행, 관공서 청사 등)일지라도 또는 승낙받고 들어갔어도 본죄가 성립한다.[29] (7급 검찰, 경위승진, 경찰 1차)

공동주거에 들어간 경우(전원동의 또는 추정승낙 필요)를 보면, 가출한 자식이 강도나 절도의 목적으로 父가에 침입한 경우나 별거중인 아내가 남편의 아파트에 함부로 침입하는 경우, 공동주거자 각자가 동의권자이므로 주거침입이 된다. 남편의 부재중 처의 승낙하에 간통의 목적으로 주거에 들어간 경우 (9급 검찰, 경찰 1차)에는, 판례는 (남편의 주거권 침범이 아닌) 사실상 평온설을 취하면서 공동거주에 있서는 주거자 모두의 동의 또는 추정적 의사에 반하지 않아야 하므로 처의 동의가 있더라도 **남편의 추정적 승낙이 있다고 볼 수 없어** 주거침입죄가 성립한다(대판 1984. 6. 26, 83도685)고 했으나, 2020년 대법원 판례에서는 **'불륜을 위해 내연녀 집에 들어간 상간남의 주거침입죄를 부정'**(이유는, 일방의 승낙을 받아 통상적인 방법으로 따라 들어갔으므로 다른 거주자의 추정적 의사에 반한다고 해서 사실상 평온을 깨뜨리는 것으로 볼 수 없다는 것)한 바 있다.

[3] 부작위에 의한 침입

본죄는 부작위에 의해서도 가능(예, 주거에 대한 보증인 의무를 지고 있는 자가, 제3자의 침입을 방지하지 않는 경우)하다.

[4] 기수시기

신체의 전부가 들어가면 기수이고, 일부만 들어가면 본죄의 미수가 된다(통

---

28) 특별한 사정이 없다면 출입문을 통한 정상적인 출입이 아닌 경우 의사에 반한 것으로 보아 주거침입죄가 성립한다.

29) 2003년도 안양애향공원 화장실 아빠야사건에서 대법원은 피해자가 남편으로 오인하여 문을 열어주었더라도 간강치상과 주거침입의 경합범을 인정한 바 있다. 다만 뇌물을 제공하려는 자가 찾아뵙겠다고 한 때 오라고 한다면 상대방이 이를 알고 진지했다면 주거침입에 동의한 것이라면 주거침입죄는 성립하지 아니한다.

설).[30]

그러나 판례는 신체의 일부만 타인의 주거 안으로 들어갔다고 하더라도 거주자가 누리는 사실상의 주거의 평온을 해할 수 있을 정도에 이르렀다면 범죄구성요건을 충족하는 것이라고 하여(대판)[31] 신체의 일부만 주거에 들어가도 기수라고 한다.[32]

초인종만 누른 것은, 실행의 착수가 부정된다.[33] (경찰 2차)

3. 주관적 구성요건(범의)

신체의 일부가 타인의 주거에 들어간다는 인식과 의사이다.

4. 위법성

[1] 긴급피난

맹견을 피하기 위해 타인의 집으로 몸을 숨긴 경우, 甲의 집에 불이 나자 乙 집의 지붕 위에 올라가 물을 뿌린 경우에는 긴급피난으로서 위법성이 조각된다.[34]

[2] 법령에 의한 정당행위

민사집행법상 집행관이 강제집행을 위하여 들어간 경우, 형사소송법상 압수·수색·체포·구속을 위해 수사기관이 타인의 주거에 들어간 경우에는 위법성이 조각된다. 그러나 사인이 현행범체포를 위해서 타인의 주거에 침입한 경우에는 주거침입죄가 성립한다(대판 1965. 12. 21, 65도899).[35] (9급 검찰)

---

30) 2006년도 대법원은 문이 열려 있는 상태에서 출입문을 당긴 경우 실행의 착수를 인정한 바 있으나(대판 2006.9.14, 2006도2824) 2008년도 판례에서는 아파트 초인종만 누른 것에 대해서는 실행의 착수를 부정하였다(대판 2008.4.10, 2008도1464).

31) 대판 1995. 9. 15, 94도2561. 사실상 평온을 해하지 않았다면 미수이다.

32) 강도의 목적으로 창문에 얼굴을 넣었다가 주인이 놀라자 포기한 사건의 경우, 강도죄의 미수가 아닌 주거침입죄의 기수이다.

33) 대판 2008.4.10, 2008도1464.

34) 타인의 집에 난 불을 끄기 위해 들어간 경우에는 추정적 승낙이 인정된다.

35) 2003년 판례에 의하면 간통현장을 직접 목격하고 촬영을 하기 위하여 상간자 집에 침입하더라도 주거침입죄가 된다.

3 사회상규에 위배되지 않는 행위

술에 취하여 시비중에 상대방의 주거에 혼자 따라 들어가서 때린 이유를 따진 경우 위법성조각이 된다.[36]

그러나 채권자가 채무변제를 받기 위하여 채무자 집에 임의로 들어간 경우에는 주거침입죄가 될 수 있다(다수설). (9급 검찰)

5. 죄수 및 타죄와의 관계

① 침입한 주거에서 퇴거한 후 다시 침입한 경우 ⇨ 별개의 주거침입죄 성립

② 주거침입의 수단으로 폭행·손괴한 경우 ⇨ 폭행죄·손괴죄와 주거침입죄의 상상적 경합

③ 주거에 침입하여 살인·강도·절도를 한 경우 ⇨ 살인죄·강도죄·절도죄와 주거침입죄의 실체적 경합[37]

Ⅲ. 퇴거불응죄

제319조(퇴거불응) ② 전항의 장소(사람주거, 관리건조물, 선박·항공기·점유방실)에서 퇴거(신체가 주거에서 나감) 요구(1회로도 족함)를 받고 응하지 아니한 자도 전항의 주거침입죄의 형과 같다.[38]

제322조(미수범) 본장의 미수범[39]은 처벌한다.

대표적 진정부작위범(=부작위에 의한 부작위범)중의 하나이며, 거동범이고 퇴거할 때까지 계속되는 계속범이다. (경위승진)

본죄는 거동범으로서 퇴거불응 즉시 기수가 되므로, 미수는 성립할 여지가 없다(통설). 그러나 제322조에 미수범처벌규정이 있다.

---

36) 다만 동네부녀자에 대해 욕설을 따지려고 열 명이 밤 9시에 집으로 몰려간 것은 주거침입죄가 된다.

37) 상습주거침입은 폭처법이 적용된다.

38) 적법한 직장폐쇄후 점거사건이 이에 속한다. 그러나 2007년 판례에 의하면 노조파업후 4시간 만에 직장을 폐쇄하는 등 사용자의 직장폐쇄가 부당하면 점거는 무죄이다(대판 2007.12.28, 2007도 5204).

39) 퇴거요구를 받고 그 이후 사실상 평온 침해전에 쫓겨난 경우이다.

처음부터 불법하게 주거에 들어가면, (퇴거불응죄는 성립하지 않고) 주거침입죄만 성립한다.

Ⅳ. 특수 주거침입죄(폭처법 우선적용)

제320조(특수주거침입) 단체 또는 다중의 위력을 보이거나 위험한 물건을 휴대하여 전조의 주거침입죄를 범한 때에는 5년 이하의 징역에 처한다.[40]
제322조(미수범) 본장의 미수범은 처벌한다.

Ⅴ. 주거신체수색죄

제321조(주거 · 신체 수색) 사람의 신체, 주거, 관리하는 건조물, 자동차, 선박이나 항공기 또는 점유하는 방실을 수색한[41] 자는 3년 이하의 징역에 처한다.
제322조(미수범) 본장의 미수범은 처벌한다.

보호법익에는 주거평온 외에 개인의 신체의 자유와 안전, 사적 비밀도 있다.

주총에 참석한 의결권대리인이 회사사무실을 뒤져서 원하는 장부를 찾아낸 경우, (정당행위로 볼 수 없어) 방실수색죄가 성립한다(대판).[42]

피해자 동의는 위법성조각 사유이고 형사소송법 제109조, 제137조는 수사기관의 수색행위의 위법성조각 사유가 된다.

강도목적으로 주거침입해 금품물색한 경우는, (수색이 불가벌적 수반행위로서) 강도죄에 흡수될 것이다.

---

40) 판례는, 34명이 최루탄 4발과 42개의 쇠파이프를 들고 강의실 무단침입한 사건, 출입문은 잠기고 관리인이 부재하는 골리앗크레인에 70명이 농성한 사건에서는 퇴거불응죄를 인정한 바 있다. 부산지법 2011.4.1, 2010노 4489.

41) 정당한 권원없이 타인의 신체를 수색하면 본죄가 된다. (경감승진) 주거에 침입하여 수색을 하면 주거침입죄와 수색죄의 경합범이 된다. 절도목적으로 수색을 하면 수색은 절도죄에 흡수된다(불가벌적 수반행위).

42) 대판 2001.9.7, 2001도 2917.

5-1 chapter

재산죄(I)

<학습 길잡이>

재산범죄는 절도죄, 강도죄, 사기죄, 공갈죄, 횡령죄, 배임죄, 장물죄, 손괴죄, 권리행사방해죄 등의 9가지 유형으로 규정되고 있는데 형법 각칙 중에서 가장 출제빈도가 높아 어느 시험에서든지 상당수의 문제가 항상 출제되고 있다.

재산범죄에 대하여는 우선 그 객체가 되는 재물 또는 재산상의 이익의 개념과 그 점유의 형법상의 의미를 이해하고, 초과주관적 구성요건요소로서의 불법영득의사가 필요하다는 점과 불가벌적 사후행위 및 인적처벌조각사유로서의 친족상도례의 정리가 필요하다.

재산범죄의 유형에 따른 행위태양을 정리하고 실행의 착수시기를 기억해 두어야 한다.

제1절 총 설

I. 재산죄의 의의 및 분류

1. 의 의

재산죄란 개인의 재산을 보호법익으로 하는 범죄를 말하며, 형법이 규정하고 있는 재산죄에는 절도죄 · 강도죄 · 사기죄 · 공갈죄 · 횡령죄 · 배임죄 · 장물죄 · 손괴죄 · 권리행사방해죄가 있다.

2. 분 류

보호법익에 따른 분류	소유권을 보호법익으로 하는 범죄	절도, 횡령, 손괴, 장물죄
	소유권 이외의 물권 또는 채권을 보호법익으로 하는 범죄	권리행사방해죄
	전체로서의 재산권(소유권 채권 등)을 보호법익으로 하는 범죄	강도죄, 사기죄, 공갈죄, 배임죄
객체에 따른 분류	재물죄(재물만을 객체로 하는 범죄)	절도죄, 횡령죄, 손괴죄, 장물죄
	이득죄(재산상 이익만을 객체로)	배임죄
	재물죄인 동시에 (재산상)이득죄	강도죄, 사기죄, 공갈죄
영득의사에 따른 분류	영득죄(고의外에 영득의사를 필요로 하는 범죄)	절도죄, 강도죄, 사기죄, 공갈죄, 횡령죄
	비영득죄(훼기죄 즉 영득의사 불요)	손괴죄, 장물죄(다수설) (법원서기보, 9급 검찰)
침해방법에 따른 분류[1)]	탈취죄(상대의사에 반해 재물을 취득하는 방법)	절도죄, 강도죄, 장물죄, 횡령죄
	편취죄(상대의 하자 있는 의사에 의하여 재물을 취득하는 범죄)	사기죄, 공갈죄

II. 재산죄의 객체

1. 재 물

제346조(동력) 본장의 죄에 있어서 관리할 수 있는 동력은 재물로 간주한다.

1 재물의 개념

형법상 재물의 개념에 관하여 유체성설과 관리가능성설(통설, 판례)의 대립이 있다.

1) 상대방의 하자있는 의사에 의한 처분행위가 존재하면 편취죄, 부존재하면 탈취죄이다.

구 분	유체성설	(물리적) 관리가능성설 (통설 · 판례)
내 용	일정한 공간을 차지하고 유체물만을 재물로 인정하는 견해이다.	관리할 수 있으면 유체물과 무체물 모두 재물이 된다는 견해이다.[2]
제346조 해석	제346조를 유체물이 아닌 동력을 재물에 포함시키려는 특별규정으로 이해한다.	무체물도 재물에 포함되므로 제346조는 이러한 사실을 밝히는 **단순한 주의규정**으로 이해한다.

① **유체물**(외부세계에 일정한 공간을 차지하고 있는 물체)

유체물이라도 관리할 수 없는 것(해 · 달 · 공기 · 바닷물)은 재물이 아니다.

살아 있는 사람의 신체와 그 일부(인체에 부착된 의족 · 의수 포함)는 재물이 될 수 없다.[3] 다만, 신체로부터 분리된 모발 · 치아 · 혈액 · 장기 등은 재물이다. (경사승진)

사체 · 유골 · 유발 등은 (제161조에 의해 신앙에 관한 죄의 객체는 될 수 있어도[4]) 재물죄의 객체로 될 수 없다. 다만 해부용사체처럼 의학실습(학술연구)의 대상인 경우는 재물이 된다.

② **관리할 수 있는 동력**(재물)

'관리'란 물리적 관리만 의미한다. 사무적 · 법률적 관리를 포함한다면 재물과 재산상 이익을 구별할 수 없기 때문이다. 권리 · 전파 등은 재물이 아니다. (경사승진, 9급 검찰)

'동력'이란 자연적 에너지(전기 · 수력) 외에 사람이나 우마차의 힘은 제외된다. 정보 · 사상 · 아이디어는 재물이 아니다.

2 재물의 경제적 교환가치 불요

재물은 반드시 경제적 교환가치를 가질 필요는 없고,[5] 소유자가 주관적 가치를 가짐으로써 충분하다(통설 · 판례). 따라서 부친초상화 · 애인사진 · 무효인 약

---

2) 물리적으로 관리가능한 전기 수력 압력 냉기 등이 재물이 된다. 다만 사무적으로 관리가능한 권리 전파 정보 인간노동력 우마견인력 등은 (동력에 불포함되어) 재물이 될 수 없다.
3) 민법상 소유권의 객체가 아니기 때문이다.
4) 장례식날 사체절도는 (절도죄가 아닌) 장례식방해죄이다.
5) 다만 사회통념상 형법적 보호를 받을 만한 가치성은 있어야 한다.

속어음 · 주권포기각서 · 인감증명서 · 국민투표용지 · 법원으로부터 송달된 심문기일소환장 · 주민등록증 · 부인의 모발 등도 재물이 된다. (경위승진, 9급 검찰, 경찰 2차)

3 부동산의 재물성

부동산도 사기죄 · 공갈죄 · 횡령죄 재물에 포함되나, 다만 절도죄 · 강도죄의 객체가 될 수 있는가에 대해서는 논란이 있다. 긍정설도 있으나, 장소적 이전이 불가능하여 부동산은 절도죄 · 강도죄의 객체인 재물이 될 수 없다고 보는 것이 다수설 · 판례의 입장이다.[6)]

4 금제품의 재물성

금제품이란 소유 또는 소지(점유)가 법적으로 금지되어 있는 것을 말한다. 이러한 금제품이 재물인가?(9급 검찰)

소유와 점유 모두 금지된 절대적 금제품(예, 위조통화, 아편흡식기)은 재물이 아니다.[7)]

단순히 점유만 금지하는 상대적 금제품(예, 불법소지무기, 군용휘발유, 아편)은 재물이 된다.[8)]

2. 재산상 이익

재산상 이익이란 재물 이외의 일체의 재산적 가치(이익)를 말한다. 재산상 이익은 적극적 이익(무상의 노무제공, 채권취득) · 소극적 이익(부채감소) · 영구적 이익(채무면제) · 일시적 이익(채무변제의 연기)을 불문한다.[9)]

---

6) 다만 흙만은 절도의 객체가 된다. (사법시험) 한편 인접토지를 침범하여 건축한 경우, 경계침범죄가 된다.

7) 즉 위조통화를 절도하면, 위조통화취득죄만 성립한다.

8) 상대적 금제품에서는 소유권은 존재하기 때문이다. 판례에 의하면 위조유가증권은 위조된 것이라도 소지자의 점유권보호차원에서 (재물로) 절도죄의 객체성을 인정한 바 있다. 한편 불법원인급여물(뇌물로 전달해 달라고 받는 재물)에 대해서는 재물성 그 자체는 인정한다.

9) 대법원은 반드시 사법상 유효한 것만 의미하는 것은 아니며, 외견상 재산상의 이득을 얻을 것이라고 인식할 수 있는 사실관계만 있으면 재산상 이익에 해당된다는 입장이다.

Ⅲ. 형법상 점유

1. 의 의

형법상 점유란 재물에 대한 순수한 사실상의 지배를 의미한다.[10) 형법상 점유는 순수한 사실상 개념이라는 점에서 민법과는 달리 간접점유나 상속에 의한 점유는 인정되지 않으며, 점유보조자라도 형법상으로는 점유자로 된다.

2. 점유의 기능

형법상 점유는 다음과 같이 나눌 수 있다.

보호객체(보호법익)로서의 점유	점유가 보호의 객체이기 때문에, 적법한 권원에 의한 점유이어야 한다.	권리행사방해죄(제323조)
행위의 주체로서의 점유(신분요소로서의 점유)	타인의 재물을 보관(점유)하는 자가 범죄의 주체로 된다.	횡령죄 (경장승진)
행위객체(행위대상)로서의 점유	점유가 행위의 객체가 되는 경우이다.	절도, 강도, 사기, 공갈죄 (모두 타인소유, 타인 점유)

3. 점유의 요건(요소)

형법상 점유가 인정되기 위해서는 객관적·물리적 요소, 주관적·정신적 요소, 사회적·규범적 요소를 갖추어야 한다.

[1] 객관적·물리적 요소

① 재물에 대해서 사실상 지배하고 있는 상태(예, 휴대하고 있는 물건, 집안·가게에 있는 물건)를 말한다(점유사실).

② 사실상 지배는 적법한 권원에 의하여야 하는 것은 아니므로, 절도범도 절취물에 대한 점유를 갖는다.[11)

10) 즉 물리적인 소지를 반드시 의미하는 것은 아니며, 재물을 직접 소지하지 않더라도 재물과 사람 사이에 일정한 시간적 공간적 결합관계가 있으면 점유가 인정된다.

11) 즉 재물에 대한 법적 처분 권한은 요하지 아니한다.

2 주관적 · 정신적 요소

① 재물을 자기의 의사에 따라 관리 · 지배하려는 사실상의 점유의사(지배의사)를 말한다.[12]

② 점유의사는 자연적 · 사실적 처분의사를 의미하므로 법적 처분권한 · 행위능력은 필요 없다. 따라서 유아 · 정신병자에게도 인정된다(예, 때린 후 유아의 과자를 탈취하면 강도죄).[13]

③ 지배의사는 (특정한 재물에 대한 구체적 지배의사가 아닌) 일반적 지배의사를 뜻하므로, 집 안에서 잃어버린 물건 · 외출 중에 배달된 편지함 속의 우편물 · 가게 문을 열기 전에 배달된 상품에 대하여도 점유를 인정된다.[14]

④ 지배의사는 현실적 의사임을 요하지 않으며, 잠재적 지배의사로도 족하므로 수면중에 있는 사람이나 의식상실자에게도 점유가 인정된다(예, 만취를 이용하여 같이 술 마신 친구가 반지를 가져간 경우 ⇨ 절도죄). 판례는 사자의 점유를 긍정(살해한 방에서 피해자 곁에 4시간 반을 있다가 그곳 벽에 걸린 피해자 소지 물건을 들고 나온 경우에는 절도죄)하나, 다수설은 잠재적 지배의사도 없다고 하여 사자의 점유를 부정한다.

3 사회적 · 규범적 요소

이상의 객관적 요소와 주관적 요소는 사회생활상의 경험법칙에 의해 결정된다. 이러한 사회적 · 규범적 요소에 의하여 점유가 확대되거나[15] 제한될 수 있다.

---

12) 절도죄란 재물에 대한 타인의 점유를 침해함으로써 성립하는 것이다. 여기서의 '점유'라고 함은 현실적으로 어떠한 재물을 지배하는 순수한 사실상의 관계를 말하는 것으로서, 민법상의 점유와 반드시 일치하는 것이 아니다. 물론 이러한 현실적 지배라고 하여도 점유자가 반드시 직접 소지하거나 항상 감수하여야 하는 것은 아니고, 재물을 위와 같은 의미에서 사실상으로 지배하는지 여부는 재물의 크기 · 형상, 그 개성의 유무, 점유자와 재물과의 시간적 · 장소적 관계 등을 종합하여 사회통념에 비추어 결정되어야 한다(대판 80도509).

13) 다만 형법은 법인의 점유를 부정하여 대표의 점유로 인정한다.

14) 여관에서 손님이 분실한 물건의 점유는 여관주인에게 인정한다.

15) 확대란 점유의사만 있으면 점유를 인정하는 것으로, 점유요건의 완화를 의미한다.

점유개념이 확대되는 경우	점유개념이 제한되는 경우
① 원 점유자가 물건의 소재를 알고 이를 찾을 가망이 있는 경우 ⇨ 원 점유자의 점유 인정 • 강간피해자가 도망하면서 현장에 두고 간 물건(점유이탈물 아님) ⇨ 강간피해자의 점유(경장·경사승진) • 주차장에 세워둔 자동차 ⇨ 차주의 점유 • 농지에 두고 온 농기구 ⇨ 농부 점유 • 집으로 돌아오는 길을 아는 가축 ⇨ 주인의 점유 ② 타인의 지배범위에 두고 온 물건 ⇨ 지배권자의 새로운 점유 인정 • 철도승무원이 그가 운송중인 화물을 탈취한 경우 ⇨ 철도청 점유(7급 검찰) • 여관·극장·목욕탕·당구장 등에 두고 온 물건 ⇨ 여관 등 집주인의 점유(경사승진)[16] 예, 청소하던 사환이 책상에서 만년필을 주워서 전당포에 잡힌 경우, 절도죄가 된다.	① 음식점에서 손님이 사용하고 있는 그릇 ⇨ 주인 점유 ② 상품을 매입하기 위하여 고객이 쥐고 있는 물건 ⇨ 주인 점유

4. 공동점유

공동점유란 재물에 대하여 다수인이 사실상 지배하는 점유형태를 말한다.

1 대등한 공동점유

조합원이나 동업자 부부간의 점유처럼 대등한 권리를 가진 수인의 점유자간에는, 점유의 타인성이 인정되어 상호간의 점유침탈에 대해서는 절도죄가 성립한다.

공동소유의 재물을 공동점유자 중 1인이 불법하게 영득 ⇨ 절도죄 (경사승진, 9급 검찰)

공동소유의 재물을 1인이 단독점유하고 있는 중에 영득 ⇨ 횡령죄

2 상하(주종)관계에 의한 공동점유

상하관계(종속관계)에 의한 공동점유인 경우 종속된 점유자가 주된 점유자의 점유를 침해(예, 상점주인 몰래 종업원이 물건을 빼돌려 판 경우)하면 절도죄가

16) 고속버스 승객이 두고 내린 물건을, 운전사가 발견한 때에 다른 승객이 가져가면 절도죄(운전사가 가져가면 횡령), 운전사가 발견 못한 때에 다른 승객이 가져가면 점유이탈물횡령죄가 된다(대판 1993.3.16, 92도3170).

성립한다.[17] (7급 검찰) 다만 신뢰관계상 어느 정도의 처분권이 위임된 독립적인 점유시에는 종업원의 단독점유가 인정될 수 있다(예, 은행직원이 재물영득을 하면 횡령죄).

5. 재물의 운반 위탁

재물의 운반을 위탁한 경우에 운반자와 위탁자 사이에 공동점유를 인정할 수 있는지? 또는 운반자의 단독점유에 속하는지? 하는 것은 그에 대한 위탁자의 현실적인 감독과 통제가 가능한가에 따라 결정된다.[18]

감독 · 통제 가능 ⇨ 위탁자 점유 인정(운반자가 영득하면 절도죄[19]))

감독 · 통제 불가능[20] ⇨ 운반자 점유 인정(운반자가 영득하면 횡령죄)

6. 봉함된 포장물의 점유

봉함된 포장물을 위탁받은 경우 그 내용물은 누구의 점유에 속하는가?

1 다수설

형식적 위탁관계의 경우(예, 가방을 맡기면서 키를 안준 경우)이면 내용물의 점유는 위탁자에게 있으며[21], 실질적 위탁관계의 경우(예, 가방을 맡기면 키와

---

17) 재물을 사실상 점유하는 점유보조자가 보관하던 재물을 횡령한 경우, 절도죄가 된다. (7급 검찰)

18) 운반자점유의 인정과 부정의 사례를 보면 다음과 같다.

운반자의 점유를 인정한 경우	운반자의 점유를 부정한 경우
• 화물자동차의 물건 운반 ⇨ 운전사 점유 인정, 운전사가 영득하면 횡령죄 • 사환에게 단독으로 입금시키도록 돈을 위탁한 경우 ⇨ 사환 점유 인정, 사환이 영득하면 횡령죄 • 지게꾼에게 물건운반을 단독위탁한 경우 ⇨ 지게꾼 점유인정, 지게꾼이 영득하면 횡령죄	• 운반중인 철도화물 ⇨ 철도청 점유 인정, 철도공무원이 영득하면 절도죄 (7급 검찰) • 총무과 직원인 甲은 경리담당직원 乙의 요청으로 동행하여 은행에서 인출한 현금을 소지 운반 후 乙 에게 교부함에 있어 그 중 일부를 빼냈을 경우 ⇨ 절도죄, 甲의 점유는 피해자 乙의 점유에 종속하므로 (경위승진)

19) 철도공무원이 운반중인 화물을 처분한 경우 (철도청의 점유를 인정하여) 절도죄가 된다.

20) 예, 지게꾼에게 물건을 단독운반하도록 위탁한 경우, 화물차운반자에게 재물을 운반하도록 위탁한 경우

21) 예, 우편배달부가 소포내 물건을 빼내 영득한 경우, 절도죄가 된다.

비밀번호를 제공한 경우)에는 수탁자에게 점유를 인정한다.[22]

② 사 례

포장물 전체에 대해서는 수탁자에게 점유인정, 내용물은 위탁자에게 점유인정을 한다.

즉, 배달부가 - 소포물 전체를 영득 ⇨ 횡령죄
- 소포물의 내용물을 영득 ⇨ 절도죄[23] (법원서기보·7급 검찰, 경위승진)

7. 사자의 점유

① 처음부터 탈취의사로 사람을 살해한 후 재물취득 ⇨ 강도살인(피해자의 생전점유 침해)

② 사람을 살해한 후 비로소 영득의사가 생겨 재물을 영득한 경우

통설 : 살인죄 + 점유이탈물횡령죄(사자의 점유 부정)의 경합범

판례 : 살인죄 + 절도죄(사자의 생전점유 계속 인정[24]))의 경합범[25]

③ 우연히 지나가다 사체에 부착된 재물취득 ⇨ 점유이탈물횡령죄

Ⅳ. 불법영득의사

1. 의 의

불법영득의사란 소유권침해의사 즉 권리자를 배제하고 타인의 물건을 자기의 소유물과 같이 그 경제적 용법에 따라 이용·처분할 의사를 말한다.

다만 피고인이 피해자도장을 피해자 책상서랍에서 몰래 꺼내 차용금증서의 연대보증인란에 찍고 난 후 곧 제자리에 넣어둔 사례에서 (사용가치 소모가 무

22) 예, 화물선장이 수탁된 화물을 영득한 경우, 횡령죄가 된다.

23) 판례에 의하면 정부소유의 쌀가마니에서 쌀을 약간씩 퍼내간 경우, 정부소유미의 점유는 정부에 있으므로 이를 퍼내간 행위는 절도죄가 된다.

24) 다만 살해 후 4시간 반을 초과한 경우에는 사자의 점유를 부정한 바 있다.

25) 강도의 고의없이 살해 후 재물을 영득한 경우이다.

시할 정도로 경미하고 곧 반환했다면 소유권 또는 본권(물건의 사실상 지배여부를 떠나 사실상 지배를 정당하게 하는 관념적 관리. 예, 소유권 전세권 등 물권, 임차권 등 채권)을 침해할 의사가 없다고 보아) 대법원[26]은 도장에 대한 불법영득의사를 부정한 바 있다.[27] (경찰 2차) 반면에 소유권이나 본권 침해의사가 있고 점유의사에 반해 취거한 경우, 불법영득의사[28]를 인정한 바 있다.[29]

2. 법적 성격

불법영득의사를 초과주관적 구성요건요소로 보는 것이 다수설이다.

3. 필요성

① 불법영득의사 유무에 따라 절도와 불가벌적인 사용절도를 구별할 수 있다는 점에서 주관적 요건으로서 고의 이외에 불법영득의사가 필요하다는 필요설이 다수설 · 판례의 입장이다.

② 절도죄 강도죄 사기죄 횡령죄 장물죄는 불법영득의사를 필요로 하는 영득죄이고, 손괴죄 권리행사방해죄 자동차불법사용죄는 불법영득의사를 필요로 하지 않는 비영득죄(훼기죄)이다. (법원서기보, 9급 검찰)

4. 불법영득의사의 객체

---

26) 대판 1987.12.8, 87도1959.

27) 또한 갑이 을 지갑에서 몰래 꺼낸 신용카드를 현금자동지급기에서 현금을 인출하고 갖다놓을 생각으로 소지하고 있던 중 을에게 발각된 경우(신용카드 그 자체만 고려) 불법영득의사가 부정된다(대판). (경찰 1차)

28) 형법상 절취란 타인이 점유하고 있는 자기 이외의 자의 소유물을 점유자의 의사에 반하여 점유를 배제하고 자기 또는 제3자의 점유로 옮기는 것을 말한다. 그리고 절도죄의 성립에 필요한 불법영득의 의사란 타인의 물건을 그 권리자를 배제하고 자기의 소유물과 같이 그 경제적 용법에 따라 이용 · 처분하고자 하는 의사를 말하는 것으로서, 단순히 타인의 점유만을 침해하였다고 하여 그로써 곧 절도죄가 성립하는 것은 아니나, 재물의 소유권 또는 이에 준하는 본권을 침해하는 의사가 있으면 되고, 반드시 영구적으로 보유할 의사가 필요한 것은 아니며, 그것이 물건 자체를 영득할 의사인지 물건의 가치만을 영득할 의사인지를 불문한다. 따라서 어떠한 물건을 점유자의 의사에 반하여 취거하는 행위가 결과적으로 소유자의 이익으로된다는 사정 또는 소유자의 추정적 승낙이 있다고 볼 만한 사정이 있다고 하더라도, 다른 특별한 사정이 없는 한 그러한 사유만으로 불법영득의 의사가 없다고 할 수 는 없다(대판 2013도14139).

29) 대판 2013도14139 참조.

견해의 대립이 있으나, 영득의사의 객체는 물체 또는 그 물체가 가지고 있는 특수한 기능가치라는 견해가 통설·판례의 입장이다.

예금통장을 절취하여 예금을 인출하고 통장을 반환한 경우 ⇨ 절도죄 성립(통장이 가지고 있는 특수한 기능가치의 영득이므로)하나, 주민등록증을 사용한 후 반환할 의사로 절취한 경우 ⇨ 절도죄 불성립(단순한 사용가치는 영득의사의 객체가 아니므로)한다.

5. 사용절도

사용절도란 타인의 재물을 일시적으로 사용한 후에 반환(확실히 취득하게)하는 것을 말하며(방치는 절도죄인정), 불법영득의사를 인정할 수 없어 절도죄로 처벌되지 아니 한다(경위승진).

다만 사용절도에 해당하더라도 자동차 (선박 항공기 원동기장치자전거) 불법사용죄로 처벌되는 경우는 있다.(법원서기보)

Ⅴ. 친족상도례

제328조(친족간의 범행과 고소) ① 직계혈족, 법적 배우자, 동거친족, 동거가족 또는 그 배우자간의 제323조의 죄는 그 형을 면제한다. (인적처벌조각사유)
② 제1항 이외의 친족(형면제를 받는 범위를 넘는 친족)간에 제323조(재산죄)를 범한 때에는 고소가 있어야 공소를 제기할 수 있다.[30] (별거친족 별거가족)
③ 전2항의 신분관계가 없는 공범에 대하여는 전2항을 적용하지 아니한다.

1. 서 론

1 의 의

친족상도례란 일정한 친족 사이의 재산범죄에 대하여는(강도, 손괴죄, 강제집행면탈죄 제외) 형을 면제하거나 상대적 친고죄로 하고 있는 특례규정을 말한다.[31]

30) 예, 조카가 동거하는 삼촌시계를 절취하면 형의 면제, 별거 삼촌시계를 절취하면 고소해야 기소할 수 있다.

특별법의 경우에도, 친족상도례는 적용되는 것이 원칙이다(대판).

2 법적 성격

친족간의 재산범죄는 범죄 그 자체는 성립하지만 친족이라는 특수관계를 고려하여 형벌만 면제되는 인적 처벌조각사유이다(통설).

3 친족관계의 인식 및 착오

친족상도례는 인적 처벌조각사유이므로, 친족관계는 객관적으로 존재하면 족하고 행위자가 그 존재를 인식할 필요는 없다. (경감승진, 법원서기보)

공범관계에 있는 수인간의 친족상도례는, 친족관계에 있는 자에게만 적용한다(예, 甲이 乙과 같이 乙의 처 丙의 물건을 절취한 경우, 甲은 절도죄 그리고 乙은 친족상도례로 형의 면제).

3. 친족의 범위

1 친족의 범위

친족의 법률적 정의와 범위는 민법에 따른다.

동거친족이란 일시 숙박의 친족이 아닌 같은 주거에서 일상생활을 공동으로 하는 친족이다.[32]

배우자란 법률상 배우자를 말하며 내연의 처는 포함되지 않는다.

2 친족관계의 인적 존재범위

친족상도례가 적용되기 위하여는 친족관계는 행위자와 재물소유자·점유자 모두와의 친족관계가 있어야 한다(통설·판례).[33] 따라서 아버지가 친구에게 빌려 쓰고 있는 시계를 아들이 절도한 경우에는 친족상도례는 적용되지 않는다. (법원기보)

---

31) 소유자와 점유자가 다른 경우, 모두 친족관계이어야 한다.

32) 일시적으로 숙박하고 있는 친족은 여기에 해당하지 않는다.

33) 2007년도 판례에 의하면 손자가 할아버지의 통장으로 현금지급기를 조작하여 자기계좌로 이체시켜 간 경우 → 농협이 컴퓨터사용사기의 피해자이므로 찬족상도례의 적용에 부정적인 입장이다.

③ **친족관계의 시간적 존재범위**

친족관계는 행위시에만 존재하면 족하고, 그 후에 소멸해도 상관없다.[34] (법원서기보)

다만 범행당시에 친족관계가 아니었으나, 인지를 한 경우에는 (소급효에 따라) 친족상도례 규정이 적용된다. (경찰 2차)

4. 친족상도례의 적용효과

① 직계혈족(동거불요), 배우자(동거불요), 동거친족, 동거가족 또는 그 배우자간의 재산범죄(예, 남편이 처를 공갈하여 재물의 교부를 받은 경우, 동거하는 미혼인 형의 물건을 절취한 경우) ⇨ 형 면제(제328조 ①) (경사승진)

② 제328조 제1항 이외의 친족간의 재산범죄(예, 법정분가한 형의 집에 가서 형 물건 절취) ⇨ 상대적 친고죄(제328조 ②)

③ 장물죄의 특칙(제365조)

장물범과 피해자간에 제328조 **제1항**, **제2항**의 신분관계가 있는 때에는 동조의 규정을 준용한다(=따라서 직계혈족, 법적 배우자, 동거친족, 동거가족 또는 그 배우자간의 재산죄는 **필요적 형면제**. 이 제1항 이외의 친족간에 재산죄에는 고소가 있어야 공소를 제기할 수 있는 **상대적 친고죄** 적용).

장물범과 본범간에 제328조 **제1항**(=직계혈족, 법적 배우자, 동거친족, 동거가족 또는 그 배우자)의 신분관계가 있는 때에는 그 형을 감경 또는 면제한다(=**필요적 감면**). (9급 검찰)

5. 공범관계

친족상도례는 친족관계에 있는 자에게만 적용되므로 비친족에게는 친족상도례의 적용이 없다(제328조 ③, 제365 ② 단서). 예, 甲과 乙이 甲의 부의 물건을 공동으로 절취한 경우 甲은 절도죄는 성립하나 형 면제, 乙은 절도죄로 처벌된다. (법원서기보)

---

34) 다만 혼외 출생자에 대한 인지가 범행 후 행해진 경우라도 인지의 소급효에 의거 친족상도례가 적용된다.

VI. 불가벌적 사후행위

1. 의 의

불가벌적 사후행위란 범죄에 의하여 획득한 재물이나 이익을 사용·처분하는 사후행위가 별도의 구성요건에 해당하더라도 이미 주된 범죄에 의하여 완전히 평가되었기 때문에 별도의 범죄를 구성하지 않는 행위를 말한다(예, 절도범이 절취물을 매각).

2. 요 건

불가벌적 사후행위가 되기 위해서는 주된 범죄와 보호법익을 같이하고 그 침해의 양을 초과하지 않을 것을 요한다. 즉 사후에 새로운 법익을 침해하면 가벌이 될 수 있다.[35]

3. 불가벌적 사후행위가 인정과 부정되는 예(경위, 경감승진, 9급 검찰, 법원 서기보)

불가벌적 사후행위에 해당되는 예	• 절취한 물건을 손괴 • 절취한 카메라를 매각 • 절취한 현금으로 물건 구입 • 장물을 보관한 자가 횡령 • 절취한 자기앞수표로 음식대금을 지불하고 거스름돈을 받은 경우(경위 승진, 경찰 2차) • 절취한 열차승차권으로 역직원한테 환불받은 경우(경간부) • 횡령한 금반지를 녹여 목걸이 제작한 경우 • 간첩이 국가기밀을 누설하는 경우 • 원목을 절취한 후 하법생산처럼 관계당국을 기망해 산림법소정의 연고권자로 인정받아 수의계약방법으로 매수한 경우(사기가 아닌 산림절도만 성립.

35) 절취통장으로 은행원으로부터 예금인출을 하면 절도 외에 **사기죄 성립**, 절취한 자기앞수표를 은행원으로부터 환불받은 경우 절도 외에 **사기죄는 불성립**한다. (경간부)

불가벌적 사후행위가 부정되는 예	• 절취한 예금통장으로 현금 인출 ⇨ 사기죄 성립 • 절취한 전당표로 전당물 편취 ⇨ 사기죄 성립 • 강취한 권총으로 타인을 살해 ⇨ 살인죄 성립 • 강취한 예금통장으로 예금환급받은 경우 ⇨ 강도와 사문서위조 및 동행사죄, 사기죄의 실체적 경합범(경찰 2차) • 절취한 소를 도살장 아닌 곳에서 도살 ⇨ 축산물 가공처리법 위반 • 살해한 사체를 손괴 ⇨ 사체손괴죄(증거인멸죄 불성립) • 절취한 편지를 개봉 ⇨ 비밀침해죄 • 대마를 절취해 흡입목적으로 소지 ⇨ 무허가대마소지죄 성립 • 절취한 물건을 자기소유물인 것처럼 속여 피해자에게 매각 ⇨ 사기죄 • 신용카드절취 후 자동인출기에서 인출 ⇨ 절도와 여신전문금융업법상 부정사용죄 경합범 • 판매목적으로 히로뽕을 제조하고 다시 판매한 경우 ⇨ 제조죄와 판매죄의 경합범

제 2 절 절도의 죄

보호법익은 소유권이며, 보호정도는 침해범으로서의 보호이다. 절도죄는 재물죄, 영득죄, 탈취죄에 해당한다.

Ⅰ. 절도죄

제329조(절도) 타인의 재물(만)을 절취한 자는 6년 이하의 징역 또는 1천만원 이하의 벌금에 처한다.
제342조(미수범) 제329조 내지 제341조의 미수범은 처벌한다.
제344조(친족간의 범행) 친족간 특례

1. 의 의

타인이 점유하는 타인소유의 재물을 절취함으로써 성립하며 재산죄의 대표범죄이다.

2. 주 체

주체에는 제한이 없다.

3. 객 체

타인이 점유하는 타인소유의 재물(순수재물죄)[36]이다. 무주물, 소유자가 소유권을 포기한 재물은 (타인 재물이 아니라서) 절도죄의 객체가 아니다.

[1] 타인의 재물

타인의 단독소유뿐만 아니라 타인과 공동소유하는 재물도 다른 공동소유자와의 관계에서는 타인의 재물이 된다.

[2] 타인의 점유

절도죄의 객체는 타인의 소유물일 뿐만 아니라 타인이 점유하는 재물이어야 한다(타인의 점유란 타인의 단독점유 뿐만 아니라 타인과 행위자의 공동점유에 속하는 경우가 포함된다).[37]

따라서 타인과 공동소유·점유한 재물을 공동소유자 1인이 임의로 탈취하면 절도죄, 1인이 보관하다가 보관자가 영득하면 횡령죄가 된다.[38] (법원서기보, 경사승진, 9급 검찰)

---

36) 대법원은 타인의 전화기를 무단으로 사용한 것은 (무형적 이익에 불과하여) 절도죄가 되지 아니한다고 판시한 바 있다. 2004년도에는 복사본도 경제가치가 있어 재물이라고 판시하고, 2007년도에는 퇴사한 직원이 회사의 승낙없이 부동산매매계약서의 사본을 가져간 행위는 절도죄가 된다는 판시한 바 있다.
또한 부동산은 재물이 아니어서 대상에 해당하지 아니하나, 흙은 동산이므로 대상이 된다. (사법시험)
한편 식품접객업 영업허가의 명의대여약정에 따라 발급된 영업허가증과 사업자등록증은 피해자에게 인도되면 피해자의 소유가 되므로 영업허가증과 사업자등록증을 명의대여자가 가져갔다면 절도죄가 된다는 것이 2004년 판례의 입장이다.

37) 2008년 대법원은 임차인이 계약종료 후 냉장고를 두고 간 경우, 철거전까지 전기를 사용했어도 자기점유관리하에 전기를 사용한 것으로 보아서 절도죄를 인정하지 않은 바 있다.

38) 자시소유인 타인점유의 재물은 권리행사방해죄의 대상이 된다. 2007년도 판례에 의하면 PC방에 놓고온 휴대전화를 제3자가 가져간 경우, PC방 주인의 점유를 인정하고 절도죄로 판시한 바 있다. 또한 산지기에게는 석등에 대한 점유권이 없으므로 외부로 반출하면 절도죄가 된다.

재물죄의 행위객체	• 타인이 점유하는 타인 재물 : 절도 · 강도 · 사기 · 공갈죄 • 자기가 점유하는 타인 재물 : 횡령죄[39] • 타인이 점유하는 자기 재물 : 권리행사방해죄 • 타인의 재물(점유자 불문) : 손괴죄 • 재산죄에 의해 영득한 재물 : 장물죄 • 누구의 점유에도 속하지 않는 타인 재물 : 점유이탈물횡령죄

4. 행 위(절취)

절취란 타인이 점유하는 타인의 재물을 그 의사에 반하여 자기 또는 제3자의 점유로 옮기는 것을 말한다(점유배제와 새로운 점유취득).[40]

1 점유의 배제

점유의 배제라 함은 점유자 또는 처분권자의 의사에 반해, 재물에 대한 그의 사실상 지배를 배제하는 것을 말한다.

① 점유배제 수단 · 방법은 불문한다.[41]

② 기망행위가 있더라도 그것이 점유침탈의 한 방법에 불과하고 재물의 처분행위가 있다고 보기 어려운 경우, 절도가 된다(예, 甲이 乙을 속여 한눈을 팔게 하고 피해자 앞에서 乙의 가방을 들고 달아난 경우/ 백화점에서 귀금속을 산다고 건네받고 화장실 간다고 그대로 가 버린 경우). (경위승진)

cf. 자동차 · 오토바이 · 자전거를 살 의사 없이 시운전을 빙자하여 이를 교부받아 시운전을 하는 척 하다가 그대로 도망간 경우 ⇨ 절도죄(통설)[42] 사기죄(판례)[43]

③ 실행의 착수시기는 타인의 점유를 배제하는 데 밀접한 행위를 하거나 목적물을 물색한 때이다(밀접행위설 : 통설 · 판례).[44]

---

39) 1982년 지게꾼사건(시장에서 다량으로 구입한 물건을 택시까지 운반을 부탁했으나 부탁받은 지게꾼이 가지고 달아난 경우)에서 대법원은 횡령죄를 인정한 바 있다.

40) 처분행위가 직접 재물교부를 결과하면 사기죄(편취), 행위자의 별도 행위에 의해 간접적으로 재물을 취거한 경우라면 절도죄(탈취)가 된다.

41) 공공연히 행하든, 비밀리에 행하든, 직접적이든 간접적이든 불문한다.

42) 도주 전까지는 아직 피해자의 점유에 있다고 보기 때문이다.

43) 한편 자판기의 음료수를 가짜 동전으로 빼간 경우에는 편의시설부정이용죄가 된다.

44) 실행의 착수시기 및 기수시기를 보면 다음과 같다.

2 점유의 취득

① **의의** : 행위자가 재물에 대하여 방해받지 않는 사실상의 지배를 갖는 것을 말한다.

② 기수시기 : 재물을 취득한 때 기수가 된다(취득시설 : 통설 · 판례).

기수에 이른 후 다시 반환했다 해도, 미수가 되는 것이 아니다. (법원서기보)

5. 주관적 구성요건

1 고의

타인이 점유하는 재물을 절취한다는 데에 대한 인식과 의사가 있어야 한다.[45]

2 불법영득의사

절도죄는 전형적인 영득죄이므로, 불법영득의사가 있어야 한다.[46][47]

타인명의 카드를 절취하여 현금을 인출한 경우[48] ⇨ 현금 절도죄와 신용카드

실행의 착수시기	기수시기
• 절취할 재물에 접근하거나, 이를 물색할 때 • 소매치기가 손으로 호주머니 겉을 더듬은 때 • 자동차 안의 물건을 훔치기 위해 손잡이를 당길 때 • 야간에 절도위해 주거침입시 cf. 자동차 안의 물건을 훔치기 위해 그 내부를 전등으로 비춰본 경우 ⇨ 아직 실행의 착수 아님	• 타인의 호주머니에서 물건을 끄집어 낸 때 • 방 안에 있는 물건을 들고 나오다 방문 밖으로 던지고 달아난 경우 • 목욕탕 안에서 다른 사람이 쉽게 찾을 수 없는 구멍에 감추어 둔 경우

45) 과실절도는 처벌대상이 아니다.

46) 판례는 영수증취득사건(피해자 전화번호를 알아두려고 떨어뜨린 영수증을 습득 후 돌려주지 않은 경우)의 경우 불법영득의사를 부정한 바 있다.

47) 절도죄의 성립에 필요한 불법영득의 의사라 함은 권리자를 배제하고 타인의 물건을 자기의 소유물과 같이 이용, 처분할 의사를 말하고, 영구적으로 그 물건의 경제적 이익을 보유할 의사임은 요치 않으며, 일시 사용의 목적으로 타인의 점유를 침탈한 경우에도 그 사용으로 인하여 물건 자체가 가지는 경제적 가치가 상당한 정도로 소모되거나 또는 상당한 장시간 점유하고 있거나 본래의 장소와 다른 곳에 유기하는 경우에는 이를 일시 사용하는 경우라고는 볼 수 없으므로 영득의 의사가 없다고 할 수 없다(대판 2012도1132).

48) 가맹점에서 물건을 구입했다면 사기죄와 신용카드부정사용죄의 경합범이 된다.

업법상 부정사용죄의 실체적 경합(대판)[49]

cf. 자기명의 카드로 결제의사능력없이 물품구입 또는 현금인출을 한 경우 ⇨ 사기죄

6. 위법성

피고인이 동거중인 피해자의 지갑에서 현금을 꺼내가는 것을 피해자가 현장에서 목격하고도 만류하지 않았다면 이는 허용의 묵시적 의사가 있다고 보는 것이 상당하므로, 절도죄를 구성하지 않는다(대판 1985.11.28, 85도1487).(경찰 2차)

7. 타죄와의 관계

절도죄의 죄수는 절취행위의 수에 따라 결정된다(예, 주인집과 임차인의 방에서 각각 절취를 한 경우 ⇨ (관리주체가 달라) 2개의 절도죄 성립).

1 절도죄와 주거침입죄

① 주간에 주거에 침입하여 절도 ⇨ 주거침입죄와 절도죄의 실체적 경합범
② 야간에 주거에 침입하여 절도 ⇨ 야간주거침절도죄

2 절도죄와 문서위조죄

절취 차용증서에 위조인장을 찍어 문서를 위조한 후 이것을 행사한 경우 ⇨ 절도죄와 문서위조죄 및 동행사죄의 실체적 경합

3 절도죄와 장물죄

절도교사 후 절도범으로부터 도품을 취득[50] ⇨ 절도교사죄와 장물죄의 실체적 경합

다만 책임무능력자를 절도를 교사한 후 장물을 취득하면 절도의 간접정범만

49) 다만 현금자동인출카드는 카드자체에 특수한 기능가치가 내재되어 있지 아니하고 현금인출도구에 불과하므로, 반환의사로 카드를 절취하였다면 불법영득의사가 인정되지 아니한다.

50) 예, 절도가 장물인 정을 알면서 장물을 취득 운반 보관한 경우 ⇨ 절도죄와 장물취득죄의 상상적 경합범

된다.[51)]

4 절도죄와 사기죄

절도범이 절취한 재물을 이용하여 제3자를 기망하고 금품을 편취한 경우 ⇨ 절도죄와 사기죄[52)]의 실체적 경합[53)] (처벌은 사기죄처벌)

II. 야간주거침입절도죄

제330조(야간주거침입절도) 야간에 사람의 주거, 간수하는 저택, 건조물이나 선박(항공기 아님) 또는 점유하는 방실에 침입하여 타인의 재물을 절취한 자는 10년 이하의 징역에 처한다.

제342조(미수범) 제329조 내지 제341조의 미수범은 처벌한다.

제344조(친족간의 범행) 제328조의 규정은 제329조 내지 제332조의 죄 또는 미수범에 준용한다.

1. 법적 성격

주거침입죄와 절도죄의 결합범이다.

2. 야 간

야간의 의미는 일몰 후에서 일출 전을 말한다(통설 · 판례).

침입과 절취행위 모두 야간에 이루어져야 한다(대판).[54)][55)]

---

51) 간접정범도 정범이므로 절도의 정범간에는 장물취득죄가 성립하지 않기 때문이다.

52) cf. 피고인이 피해자로부터 편취한 현금카드를 이용해 현금지급기에서 여러 번 인출한 행위는 현금카드에 대한 사기죄 외에 현금에 대한 절도죄는 별도로 성립하지 않는다(대판 2005.9.30, 2005도5869). (경찰 2차)

53) 결국 사기죄로 처벌된다.

54) 대판 2011도300 참조.

55) 형법 제329조에서 절도죄를 규정하고 곧 바로 제330조에서 야간주거침입절도죄를 규정하고 있을 뿐, 야간절도죄에 관하여는 처벌규정을 별도로 두고 있지 아니하다. 이러한 형법 제330조의 규정형식과 그 구성요건의 문언에 비추어 보면, 형법은 야간에 이루어지는 주거침입행위의 위험성에 주목하여 그러한 행위를 수반한 절도를 야간주거침입절도죄로 중하게 처벌하고 있는 것으로 보아야 한다. 따라서 주거침입이 주간에 이루어진 경우에는 야간주거침입절도죄가 성립하지 않는다고 해석함이 상당하다(대판 2006도2824).

3. 실행의 착수 및 기수시기

1 착수시기

주거침입시이다.***

예, 야간에 절도의 고의로 주거에 침입하였으나 (또는 아파트 베란다 철제난간까지 올라가 유리창 문을 열려고 시도한 경우) 아직 절취할 물건의 물색행위를 시작하기 전에 체포 ⇨ 야간주거침입절도죄의 미수(경위승진)

손괴 후 야간 주거침입절도는 손괴시 실행의 착수를 인정한다.

2 기수시기

재물취득시이다.

절취행위가 기수에 이르면, (주거침입의 미수·기수를 불문하고) 본죄의 기수가 된다.

예, 야간에 카페 내실에 침입하여 정기적금통장을 꺼내들고 나오던 중 발각되어 돌려준 경우 ⇨ 야간주거침입절도죄의 기수

4. 위법성

피해자의 승낙이 있으면 위법성이 조각된다.

Ⅲ. 특수절도죄

제331조(특수절도) ① 야간에 문호 또는 장벽 기타 건조물의 일부를 손괴(실행착수시기)하고 전조의 장소에 침입(=수단의 흉폭성)하여 타인의 재물을 절취한(기수시기) 자는 1년 이상 10년 이하의 징역에 처한다.
② 흉기를 휴대(=위험성)하거나[56] 2인 이상이 합동(=집단성)하여 타인의 재물을 절취한 자도 전항의 형과 같다.

제342조(미수범) 제329조 내지 제341조의 미수범은 처벌한다.

제344조(친족간의 범행) 친족간 특례

56) 정당한 이유없이 흉기 위험물건휴대 자체는, 폭처법 적용 처벌 대상이다. cf. 흉기로 위협하여 취득하면, 특수강도가 된다.

1. 손괴후 야간주거침입절도(제331조 ①)

야간에 문호 장벽 기타 건조물일부를 손괴하고 야간 주거침입절도죄를 범한 경우이다.[57]

손괴란 문호 등의 일부를 손괴하여 그 효용을 상실시키는 행위를 말한다.[58]

본죄의 실행의 착수시기는 주거침입시가 아닌 야간에 침입의 목적으로 건조물 등의 일부를 손괴하기 시작한 때이며,[59] 그 기수시기는 재물취득시이다.

본죄에 해당한 때에는 손괴죄는 별도로 성립하지 않는다.

2. 흉기휴대절도 및 합동절도(제331조 ②)

흉기를 휴대하거나 2인 이상이 합동하여 절도행위를 범한 경우에 성립한다.

흉기란 신체적 위험을 초래하는데 객관적으로 적합한 물건(예, 총검, 도끼, 곤봉, 청산가리, 염산 등)을 의미하므로, 객관적으로 위험하지 않은 장난감권총 등은 흉기가 아니다.

휴대란 (행위시) 몸에 소지하는 것을 말한다.[60] 행위자는 휴대사실을 인식하여야 한다.

형법상 합동범이란 2인 이상이 합동하여 범하는 범죄를 말한다.[61] 형법은 특수절도죄, 특수강도죄, 특수도주죄에서 합동범에 관한 규정을 두고 있다.[62] cf. **특수강간죄**는 (형법이 아닌) 성폭력범죄처벌특례법 규정이다.

57) 최진실 사건의 경우, 특수절도와 사체영득죄의 경합범에 해당한다.

58) 따라서 문의 자물쇠를 뜯고 침입하는 것은 본죄에 해당하지만, 문을 키로 열고 들어간 경우에는 단지 야간주거침입절도죄가 성립할 뿐이다.

59) 주거침입시가 아니다.

60) 반드시 몸에 지니지 않더라도 언제든지 사용할 수 있는 상태이면 충분하다.

61) 다수인의 시간적 장소적인 합동을 의미한다(현장설).
절도범이 혼자 입목을 완전히 캐낸 후 비로소 제3자가 가담하여 함께 입목을 운반했어도, 특수절도 성립하지 아니한다(대판 2008.10.23, 2008도6080). (경찰 2차)

62) 단란주점삐끼사건(합동범의 공동정범은 3인 이상 공모 후 2인 이상이 현장실행을 분담)에서 대법원이 합동절동의 공동정범을 인정한 바 있다.

IV. 자동차 등 불법사용죄

제331조의2(자동차등 불법사용) 권리자의 동의없이 타인 자동차 · 선박 · 항공기 · 원동기장치자전거를 일시사용(**통행수단으로**)한 자는 3년 이하의 징역, 500만원 이하의 벌금, 구류 또는 과료에 처한다.

제342조(미수범) 제329조 내지 제341조의 미수범은 처벌한다.

제344조(친족간의 범행) 친족간 특례

1. 법적 성격

차량증가와 불법사용으로 인한 손해와 피해자의 감정을 고려하여 사용절도를 예외적으로 처벌하는 규정을 신설(1995년)한 것이다.[63] (법원서기보)

2. 보호법익

본죄의 보호법익에 관하여는 소유권설(다수설), 사용권설 등의 대립이 있다.

3. 객 체

자동차, 선박, 항공기, 원동기장치자전거[64]이다.

행위객체가 운송수단에 제한되는 특수한 경우의 범죄이다.

4. 행 위

권리자의 동의(양해) 없이 통행수단으로 일시 사용하는 것이다.

① 자동차 등을 통행수단으로 일시 사용하는 것을 의미하므로, 자동차에 매달려가는 경우 · 무임승차 · 자동차 안에서 잠을 자거나 라디오를 들은 경우 등은 본죄에 해당하지 않는다.

운행의사로 시동을 걸었으나 잠시 후 멈춘 경우에도 미수가 된다.

② 권리자의 동의 없이 불법하게 사용을 개시한 경우만을 말하므로, 정당하게

63) 절도죄에 해당하면 자동차불법사용죄는 적용되지 아니한다(보충관계).

64) 열차나 자전거는 그 대상이 아니다.

사용을 개시한 후 권한의 범위를 넘어서 사용한 경우(예, 택시기사가 택시를 개인용도로 무단 사용)에는 본죄에 해당하지 않는다.[65]

소유자 승낙 없이 오토바이를 타고 가서 다른 장소에 버린 경우, 절도죄가 된다.[66]

5. 주관적 구성요건

주관적 구성요건으로 고의를 요한다. 그 밖에 불법영득의사는 필요하지 않다.

권리자의 동의가 없음에도 불구하고 있다고 오인한 경우에는, 사실의 착오로 고의가 조각되어 무죄가 된다.[67] 반대로 동의가 있음에도 없다고 오인한 때에는, 불능범이 된다.

V. 상습절도죄

제332조(상습범) 상습으로 제329조 내지 제331조의2의 죄를 범한 자는 그 죄에 정한 형의 2분의 1까지 가중한다.
제342조(미수범) 제329조 내지 제341조의 미수범은 처벌한다.
제344조(친족간의 범행) 친족간 특례

1. 법적 성격

본죄는 행위주체의 상습성이라는 신분요소에 의해 책임이 가중되는 가중적 구성요건이며, 부진정신분범의 일종이다.

2. 상습성

동종의 범행을 반복·수행하는 습벽을 말한다. 수회 행해진 범행이 절도습성의 발현이라고 인정되어야 한다.

---

65) 계속하여 불법행위를 행하는 것은 민사문제이다.
66) 대판 2002.9.6, 2002도 3465.
67) 과실범처벌규정이 없어 형사상 무죄이다.

3. 죄 수

① 상습으로 범한 수개의 절도는 ⇨ 상습절도 포괄1죄

② 절도, 야간주거침입절도, 특수절도를 상습적으로 반복한 경우 ⇨ 포괄일죄로 상습특수절도죄만 성립(대판) (경감승진)

5-2
chapter

재산죄(II)

제 1 절 강도의 죄

주된 보호법익은 재산권이나, 폭행 · 협박을 수단으로 한다는 점에서 신체의 완전성 · 개인의 자유권도 부차적인 보호법익이 된다. 보호정도는 침해범으로서의 보호이다.

I. 강도죄

제333조(강도) 폭행 또는 협박으로 타인의 재물을 강취하거나 기타 재산상의 이익을 취득하거나 제3자로 하여금 이를 취득하게 한 자는 3년 이상의 유기징역에 처한다.
제342조(미수범) 제329조 내지 제341조의 미수범은 처벌한다.

1. 법적 성격

강도죄는 폭행 · 협박죄와 절도죄의 결합범, 결과범, 재물죄, 이득죄, 영득죄, 탈취죄의 성격을 지닌다. 친족상도례의 규정이 적용되지 않는다.

2. 객 체

타인의 재물 또는 재산상 이익[68]이다.

[1] 타인의 재물(타인이 점유하는 타인소유의 재물)[69]

[2] 재산상 이익

재산상 이익이란 재물 이외의 일체의 재산적 가치가 있는 이익을 말한다.

재산상 이익은 적극적 · 소극적(예, 채무면제) · 영구적 · 일시적(예, 채무변제의 연기) 이익을 불문한다.[70] (경사승진)

3. 행 위

폭행 · 협박으로 타인의 재물이나 재산상 이익을, 자기나 제3자가 취득하는 것이다.

[1] 폭행 · 협박

폭행이란 사람에 대한 직 · 간접적인 유형력의 행사를 말하며, 협박이란 해악을 고지하여 상대방에게 공포심을 불러일으키는 것을 말한다.

폭행 · 협박의 정도는 최협의 폭행 · 협박(상대방의 반항을 억압할 정도)이고, 시기는 재물취득시보다 앞서야 한다.[71]

상대방의 반항이 현실적으로 있었을 것을 요하는 것은 아니며 기대되는 반항을 불가능하게(예, 마취제를 사용하여 혼수상태에 빠뜨려 놓고 재물취거)하면 족하다.[72] 그리고 피해자가 행위자의 의도를 모른 때에도(예, 장난감 권총으로 상대방을 억압하여 재물취거) 강도죄는 성립한다. (9급 검찰, 법원서기보, 경위승진)

[2] 재물의 강취

폭행 · 협박을 수단으로 상대방의 의사에 반하여 타인의 재물을 자기 또는 제

68) 준강도는 주체가 절도범이므로 재물만 대상이다.
69) 타인점유 자기소유 재물을 강취하면 점유강취죄가 된다.
70) 甲이 택시기사를 폭행 협박하여 운영케 하면 강도죄, 자가용을 그렇게 했다면 강요죄가 된다.
71) 재물취득 후 폭행협박을 하면, 준강도죄가 될 뿐임.
72) 수면자 심신상실자와 같이 강제작용을 느끼지 못한 경우에도, 강도죄는 성립한다.

3자의 점유로 옮기는 것을 말한다.

① 폭행 · 협박과 재물의 취거 사이에 인과관계가 있어야 한다(예, 강도의 고의로 상대방의 반항을 억압하게 할 정도의 폭행 · 협박을 하였지만 상대방이 조금도 공포심을 느끼지 않고 불쌍히 여겨 재물을 교부한 경우에는 인과관계가 부정되어 강도미수).[73] (9급 검찰)

② 폭행 · 협박은 재물취거 이전에 있었음을 요하며, 재물취거 이후에 폭행 · 협박을 하였으면 강도죄는 성립하지 않고 준강도죄(절도가 재물탈환항거 · 체포면탈 · 죄적인멸 목적으로 폭행협박)가 성립한다. (경위승진)

③ 재물취거 이전에 폭행 · 협박이 있어도 그 사이에 시간적 관련성이 없을 경우(예, 甲이 乙을 폭행하여 열쇠를 빼앗고 다음날 乙의 집에 들어가서 재물을 훔친 경우)에는 재물강도죄는 성립하지 않는다(⇨ 열쇠에 대해서는 강도죄, 절취한 재물에 대해서는 절도죄).

④ 강간범이 강간 후 강도의 범의를 일으켜 부녀의 재물을 취거한 경우 다수설은 강간죄와 절도죄의 경합범으로 보나 판례는 강간죄와 강도죄의 경합범[74]으로 본다.

3 재산상 이익의 취득

폭행 · 협박에 의하여 재산상 이익을 취득하거나 또는 제3자로 하여금 이를 취득케 한 경우, 강도죄에 해당한다.[75]

이익취득의 형태	• 폭행협박으로 채무면제받거나, 그 이행의 연기를 받은 경우 • 택시 운전사를 폭행 · 협박하여 운임지급을 면제케 한 경우 • 택시 운전사를 폭행 · 협박하여 택시를 운영케 하는 경우[76] • 폭행협박으로 소유권이전등기 또는 저당권설정등기의 말소의사표시를 하게 한 경우 (경사승진)

73) 다만 장난감 권총으로 위협했더라도 겁먹고 동을 준 경우에는, 강도죄가 된다. 한편 행위자가 상대방의 기를 완전히 죽이지 않고 어느 정도 겁만 주어 돈을 받을 작정이었다면 공갈죄가 된다.

74) 이때 상당한 시간 경과 후 폭행협박이 있은 곳과 다른 장소에서 돈을 받았다면, 강도미수이다. 한편 강도가 강간하면 강도강간죄에 해당한다.

75) 채무면탈목적으로 채권자를 살해하면, 강도살인이다.

76) 자가용이면 강요죄가 된다.

[4] 실행의 착수 및 기수시기

강도죄의 실행의 착수시기는 폭행·협박을 개시한 때이다.

강도죄의 기수시기는 피해자의 점유를 배제하고 행위자 또는 제3자가 점유를 취득한 때에 또는 재산상 이익을 얻은 때이다(=취득시설).

4. 주관적 구성요건

강도죄의 주관적 구성요건으로는 고의와 불법영득의사 내지 불법이득의사가 있어야 한다.[77)]

5. 위법성

권리자가 권리실행의 방법으로 폭행·협박에 의하여 재물을 강취하거나 재산상 이익을 취득한 경우, 위법성이 조각되는가? 부정설과 긍정설이 대립되고 있다.

피해자의 재물소지가 위법이라도 그 자로부터 강취하면, 강도죄가 성립한다(예, 도박에서 진자가 이긴 자의 판돈을 강취한 경우).

6. 죄수 및 타죄와의 관계

① 동일인이 관리하고 있는 수인 소유 물건을 강취한 경우 ⇨ 1개의 강도죄

② 수인의 피해자에게 폭행협박을 가하여 수인으로부터 각각 재물을 강취 ⇨ 수개의 강도죄

③ 타인의 주거에 침입하여 강도한 경우 ⇨ 특수강도죄가 되는 경우를 제외하고는 주거침입죄와 강도죄의 경합범

④ 절취 후 강취한 경우 ⇨ 강도죄만 성립

⑤ 강도의사로 (폭행·협박 없이) 절도한 경우 ⇨ (강도의 실행착수가 없으므로) 절도죄

⑥ 강취한 현금카드로 예금인출 ⇨ 강도죄와 별도로 절도죄 성립(대판)[78)]

77) 판례에 의하면 강간시 피해자도주를 막기 위해서 손가방을 뺏은 경우, 불법영득의사를 부인한 바 있다.

78) 강취한 현금카드를 사용하여 현금자동지급기에서 예금을 인출한 행위는 피해자의 승낙에 기한 것이라고 할 수 없으므로, 현금자동지급기 관리자의 의사에 반하여 그의 지배를 배

cf. 현금카드 소지자를 협박해 카드갈취 후 승낙으로 권한을 부여받아 지급기에서 현금인출한 경우 ⇨ 공갈죄의 포괄일죄 (대판)

II. 특수강도

제334조(특수강도) ① 야간에 사람의 주거, 관리하는 건조물, 선박이나 항공기 또는 점유하는 방실에 침입하여 제333조의 강도죄를 범한(실행착수시기 폭행협박개시설: 최근 판례) 자는 무기 또는 5년 이상의 징역에 처한다.
② 흉기를 휴대하거나 2인 이상이 합동하여 전조의 죄를 범한 자도 전항의 형과 같다.[79]

제342조(미수범) 제329조 내지 제341조의 미수범은 처벌한다.

III. 준강도(= 일본의 사후강도)

제335조(준강도) 절도(절도의 기수 미수 불문)가 재물의 탈환을 항거하거나 체포를 면탈하거나 죄적을 인멸할 목적(강취목적 아님)으로 폭행 또는 협박을 가한 때에는 전2조(강도·특수강도)의 예에 의한다.

제342조(미수범) 제329조 내지 제341조의 미수범은 처벌한다.

1. 주 체

① 주체는 (미수 기수 불문하고) 절도의 실행에 착수한 모든 절도범(단순절도·야간주거침입절도·특수절도·상습절도)이다(신분범).

② 절도의사로

대낮에 주거에 침입하였다가 발각되자 주인을 폭행한 경우 ⇨ 주거침입죄와 폭행죄의 경합범(법원서기보, 경위승진)

야간에 주거에 침입하였다가 발각되자 주인을 폭행한 경우 ⇨ 준강도죄

제하고 그 현금을 자기의 지배하에 옮겨 놓는 것이 되어서 강도죄와는 별도로 절도죄를 구성한다고 할 것이다(대판 2007도1375).

79) 특수강도의 범행을 모의한 이상 실행에 가담하지 아니하고 공모들이 강취해온 장물의 처분을 알선만 했더라도 특수강도의 공동정범이 된다.

2. 행 위

절취행위가 이루어진 직후에 폭행 또는 협박을 가하는 것이다.

폭행 · 협박의 정도는 (강도와 같이) 상대방의 반항을 억압할 정도여야 한다(= 최협의). 다만 억압했음을 요하는 것은 아니다. 한편 손을 뿌리치는 것은 억압정도에 해당하지 않는다.

폭행 · 협박은 절도의 기회에,[80] 즉 절도의 실행착수 이후부터 기수가 된 직후까지의 사이에 절도의 현장이나 그 부근에서 폭행 · 협박이 이루어져야 한다.[81]

재물 소유자 또는 점유자 이외에 제3자(예, 절도가 물건을 훔치던 중에 경찰관에 대하여 폭행 · 협박 ⇨ 준강도와 공무집행방해죄의 상상적 경합)도 폭행 · 협박의 상대방이 될 수 있다. (법원서기보)

3. 미수범

준강도죄의 미수범은 처벌한다.

준강도의 미수와 기수는, 절도의 미수 · 기수에 따라 결정된다(판례).[82]

4. 주관적 구성요건

본죄가 성립하기 위해서는 주관적 구성요건으로 고의와 불법영득의사 이외에 일정한 목적(재물탈환을 항거, 체포면탈, 죄적인멸[83]))이 있어야 한다.[84] (9급

---

80) 시간적 장소적으로 접근성이 인정되어야 한다. 폭행 · 협박은 절도의 기회에 행해져야 한다. 따라서 절도 범행 후 10분이 지나 피해자의 집에서 200m 떨어진 버스정류장에서 뒤쫓아 온 피해자에게 붙잡혀 피해자의 집으로 돌아왔을 때 비로소 피해자를 폭행한 경우, 그 폭행은 절도 범행이 이미 완료된 이후에 이루어진 것이므로 준강도죄에 해당하지 아니한다(대판 98도3321).

81) 절도죄의 예비단계에서의 폭행 협박은 준강도죄가 아니다. 예, A는 일몰전에 절도의사로 월담하여 B주택에 들어갔으나 곧바로 B의 아들 C에게 발각되자 체포면탈목적으로 폭행해 상처를 준 경우, A는 주거침입죄와 폭행치상죄의 경합범이 된다. (법무사시험)

82) 2004년도 대법원은 (준강도의 기수미수가 폭행협박 기수미수에 따른다는 종전견해를 바꾸어) 절도미수범이 체포면탈목적으로 추적하는 주인을 폭행한 경우 준강도의 미수라고 판시한 바 있다(대판 2004.11.18, 2004도 5074).

83) 죄적인멸이란, 인적 물적 증거인멸 또는 죄증을 무효로 하는 것을 말한다.

84) 따라서 이러한 목적과 다른 즉 절도가 발각되자 재물을 강취하기 위하여 폭행 · 협박을

검찰, 경위승진)

5. 공 범

절도의 공동정범중 1인이 준강도인 경우, 타자도 예견가능성이 있으면 준강도의 공동정범이 된다(예, 합동절도의 범인들이 범행후 각자가 다른 길로 가다가 2인 중 1인이 폭행해 상해를 가한 때 ⇨ 폭행 불가담자도 강도상해 성립[85]).

6. 처 벌

본죄에 해당한 때에는 강도죄 또는 특수강도죄와 같이 취급한다. 강도와 특수강도 중 어느 것에 해당하느냐는 폭행·협박의 태양에 따라서 판단한다. 따라서 절도범이 처음에는 흉기를 휴대하지 않았으나 체포를 면탈할 목적으로 폭행·협박을 가할 때 비로소 흉기를 휴대하여 사용한 경우에는, 특수강도의 준강도에 해당한다.

Ⅳ. 인질강도(=前 약취강도)

제336조(인질강도) 사람을 체포·감금·약취·유인하여 이를 인질로 삼아 재물 또는 재산상의 이익을 취득하거나 제3자로 하여금 취득하게 한 자는 3년 이상의 유기징역에 처한다.

제342조(미수범) 제329조 내지 제341조의 미수범은 처벌한다.

1. 객 체

재물 또는 재산상의 이익이다.

2. 행 위

사람을 체포·감금·약취 또는 유인하여 이를 인질로 삼아 재물 또는 재산상의 이익을 취득하거나 제3자로 하여금 이를 취득하게 하는 것(=체포·감금 또

가한 경우는 준강도죄가 아니고 강도죄가 된다.

85) 즉 판례는 예견가능성만 있다면 준강도의 공동정범을 인정한다.

는 약취·유인죄와 공갈죄의 결합범 성격)이다. 예, 채무자가 채권자의 아내를 인질로 삼아 채권포기각서를 받고 귀가시킨 경우이다.

반드시 미성년자에 제한되지 않으며, 인질과 재산상의 피해자가 동일인일 필요는 없다.

3. 실행의 착수 및 기수시기

재물 또는 재산상의 이익을 요구한 때에 실행의 착수가 있으며(다수설), 기수 시기는 재물 또는 이익을 취득한 때이다.

예비음모처벌이 있다.

V. 강도상해죄·강도치사상죄

第337조(강도상해, 강도치상) 강도(준강도 포함)가 사람을 상해하거나 상해에 이르게 한 때에는 무기 또는 7년 이상의 징역에 처한다.

第342조(미수범) 제329조 내지 제341조의 미수범은 처벌한다.

1. 의 의

강도상해란 강도의 고의로 상해하는 것을 말하고(예, 강취현장에서 피고인의 발을 붙잡고 늘어지는 피해자를 30미터 끌고가 폭행하여 상해한 경우[86])[87], 강도치상이란 강도가 고의없이 과실로 상해의 결과를 가져오는 경우를 말한다(예, 피고인이 요금지급을 면하려고 칼로 운전사를 협박하자 놀라 급정거해 그 충격

86) 절도범이 도주하다 쫓아온 보안요원에게 붙잡혀 보안사무실에 인도되어 피해자로부터 경위를 확인받던 중 체포상태에서 벗어나기 위해 피해자에게 상해를 가한 경우 강도상해가 된다(대판 2001.10.23, 2001도 4142).

87) 강도상해죄가 성립하려면 먼저 강도죄의 성립이 인정되어야 하고, 강도죄가 성립하려면 불법영득 또는 불법영득의 의사가 있어야 한다. 채권자를 폭행·협박하여 채무를 면탈함으로써 성립하는 강도죄에서 불법영득의사는 단순 폭력범죄와 구별되는 중요한 구성요건 표지이다. 甲이 주점에서 지급하지 않은 술값이 큰 금액은 아니며, 甲은 공사현장의 일용직 근로자로 일하고 있어 소득이 있었고, 이 사건 당일 이 주점에 오기 전 다른 노래방이나 주점 등에서 수회에 걸쳐 별다른 문제없이 술값 등을 결제했다. 甲이 乙과 丙들을 폭행할 당시 술값 채무를 면탈하려는 불법이득의사를 가지고 있었다고 보기는 어렵다(대판 2020도45390.

으로 어깨를 칼에 찔린 경우).

강도상해죄는 강도죄와 상해죄의 결합범이고, 강도치상죄는 강도죄와 과실치상죄의 결합범으로서 결과적 가중범이다.

2. 주 체

본죄의 주체는 강도범(특수강도 · 준강도 · 인질강도 포함)이다.[88] 따라서 절도범이 경찰관의 체포를 면탈하기 위하여 폭행을 가하여 부상케 한 경우에는 공무집행방해죄와 강도치상죄의 상상적 경합이 된다. (법원서기보)

3. 행 위

강도가 사람을 상해하거나(강도상해), 상해에 이르게 하는 것(강도치상)이다.

4. 미수와 기수

1 미 수

본죄의 미수범은 처벌한다(제342조). 강도상해의 미수기수는 강도행위가 미수기수가 아니라 (강도의 미수 · 기수는 불문하고) 상해가 미수인가 기수인가에 따라 결정된다.[89] 다만 강도치상죄는 결과적가중범이므로 미수범은 인정되지 않는다(통설).

2 기 수

강도가 상해의 결과를 발생시키면 강도상해죄의 기수가 되며, 재물 탈취 여부는 불문한다.

88) 대법원은 (준강도의 공동정범은 예견한 경우 강도상해를 인정한 것과 달리) 강도의 공동정범은 구체적인 상행의 공모를 안했더라도 다른 공범자가 강도의 기회에 이루어진 상해에 대해서는 책임을 면할 수 없다고 판시한 바 있다.

89) 결합범은 보다 중요한 법익을 기준으로 미수기수를 결정한다.

VI. 강도살인죄 · 강도치사죄

제338조(강도살인 · 강도치사) 강도가[90] 사람을 살해한 때에는 사형 또는 무기징역에 처한다. 사망에 이르게 한 때에는 무기 또는 10년 이상의 징역에 처한다.

제342조(미수범) 제329조 내지 제341조의 미수범은 처벌한다.

1. 의 의

강도살인죄는 강도가 고의로 살해하는 것(예, 술값을 안주려고 주인을 살해하고 주머니의 돈을 가져간 경우 채무면제목적 살인)을 말하며,[91] 강도치사죄는 강도가 고의없이 사망의 결과를 발생시키는 경우를 말한다(예, 강도가 살의없이 폭행후 강간했으나 부녀가 사망한 경우에는, 강도치사와 강도강간의 상상적 경합범).

강도살인죄는 강도죄와 살인죄의 결합범이고, 강도치사죄는 강도죄와 과실치사죄의 결합범으로서 결과적 가중범이다.

2. 주 체

주체는 강도(특수강도 · 준강도 · 인질강도 포함)이다.

준강도도 본죄의 주체가 된다. 예, 갑이 야간에 절도의사로 乙의 집에 들어갔으나 마침 깨어 있던 丙의 체포를 면탈하기 위하여 살해하고 도주 ⇨ 甲은 강도살인죄 (9급 검찰)

3. 미수범

본죄의 미수범은 처벌한다(다만 강도치사죄는 결과적가중범이므로 미수가 인정되지 않는다). 강도살인죄의 기수 · 미수는 살인의 기수 · 미수에 따라 결정되

---

90) 2004년도 판례에 의하면 강도범행실행중, 직후, 실행포기직후 범행이 완료되지 않은 단계에서 살해함이 요건이라고 한다.

91) 사망시기는 무관하다. 한편 보험금수령목적으로 피보호자를 살해한 경우에는, 보통살인죄가 된다.

고, 재물탈취 여부와는 무관하다(예, 강도 고의로 살해하고 재물은 탈취하지 못한 경우 ⇨ 강도살인죄의 기수).

Ⅶ. 강도강간죄

제339조(강도강간) 강도(미수기수 불문)가 사람을 강간한 때에는 무기 또는 10년 이상의 징역에 처한다.

제342조(미수범) 제329조 내지 제341조의 미수범은 처벌한다.

1. 의 의

본죄는 강도가 강간함으로써 성립하며, 강도죄와 강간죄의 결합범이다(예, 갑이 을녀를 폭행하여 반지를 빼앗고 간음[92]).

2. 주 체

본죄의 주체는 강도이다. 다만 강간범이 강간 후에 재물탈취의 고의가 생겨 재물취거한 경우에는 강간죄와 강도죄의 경합범이 된다. (경사승진)

3. 행 위

강간은 강도의 기회에 행하여지면 되므로 강취 후에 강간을 하여야 하는 것은 아니다(예, 강도가 부녀를 강간하여 치상한 경우 ⇨ 강도강간과 강도치상의 상상적 경합범).[93]

4. 미수범

강도강간죄의 미수범은 처벌한다. 여기서 미수란 강간의 미수를 의미하므로, 강도가 기수라도 강간이 미수이면 강도강간미수이고, 반대로 강도가 미수라도 강간이 기수이면 강도강간기수가 된다. (7급 검찰, 경감승진, 경사승진, 경위승

---

92) 강간의 미기수에 따라 강도강간의 미기수가 결정된다.

93) 예, 갑이 지나가는 을녀를 끌고가서 폭행후 돈 뺏고 강간하려 했으나 반항하여 상처만 입힌 경우 ⇨ 강도치상과 강도강간 미수의 상상적 경합범 (법무사)

진, 법원서기보)

Ⅷ. 해상강도죄(=해적죄)

제340조(해상강도) ① 다중의 위력(필요공범)으로 해상(영해 공해)에서[94] 선박을 강취하거나 선박내에 침입하여 타인의 재물을 강취한 자는 무기 또는 7년 이상의 징역에 처한다.
② 제1항의 죄를 범한 자가 사람을 상해(해상강도상해)하거나 상해에 이르게 한 때(해상강도치상)에는 무기 또는 10년 이상의 징역에 처한다.
③ 제1항의 죄를 범한 자가 사람을 살해(해상강도살인) 또는 사망에 이르게(해상강도치사) 하거나 강간한 때(해상강도강간)에는 사형 또는 무기징역에 처한다.

제342조(미수범) 제329조 내지 제341조의 미수범은 처벌한다.

Ⅸ. 상습강도죄

제341조(상습범) 상습으로 제333조, 제334조, 제336조 또는 전조 제1항의 죄(강도죄, 특수강도죄, 인질강도죄 또는 해상강도죄)를 범한 자는 무기 또는 10년 이상의 징역에 처한다.[95]

제342조(미수범) 제329조 내지 제341조의 미수범은 처벌한다.

Ⅹ. 강도예비음모죄

제343조(예비, 음모) 강도할 목적(준강도 목적 아님)으로 예비 또는 음모한 자는 7년 이하의 징역에 처한다.(재산범죄 중 유일하게 예비음모 처벌)

예, 강도에 사용할 흉기를 매입하거나, 흉기를 휴대하고 습격할 통행인을 대기

94) 지상의 경찰권이 미치는 하천이나 호수 항만은 해당하지 않는다. 따라서 한강유람선이나 인천항에 정박중인 선박에서 일어난 강도는 해상강도가 아닌 강도죄에 해당한다.

95) 상습강도의 예, 3개월 사이에 16회에 걸쳐 특수강도를 반복하였고 수단방법이 전문 대형화된 경우

하는 경우[96]이다.

제 2 절 사기죄

제347조(사기) ① 사람을 기망하여 재물의 교부를 받거나 재산상의 이익을 취득한 자[97]는 10년 이하의 징역 또는 2천만원 이하의 벌금에 처한다.

② 전항의 방법으로 제3자로 하여금 재물의 교부를 받게 하거나 재산상의 이익을 취득하게 한 때에도 전항의 형과 같다.

제352조(미수범) 제347조 내지 제348조의2, 제350조와 제351조의 미수범은 처벌한다.

제354조(친족간의 범행) 제328조와 제346조의 규정은 본장의 죄에 준용한다.

친족상도례의 적용을 위해서는 행위자와 피해자 사이에 친족관계가 존재해야 한다.

Ⅰ. 보호법익과 보호정도

보호법익은 (재산권 이외에 거래의 진실성이나 신의칙도 포함된다는 견해도 있으나) 재산권이다(다수설). 보호의 정도는 침해범으로의 보호이다.

사기는 재산죄이므로 기망은 했으나 재산권의 침해가 없으면 사기가 되지 아니한다(예, 공무원자격사칭, 무면허의료행위, 의사라고 속여 사기결혼[98]).

국가적 법익(예, 탈세)이나 사회적 법익은 해당되지 않는다.[99]

---

96) 2006년도 판례에 의하면 미필적으로라도 강도목적이 있다고 인정되어야 하고 단순한 준강도목적에 그치는 경우라면 강도예비음모로 처벌할 수 없다고 한다.

97) 예금주인 피고인이 제3자에게 편취당한 송금의뢰인으로부터 자신의 은행계좌에 계좌송금된 돈을 출금한 경우에 피고인은 예금주로서 은행에 대하여 예금반환을 청구할 수 있는 권한을 가진 자 이므로 위 은행을 피해자로 한 사기죄가 성립되지 않는다(대판 2010도3498).

98) 다만 (사기결혼은 재산권의 침해가 없으므로 사기죄가 아니지만) 결혼약속을 한 후 5천만 원을 받고 도주한 경우에는 혼인사기로 사기죄가 된다.

99) 예, 이중장부로 세무서공무원을 기망하여 탈세한 경우 ⇨ 사기가 아닌 조세범처벌법 위반죄

1. 객 체

재물 또는 재산상의 이익(재물죄·이득죄·편취죄)이다. 컴퓨터 사용 사기죄는 객체가 재산상 이익이다.

1 재 물

타인이 점유하는 타인의 재물을 말한다. 동산·부동산을 불문한다.[100] (법원서기보)

2 재산상의 이익

재물 이외의 일체의 재산상 이익을 말하며, 적극적(예, 노무제공)·소극적 이익(예, 채무면제, 부녀를 기망해서 성행위대가의 지급을 면하는 경우), 일시적·영구적 이익을 불문한다.[101] 다만 속여서 성교만 행한 것은, 정조는 재물이나 재산상 이익이 아니어서, 사기죄에 해당하지 않는다.

2. 행 위

기망하여 재물이나 재산상 이익을 취득하는 것이다. 의사가 전화로 진찰한 것을 내원진찰인 것처럼 국민건강보험관리공단에 요양비 급여비용 청구를 한 경우이다(대판 2013.4.26, 2011도 10797).

사기죄는 상대방을 기망하여 착오에 빠지게 하고[102] 그에 기하여 재산상 처분행위를 하게 하는 것이므로 기망 ⇨ 착오 ⇨ 처분행위 ⇨ 재물 또는 재산상 이익취득의 4단계를 거친다.[103]

1 기 망

① 의 의

기망이란 거래관계에서 지켜야 할 신의칙위반행위로써 거짓말 등 허위표시에

---

100) 절도와 강도에서의 재물은 동산에 한한다.

101) 법원을 기망하여 부재자재산관리인에 선임되더라도 (그 자체가 재산상의 이익을 얻은 것이 아니므로) 사기가 아니다.

102) 이미 착오에 빠진 상태를 이용하는 경우를 포함한다.

103) 다른 범죄와 구분하면 다음과 같다.

의하여 타인에게 착오를 일으키게 하는 행위(예, 백화점에서 팔다 남은 식품 포장지를 교체하면서 가공일자를 바꾸어 판매, 오리·누에·동충하초·녹용을 혼합해 만든 제품이 성인병 특효약이라고 허위광고를 하여 비싸게 판매한 경우, 신생수입브랜드 시계를 마치 오랜 전통을 지닌 브랜드 제품인 것처럼 허위광고를 하여 고가로 판매한 경우)를 말한다.[104) (경위승진)

컴퓨터사용 사기죄에서는 기망없이 컴퓨터조작 예컨대 허위부정명령을 입력·변력하여 정보처리를 하게 한다.

② 기망의 수단·방법

수단방법에는 제한이 없다. 명시적인 기망행위(언어에 의한 기망)나 묵시적인 기망행위는 물론 부작위에 의한 기망도 가능하다.[105)]

2007년도 판례는 토지의 매입을 권유하면서 확정된 사실이 아니더라도 신문스크랩에 기초한 것이라면 사기의 기망은 아니라고 한다.

의사가 실제 입원이 필요한 기간을 넘는 장기간의 입원을 유도하여 과도한 요양급여비를 청구하는 행위는 사기죄가 된다(대판 2009.5.28, 2008도 4665).

변제의사 또는 능력 중에 하나만 없어도 사기죄가 성립된다(대판, 2013.9.26, 2013도 3631).

구분	행위객체	행위수단	취득방법
절도죄	타인의 재물		탈취
강도죄	타인의 재물 또는 재산상 이익	폭행 또는 협박	탈취 또는 강취
사기죄		기망	편취
공갈죄		공갈(폭행 또는 협박)	편취
횡령죄	자기가 점유하는 타인의 재물	횡령	탈취

104) 2005년도 대법원판례에 의하면 차용금의 용도를 사실대로 말했으면 빌려주지 않았을 것을 진실에 반한 고지로 빌린 경우에는 담보제공여부와 관계없이 사기죄가 된다. 또한 신의칙상 거래의 중요사항에 관해 비난받을 정도의 허위사실을 고지한 경우, 과장광고의 한계를 넘어 사기죄(기망)에 해당한다.
그러나 역직원이 없는 틈을 이용하여 지하철을 승차하는 것은 사기에 해당하지 아니한다. 또한 채권자가 채권양도의 사실을 숨기고 직접 채무자로부터 채권을 추심했다고 하여, 채무자를 착오에 빠뜨려 그 대금을 편취한 것(사기)이라고 할 수는 없다. (법무사)

105) 묵시적 기망은 언어가 아닌 행동에 의한 기망을 말하며, 부작위에 의한 기망은 상대방이 착오에 빠져 있을 때 고지의무 있는 자가 사실을 고지하지 아니하고 묵비하는 것을 말한다.

묵시적 기망의 예	• 무전취식(7급 검찰, 경위승진, 법원서기보) ① 처음부터 돈이 없음을 알면서(대금지불 의사없이)무전취식 ⇨ 사기죄 ② 음식을 먹는 도중이나 먹고 난 후(투숙한 후)에 돈이 없음을 알고 도망친 경우[106] ⇨ 사기 고의의 없어 형법상 무죄(다수설) (경찰 3차) • 절취한 장물을 담보로 제공하고 돈을 빌린 경우, 절취한 예금통장으로 예금청구, 타인의 신용카드를 부정사용하여 상품제공자(백화점)를 기망하고 카드 명의인에게 손해를 발생시킨 경우[107] ⇨ 사기죄 • 타인에게 이전등기해 준 부동산을 매도하거나 임대하고 대금을 받는 경우 ⇨ 사기죄 • 매매목적물에 하자가 있음에도 불구하고 이를 숨긴 경우(소송계속) ⇨ 사기죄 • 저당권이나 가등기가 설정된 부동산에 대하여 그 사실을 알리지 않고 처분한 경우 ⇨ 사기죄(경위승진) • 결제할 가망이 없는 어음수표를 담보로 재공하고 재물을 취득한 경우 ⇨ 사기죄 • 금전차용당시 변제의사가 전혀 없는 경우 ⇨ 사기죄
부작위에 의한 기망의 예	• 거스름돈 사기(법원서기보, 경장승진) ① 상대방이 잘못하여 더 많은 거스름돈을 주는 것을 알면서도 그대로 수령한 경우(거스름돈 초과 수령) ⇨ 신의칙상 고지의무 위반으로 사기[108] ② 수령 후(그 장소를 떠난 후) 초과분인 것을 알고 묵비하고 영득한 경우 ⇨ 점유이탈물 횡령죄[109] (9급 법원, 7급 검찰) • 질병을 감추고 보험계약을 체결한 경우 ⇨ 사기죄(7급 검찰, 경위) • 이미 제3자에게 매각결정이 난 것을 은폐하고 전세를 놓은 경우, 유효기간경과한 승차권으로 승차한 경우, 등기명의자가 자신이 진정한 소유자가 아니라는 사실을 알면서도 수용보상금을 수령한 경우(법무사) ⇨ 사기죄[110] • 보험계약자가 보험계약체결 당시에 보험금액이 목적물의 가액을 현저하게 초과하는 보험상태를 의도적으로 유발한 후, 보험사고가 발생하자 초과 보험사실을 알지 못하는 보험자에게 목적물의 가액을 묵비한 채 보험금을 청구하여 받은 경우에는 사기죄가 성립한다(대판 2015도6905).

106) 돈을 안주려고 폭행 후 도주하면, 강도죄가 된다.

107) 타인의 신용카드를 절취하여 자동인출기에서 인출한 경우 ⇨ 절도죄와 신용카드부정사용죄의 경합범

108) 2004년 판례는, 매도인이 수표 한 장을 더 준 사실을 모르고 매수인이 수령한 경우, 사기가 아니라고 한다.

109) 물건을 구입하는 자가 판매인이 정찰가격표시보다 저렴한 가격을 부르는 것은 그대로 묵인하고 산 경우, 사기죄가 아니다.

110) 판례에 의하면 기망으로 치료비를 미지급하고 도주했어도, (지급할 의사능력이 있으나) 잠시 피하기 위해서라면, 사기죄는 불성립한다.

③ 기망의 정도

기망은 거래에서 신의칙상 일반인을 착오에 빠지게 할 정도이어야 한다.

과대광고는 상거래상 어느 정도의 과장된 광고·선전은 관행으로 시인되므로 기망행위가 될 수 없다(예, 상거래상 중등품을 상등품이라고 하는 경우, 조교수 저술을 정교수로 기재한 경우, 합격률을 높여 학원광고를 한 경우 ⇨ 추상적 과장광고로 사기죄 불성립).

다만 신의칙상 비난받을 정도의 허위고지를 한 경우에는 기망행위가 된다(예 한우만 판매한다고 하고 가짜인 경우, 마치 할인판매 기간에 한해 특별히 할인가격으로 싸게 판매하는 것처럼 하는 백화점 변칙세일 즉 첫판매인 데 재고할인이라고 하여 세일 ⇨ 구체적 과장광고로 사기죄 성립).

담합행위는 현행법상 경매입찰방해죄에 해당한다.

④ 기망의 상대방

기망의 상대방은 타인이다. 다만 심신상실자나 유아는 (스스로 착오를 일으킬 능력이 없기 때문에) 기망의 상대방이 될 수 없다.

기망이 상대방(피기망자)과 재산상의 피해자는 반드시 동일인임을 요하지는 아니한다(예, 삼각사기[111)]). 다만 피기망자와 처분권한자는 일치해야 한다.

소송사기죄로 인정되기 위해서는 제소당시 그 주장과 같은 권리가 부재한다는 것만으로는 부족하고 부재한다는 사실을 잘 알면서도 허위의 주장과 입증으로 법원을 기망한다는 인식을 요한다(대판 2011.9.8, 2011도 7262).

② 피기망자의 착오

사기죄가 성립하기 위해서는 기망행위로 상대방의 착오가 있어야 한다. 피해자의 과실로 착오에 빠진 경우(모조품을 진품으로 속인 경우) 사기죄가 된다

---

111) 소송사기란 (원고와 피고가 다 주체가 될 수 있으며) 법원에 허위의 사실을 주장하거나 허위의 증거를 제출함으로써 법원을 기망하여 자기에게 유리한 판결을 받고, 이에 대하여 상대방으로부터 재물 또는 재산상 이익을 취득한 경우로서, 이 때 피기망자는 법원이지만 재산피해자는 패소자이다(소송사기 ⇨ 사기죄). (경감승진, 법원서기보) 死者에 대한 소송은 사기죄가 아니다(사망자에 대한 소송은 무효로 상속인에게도 안 미침).
실행의 착수시기는 (가압류만 한 것은 해당하지 아니하며) 원고는 법원에 소장을 제출한 때 그리고 피고는 허위증거를 제출한 때이다. 기수시기는 승소판결이 확정된 때이다.

(대판 2009.6.23, 2008도 1697).

재물교부를 받을 때 기망에 의하지 않으면 사기죄가 되지 않는다. (경찰)

① 착오의 주체

오직 사람만이 가능하므로, 자동판매기에 화폐유사물을 투입하여 물건 취득시 사기죄가 아닌 편의시설부정이용죄가 성립한다.

② 착오의 내용

착오는 관념(인식)과 진실의 불일치를 말하므로,[112] 상대방에게 사실과 합치하지 않는 관념을 생기게 하는 행위가 없다면(예, 차장이 무임승차한 사실을 모른 경우) 착오라 할 수 없다.

③ 기망과 착오의 인과관계

기망과 상대방의 착오사이에는 인과관계가 있어야 한다. /인과관계가 없으면 사기죄의 미수에 불과하다(예, 기망을 하였으나 상대방이 불쌍하게 여겨 재물을 교부한 때 ⇨ 사기미수).

3 처분행위[113]

① 의 의

직접 재산상 손해를 초래하는 작위 또는 부작위를 말한다.

처분행위가 있다고 하기 위해서는 재산을 처분하는 사실 이외에 처분의사[114]에 지배된 행위도 필요하다(다수설 · 판례).

처분행위로 인하여 직접적인 재산피해가 발생해야 하고(처분효과의 직접성), 처분행위는 작위의사에 의해 이루어져야 한다(처분의 자의성).[115] 즉 처분행위

112) 반드시 법률행위의 중요부분임을 요하지 않고 동기의 착오로도 족하다(다수설).
113) 기술되지 않은 구성요건요소이다.
114) 나의 행위로 재산권이 상대에게 이전된다는 인식을 말한다.
115) 사례연구
-사람을 기망하여 주의를 딴 곳으로 돌리고 난 후 재물을 취득 ⇨ 직접성이 없으므로 사기죄가 아닌 절도죄
-승용차를 살 의사도 없이 시운전을 빙자하여 넘겨받아 타고 도주 ⇨ 사기죄(판례) 절도죄(다수설) (법원서기보)
-장님 甲에게 클럽입회원서라고 속여 약속어음용지에 발행인으로 서명 날인케 한 후 이를 교부받은 경우 ⇨ 처분의사가 없으므로 사기죄가 아닌 유가증권위조죄

가 직접 재물의 교부를 결과하면 사기, 행위자가 별도 행위에 의해 재물을 취거하면 절도(예, 타인의 주의를 다른 곳으로 돌리고 틈을 이용해서 날치기하거나, 옷가게 주인에게 보여 달라고 하며 입고 간 경우에는 모두 처분행위가 없어서 절도에 해당)이다.

② 처분행위자와 재산피해자와의 관계

처분행위자와 피기망자는 동일인이어야 하나,[116] 처분행위자(피기망자)와 피해자는 달라도 된다[117](타인의 예금통장으로 은행원을 속여 예금을 환급받은 경우 사기죄 성립). 착오에 의한 재산적 처분행위는 민법상으로는 취소 가능하지만 형법상 사기죄 성립에는 영향이 없다.

4 재산상 손해의 발생

① 손해발생 요부

사기죄의 성립에 피해자의 재산상 손해가 발생함을 요하는가?

판례는 손해 불요(손해 없어도 사기죄 성립하며, 양형참작됨)[118] 입장이다. (법원서기보)

다수설은 손해발생이 필요(손해 없으면 사기죄의 미수)하다는 입장이다.

② 손해의 산정

다수설에 의할 경우 재산상 손해가 발생하여야 하는 바, 손해란 처분행위 이전보다 처분행위 이후에 재산이 적어진 것을 말한다.[119] 재산손해의 판단은 객관적 · 개별적 방법에 의한다.

- 갑이 경찰이라고 속이고 乙의 물건을 압수하는 경우, 乙이 자의로 교부한 때 ⇨ 사기죄 갑이 경찰이라고 속이고 乙의 물건을 압수하는 경우, 甲이 스스로 취거해 간 때 ⇨ 절도죄
-허위채권으로 가압류 가처분을 신청 ⇨ 사기죄 불성립
-사람을 기망하여 재물을 포기하게 하고 이를 습득 ⇨ 사기죄

116) 즉 판례(地位說)에 의하면 처분행위자는 사실상 피해자의 재물을 처분할 수 있는 지위에 있으면 되고 (처분의) 법적인 권한까지 있어야 하는 것은 아니다(예, 가정부를 기망하여 주인물건을 교부받은 경우).

117) 다만 이 경우 피기망자가 피해자를 위해 재산을 처분할 수 있는 지위(권능)는 있어야 한다.

118) 기망에 의한 재물의 교부가 있으면 (상당한 대가의 지급이 있더라도) 사기죄이다.

119) 다만 판례는 전체적인 재산의 손해가 없는 경우에도 사기죄를 인정한 바 있다.

5 실행의 착수 및 기수시기

① 착수시기

본죄의 실행의 착수시기는 기망행위를 개시한 때이다.[120]

다만 가압류는 강제집행의 보전방법에 불과하고 그 기초가 되는 허위채권에 의해 실제 청구의사표시를 한 것이라고 할 수 없으므로 소의 제기 없이 가압류 신청을 한 것만으로는 사기죄의 실행착수를 인정할 수 없다.

② 기수시기

기망에 의한 처분행위로 인하여 점유 또는 이익이 이전될 때[121] 기수가 된다 (① 화재보험금을 편취하기 위해 보험에 든 건물에 방화하는 경우 ⇨ 보험금 지급청구시 실행의 착수, 보험금 취득시 기수 ② 소송사기의 경우 ⇨ 법원에 소 제기시 실행의 착수, 승소판결확정시 기수).[122]

3. 주관적 구성요건

고의 이외에도 재물은 불법영득의사 또는 재산상 이익은 불법이득의사가 필요하다(예, 2007 판례에 의하면 보험금편취의사로 고의로 사고를 유발한 경우, 상해를 유발하여 장기입원 후 과다 보험금을 수령한 경우)

고의에는 인식과 의사가 있는데 그 인식대상에는 행위자가 기망행위 및 (피기망자의 착오와 처분행위 사이의) 인과관계 등도 있다.

4. 위법성

권리자가 권리실현의 수단으로 기망에 의하여 재물을 교부받은 경우, 사기죄의 성립여부에 대해서는 긍정설(판례)과 부정설이 대립하고 있다.

---

120) 대법원에 의하면 태풍피해를 허위신고한 경우 신고만 가지고는 실행의 착수가 부정되어 무죄라고 한다. 자신의 집에 방화를 했을 뿐 보험금지급청구를 하지 않았다면 타인소유일반건조물방화죄만 된다.

121) 재산상 이익취득시이다.

122) 부동산 사기의 경우, 점유의 이전 또는 소유권이전등기가 있어야 기수가 된다. 동산은 인도한 때에 기수가 된다.

5. 죄수 및 타죄와의 관계

1 죄 수

① 1개의 기망행위로 같은 사람에게 수차례 걸쳐 재물 편취 ⇨ 사기의 포괄1죄[123)]

② 1개의 기망행위로 수인을 기망하여 각각의 사람으로부터 재물 편취 ⇨ 수개의 점유를 침해하는 것이므로 수개의 사기죄의 상상적 경합

③ 수인의 피해자에게 각 피해자별로 기망하여 각각의 재물을 편취 ⇨ 수개 사기의 경합범

2 타죄와의 관계

① 자기가 점유(보관)하는 타인의 재물을 기망에 의하여 영득한 경우, 횡령죄만 성립하고 (피기망자에 의한 재산적 처분행위가 없기 때문에) 사기죄가 성립하지 않는다.

② 타인의 사무를 처리한 자가 본인에 대하여 기망행위를 하여 재산상의 이익을 취득하고 본인에게 손해를 가한 경우, 사기죄와 배임죄의 상상적 경합이다.

③ 공무원이 직무에 관하여 타인을 기망하여 재물을 교부받은 경우, 사기죄와 수뢰죄의 상상적 경합이 된다.

④ 위조통화를 행사하여 타인의 재물을 편취한 경우, 위조통화행사죄와 사기죄의 실체적 경합범(판례)이다. 다만 다수설은 위조통화행사죄와 사기죄의 상상적 경합이라고 한다.

⑤ 사기도박은 (도박죄는 성립하지 않고) 사기죄만 성립할 뿐이다.[124)]

6. 관련문제

이득액이 5억 이상~50억 미만이면 3년 이상 징역, 50억 이상이면 무기 또는 5년 이상 징역에 해당한다(특정경제범죄가중처벌법 제3조에 따른 가중처벌규정에 해당).

---

123) 동일인이라도 범행방법이 다르면 경합범이 된다.
124) 대판 2011.1.13, 2010도 9330.

1 **불법원인급여**(민법 제746조)**와 사기죄**

사람을 기망하여 불법한 급여를 하게 한 경우(예, 甲이 乙에게 위조지폐를 만드는 자금 명목으로 금품을 편취한 경우) 행위자가 기망수단으로 재물의 교부를 받은 이상 그 행위의 위법성이 인정되므로 사기죄가 성립한다.125) ⇨ 甲은 사기죄(법원서기보, 경정승진)

2 **상대적 금제품**

상대적 금제품(예, 불법무기소지)만 사기죄가 성립한다. cf. 절대적 금제품(예, 위조통화)은 소지의 객체가 될 수 없어서 재산죄의 객체가 아니다.126) 위조통화취득죄만 성립한다.

II. 컴퓨터사용 사기죄

제347조의2(컴퓨터등 사용사기) 컴퓨터 등 정보처리장치에 허위정보 또는 부정명령을 입력하거나 권한없이 정보입력·변경하여127) 정보처리를 하게 함으로써, 재산상 이익을128) 취득하거나 제3자로 하여금 취득하게 한 자는 10년 이하의 징역 또는 2천만원 이하의 벌금에 처한다.

제352조(미수범) 제347조 내지 제348조의2, 제350조와 제351조의 미수범은 처벌한다.

제354조(친족간의 범행) 친족간 특례적용

1. 총 설

1 **의 의**

컴퓨터 등 사용사기죄는 컴퓨터 등 정보처리장치에 허위의 정보 또는 부정한

125) 2006년도 대법원은 불법원인급여와 사기에서, 피해자로부터 도박자금으로 쓰려고 돈을 차용한 경우 (피해자에게 반환청구권이 없더라도) 사기죄 성립에는 이상이 없다고 판시한 바 있다.

126) 위조통화를 절도해도 (절도죄가 아닌) 위조통화취득죄만 성립한다.

127) 예, 절취한 타인의 현금신용카드로 비밀번호를 입력하여 현금인출기에서 돈을 인출한 경우(다수설)

128) 재물이 아니다. 사기죄는 재물 또는 재산상 이익이다.

명령을 입력하여 정보처리를 하게 함으로써 재산상의 이익(보호법익)을 취득하거나 제3자로 하여금 취득케 함으로써 성립하는 범죄이다(예, 2006년 판례에 의하면 타인명의를 모용하여 발급받은 신용카드를 이용하여 타인의 인적사항으로 인터넷으로 신용대출을 받은 경우, 갑이 현금카드로 찾아오라고 말한 돈보다 초과하여 돈을 찾아 취득한 경우).[129]

2 입법취지

타인을 전혀 **기망함이 없이** 컴퓨터 등을 조작하여 불법한 이익을 취득하는 행위는 (**사람에 대한 기망행위가 없고** 재물의 점유이전을 수반하지 않기 때문에) 사기죄 · 절도죄로 처벌할 수 없다는 점을 고려해 신설한 것이다.[130]

2. 주 체

본죄의 주체에는 제한이 없다(예, 프로그래머, 오퍼레이터, 외부인). 허위정보를 선의의 제3자에게 주어 컴퓨터에 입력시키도록 하는 자도 행위자가 될 수 있다.

3. 객 체

재산상 이익(=이득죄)이다. 반면에 사기죄의 객체는 재물 또는 재산상 이익이다.

4. 행 위

컴퓨터 등 정보처리장치에 허위의 정보 또는 부정한 명령을 입력하여 정보처리를 하게 하는 것이다(예, 타인 예금액을 자기계좌로 이체시키는 행위).[131]

1 컴퓨터 등 정보처리장치

정보처리장치란 자동적으로 계산이나 데이터를 처리할 수 있는 전자장치(예,

129) 타인명의를 모용하여 발급받은 신용카드로 현금지급기에서 현금지급을 받는 것은, 지급기관의 관리자의사에 반한다고 보아 절도죄라는 것이 2002년 대법원의 입장이다.
130) 사기죄와 경합시에는 사기죄만 성립한다(보충관계).
131) 전자기록 등 특수매체기록이 아니다.

현금자동인출기, 은행의 온라인 시스템과 연결된 전자계산기)를 말한다.

[2] 허위의 정보 또는 부정한 명령의 입력

① 허위정보의 입력

이는 진실한 내용에 반하는 정보를 입력하는 것(예, 은행컴퓨터에 허위의 입금데이터를 입력)을 말한다.

② 부정한 명령의 입력

부정한 명령을 입력한다는 것은 당해 사무처리 시스템에 예정되어 있는 사무처리의 목적에 비추어 지시해서는 안 될 명령을 입력하는 것(예, 프로그램을 조작하여 예금을 인출해도 잔고가 감소되지 않게 하는 경우 등)을 말한다.[132)]

[3] 실행의 착수 및 기수시기

실행의 착수시기는 컴퓨터 등 정보처리장치에 허위정보나 부정한 명령을 입력시키기 시작한 때이며, 기수시기는 (2006년도 판례에 의하면) 재산상 이익을 취득한 때(인출해 갈 수 있는 상태)이다.

5. 주관적 구성요건

고의 이외에 불법이득의사가 필요하다.

6. 죄수론

증권회사전산망에 침입하여 자기구좌의 갑 회사 보유주식수를 바꿔 놓은 행위는, 컴퓨터사용사기와 사전자기록변작죄(형법 제232조의 2)의 상상적 경합범이다.[133)]

사기죄와 경합시에는 사기죄만 성립한다.

---

132) 예, 타인의 아이디를 도용하여 홈뱅킹서비스로 타인예금을 자신의 계좌로 이체하는 행위. 다만 타인 현금카드로 예금인출과 같이 정당한 정보를 부정히 사용한 경우는 절도죄가 된다.

133) 한편 은행직원을 기망하여 컴퓨터에 허위정보를 입력시켜 재산상 이익을 취득한 경우에는 사기죄이다.

III. 준사기죄

제348조(준사기) ① 미성년자(19세 미만)[134]의 지려천박 또는 사람의 심신장애를 이용하여[135] 재물교부를 받거나 재산상 이익을 취득한 자는 10년 이하의 징역 또는 2천만원 이하의 벌금에 처한다.[136]
② 전항의 방법으로 제3자로 하여금 재물의 교부를 받게 하거나 재산상의 이익을 취득하게 한 때에도 전항의 형과 같다.

제352조(미수범) 제347조 내지 제348조의2, 제350조와 제351조의 미수범은 처벌한다.

제354조(친족간의 범행) 친족간 특례

1. 미성년자(만 19세 미만)의 지려천박

모든 미성년자가 본죄의 객체인 것은 아니고,[137] 지려천박한 미성년자만 여기에 해당한다(예, 동네 꼬마가 고려청자를 가져오자 엿장사가 엿을 주고 취득한 경우). 지려천박이란 지각과 사려가 부족하여 (기망수단까지 사용하지 않더라도) 하자 있는 의사표시를 할 정도인 경우를 말한다. 이 준사기와 관련된 사항에 대해서만 지려천박하면 된다.

2. 사람의 심신장애

심신장애란 재산상의 거래에 있어서 정신적 결함으로 인하여 보통사람의 지능·판단능력이 없는 상태(재산상 거래무능력)를 의미한다. 다만 의사능력이 전혀 없는 자, 유아 등 점유 및 점유이전능력이 없는 자는 본죄의 객체가 아니므로 절도죄문제가 된다.[138]

---

134) 성년의제 부적용한다.

135) 기망이 아닐 정도이어야 한다. 다만 피해자가 지려천박한 미성년이라도 기망행위를 수단으로 한 경우 (즉 기망이 되)면 사기죄이다.

136) 보충관계로 사기죄가 성립하면 준사기는 성립하지 아니한다.

137) 즉 백화점에 근무하는 미성년은 해당이 없다고 하나, 경위시험에서는 갑이 백화점에서 모조백금반지를 사는 데 미성년의 점원이 실수로 진짜를 준 경우에 갑은 그 사실을 알면서 받으면 준사기라는 문제가 출제된 바 있다.

138) 갑은 돈이 없으면서 금은방에 들어가 손님을 가장하여 마침 주인부재 중 그의 미성년인 아들 을에게 가짜 수표를 은행가서 바꿔오라고 해 을이 잠깐 자리를 비운사이 진열장 금

술에 만취한 손님에게 과도한 술값을 부담시킨 경우, 지적장애인을 19년간 무임금 강제노역시킨 축사노예사건 등이 있다.

IV. 편의시설부정이용죄

제348조의2(편의시설부정이용) 부정한 방법으로 대가를 지급하지 아니하고 자동판매기, 공중전화 기타[139] 유료자동설비를 이용하여[140] 재물 또는 재산상의 이익을 취득한 자는 3년 이하의 징역, 500만원 이하의 벌금, 구류 또는 과료에 처한다.

제352조(미수범) 제347조 내지 제348조의2, 제350조와 제351조의 미수범은 처벌한다.

제354조(친족간의 범행) 친족간 특례

1. 의 의

편의시설부정이용죄는 모조통화사용 등 부정한 방법으로 대가를 지급하지 아니하고 자동판매기, 공중전화, 기타 유료자동설비를 이용하여 재물 또는 재산상 이익을 취득함으로써 성립하는 범죄이다.[141] (법원서기보)

2. 행 위

부정한 방법으로 대가를 지급하지 아니하고 자동판매기 등 편의시설을 이용하여 재물 또는 재산상 이익을 취득하는 것이다.

1 자동판매기, 공준전화 기타 유료자동설비

자동판매기 또는 공중전화는 유료자동설비의 예시에 지나지 않는다. 뮤직박스, 무인보관함, 무인자동개찰구 등 대가를 지불하면 편익을 제공하는 일체의 자동

반지를 자기호주머니에 집어넣은 경우, (교부도 없고 지려천박도 없어서) 절도죄가 된다.

139) 예, 무인자동주차장, 무인보관함, TV시청기계, 뮤직박스, 자동저울, 자동놀이기구 등

140) 만약 파괴하고 안에 것을 가져가면 손괴죄와 절도죄의 경합범 문제가 된다.

141) 다만 타인의 일반전화를 무단사용한 경우, 절도 사기 편의시설부정이용죄 모두에 해당하지 아니한다는 것이 판례의 입장이다. 본죄는 유료자동설비의 사회적 기능을 고려하여 신설한 절도죄·사기죄의 흠결을 보충하는 보충적 구성요건이다.

기계설비가 포함된다.

2 부정이용

부정한 방법으로 유료자동설비를 이용하는 것이다.

3 실행의 착수 및 기수시기

본죄의 실행의 착수시기는 편의시설에 대한 부정이용행위를 개시한 때이고, 기수시기는 재물이나 재산상 이익을 취득한 때이다.

V. 부당이득죄

제349조(부당이득) ① 사람의 궁박상태(원인불문, 정신 육체 포함)를 이용하여 현저하게 부당한 이익[142)]을 취득한 자는 3년 이하의 징역 또는 1천만원 이하의 벌금에 처한다. (미수 불벌)
② 전항의 방법으로 제3자로 하여금 부당한 이익을 취득하게 한 때에도 전항의 형과 같다.
제354조(친족간의 범행, 동력) 친족간 특례

현저하게 부당한 이익인가의 여부는, 행위당시의 구체적 사정을 종합하여 개별적·객관적으로 결정해야 한다(예, 甲은 야간에 현금이 급히 필요하여 찾아온 乙로부터 사정을 듣고 이를 기회로 시가 500만원의 결혼반지를 50만원에 매수한 경우 ⇨ 甲은 부당이득죄). (9급 검찰)

S엔터테인먼트사는 D그룹 5명의 미성년자를 최장 13년 계약기간을 정하여 결과적으로 평생고용상태로 묶어 놓은 경우, 준사기와 부당이득죄의 경합범이

142) 위급환자에게 시가의 수배의 가격으로 의약품을 판매하는 경우나 입원료를 마련하기 위한 위급환자의 곤궁상태를 이용하여 그의 재산을 현저하게 저가로 매수한 경우 등과 같이 폭리매매·폭리대금, 기타 불리한 계약의 승인 등을 하게 한 경우에는 현저하게 부당한 이익을 취득한 것이 될 것이다. 판례는 채무액의 2배에 이르는 재산을 대물변제 받은 것만으로는 현저하게 부당한 이익이라 할 수 없다(대판 72도1803). "아파트 건축사업이 수년 전부터 사업부지내 일부 부동산을 소유하여 온 피고인이 사업자의 매도 제안을 거부하다가 인근 토지시가의 40배가 넘는 대금을 받고 매도한 경우에 부당이득죄 성립을 부정하였다(대판 2008도8577).

된다. 알박기가 부당이득죄가 되려면 피고인이 피해자 개발사업의 추진상황을 미리 알고 사업부지내 부동산을 매수하였거나, 피해자에게 협조할 듯한 태도를 취해 사업을 추진할 수 있게 한 후 협조를 거부한 경우 피해자가 궁박한 상태에 빠지게 된 데에 피고인이 적극적으로 원인제공을 했거나 상당한 책임을 부담하는 정도에 이르러야 가능하다. 따라서 일반적인 알박기는 부당이득죄가 아니다(대판 2009.1.15, 2008도 8577).

VI. 상습사기죄

제351조(상습범) 상습으로 사기 컴퓨터사용사기 준사기 편의시설부정이용 부당이득의 죄를 범한 자는 그 죄에 정한 형의 2분의 1까지 가중한다.
제358조(자격정지의 병과) 미수범은 처벌한다.
제354조(친족간의 범행, 동력) 친족간 특례

본죄(제351조)는 상습이란 동종의 범행을 반복하는 습벽이 있는 것을 말하며, 반드시 전과를 요건으로 하는 것은 아니다. 따라서 전과가 있어도 긴 시간이 지난 후의 범행은 사기습벽의 발현이라고 할 수 없다(대판 78도1429).

통설과 판례는 상습사기를 포괄일죄로 보고 있다. 사기죄 또는 상습사기죄로 취득한 이득액이 5억원 이상인 때에는 특별형법인 특정경제범죄가중처벌등에관한법률 제3조에 의하여 가중처벌한다.

제 3 절 공갈의 죄

I. 총 설

1. 의 의

공갈의 죄는 사람을 공갈하여 자기 또는 제3자가 재물의 교부를 받거나 재산

의 이익을 취득함으로써 성립하는 범죄이다.[143)]

술집에서 종업원에게 신체위해를 가할 듯한 태도를 보여 겁먹게 해서 공짜 술 제공을 받은 경우, 기업의 탈세를 국세청에 고발한다고 공갈친 후 상대로부터 돈 수령한 경우, 신문기자가 건설회사에 그 회사가 건축한 아파트의 공사하자를 게재하겠다고 하여 신용을 우려하는 대표로부터 금품수령한 경우 등이 있다.

2. 보호법익

공갈죄는 재산죄로서 재산권이 주된 보호법익이고, 공갈의 수단으로 의사결정 활동의 자유를 침해한다는 점에서 자유권도 2차적 보호법익이 된다. 보호받는 정도는 침해범이다.

3. 강도죄와의 구별

1 공통점

재물 및 재산상의 이익을 객체로 하고, 폭행 · 협박을 수단으로 한다는 점에서 동일하다.

2 차이점(9급 검찰, 경사 · 경감승진, 경위승진)

구 분	강도죄	공갈죄
폭행 · 협박의 정도	반항을 억압할 수 있을 정도	단지 공포심을 생기게 할 정도[144)]
처분행위	불필요(탈취죄)	필요(편취죄)
친족상도례	부적용	적용

II. 공갈죄

제350조(공갈) ① 사람을 공갈하여 재물의 교부를 받거나 재산상의 이익을 취득한 자는 10년 이하의 징역 또는 2천만원 이하의 벌금에 처한다.

② 전항의 방법으로 제3자로 하여금 재물의 교부를 받게 하거나 재산상의 이

143) 재물죄이자 이득죄에는, 강도 사기 공갈죄가 있다. 이득죄만 있는 것은 배임죄이다.

144) 사기죄(편취)는 수단이 기망이다. 공갈죄와 시기죄의 공통점은 피기망자 피공갈자의 처분행위를 본질로 하는 편취죄라는 점에 있다.

익을 취득하게 한 때에도 전항의 형과 같다.

제352조(미수범) 제347조 내지 제348조의2, 제350조와 제351조의 미수범은 처벌한다.

제354조(친족간의 범행, 동력) 친족간 특례(강도죄에는 부적용). 흉기 들고 공갈죄를 저지른 경우에도 친족상도례를 적용한다(대판).

1. 객 체

타인이 점유하는 재물 또는 재산상의 이익이다.[145)]

돈을 도둑맞은 조폭이 공갈해서 돌려받은 경우에는 (그 돈이 타인의 재물이 아니어서) 무죄가 된다(대판).

2. 행 위(공갈)

공갈이란 자기 또는 제3자로 하여금 재물을 교부받거나 재산상의 이익을 취득하기 위하여 폭행 또는 협박을 가하여 상대방으로 하여금 공포심을 일으키게 하는 행위를 말한다.

1 (광의) 폭행

폭행이란 사람에 대한 직접·간접의 유형력의 행사를 말한다. 뿐만 아니라 재물에 대한 유형력의 행사라도 경우에 따라서는 폭행이 될 수 있다(예, 2003년 대판을 보면 폭력배를 잘 안다는 지위를 이용하여 불법한 위세를 보임으로써 해악을 고지한 경우).

2 (협의) 협박

협박이란 타인의 의사 결정의 자유를 제한하거나 의사실현의 자유를 방해할 정도로 겁을 먹게 할 만한 해악의 고지를 말한다(예, 종업원이 주인을 협박하여 월급은 받지만 근로제공은 안하는 경우).

145) 부녀를 공갈하여 정교하는 것은, 재물이 아니어서 공갈죄가 되지 아니한다. 즉 강간 또는 화간의 문제이다.

③ **폭행 · 협박의 정도**

사람의 의사결정과 행동의 자유를 제한하는 정도로써 충분하고, 다만 상대방의 반항을 억압할 정도일 경우에는 강도죄가 성립한다.

④ **공갈의 상대방**

공갈행위의 상대방(피공갈자)과 재산상의 피해자는 반드시 일치할 것을 요하지 않으나, 피공갈자와 재산처분행위자는 동일인이어야 한다.

⑤ **실행의 착수 및 기수시기**

본죄는 갈취의사로 공갈을 개시한 때 실행의 착수가 있으며, (상대방이 현실로 공포심을 가졌는가를 불문하고) 기수시기는 재물의 교부를 받은 때 또는 재산상 이익을 취득한 때이다.

3. 처분행위 · 재산상 손해(사기죄와 동일)

처분행위는 작위 · 부작위 또는 묵인으로도 족하다.

처분행위와 공갈사이에는 인과관계가 있어야 하므로, 공갈을 하였으나 상대방이 공포심을 일으키지 않았거나 동정심으로 재물을 교부한 때에는, 본죄는 미수에 그치게 된다.

(반대설이 있으나) 판례는 공갈죄의 성립에 손해의 발생을 요건으로 하지 않는다고 하여, 상당한 대가를 지급하여 본인에게 손해가 없는 때에도, 본죄가 성립한다고 한다. (경정승진)

4. 주관적 구성요건

본죄의 주관적 구성요건으로는 고의와 함께 불법영득(재물) · 이득의사(재산상 이득)가 있어야 한다.

5. 위법성

권리자가 권리실현으로 공갈에 의하여 재물을 교부 받은 경우(예, 채권자가 그 변제를 받기 위해 상대방을 공갈하여 재물을 교부 받거나 재산상의 이익을 취득한 경우) 공갈죄의 성립여부가 문제된다.

판례의 입장은 정당한 권리행사자라도 이 경우는 권리남용(또는 사회상규에 벗어나도)으로 위법하여 공갈죄가 된다고 본다.[146] (7급 검찰)

다수설은 청구권이 있는 경우에는 불법한 이익이라 할 수 없으므로 공갈죄는 성립하지 않고, 취득한 재물이나 재산상 이익이 정당한 권한 범위내라면 강요죄나 폭행죄 또는 협박죄가 성립한다고 본다.

6. 죄수 및 타죄와의 관계

① 1개의 공갈행위로 동일한 피해자로부터 여러 번에 걸쳐 재물을 교부 받은 때 ⇨ 포괄하여 1개의 공갈죄[147] (이후 처분은 불가버력 사후행위)

② 1개 공갈로 다수 외포시켜 각자로부터 재물을 교부받은 때 ⇨ 다수 공갈의 상상적 경합

③ 기망과 공갈의 두 가지 수단을 병용하여 재물 등을 교부 받은 경우

-공포심 때문에 처분행위가 있었을 때 ⇨ 공갈죄

-기망 때문에 처분행위가 있었을 때 ⇨ 사기죄

다만 공갈과 기망이 우열을 가릴 수 없을 정도로 작용한 때 ⇨ 사기죄와 공갈죄의 상상적 경합

④ 공무원이 직무행위에 관하여 상대방을 공갈하여 재물을 교부 받은 경우

-**직무집행 의사로** 당해직무와 관련하여 타인을 폭행 또는 협박하여 재물의 교부를 받은 때(예, 형사가 구속된 피의자의 가족에게 금품을 가져오지 않으면 크게 불리할 것이라고 말하며 현금 50만원을 받아낸 경우) ⇨ 공갈죄와 수뢰죄의 상상적 경합

-**직무집행 의사없이** 직무를 빙자하여 재물을 교부 받은 경우 ⇨ 공갈죄(만)

⑤ 장물소지자를 협박해 장물을 교부받은 경우 ⇨ (추구권상) 공갈죄만 성립(경간부시험)

⑥ 유괴범이 아닌 자가 유괴범이라 하고 부친에게 1,000만원 요구(죽인다고

146) 권리행사는 공갈죄가 아니다.
147) 갈취한 재물의 처분행위는 불가벌적 사후행위이다.

협박) ⇨ 공갈(기망과 공갈 중에 어느 것에 영향을 더 받았는가로 결정)

⑦ 갑이 을을 협박하여 예금인출승낙과 함께 현금카드를 받아 사용하여 현금자동지급기에서 예금을 수회 인출한 경우 ⇨ 공갈죄의 포괄일죄 (법무사)[148]

⑧ 공갈의 수단으로 상해한 경우 ⇨ 공갈죄와 상해죄의 경합

Ⅲ. 특수공갈죄

제350조의2(특수공갈) 단체 또는 다중의 위력을 보이거나 위험한 물건을 휴대하여 공갈죄를 범한 자는 1년 이상 15년 이하 징역에 처한다.

본죄는 행위의 위험성으로 인해 불법이 가중된 구성요건이다. 특수상해죄와 마찬가지로 2016년 형법일부개정으로 구 폭처법에 있던 규정이 형법전으로 편입된 것이다.

단체나 다중의 위력 등의 설명은 특수폭행에서 설명한 바와 같다. 2인 이상이 공동하여 공갈죄를 범한 경우는 (형법상 특수공갈이 아니라) 폭처법상 공동공갈죄가 성립한다.

Ⅳ. 상습공갈죄

제351조(상습범) 상습으로 제347조 내지 전조의 죄를 범한 자는 그 죄에 정한 형의 2분의 1까지 가중한다.

제352조(미수범) 제347조 내지 제348조의2, 제350조와 제351조의 미수범은 처벌한다.

제354조(친족간의 범행, 동력) 친족간 특례

148) 2012년 대구지법 판례는 집단괴롭힘 중학생자살사건에서 가해학생에게 폭처법상 상습공갈죄를 적용하여 징역형을 선고한 바 있다. 대판 2007.5.10., 2007도1375 참조.

5-3
chapter

재산죄(Ⅲ)

제 1 절　횡령죄

Ⅰ. 서 설

1. 의 의

횡령죄란 타인의 재물을 보관하는 자(진정신분범)가 위탁이라는 신임관계에 반하여[1] 그 재물을 횡령하거나 반환을 거부하는 범죄이다(재물죄 · 영득죄 · 탈취죄). 여기에는 단순횡령죄(미수처벌), 업무상 횡령죄(미수처벌), 점유이탈물횡령죄(미수불벌) 등이 있다.

2. 보호법익

본죄의 보호법익은 소유권이다. 보호받은 정도는 미수가 처벌되므로 침해범이라는 견해, 반대로 위험범이라는 견해(대법원)의 대립이 있다.

1) 점유이탈물횡령죄는 신임관계와 무관하다.

3. 본 질

횡령행위의 본질을 어떻게 이해할 것인가?(자기점유 타인물건 손괴시?)

월권행위설	• 위탁된 물건에 대한 권한을 초월하는 행위로써 위탁에 의한 신뢰관계를 깨뜨리는데 횡령의 본질이 있으므로 불법영득의사가 있을 것은 요하지 않는다는 견해이다. • 예, 자기가 점유하는 타인 물건을 손괴한 경우/ 횡령죄가 된다.
영득행위설 (다수설 · 판례[2])	• 위탁된 타인의 물건을 불법하게 영득하는 것이 횡령의 본질이라는 견해이다. • 예, 자기가 점유하는 타인 재물을 손괴한 경우 /(불법영득의사가 없으므로) 횡령죄가 되지 않는다.

II. 횡령죄

제355조(횡령) ① 타인의 재물을 보관하는 자가 그 재물(자기점유 타인소유)을 횡령하거나 그 반환을 거부한 때에는 5년 이하의 징역 또는 1천500만원 이하의 벌금에 처한다.

제359조(미수범) 제355조 내지 제357조의 미수범은 처벌한다.

제361조(친족간의 범행, 동력) 제328조와 제346조의 규정은 본 장의 죄에 준용한다(준용을 위해 재물의 소유자와 위탁자 쌍방이 범인의 친족이어야만 함).

1. 주 체

위탁관계에 의하여 타인의 재물을 보관하는 자(=진정신분범)이다.

1 보관하는 자

보관이란 위탁관계에 기하여 행위자자신이 재물을 사실상 또는 법률상 지배하는 것을 말한다.[3] (경위승진)

① 부동산의 점유

부동산의 사실상 지배가 없는 경우에도 등기명의를 가지고 있는 때에는 보관

---

2) 대판 2004도 5904 참조.

3) 단순히 사실상 지배만을 뜻하는 절도죄점유보다 범위가 넓다. 한편 판례는 조리상의 위탁관계를 인정한다.

자에 해당한다. 따라서 등기명의신탁을 받은 자도 그 부동산의 보관자가 되므로 수탁자가 이를 처분하는 때에는 횡령죄가 성립한다고[4] 했으나 2016년 변경판례[5]가 등장하였다. (법원서기보·9급 검찰, 경감승진)

타인 명의로 등기된 부동산을 법률상 권한에 기하여 사실상 관리·지배하고 있는 때에는 보관자(예, 미성년자의 법정대리인은 그 법률상 권한에 의하여 미성년자 소유 부동산을 점유하고 있는 자이다)가 된다.

타인 명의로 등기된 부동산을 단지 사실상 관리하는 자(예, 임차인)는 법률상 처분권을 갖고 있지 않기 때문에 점유자라 할 수 없다. 따라서 임차인이 그 부동산을 제3자에게 처분한 경우, 사기죄가 된다.

부동산의 등기서류만을 보관하고 있는 자는 (그 부동산의 점유를 갖고 있는 것이 아니므로 그) 부동산을 처분하면 횡령이 아니라 배임죄에 해당한다.[6]

② 은행예금 또는 유가증권의 소지에 의한 점유

창고증권[7] 등의 유가증권의 소지인은 재물에 대한 법률상 지배가 인정되어 보관자가 된다(타인의 돈을 위탁받아 은행에 예금한 경우에도 그 돈에 대한 법률상 지배로 인한 수탁자는 보관자가 된다).

구분	절도죄의 점유	횡령죄의 보관
기능	행위대상자로서의 점유	행위주체로서의 점유
범위	사실상의 지배	사실상·법률상의 지배

4) 다만 2001년도 판례에 의하면 계약명의신탁에서는 수탁자가 임의처분해서 그 돈을 쓰더라도 무죄다. 한편 다른 공동상속인의 지분을 임의처분하는 것은 횡령이 아닌 사기이다.

5) 대판 2016.5.19., 2014도6992. 전원합의체, "명의신탁자가 매수한 부동산에 관하여 부동산실명법을 위반하여 명의수탁자와 맺은 명의신탁약정에 따라 매도인에게서 바로 명의수탁자 명의로 소유권이전등기를 마친 이른바 중간생략등기형 명의신탁을 한 경우, 명의신탁자는 신탁부동산의 소유권을 가지지 아니하고, 명의신탁자와 명의수탁자 사이에 위탁신임관계를 인정할 수도 없다. 따라서 명의수탁자가 명의신탁자의 재물을 보관하는 자라고 할 수 없으므로, 명의수탁자가 신탁받은 부동산을 임의로 처분하여도 명의신탁자에 대한 관계에서 횡령죄가 성립하지 아니한다."

6) 미등기부동산은 지배관리하는 자가 보관자가 된다.

7) 창고업자가 임치인의 청구에 따라 발행교부하는 유가증권이다.

2 위탁관계에 의한 보관

① 위탁관계

횡령죄의 보관은 위탁관계에 의한 것임을 요한다.[8] 다만 판례는 재물의 보관원인이 반드시 소유자의 위탁행위에 기함을 요하는 것이 아니라고 하여, 송금의 착오로 피고인의 계좌로 입금된 돈을 소비한 경우 횡령죄를 인정한 바 있다.[9]

② 불법원인급여와 횡령죄

위탁관계가 불법한 불법원인급여물을 횡령한 경우(예, 공무원에게 전해 주도록 뇌물을 위탁하였는데 위탁받은 자가 위탁물을 착복한 배달사고의 경우)에[10] 횡령죄가 성립하는가? (무죄)

첫째, 횡령죄 부정설(판례)을 보면, 급여자는 반환청구권을 상실하기 때문에 수탁자는 급여자에 대하여 재물을 반환할 법률상 의무가 없고 불법원인급여물의 소유권은 수탁자에게 귀속하므로 (타인의 재물이라고 할 수 없어) 횡령죄가 성립하지 않는다는 입장이다.[11] (7급 검찰)

둘째, 횡령죄 긍정설을 보면, 민법상 불법원인급여가 보호받지 못하더라도 급여자가 소유권을 상실한 것은 아니므로 횡령죄를 구성한다고 주장한다.

2. 객 체

자기가 점유(보관)하는 타인소유의 재물이다. 반면에 배임죄는 재산상 이익에 관하여 성립한다.

1 재물

횡령죄의 객체는 재물에 한한다.[12] 동산은 물론 부동산도 포함한다.

---

8) 그 발생원인에는 계약 법률 조리 관습 등이 있다. 즉 반드시 계약에 의한 위임에 한정되지 않는다.

9) 절취한 재물을 보관하는 것은 위탁관계의 보관이 아니므로, 그 재물의 처분은 횡령이 아니다.

10) 불법원인급여는 소유권이전의사가 있고, 불법원인위탁은 소유권이전의사가 없다.

11) 공서양속에 반한 위탁관계에 의해 보관하고 있는 재물을 영득한 자는 판례에 의하면 무죄가 된다. 다만 예외적으로 윤락녀화대 횡령사건에서는 포주에게 횡령죄를 인정한 바 있다.

12) 순수한 재물죄이므로, 채권 같은 재산상 이익은 횡령죄의 객체가 아니다.

2 타인의 재물

재물은 타인의 재물이어야 한다(행위자와 타인의 공동소유에 속하는 재물 포함). (경감승진)

① 부동산 2중 매매

중도금을 받아도 소유권이전등기를 경료[13]하기까지는 매도인이 소유자이므로(형식주의). 이전등기경료 전에 매도인이 다시 처분한 경우 배임죄가 성립한다.

② 양도담보

목적물의 소유권은 채무자에게 있고 채권자는 담보권만 취득한다.

채무자가 처분한 경우에는 자기 소유물을 처분한 것이므로 (횡령죄는 성립할 수 없고) 배임죄가 성립한다. 채권자가 처분한 경우에 변제기 전에 처분한 경우에는 배임죄가 성립하나, 변제기 후에 처분한 경우에는 배임죄도 성립하지 않는다.

③ 매도담보

목적물의 소유권은 채권자에게 이전한다.

채무자가 처분한 경우에는 타인의 소유물을 처분한 것이므로 횡령죄가 성립한다.

채권자가 처분한 경우에는 (자기의 소유물을 처분한 것이므로 횡령죄는 성립하지 않고) 가등기나 환매권의 침해로서 배임죄가 성립한다.[14]

④ 할부판매의 경우

그 할부대금을 완납하기까지는 물건에 대한 소유권이 매도인에게 남아 있게 된다. 따라서 매수인이 대금완납 전에 이를 처분하면 횡령죄가 된다. (9급 검찰)

⑤ 특정물로서 위탁된 대체물

소유권은 위탁자에게 있으므로 수탁자가 이를 임의로 소비하면 횡령죄가 성

13) 이중매도된 부동산은 장물이 아니다. (경찰 2차) 부동산은 단지 배임행위의 수단으로 제공된 재물에 불과하다.

14) 동산의 경우 횡령죄가 된다.

립한다(위탁물판매대금을 유흥비로 사용한 경우).

예, 5억에 매각부탁을 받고 5억 5천을 받았으나 거짓말을 하고 5천을 가로챈 경우 (경위승진, 법무사시험)

⑥ 소비임치의 경우

소비임치란 임치인이 임치물소유권을 수치인에게 이전하기로 하고 수치인은 그 목적물과 동종·동질·동량의 물건을 반환할 걸 약정하는 임치이다(예, 은행의 예금).

(소유권이 수치인에게 이전되므로) 수치인이 이를 소비하여도 횡령죄가 성립하지 않는다.

⑦ 금전의 용도를 정해 위탁한 경우

(소유권이 수탁자에게 이전하므로 수탁자가 임의소비하면 배임죄가 된다는 설이 있으나) 소유권이 위탁자에게 유보되어 있으므로 수탁자가 임의소비하면 횡령죄가 된다는 것이 판례 입장이다. (9급 검찰)

⑧ 위탁매매

위탁매매에 있어서는 위탁품의 소유권이 위탁자에 속하고 그 판매대금도 수령함과 동시에 위탁자에게 귀속되므로, 위탁매매인이 사용·소비한 때에는 횡령죄가 성립한다(예, 갑은 자기 목걸이를 을에게 팔아달라고 부탁했는데, 을이 그 매각대금을 유흥비로 소비한 경우).[15] (경위승진)

---

15) 사례 연구

① 계주가 계원들로부터 징수한 계불입금은 일단 계주에게 소유권이 귀속된다 할 것이므로, 계주가 이를 소비하면 (횡령죄는 성립하지 않고) 배임죄가 성립한다.

② 입사보증금의 소유권도 사용자에게 귀속되므로, 사용자가 이를 처분하여도 횡령죄가 성립하지 않는다.

③ 익명조합의 경우 조합원이 영업을 위하여 출자한 금전 기타 재산은 영업자의 재산이므로 영업자가 처분하여도 횡령죄가 성립하지 않는다.

④ 프랜차이즈계약은 동업계약으로 볼 수 없고, 가맹점주가 판매후 보관중인 물품판매대금은 가맹점주소유이므로 임의소비행위는 계약상 채무불이행에 불과하여 횡령이 아니다.

⑤ 돈을 갑이 다 내서 복권4장을 사서 갑을병정이 한 장씩 긁어 2장이 2천만원에 당첨된 경우(공동분할 묵시합의로 보아), 갑이 다 갖는다면 횡령이다.

3. 행 위

횡령하거나 반환을 거부하는 것이다.

1 횡 령

횡령행위란 불법영득의사를 객관적으로 인식될 수 있도록 외부로 표현하는 행위를 말한다. 횡령행위에는 사실행위(예, 소비 · 착복 · 은닉 · 점유의 부인)와 법률행위(예, 매매 · 대여 · 담보제공 · 증여)가 포함되며, 부작위(예, 사법경찰관리가 사건증거물로서 영치한 재물을 영득의사로 자기책상서랍에 넣어두고 검사에게 송부하지 않은 경우)에 의해서도 가능하다.[16)]

2 반환거부

타인의 재물을 보관하는 자가 단순히 반환을 거부하는 사실만으로 횡령죄를 구성하는 것은 아니며, (반환거부이유 및 주관적인 의사 등을 종합하여) 반환거부행위가 영득의사의 표출로서 횡령행위와 같다고 볼 수 있을 정도이어야만 횡령죄가 성립한다(예, 타인의 재물을 보관하는 자가 본인에게는 분실했다고 기망한 경우).

3 횡령죄의 미수 · 기수

현행법상 횡령죄의 미수범 처벌규정이 있다.

① 실현설

행위자의 불법영득의사가 객관적으로 실현된 때에 기수가 된다(횡령의사로 매매의사표시를 하였으나 아직 인도하기 전이면 미수가 되고, 인도된 때 기수)는 견해이다(예, 부동산처분으로 인한 횡령은 등기완료로 기수가 되므로, 매매했어도 등기 안되면 횡령미수).

② 표현설

불법영득의사가 객관적으로 외부에 표현되기만 하면 기수가 된다는 견해(다

16) 부패위탁물을 임의처분하는 것은 횡령이 아니지만, 공동관리하는 타인의 금원을 피고인이 마음대로 제3자에게 사채대여한 것은 횡령이다.

수설 · 판례)이다.

이 설에 의하면 횡령의 미수는 인정하기 어려우나(예, 횡령의사로 매매의사표시를 하면 아직 인도 전이라도 기수), 우편배달부가 우편물속에 돈이 있는 것을 알아채고 뜯었다가 돈을 안 꺼내고 다시 봉함을 했다면 미수가 될 수 있다.

4. 주관적 구성요건

본죄가 성립하려면 고의와 불법영득의사가 있어야 한다. 따라서 마을 이장이 마을공금보관 중에 이를 마을을 위한 의사로써 사용용도가 다른 경비에 유용한 경우, 불법영득의사가 없어 횡령죄가 안 된다. 주지스님이 사찰의 집기를 사찰을 위한 일로 매각한 경우에도 횡령죄가 성립하지 않는다.

5. 공 범

횡령죄는 위탁관계에 의하여 타인의 재물을 보관하는 자만이 정범이 될 수 있으므로 진정신분범이다. 여기서 비신분자가 횡령행위에 가담한 경우?

1 비신분자의 공범 성립

타인의 재물을 보관하지 않는 비신분자는 횡령죄의 단독정범은 될 수 없으나, 형법 제33조의 본문에 따라 신분자와 횡령죄의 공동정범이 되거나 횡령죄의 교사범 · 방조범은 될 수 있다.

2 업무상 횡령죄와 공범

업무상 횡령죄는 업무자라는 신분으로 인하여 형이 가중되는 부진정신분범이다. 타인의 재물에 대한 단순보관자가 업무상 보관자와 함께 공범관계에 있는 때에는 형법 제33조 단서가 적용되어 업무상 보관자라는 신분이 없는 비신분자는 (업무상이 아닌) 횡령죄의 공동정범 · 교사범 · 방조범으로 처벌된다.

6. 죄수 및 타죄와의 관계

① 횡령죄의 수는 위탁관계의 수를 기준으로 하여 판단한다.

-1개 행위로 수인으로부터 위탁받은 재물을 횡령한 때 ⇨ 상상적 경합

-1인으로부터 위탁받은 수인 소유 재물을 횡령한 때 ⇨ 포괄1죄

② 자기가 점유하는 타인의 재물에 대하여 그 타인을 기망하여 재물을 영득한 때에는 횡령죄만 성립한다. (경감승진)

③ 장물보관을 위탁받은 자가 이를 처분한 경우, (위탁된 장물에 대한 횡령행위는 불가벌적 사후행위에 해당하여) 장물보관죄만 성립한다. (경사승진)

④ 매도인의 처분이 횡령이라는 것을 알면서 매수한 경우, (불법처분과 동시에 그 재물은 장물이 되므로) 매수인에게 장물취득죄가 성립한다(다수설).

Ⅲ. 업무상 횡령죄

제356조(업무상의 횡령) 업무상의 임무에 위배하여 제355조의 횡령죄를 범한 자는 10년 이하의 징역 또는 3천만원 이하의 벌금에 처한다.
제359조(미수범) 제355조 내지 제357조의 미수범은 처벌한다.
제361조(친족간의 범행) 친족간 특례

1. 의 의

본죄는 업무상 임무에 의하여 자기가 보관하는 타인의 재물을 횡령(예, 목욕탕 주인이 손님의 귀중품을 맡아 보관 중 횡령)하는 것을 내용으로 하는 범죄이다.[17)]

2. 법적 성격

위탁관계가 업무로 되어 있기 때문에 횡령죄에 대하여 책임이 가중되는 가중적 구성요소이다(부진정 신분범). 보관자의 신분도 요하기 때문에 이중적 신분범이 된다.

17) 회사가 소유하는 돈을 조직내 사무분담에 따라 관리보전하는 자가 유용한 경우, 업무상 횡령이다. 그러나 상호신용금고의 경영자가 직원봉급을 인상해 준 것처럼 해서 회사대외부채를 변제한 경우, 회사채무변제이므로 횡령이 아니다.

3. 주 체

업무상 횡령죄는 타인의 재물을 보관하는 자라는 신분 이외에 업무자라는 신분을 필요로 한다. 본죄의 업무는 생명·신체에 대한 위험을 수반하는 사무에 제한되지 않는다는 점에서 업무상 과실치사상죄의 업무와 다르다.

Ⅳ. 점유이탈물횡령죄

제360조(점유이탈물횡령) ① 유실물, 표류물 또는 타인의 점유를 이탈한 재물을 횡령한 자는 1년 이하의 징역이나 300만원 이하의 벌금 또는 과료에 처한다.
② 매장물을 횡령한 자도 전항의 형과 같다.

제361조(친족간의 범행) 친족간 특례

1. 의 의

본죄는 유실물·표류물·매장물 또는 그 밖에 타인의 점유를 이탈한 재물을 횡령함으로써 성립하는 범죄(예, 절도범이 타다가 버린 타인의 자동차습득, 노상에서 자기앞수표 습득후 현금교환해 소비)이다.[18]

2. 법적 성격

본죄는 위탁관계에 의하여 자기가 보관하는 타인의 재물을 영득하는 것이 아니며, 신임관계의 배반을 내용으로 하지 않는다는 점에서 횡령죄나 업무상횡령

18) 사례연구
① 신원을 알 수 없는 사체의 손목시계를 빼내어 간 경우 ⇨ 점유이탈물횡령죄(경사승진)
② 살인범이 당초 재물탈취의사가 없었는데 살해 후 비로소 재물탈취의사를 일으켜 사자의 재물을 영득한 경우 ⇨ 판례 : 살인죄·절도죄의 실체적 경합(다수설 : 살인죄·점유이탈물횡령죄의 실체적 경합)
③ 거스름돈을 초과수령한 경우
- 상대방이 착오로 초과한 거스름돈을 주는 것을 알면서 이를 영득한 경우 ⇨ 부작위에 의한 사기죄
- 초과한 거스름돈을 나중에 알고 이를 영득한 경우 ⇨ 점유이탈물횡령죄
④ 고속버스 승객이 차 내에서 다른 승객이 잃어버린 물건을 가져간 경우 ⇨ 점유이탈물횡령죄

죄와는 그 성질을 달리하는 독립된 별개의 범죄이다(독립범설).

3. 객 체

1 유실물

잃어버린 물건 또는 분실물을 말한다.

2 표류물

점유를 이탈하여 바다 또는 하천에 떠서 흐르는 물건이다.

3 매장물[19)]

토지 · 해저 · 건조물 · 분묘 등에 묻혀 있어 발굴 등의 작업에 의하지 않고는 획득이 곤란한 상태에 있는 물건을 말한다.

4 점유이탈물

기타 점유자의 의사에 의하지 않고, 그 점유를 떠난 타인소유의 재물(예, 잘못 배달된 우편물, 바람에 날려 온 이웃집의 세탁물) 등을 말한다. (경위승진)

① 무주물 · 포기물은 점유이탈물이 아니다. (법원서기보)

② 여관 · 목욕탕 · 당구장 등에서 잃어버린 물건은 그 장소관리자의 새로운 점유가 개시되는 것이므로 (점유이탈물이 아니고) 타인이 영득하면 본죄가 아니라 절도죄가 성립한다.

③ 폭행 또는 강간현장에 피해자가 떨어뜨린 물건은 피해자의 점유에 속하므로 본죄의 객체가 아니다.

19) 문화재에 해당하면 국유로 한다(보상청구 가능).

4. 행 위(횡령[20])

본죄는 불법영득의사를 가지고 점유이탈물을 자기의 사실상 지배하에 두는 때 기수가 된다. 미수범 처벌규정이 없다.

본죄는 상태범이므로, 습득한 자기앞수표를 현금과 교환한 것만 가지고서는 불가벌적 사후행위에 불과하고 별도로 사기죄를 구성하지 않는다. (경위승진)

제 2 절 배임의 죄

Ⅰ. 서 설

1. 의 의

배임의 죄는 타인의 재산상 사무를 처리한 자(진정신분범)가 그 임무에 위배하는 행위를 하여 재산상의 이익을 취득하거나, 제3자에게 이를 취득케 하여 손해를 가하는 범죄이다(이득죄).[21]

여기에는 단순배임, 업무상 배임, 배임수증재의 죄 등이 있다. 미수범 처벌규정이 있다.

2. 보호법익

배임죄의 보호법익은 전체로서의 재산(권)이다. 이 점에서 재물에 대한 소유

---

20) 피고인들이 공모하여 甲주식회사 등 피해 회사가 납품하는 물품을 마치 피해 회사의 자회사로서 서류상으로만 존재하는 乙주식회사 등이 납품하는 것처럼 서류를 꾸며 피해 회사가 지급받아야 할 납품대금을 자회사 명의의 계좌로 지급받아 급여 등의 명목으로 임의로 사용하였다고 하여 특정경제범죄 가중처벌 등에 관한 법률 위반(횡령)으로 기소된 사안에서, 법인격 부인 또는 남용 법리는 회사가 법인격을 남용했다고 볼 수 있는 예외적인 경우에 회사에 법인격이 있더라도 이를 무시하고 그 뒤에 있는 배후자에게 책임을 추궁하는 것이므로, 피고인들이 피해 회사의 자회사 계좌를 이용하여 피해 회사의 납품대금을 횡령한 사건에서 법인격 부인 여부에 따라 횡령죄의 성립이 좌우되는 것이 아니다(때판 2019도9773).

21) 이와 달리 횡령죄는 재물죄이다.

권을 보호법익으로 삼는 횡령죄와 구별된다. 보호받는 정도는 위험범설(판례)과 침해범설이 대립한다.

3. 배임죄의 본질

구분	권한남용설	배신설(통설 · 판례)
의의	대리권이 있는 자가 그 권한을 남용하여 타인에게 재산상 손해를 가하는 데에 본질이 있다는 견해이다.	신의성실의 의무에 대한 위배 내지 신임관계의 침해에 그 본질이 있다는 견해이다.
내용	이 견해에 의하면 배임행위는 법률행위에 제한되며, 대리권 없는 법률행위는 물론 순수한 사실행위에 의한 배임을 부정함으로써, 배임죄의 범위를 지나치게 좁게 하는 결점이 있다.	이 견해에 의하면 배임죄는 대외관계에 있어 대리권의 존재를 요하지 않고, 배임행위는 반드시 법률행위에 제한되지 않는다.

4. 횡령죄와의 관계

1 공통점

배임죄의 본질을 배신설(통설 · 판례)에 따라 파악하는 이상, 횡령죄와 배임죄는 신임관계를 배반한다는 점에서 같다.

2 차이점

① 행위객체에 의하여 구별된다. 즉 횡령은 재물을, 배임은 재산상 이익을 객체로 한다. 반면에 배임수증재죄는 재물, 재산상 이익이 객체가 된다.

② 재물은 재산상 이익의 특별한 경우이기 때문에, 횡령죄는 배임죄의 특별한 관계에 놓여 횡령죄가 성립하면 별도로 배임죄는 성립하지 않는다.[22] (경장 승진)

22) 배임행위에 제공된 물건임을 알면서 취득한 경우, 배임죄로 영득한 재물이 아니어서 장물취득죄가 아니다.

II. 배임죄

제355조(배임) ② 타인의 (재산상) 사무를 처리하는 자가[23] 그 임무에 위배하는 행위로써 자신이 재산상의 이익을 취득하거나 제3자로 하여금 이를 취득하게 하여 본인에게 손해를 가한 때에도 전항의 형과 같다.
제359조(미수범) 제355조 내지 제357조의 미수범은 처벌한다.
제361조(친족간의 범행) 친족간 특례

1. 주 체

타인의 재산상 사무를 처리한 자(진정신분범)이다.

타인의 사무를 처리한 자란 본인과의 신임관계에 따라 맡겨진 사무를 본인을 위해 신의성실의 원칙에 따라 처리해야 할 의무자(예, 계주, 가등기담보권자, 소유권이전등기서류의 보관자)를 말한다.[24] 법인은 법인이 아닌 대표기관이 주체가 된다.

1 사무의 타인성

자기의 사무를 처리한 자는 본죄는 주체가 될 수 없다.

2 사무처리의 근거

사무처리의 근거는 법령 · 계약은 물론 관습이나 사무관리를 묻지 않는다.[25] 또한 처리되는 사무는 사적 사무는 물론 공적 사무도 포함되며 계속적이든 일시적이든 불문한다.

---

23) 단순히 본인의 지시에 따라 기계적인 사무에 종사하는 자는 이에 해당하지 아니한다.
24) 고유권자 뿐만 아니라 그 보조기관으로서 간접적으로 사무를 담당하는 자도 포함한다. 한편 판례가 변경되어 채무자의 양도담보물 처분은 배임죄가 불성립한다(대판 2020.2.20, 2019도 9756).
25) 다만 무효인 계약으로 인하여 신임관계가 처음부터 발생하지 않았다고 해야 할 경우에는 배임죄가 부정된다.

3 사무처리의 내용

처리되는 사무(내용)가 재산상 사무이어야 하는가? 배임죄는 재산죄이므로 재산상 사무에 한정하여야 한다(다수설 · 판례).[26] 다만 사적 사무가 아닌 공적 사무도 가능하다.[27] (법무사)

4 사례연구

계주는 지정된 계원에게 징수한 계금을 지급해야 할 타인의 사무를 처리하는 자이다. 따라서 계주가 계금을 임의소비하면 배임죄가 성립한다. (법원서기보)

1인 회사에서 주주는 타인(회사)의 사무처리자이므로, 1인 주주가 회사재산을 개인사업을 위해 유용하면 업무상 배임죄가 성립한다.[28]

양도담보의 경우, 양도담보설정자(채무자)는 담보목적 범위 안에서 담보권자의 사무처리자이므로, 양도담보설정자가 목적물을 처분하면 배임죄가 성립한다(목적물을 처분 받은 자는 배임행위에 적극 가담한 경우 배임죄의 공범). (법원서기보, 경찰 1차)

양도담보권자가 변제기 이후에 담보물을 부당하게 염가로 처분한 경우, 자기의 사무처리에 불과하여 배임죄가 성립되지 않는다. 양도담보권자가 담보권의 실행으로 원리금과 비용에 충당하고 나머지가 있음에도 이를 채무자에게 정산하여 주지 않는 경우, 자기의 사무처리에 해당하여 배임죄가 아니다.[29]

2중매매의 경우, 중도금 지급 이후에는 매도인은 매수인의 소유권 취득에 협력해야 할 타인의 사무처리자로서, 중도금 받은 후 2중매각하면 배임죄이다. (9급 검찰, 법원서기보)

2. 객 체

재산상 이익(순수한 이득죄)이다.

---

26) 따라서 의사의 치료 · 변호사의 변론은, 배임죄의 사무가 될 수 없다.
27) 따라서 공무원도 배임죄의 주체가 될 수 있다.
28) 다만 청산회사의 대표청산인이 처리하는 채무변제나 재산환가처분 등 청산업무는 채권자에 대한 관계에서 타인의 사무가 아니다. (법무사)
29) 변제기 이전에 처분하면 배임죄가 된다.

3. 행 위

배임행위로서 재산상 이익을 취득하거나 제3자에게 취득하게 하여 본인에게 손해를 가하는 것이다.

1 배임행위

타인의 사무를 처리하는 자로서 임무에 위배되는 방법으로 사무를 처리하는 것을 말한다.[30] 배임행위는 작위는 물론 부작위(예, 채권추심을 위탁받은 자가 채권행사를 하지 않아 채권의 소멸시효가 완성된 경우 ⇨ 부작위에 의한 배임죄)에 의해서도 가능하다.[31] (7급 검찰) 법률상 유효여부도 불문한다.

2 재산상 손해

배임죄는 배임행위로 인하여 재산상 손해가 발생해야 한다. 여기서 재산상 손해란 본인의 전체 재산가치의 감소, 즉 총체적으로 본인의 재산상태에 손실을 가하는 경우를 말한다. 재산상 손해는 반드시 현실적으로 손해를 발생시킨 경우뿐만 아니라 손해에 대한 위험이 발생한 경우도 포함된다(예, 은행지점장이 무담보로 회수불가의 불량대출을 한 경우).[32]

3 재산상 이익취득

배임죄가 성립하기 위해서는 배임행위로 인하여 재산상의 이익을 취득할 것을 요건으로 한다.[33] 즉 본인에게 가해를 했어도 이득을 취한 게 없다면 배임이 아니다.

---

30) 본인과 신임관계를 파괴하는 일체의 행위를 말한다.

31) 통장의 돈을 인출하도록 의뢰받은 자가 의뢰인의 의사에 반해 더 많은 돈을 인출한 경우, 은행간부가 회수불가 불량대출을 해 준 경우, 철도공무원이 고의로 무임승차를 방임한 경우, 공무원이 국가재산불하를 낮게 한 경우 등이 있다.

32) 재산상 손해가 동시에 본인에게 재산상 이익을 준 경우에는, 손해가 있다고 할 수 없다.

33) 재산상 이익이란 모든 재산적 가치의 증가를 의미하며 적극적·소극적 이익 취득을 모두 포함한다.

4 실행의 착수 및 기수시기

① 착수시기

배임죄의 실행착수 시기는 (고의로) 배임행위를 개시한 때이다.

② 기수시기

본인에게 재산상 손해가 발생한 때 기수가 된다.[34] 재산피해를 가할 목적은 요하지 않는다.

배임행위에 착수하였으나 본인에게 재산상 손해를 가하는데 이르지 못하였거나, 배임행위와 손해 사이에 인과관계가 없는 때에도 본죄의 미수로 된다.

4. 주관적 구성요건

본죄가 성립하기 위해서는 고의와 불법이득의사(재산상 이익)가 필요하다(다수설 · 판례).[35]

5. 이중매매와 이중저당의 형사책임

1 부동산의 이중매매

① 의의

부동산의 이중매매란 甲이 乙에게 자기의 부동산을 매도하였으나 이전등기를 해주지 않은 상태에서, 이를 丙에게 다시 매도하고 丙에게 소유권이전등기를 해준 경우이다.

② 매도인의 형사책임

계약금만 수령한 경우, 매매를 하면서 계약금만 받은 경우 계약금의 배액을 지급하고 이를 해제할 수 있기 때문에 이중으로 매도하더라도 배임행위가 되지 않는다. (9급 검찰)

중도금 또는 진금을 수령한 경우 중도금을 지급하면 이행에 착수한 것이 되어 매도인은 매수인의 소유권 취득에 협력해야 할 타인의 사무를 처리하는 자

34) 나중에 손해가 전보되더라도 범죄성립에는 영향이 없다.
35) 본인에게 재산피해를 가할 목적은 요하지 아니한다.

의 지위에 있다할 것이므로 매도인이 중도금을 지급 받은 이후에는 배임죄가 된다(통설 · 판례).[36] (법원서기보)

③ 악의의 후매수인의 죄책

제2매수인이 이중매도를 모르고 매수한 경우 즉 선의인 경우, 형사상 죄책이 없다. 그러나 매수인이 악의인 경우에는 구체적 사정에 따라 배임죄의 공동정범 · 교사범 · 방조범이 성립된다.[37]

2 동산의 이중매매

① 현실의 인도 또는 간이 인도[38]의 경우

甲이 동산을 乙에게 매각하기로 하여 중도금 또는 잔금을 수령한 후 그 현실의 인도 또는 간이인도를 하기 전에 다시 丙에게 이중으로 매각하여 물건을 인도한 경우에 丙은 완전히 소유권을 취득한다. 이 때 甲은 乙에 대해 위 동산을 인도해야 할 임무에 반하였으므로 배임죄가 성립한다.

② 점유개정의 경우

甲이 동산을 乙에게 매각하고 점유개정에 의한 인도 후 丙에게 다시 매각하여 인도한 경우 甲은 (乙의 동산을 보관하는 자였으므로 丙에게 판매한 매각행위는 실제 자기가 점유하는 타인 재물에 대한 침해가 되어) 횡령죄를 구성한다.

3 이중저당

이중저당이란 甲이 乙에게서 돈을 빌리고 1번 저당권을 설정해주기로 약정했으나, 아직 등기가 종료되지 않았음을 틈타 丙에게 다시 돈을 빌리고 저당권설정등기까지 경료한 경우, 甲은 乙에 대하여 저당권설정등기에 협력해야 할 의무를 지고 있는데도 그 한도 내에서 타인의 사무처리자의 지위에 선다. 따라서 甲은 乙에 대해서 배임죄가 성립한다.

---

36) 임차권의 이중양도는 배임죄가 아닌 민사문제로 본다.

37) 다만 이중매매된 부동산은 (재산범죄에 제공된 재물로서) 장물이 아니므로 장물취득죄는 성립하지 않는다.

38) 목적물을 이미 양수인이 소지하고 있는 경우, 사실상 인도 없이 의사표시만으로 점유권을 양도하는 경우이다.

6. 타죄와의 관계

1 사기죄와의 관계

타인의 사무를 처리하는 자가 그 임무에 반하여 본인을 기망함으로써 본인에게 손해를 가한 경우(예, 보험회사사원이 피보험자에 관하여 회사를 기망하고 보험계약을 체결하게 하여 피보험자에게 이익을 주하고 회사에 손해를 입힌 경우 ⇨ 사기죄와 배임죄의 상상적 경합).

2 장물죄와의 관계

장물이란 재산범죄에 의하여 영득한 재물을 말하며, 재산범죄에 제공된 물건은 장물이 될 수 없다. 배임죄에 의하여 영득한 것은 재산상 이익이며 재물은 배임행위에 제공된 물건에 지나지 아니하므로 이를 취득해도 장물죄가 성립할 여지는 없다(예, 이중매매로 부동산을 취득한 경우, 장물죄 불성립).

Ⅲ. 업무상 배임죄

제356조(업무상 배임) 업무상의 임무에 위배하여 배임죄를 범한 자는 10년 이하의 징역 또는 3천만원 이하의 벌금에 처한다(예, 은행지점장이 기간연장당시에는 대출금 모두를 회수할 수 있었는데 연장을 해주면 대출금회수가 어려우리라는 것을 알면서도 연장을 해주어 새로운 손해가 발생한 경우).
제359조(미수범) 제355조 내지 제357조의 미수범은 처벌한다.
제361조(친족간의 범행) 친족간 특례

타인의 사무를 처리하는 것이 업무로 되어 있기 때문에, 배임죄에 대하여 책임이 가중되는 가중적 구성요건이다. 타인의 사무를 처리하는 자라는 구성적 신분(=진정신분범)과 업무자라는 가중적 신분(=부진정신분범) 즉 이중의 신분을 필요로 한다.

따라서 업무상 배임죄는 진정과 부진정 신분범의 통합된 형태이다. (경찰 3차)

IV. 배임수재죄 · 배임증재죄

제357조(배임수증재) ① 타인의 사무를 처리하는 자가 그 임무에 관하여 부정청탁을 받고 재물 또는 재산상 이익을 취득한 자는 5년이하의 징역 또는 1천만원이하의 벌금에 처한다.

② 제1항의 재물 또는 이익 공여자는 2년이하의 징역 또는 500만원이하의 벌금에 처한다.

③ 범인이 취득한 제1항의 재물은 몰수한다. 그 재물을 몰수하기 불능하거나 재산상의 이익을 취득한 때에는 그 가액을 추징한다.

제359조(미수범) 제355조 내지 제357조의 미수범은 처벌한다.

제361조(친족간의 범행) 친족간 특례

1. 법적 성격

본죄는 공무원의 뇌물죄에 상응하는 규정이며, 사적 사무처리의 공정성과 성실의무를 준수하도록 하는 데 취지가 있다.

사무처리의 청렴성을 보호법익으로 한다.

2. 배임수재죄(제357조 ①)

1 의 의

본죄는 타인의 사무를 처리하는 자가 그 임무에 관하여[39] 부정한 청탁을 받고 재물 또는 재산상의 이익을 취득함으로써[40] 성립하는 범죄이다(예, 부실회사대표로부터 돈받고 회수불가 불량대출을 해준 경우, 업무상 배임과 배임수재의 경합범).[41]

---

39) 편입업무를 담당하지 않는 사립대교수가 관련청탁을 받고 금품수수를 했더라도 담당하는 교무처장이 선의라면 준 자와 받은 자를 배임증재 및 배임수재로 처벌할 수 없다.

40) 배임행위와 재산피해를 요건으로 하지 아니한다.

41) 다만 기존의 계약관계를 유지시켜 달라는 청탁을 받고 사례비명목으로 돈을 받은 것은 배임수재가 아니다. 2008년 대법원은 지도교수를 통해 다른 대학교수에게 학위논문을 잘 봐달라고 돈을 준 경우에는, 다른 대학원생이기 때문에 배임수재죄가 되지 아니한다고 판시한 바 있다.

2 주 체

타인의 사무를 처리하는 자(= 진정신분범)이다.

3 객 체

재물 또는 재산상 이익이다.

4 행 위

임무에 관한 부정한 청탁을 받고 재물 또는 재산상 이익을 취득하는 것이다.

① 부정한 청탁

사회상규나 신의칙에 반하는 것을 내용으로 하는 청탁을 말하며 반드시 배임행위가 되는 내용일 것은 요하지 않는다(예, 미인선발대회에서 금품수수에 의한 미인선발의 청탁, 방송국 PD가 특정한 무명가수의 노래만 틀어달라고 청탁을 받은 경우, 사립대학 총·학장 또는 예체능계 교수에 대한 부정(편)입학의 청탁, 사립대학병원과 같은 종합병원의 인턴 선발과정에서 금품수수에 의한 청탁 등).[42] 명시적 증거가 없더라도 향후 편의제공 등 묵시적 청탁을 했다면 부정청탁에 해당한다(대판).

② 재물 또는 재산상의 이익취득

행위는 재물 또는 재산상의 이익을 취하는 것이다. 재물 또는 재산상 이익의 취득은 부정한 청탁과 관련한 것이어야 한다(청탁의 대가·사례).

③ 미수와 기수시기

㉠ 미수 : 미수범은 처벌한다. 본죄는 취득만을 규정하고 있으므로, 재물을 요구·약속한 경우에는 미수로 보아야 한다(다수설).

㉡ 기수 : 부정한 청탁을 받고 재물 또는 재산상 이익을 현실적으로 취득한 때 본죄의 기수에 이르며, (반드시 배임행위에 나갈 것은 요하지 않으므로) 배임행위까지 한 경우에는 배임수재죄와 배임죄의 경합범이 된다.[43]

---

42) 부정한 청탁이 구성요건에 있는 것은? 배임수재죄와 제3자 뇌물공여죄이다.

43) 모회사의 노무담당 甲은 노사협상에서 진통을 겪자 노조대표 乙을 불러 1천만원을 주고 협상을 부탁한 바 을이 요구한 내용대로 동의를 해 협상한 경우, 갑은 배임증재죄이고 을

5 주관적 구성요건

본죄가 성립하기 위해서는 고의 이외에도 행위자가 재물 또는 재산상 이익을 취득할 의사를 가질 것을 요한다.

6 몰수 · 추징

범인이 취득한 재물은 몰수하며, 그 재물을 몰수할 수 없거나 재산상의 이익을 취득한 때에는 그 가액을 추징한다(필요적 몰수 · 추징).[44]

3. 배임증재죄

1 의 의

본죄는 타인의 사무를 처리한 자에게 그 임무에 관하여 부정한 청탁을 하고 재물 또는 재산상 이익을 제공함으로써 성립하는 범죄이다.

2 주 체

본죄의 주체는 제한이 없다.[45] 그리고 수뢰죄의 경우와는 달리 타인의 사무를 처리하는 자가 아닌 제3자에게 공여한 때에는 본죄가 성립하지 않는다.

3 행 위

본죄의 행위는 무상인 증여와 달리, 공여이다. 공여는 현실적으로 이루어져야 하며(기수), 공여의 의사표시나 약속만으로는 본죄의 미수에 불과하다.

4 배임수재죄와의 관계

본죄와 배임수재죄는 필요적 공범관계에 있다.[46] 다만 증재자가 재물을 공여하였지만 금품을 받지 않았다면 배임수재죄는 성립하지 않고 공여자에게 배임증재죄만 성립할 뿐이다.

은 배임수재죄와 배임죄의 경합범이다.

44) 배임증재에 제공하려는 재물은 임의몰수대상이다. 그러나 배임수재로 취득한 재물은 뇌물 아편과 같이 필요몰수의 대상이다.

45) 신분범이 아니다.

46) 다만 같이 처벌받아야 하는 것은 아니다(즉 증재자는 정당한 업무이나 수재자에게 부정청탁이 될 수 있다).

제3절 장물에 관한 죄

Ⅰ. 총 설

1. 의 의

장물에 관한 죄는 장물을 취득·양도·운반·보관하거나 이를 알선함으로써 성립하는 범죄이다.[47]

2. 보호법익

보호법익은 피해자의 재산권이다. 보호정도에 대하여는 침해범설(다수설)과 위험범설이 대립하고 있다.

3. 본 질

[1] 추구권설(다수설·판례)

본범(재산범죄)의 피해자가 점유를 상실한 장물(재물)에 대하여 피해자의 사법상 추구·회복을 곤란하게 하는 데, 장물죄의 본질이 있다는 견해이다. 장물범의 성립에 장물범과 본범의 합의는 필요하지 않으며, 추구권(반환청구권)이 없는 경우에는[48] 장물성이 상실된다는 입장이다. 보호법익은 피해자의 장물회복권 보전이다.

[2] 유지설

본범에 의하여 이루어진 위법한 재산상태를, 본범과 합의하에 (위법상태)유지존속케 하는 데 장물죄의 본질이 있다는 견해이다. 장물죄의 성립에 본범과 장

47) 업무의 과실을 일반과실보다 가중처벌하지는 않는다. 즉 장물과실범은 업무상 과실과 중과실이 있다.
48) 예, 불법원인급여물, 시효가 완성된 물건 등이 있다.

물범과의 합의를 요하며, 불법원인급여의 경우에도 장물죄의 성립을 인정한다.(7급 검찰)

3 공범설

본범이 취득한 범죄적 이익에 관여(참여 · 가담)하는데, 장물죄의 본질이 있다는 견해이다.

II. 장물죄

제362조(장물의 취득, 알선등) ① 장물을 취득, 양도, 운반 또는 보관한 자는 7년 이하의 징역 또는 1천500만원 이하의 벌금에 처한다.
② 전항의 행위를 알선한 자도 전항의 형과 같다.
제365조(친족간의 범행) 친족간 특례(미수 ×)

1. 주 체

본범의 정범 · 공동정범 · 합동범은 장물죄의 주체가 될 수 없다.49)

다만 본범의 교사범 · 종범은 본죄의 주체가 될 수 있다(예, 절도를 교사한 자가 피교사자로부터 그 절취품을 매수한 경우 ⇨ 절도교사범과 장물취득죄의 경합범). (경위승진)

2. 객 체 (장물)

장물이란 재산죄(다만 재물이 아닌 재산상 이익이기에 컴퓨터사용사기죄, 재물을 취득한다는 개념이 없는 범죄에 해당하는 손괴죄, 그리고 배임죄는 제외)에 의하여 영득한 재물로서,50) 피해자가 법률상 반환을 추구할 수 있는 것을 말한다(다수설 · 판례).51)

---

49) 장물죄는 본범이 불법하게 영득한 재물의 처분에 관여하는 범죄이기 때문이다. 장물죄는 미수처벌이 없다.(9급 검찰)

50) 비재산죄로 취득한 것은 장물이 아니다(예, 도박, 뇌물). 다만 사기도박으로 딴 돈은 사기죄이므로 장물이다.

51) 장물은 반드시 타인소유를 요하는 것은 아니다. 예, 타인점유의 자기물건을 절취한 본범으로부터, 그 정을 알면서 증여를 받은 경우에는 장물취득죄가 된다.

1 재 물

장물은 반드시 재물(순수재물죄)이어야 하며, 재산상 이익이나 채권 등 권리는 장물이 될 수 없다.[52] 재물인 이상 동산 부동산을 불문하여, 반드시 경제적 가치를 지닐 필요도 없다. 관리할 수 있는 동력도 당연히 장물이 될 수 있다(관리가능성설).

2 본범의 성질

장물은 타인의 재산범죄에 의해 영득한 재물이므로, 본범(구성요건에 해당하는 위법행위이어야 하나, 책임성을 요하지 않으므로 미성년자가 절취하더라도 장물이 됨)은 재산범죄이어야 한다.

① 재산범죄

장물죄의 본범으로 되는 재산범죄는 배임죄(순수이득죄이므로)와 손괴죄 컴퓨터사용사기죄(영득죄가 아니므로)를 제외한 모든 재산죄 및 특별법상의 재산죄(예, 산림범죄에 의한 산림절도)를 포함한다(법원서기보, 9급 검찰, 경위승진).

본범은 재산죄임을 요하므로, 비재산죄로 인하여 취득한 뇌물 · 도박판돈 · 영득한 사체 · 관내 장치물 · 수렵법에 위반하여 포획한 조수 등은 장물이 아니다.

② 재산범죄에 의하여 영득한 재물

장물은 형법 · 특별법상의 재산범죄에 의하여 영득한 재물 그 자체이거나 적어도 그것과 동일성이 인정되는 것임을 요한다.

다만 범죄에 의하여 작성된 물건 및 재산범죄의 수단으로 제공된 물건(예, 이중매매된 부동산, 양도담보로 제공된 부동산)은 장물이 아니다. (경사승진)

52) 매음 도박으로 취득한 돈, 사체유골, 수뢰로 취득한 뇌물, 수렵법에 위반해 포획한 조수 등은 장물이 될 수 없다. 다만 권리가 전화가입권처럼 화체화된 문서는 장물 가능하다.

장 물	장물이 아닌 경우[53]
• 절취한 금반지로 금괴제작(동일성인정) • 1만원권 지폐를 절취하여 천원권으로 교환한 경우 • 절취한 수표로 교환한 현금(경찰 1차) • 점원을 속여 계산착오로 받은 돈 • 절취한 통장에서 인출한 현금	• 매음 도박으로 얻은 돈, 위조통화, 자구행위로 취득한 재물 • 장물을 매각한 대금,[54] 장물과 교환한 재물, 장물인 돈으로 매입한 재물, 장물을 저당잡힌 전당표[55]

③ 장물성이 상실되는 경우

재산범죄에 의하여 영득한 재물이라도 본범 또는 제3자가 장물에 대하여 소유권을 취득한 때에는 장물성을 상실한다.

장물성이 상실되는 예
• 피해자가 본범에 대하여 승낙을 한 경우 • 본범이 이를 상속받는 경우 • 민법상 제3자가 선의취득한 재물[56](도품 유실물은 2년간 예외) • 명의수탁자가 임의 처분한 재물[57] (101단) • 시효취득으로 제3자가 소유권을 취득한 때, 피해자가 소유권을 포기한 때 • 불법원인급여물 ⇨ 추구권설에 의하면 반환청구권이 부인되어서 장물성이 부정되나, 유지설에 의하면 장물성이 긍정된다. (7급 검찰)

④ 본범의 실현정도

장물죄가 성립하려면 본범은 구성요건에 해당하고 위법하면 족하며 유책할 것을 요하지 않고(예, 형사미성년자가 절취한 물건을 제3자가 취득 ⇨ 장물죄), 또한 본범에게 소추조건이나 처벌조건이 없는 때에도(예, 乙이 그의 父소유물을 절취해온 것을 알고 甲이 이를 매수한 경우 ⇨ 장물죄) 장물죄는 성립한다. (경사승진)

장물죄가 성립하기 위해서 본범이 기수에 이른 후여야 한다.[58] 본범의 행위

53) 동일성이 부정되어 장물이 아닌 경우로는? 예, 절취한 문서나 녹음테이프를 복사한 복사물, 불법원인급여물

54) 대가장물은 위법한 재산상태의 유지가 아닌, 그쳤다고 보기 때문에 장물이 아니다.

55) 대체장물은 위법한 재산상태의 유지가 아닌, 그쳤다고 보기 때문에 장물이 아니다.

56) 도품 유실물은 도난 유실한 날로부터 2년이 경과되는 경우 선의취득이 인정되므로, 선의취득이 되면 장물성을 잃게 된다.

57) 명의수탁자는 대외적으로 소유자이므로, 매수자가 정당한 소유권을 취득하여 장물성을 잃게 된다.

58) 본범이 시간적으로 선행해야 한다.

가 기수에 이르기 전에 개입하면 (장물죄가 아니라) 본범의 공동정범 · 교사범 · 종범이 성립할 뿐이다.[59]

3. 행 위

장물을 취득 · 양도 · 운반 · 보관 또는 이를 알선하는 것이다.

1 취 득

취득이란 점유이전을 함으로써 재물에 대한 사실상의 처분권을 획득하는 것을 말한다(제3자 취득 포함).[60] 유무상을 불문하며, 취득시 장물이라는 인식을 해야 장물취득죄가 된다.[61]

2 양 도

양도란 장물인 사실을 알지 못하고 취득한 후 그 사실을 알면서 제3자에게 수여하는 것을 말한다. 유무상을 불문하며, 제3자(양수인)가 장물임을 알았는가도 문제되지 않는다.

3 운 반

운반이란 장물의 장소적 이전을 말한다. 그 대가유무나 운반방법은 불문한다.[62] 다만 피해자에게 돌려주기 위한 때에는 장물죄를 구성하지 않는다.

4 보 관

보관이란 위탁을 받고 장물을 자기의 점유 하에 두는 것 또는 은닉하는 것을 말한다.[63] 보관은 유상 · 무상을 불문하며 그 방법에도 제한이 없다.[64]

---

59) 고물상주인이 절도전과자에게 절도해 오면 사주겠다고 한 경우? 본범이 기수되기 전이므로 장물죄가 아닌 절도교사이다. 다만 여기서 나아가 절도범이 절취한 것을 고물상주인이 매수까지 하면? 절도교사와 장물취득의 경합범이 된다.

60) 따라서 장물인 음식을 함께 먹는 것만으로는 처분권의 취득으로 볼 수 없다.

61) 장물인 정을 모르고 취득후 알면서 제3자에게 인도하면? 장물양도죄이다. 장물인 정을 알면서 취득후 제3자에게 인도하면?(양도는 불가벌적 사후행위로) 장물취득죄만 성립한다.

62) 장물운반자가 취득하면? 장물취득죄만 성립한다. 장물운반자가 계속보관하면? 장물보관죄만 성립한다.

63) 장물에 대한 사실상의 처분권이 없다는 점에서, 장물취득과 구별된다.

64) 장물보관을 위탁받은 자가 영득하면, 그 영득행위는 불가벌적 사후행위이다. 다만 그 정

장물인 정을 모르고 보관했다가 나중에 알고도 계속 보관하면? 알게 된 시점부터 장물보관죄가 성립한다.[65]

5 알 선

알선이란 장물의 취득 · 양도 · 운반 · 보관을 매개하거나 주선하는 것을 말한다.[66]

4. 주관적 구성요건

1 고 의

장물인 점에 대한 인식, 의사가 있어야 한다.[67]

2 불법영득의사

장물죄의 주관적 구성요건으로 불법영득 내지 이득의 의사를 필요로 한다는 견해와 필요치 않다는 견해의 대립이 있다.

5. 죄수 및 타죄와의 관계

1 죄 수

① 장물인 정을 알면서 보관하던 중 이를 취득 ⇨ 장물취득죄만 성립[68]

② 장물을 알선하기 위해 운반 · 보관 후 다시 알선하는 경우 ⇨ 장물알선죄만 성립[69]

③ 장물을 취득한 자가 이를 운반하거나 제3자에게 양도 ⇨ 장물취득죄만 성립[70]

④ 장물을 운반 후 보관 ⇨ 장물운반죄만 성립[71]

을 알면서 보관하다가 취득하면, 장물취득죄만 성립한다.

65) 다만 이 경우에도 점유할 권한이 있는 때에는 계속 보관해도 장물보관죄가 불성립한다(예, 장물을 채권담보 차원에서 보관한 경우).

66) 알선행위(매개 · 주선)만 있어도 장물알선죄는 기수가 된다.

67) 예, 갑이 훔친 차를 을이 선의취득한 후 병이 을로부터 이를 다시 매수한 경우에 병은? 무죄이다.

68) 보관은 불가분적 사전행위이다.

69) 운반 · 보관은 알선목적의 달성을 위한 불가벌적 사전행위이다.

70) 운반 · 양도는 불가분적 사후행위이다.

2 타죄와의 관계

① 장물을 보관하는 자가 그 장물을 횡령한 경우 ⇨ 장물보관죄만 성립(횡령은 불가분적 사후행위이다) (경위승진, 경사승진)

② 장물에 대하여 절도 · 강도 · 사기 · 공갈죄를 범한 경우

추구권설에 의하면 장물죄와 절도죄 · 강도죄 · 사기죄 · 공갈죄의 상상적 경합. 유지설에 의하면 절도죄 · 강도죄 · 사기죄 · 공갈죄만 성립(상대방과 합의가 없어 장물죄 불성립).

③ 장물인 정을 알면서 뇌물을 수수한 경우 ⇨ 수뢰죄와 장물취득죄의 상상적 경합범

6. 친족간의 범행

1 장물범과 피해자

장물범과 피해자 사이에 직계혈족 · 배우자 · 동거친족 · 호주 · 가족 또는 그 배우자인 신분관계가 있는 때에는 형을 필요적 면제하고,[72] 그 외의 친족인 신분관계가 있는 때에는 피해자의 고소가 있어야 공소를 제기할 수 있다(상대적 친고죄). (경위) 다만 사돈은 친족이 아니며, 친족상도례가 적용되지 않는다.

2 장물범과 본범

장물범과 본범 사이에 직계혈족 · 배우자 · 동거친족 · 호주 · 가족 또는 그 배우자인 신분관계가 있는 때에는 그 형을 감경 또는 면제한다(예, 부인이 절도한 반지를 남편이 취득한 경우). 단, 신분관계가 없는 공범에 대해서는 적용하지 아니한다.

71) 보관은 불가분적 사후행위이다.

72) 갑의 시계를 을이 절취했는데 병이 매수한 경우에서 갑과 병 사이는 부자관계이다. 병은? 필요적 형의 면제 대상이다. (경위승진)

III. 상습장물죄

제363조(상습범) ① 상습으로 전조의 죄를 범한 자는 1년이상 10년이하의 징역에 처한다.
② 제1항의 경우에는 10년이하의 자격정지 또는 1천500만원이하의 벌금을 병과할 수 있다.
제365조(친족간의 범행) 친족간 특례

IV. 업무상 과실 · 중과실 장물죄

제364조(업무상과실, 중과실) 업무상과실 또는 중대한 과실로 인하여 제362조의 죄를 범한 자는 1년 이하의 금고 또는 500만원 이하의 벌금에 처한다.
제365조(친족간의 범행) 친족간 특례

형법상 재산범죄 중에서 과실범을 처벌하는 유일한 규정이다(단, 일반과실범은 처벌이 없다).

제 4 절 손괴죄

I. 총 설

1. 의 의

손괴의 죄는 타인의 재물에 대하여 그 효용의 전부 또는 일부를 해하는 것을 내용으로 하는 범죄로서, 순수한 재물죄인 동시에 불법영득의사를 필요로 하지 않는 훼기죄(비영득죄)이다.[73]

73) 친족상도례의 적용이 없다.

2. 보호법익과 보호정도

1 보호법익

재물손괴죄는 소유권의 이용가치, 공익건조물파괴죄(예, 공중전화부스의 유리창 파손)는 공공의 이익, 경계침범죄는 토지경계의 명확성 등이다.

2 보호정도

침해범으로서의 보호이다.

II. 재물(문서·전자기록)손괴

제366조(재물손괴 등) 타인의 재물, 문서 또는 전자기록 등 특수매체기록을 손괴 또는 은닉 기타 방법으로 기 효용을 해한 자는 3년이하의 징역 또는 700만원 이하의 벌금에 처한다.

제371조(미수범) 제366조, 제367조와 제369조의 미수범은 처벌한다.

1. 의 의

본죄는 타인소유의 재물, 문서 또는 전자기록 등 특수매체기록을 손괴 또는 은닉, 기타 방법으로 그 효용을 해함으로써 성립하는 범죄이다.[74]

2인 이상 공동 손괴시는 폭처법을 적용하여 가중처벌 대상이다.

보호법익은 소유권의 이용가치이다.

2. 객 체

타인의 재물, 문서 또는 전자기록 등 특수매체기록이다.

1 타 인

① 재물 · 문서 · 특수매체기록은 타인소유여야 한다.[75] 여기의 타인이란 자연

74) 영득죄가 아니며, 상습범처벌규정이 없다.

75) 자기소유물은 권리행사방해죄 또는 공무상 보관물무효죄의 객체가 될 뿐이다. (경사승진)

인 · 법인 · 법인격 없는 단체 · 국가를 불문한다.

② 타인 소유물인 이상 그 점유는 자기에게 있든 타인에게 있든지 불문한다.[76] 공유물은 공유자 상호간에 타인의 소유로 취급한다.

③ 문서의 경우 타인소유이면 작성명의인이 누구인가(자기명의 · 타인명의)를 불문한다.[77]

2 재 물

재물이란 유체물뿐만 아니라 관리할 수 있는 동력을 포함한다. 동산 · 부동산을 불문하며 동물도 재물이나, 사체는 본죄의 객체인 재물이라 할 수 없다(사체 등 손괴죄 객체).[78]

3 문 서

문서란 공용서류에 해당하지 않는 모든 서류(유가증권 도화 포함)를 말한다(공사문서불문).

4 특수매체기록

특수매체기록이란 일정한 데이터에 대한 전자기록이나 광학기록을 말한다. 여기서 전자기록은 특수매체기록의 예시에 불과하다. 전자기록에는 전기적 기록과 자기적 기록이 포함되고, 광학기록에는 레이저기술을 이용한 기록 등이 포함된다.

3. 행 위

손괴 또는 은닉, 기타의 방법으로 그 효용을 해하는 것이다. 일시적 이용 불가상태를 만드는 것을 포함한다(대판).

---

76) 따라서 자기 소유 부동산에 부합된 물건이라도, 타인소유에 속한 때에는 본죄의 객체가 된다.

77) 예, 타인에게 교부한 자기명의의 영수증이나 약속어음을 찢어버린 경우, 명의인의 부탁을 받고 타인소유문서의 내용을 고치는 경우, 채무자가 채권자로부터 차용증서를 잠시 돌려받아 그 금액에 변경을 가한 경우 ⇨ 문서손괴죄(경위승진, 법원서기보)

78) 공용물(손괴죄객체 아님)을 파괴하면? 공용물파괴죄(손괴하면 공용서류등 무효죄)이다. 공익건조물을 파괴하면? 공익건조물파괴죄(파괴에 이르지 않고 손괴하면 손괴죄의 객체가 됨)이다.

1 손 괴

손괴란 재물, 문서 또는 특수매체기록의 전부 또는 일부에 직접 유형력을 행사하거나 기계적 조작을 통하여 물리적으로 훼손 또는 그 본래 효용을 감속시키는 일체의 행위를 말한다(예, 타인의 광고간판을 페인트칠해서 광고문안을 지운 경우, 타인토지에 권원없이 농작물을 경작하는 데 소유주가 뽑은 경우).

손괴로 인하여 물체자체가 반드시 소멸될 것을 요하지 아니하며, 그 재물 본래의 목적에 사용할 수 없게 하는 것(예, 기계의 분해, 커피에 담뱃재를 털어버린 행위)이면 족하다.

반드시 영구적임을 요하지 않고 일시적이라도(예, 타인의 금반지로 금니를 만들기 위하여 녹이는 행위, 문서에 첨부된 인지를 떼어내는 행위) 충분하다.

반드시 중요한 부분을 훼손할 것을 요하지 않는다(예, 자동차타이어 바람을 빼버린 행위).

특수매체기록의 경우, 기록의 소거 · 변경 또는 파손 등이 있다.

2 은 닉

은닉이란 재물 또는 문서의 소재를 불분명하게 하여 그 발견을 곤란 또는 불가능하게 함으로써, 그 재물 또는 문서가 가진 효용을 해하는 것(예, 회사의 경리사무처리상 필요불가결한 매출계산서·매출명세서 등의 반환을 거부하는 것)을 말한다.[79]

3 기타 방법

손괴 또는 은닉 이외의 방법으로 재물 등의 효용을 해하는 일체의 행위를 말한다. 물질적 훼손뿐만 아니라 사실상 또는 감정상 그 물건을 본래의 용도에 사용할 수 없는 상태에 이르게 한 모든 경우가 여기에 해당한다[80](예, 그림에 낙

79) 은닉은 물건 자체의 상태에 변화를 가져오는 것이 아니라는 점에서 손괴와 구별된다.

80) 피고인 A가 평소 자신이 굴삭기를 주차하던 장소에 甲의 차량이 주차되어 있는 것을 발견하고 甲의 차량 옆에 철근콘크리트 구조물을, 뒤에 굴삭기 크러셔를 바짝 붙여 놓아 甲이 17~18시간 동안 차량을 운행할 수 없게 한 경우, 차량 앞뒤에 쉽게 제거하기 어려운 구조물 등을 붙여 놓은 행위는 차량에 대한 유형력 행사로 보기에 충분하고, 차량 자체에 물리적 훼손이나 기능적 효용의 멸실 내지 감소가 발생하지 않았더라도 甲이 위

서를 하여 피해자가 감정상 걸어둘 수 없게 한 경우, 음식용 그릇에 방뇨하여 기분상 이를 쓸 수 없게 하는 경우, 새장 안의 새를 풀어주는 경우, 타인이 기르는 양어장의 양어를 밖으로 유출시키는 경우, 보석을 바다에 던져버린 경우, 타인의 인사하는 앵무새에게 욕설을 가르쳐 욕설하는 앵무새로 만들어 놓은 경우, 냉장고 아이스크림을 꺼내 놓아 녹게 한 경우, 컴퓨터에 바이러스감염을 시켜 작동방해, 벽에 광고부착, 타인문서 삭제, 서명한 것을 말소한 행위, 문의 열쇠구멍에 성냥개비를 꽂아 넣어 문을 열수 없게 한 경우).

4. 실행의 착수 및 기수시기

본죄의 실행의 착수시기는 손괴의 고의를 가지고 손괴 · 은닉 · 기타 방법으로 인한 효용침해행위를 직접 개시한 때이고, 재물 등의 이용가치의 감소상태가 발생했을 때 기수가 된다.

5. 주관적 구성요건

고의가 필요하다. 그러나 불법영득의사는 필요하지 않는다. (법원서기보, 경사승진)

6. 문서변조죄와의 관계

① 타인명의의 문서의 내용을 변경한 경우 ⇨ (타인소유 · 자기소유를 불문하고) 문서변조죄

② 자기명의의 문서의 내용을 변경한 경우 ⇨ (타인소유인 경우에 한하여) 문서손괴죄

③ 연명문서의 명의자 중의 1인의 서명을 말소한 경우 ⇨ 문서손괴죄

Ⅲ. 공익건조물파괴죄

제367조(공익건조물파괴) 공익에 공하는 건조물을 파괴한 자는 10년 이하의 징

구조물로 인해 차량을 운행할 수 없게 됨으로써 일시적으로 본래의 사용목적에 이용할 수 없게 된 이상 차량 본래의 효용을 해한 경우에 해당된다(대판 2019도13764).

역 또는 2천만원 이하의 벌금에 처한다.
제371조(미수범) 제366조, 제367조와 제369조의 미수범은 처벌한다.

1. 객 체

공익에 공하는 건조물이다.

공익에 공하는 건조물이라고 하기 위해서는 그 건조물이 (국유 사유 불문)공공의 이익을 위한 것이라는 사용목적을 갖고 있고, 일반인이 쉽게 접근할 수 있는 것이라야 한다(예, 박물관, 전철역, 공중전화 박스, 공설실내체육관, 시민극장, 공원 및 고속도로 휴게소).

공용건조물(예, 법원도서관)은 이용자의 범위가 제한되어 있으므로 본죄의 객체가 아니고 공용물파괴죄의 객체가 된다.

공익건조물이면 족하고, 국가나 공공단체의 소유이건 개인의 소유이건 불문하며 자기의 소유인 것도 포함한다.

2. 행 위

파괴(건물의 중요부분 훼손)[81]이다.

IV. 중손괴죄 · 손괴치사상죄

제368조(중손괴) ① 전2조의 죄를 범하여 사람의 생명 또는 신체에 대하여 위험을 발생하게 한 때에는 1년 이상 10년 이하의 징역에 처한다.
② 제366조 또는 제367조의 죄를 범하여 사람을 상해에 이르게 한 때에는 1년 이상의 유기징역에 처한다.[82] 사망에 이르게 한 때에는 3년 이상의 유기징역에 처한다.

중손괴, 중유기, 중상해, 중권리행사방해죄는 부진정결과적가중범에 속한다.

81) 파괴의 정도가 미미하면, 타인소유에 한해 재물손괴죄이다. 또한 방화에 의한 경우는 공익건조물방화죄, 일수에 의한 경우는 공익건조물일수죄가 된ㄷ.
82) 재물손괴와 공익건조물파괴죄의 부진정 결과적가중범이다.

V. 특수손괴죄(폭처법 적용)

제369조(특수손괴) ① 단체 또는 다중의 위력을 보이거나 위험한 물건을 휴대하여 제366조의 재물손괴죄를 범한 때에는 5년 이하의 징역 또는 1천만원 이하의 벌금에 처한다.

② 제1항의 방법으로 제367조의 공익건조물 파괴죄를 범한 때에는 1년 이상의 유기징역 또는 2천만원 이하의 벌금에 처한다.

제371조(미수범) 제366조, 제367조와 제369조의 미수범은 처벌한다.

VI. 경계침범죄

제370조(경계침범) 경계표를 손괴, 이동 또는 제거하거나 기타 방법으로 토지의 경계를 인식불능하게 한 자는 3년 이하의 징역 또는 500만원 이하의 벌금에 처한다.(미수 불벌)

1. 행위의 객체 및 보호법익

토지의 객관성이 있는 경계이다.

보호법익은 토지경계의 명확성이다.

2. 행 위

경계표(예, 경계확정을 위한 표지 공작물 입목)를 손괴·이동·제거, 기타 방법으로 토지경계를 인식불능하게 하는 것이다(예, 타인토지에 무단건축, 경계표를 매몰, 도랑을 메움, 경계표시나무를 제거함, 현존 경계를 손괴후 정당하다고 생각하는 경계를 만듦.[83])

본죄는 손괴 등의 행위로 인하여 토지경계의 전부 또는 일부가 인식불능케

83) 현존경계가 실체법상 권리와 일치함을 요하는 것이 아니기 때문에 경계침범죄가 된다. 또한 대법원은 비록 실제 경계선에 부합되지 않는 경계표라도 그것이 종전부터 일반적으로 승인되어 온 것이라면 그 경계표는 본죄의 계표에 해당한다고 판시한 바 있다.

되었을 때 기수가 된다.[84] 미수범은 처벌하지 않는다.

3. 주관적 구성요건

고의가 있어야 하나, 불법영득의사는 필요 없다.

제 5 절 권리행사를 방해하는 죄

Ⅰ. 총 설

1. 의 의

권리행사를 방해하는 죄란 타인점유 또는 권리의 목적이 된 자기물건에 대한 타인의 권리행사를 방해하거나, 강제집행을 면할 목적으로 채권자를 해하는 것을 내용으로 하는 죄이다.

2. 보호법익과 보호정도

권리행사방해죄(제323조)는 제한물권(용익물권 · 담보물권) 혹은 채권(임대차 · 사용대차)을 보호법익으로 하고 추상적 위험범으로서의 보호이다. (미수불벌)

점유강취 · 준점유강취죄(제325조)는 자유권과 제한물권을 보호법익으로 하며 침해범으로서의 보호이다. (미수처벌)

강제집행면탈죄(제327조)는 채권자의 채권을 보호법익으로 하고 추상적 위험범으로서의 보호이다. (미수불벌)

84) 한편 도면파기, 건물처마를 타인소유가옥의 지붕위로 나오게 한 경우, 기존에 건립된 담벽연장선에 연결해서 추가담벽을 설치한 행위 등은, 경계침범죄에 해당하지 아니한다.

II. 권리행사방해죄

제323조(권리행사방해) 타인의 점유 또는 권리의 목적이 된 자기의 물건 또는 전자기록등 특수매체기록을 취거, 은닉 또는 손괴하여 타인의 권리행사를 방해한 자는 5년 이하의 징역 또는 700만원 이하의 벌금에 처한다.
제328조(친족간의 범행과 고소) 친족간 특례

1. 의 의

권리행사방해죄란 타인점유 또는 권리의 목적이 된 자기의 물건 또는 전자기록 등 특수 매체기록을 취거·은닉 또는 손괴함으로써 성립하는 범죄를 말한다(예, 전당포에 잡힌 자신의 목걸이를 절취, 카센터에 맡긴 자기차를 수리비를 안주고 의사에 반해 가져온 경우).[85)]

2. 객 체

타인의 점유 또는 권리의 목적이 된 자기의 물건 또는 특수매체기록이다.

1 자기소유의 물건 또는 특수매체기록

물건이라 재산죄에 있어 재물과 같은 의미이다. 동산에 한하지 않고 부동산도 포함한다.[86)]

2 타인 점유의 목적이 된 물건

타인이 사실상 지배하고 있는 물건(예, 전당포에 잡힌 시계)을 말한다. 본죄의 점유는 보호법익으로서의 기능을 가지므로 적법한 권원에 기초한 점유에 제한된다(통설).

85) 다만 물건소유자가 절도가 가져간 물건이 마당에 있어 허락없이 가져간 경우? 권리행사방해죄가 아니다(절도범은 권원에 의한 점유가 아니므로).
86) 자기와 타인의 공동소유물은 타인의 물건에 해당되므로 본죄의 객체가 아니다.

3 타인 권리의 목적이 된 물건

타인의 제한물권이나 채권의 목적이 된 물건(예, 저당권이 설정된 물건, 자기소유건물을 임의로 철거, 가압류된 물건 손괴)을 말한다. (경장승진 · 법원서기보)

3. 행 위

취거 · 은닉 또는 손괴하여 타인의 권리행사를 방해하는 것이다.

1 취 거

점유자의 의사에 반하여 그 점유물을 乙의 사실상의 지배로부터 자기 또는 제3자의 사실상의 지배로 옮기는 것(예, 전당포에 잡힌 자기 시계를 훔쳐내는 행위[87])을 말한다.

2 은 닉

물건의 소재를 발견하기 불가능하게 하거나 현저히 곤란한 상태에 두는 것을 말한다(예, 채무담보로 제공된 TV를 채무불이행상태에서 채권자 몰래 채무자가 가져간 경우).

3 손 괴

물건의 전부 또는 일부를 훼손하거나 기타 방법으로 그 효용을 해하는 것(예 : 저당채무를 갚을 수 없게 된 甲이 화가 나서 저당권이 설정된 자기 소유의 집을 부숴 그 효용을 해한 경우)을 말한다. (7급 검찰, 경감승진)

4 방해의 정도

권리행사방해죄란 타인의 권리행사가 방해될 우려가 있는 상태에 이른 것을 말하며, 권리행사가 현실적으로 방해되었음을 요하지 않는다(추상적 위험범).

87) 타인점유의 자기소유물을 기망에 의해 취득하면? 권리행사방해죄가 아니다.

4. 주관적 구성요건

본죄는 고의가 필요하며, 불법영득의사는 요하지 아니한다.

III. 점유강취죄 · 준점유강취죄

제325조(점유강취, 준점유강취) ① 폭행 또는 협박으로 타인의 점유에 속하는 자기의 물건을 강취한 자는 7년 이하의 징역 또는 10년 이하의 자격정지에 처한다.
② 타인의 점유에 속하는 자기의 물건을 취거함에 당하여 그 탈환을 항거하거나 체포를 면탈하거나 죄적을 인멸할 목적으로 폭행 또는 협박을 가한 때에도 전항의 형과 같다.
③ 전2항의 미수범은 처벌한다.

1. 점유강취죄(제325조 ①)

점유강취죄는 폭행 또는 협박으로 타인점유에 속하는 자기의 물건을 강취함으로써 성립하는 범죄(예, 전당포에 잡힌 자기반지를 폭행협박으로 뺏어온 경우)이다.[88] 폭행 · 협박은 강도죄와 같이 최협의이나 불법영득의사는 필요하지 않다. 보호법익은 자유권과 재산권이다.

2. 준점유강취죄(제325조 ②)

준점유강취죄는 타인의 점유에 속하는 자기의 물건을 취거함에 당하여 그 탈환을 항거하거나 체포를 면탈하거나 죄적을 인멸할 목적으로 폭행 또는 협박함으로써 성립하는 범죄(예, 전당포에 잡힌 자기반지를 절취해 나오다가 적발되어 체포면탈목적으로 주인을 폭행한 경우)이다.[89] 본죄는 목적범이며, 폭행 · 협박의 의미와 정도는 준강도죄와 동일하다. 불법영득의사는 필요하지 않다.

---

88) 본죄는 강도죄에 대응하는 범죄로서 타인이 점유하는 자기의 물건에 대한 강도죄라고 할 수 있다.

89) 준강도에 대응하는 범죄로서 타인이 점유하는 자기의 물건에 대한 준강도라고 할 수 있다.

Ⅳ. 중권리행사방해죄

제326조(중권리행사방해) 제324조 강요죄 또는 제325조의 (준)점유강취죄를 범하여 사람의 생명에 대한 위험을 발생하게 한 자는 10년 이하의 징역에 처한다.

생명에 대한 위험이란 생명에 대한[90] 구체적 위험을 의미한다(구체적 위험범). 부진정 결과적가중범이다.

Ⅴ. 강제집행면탈죄

제327조(강제집행면탈) (채무자 또는 제3자가) 강제집행(민사상)을 면할 목적(목적범)으로 채무자재산을 은닉, 손괴, 허위양도, 허위채무를 부담하여 채권자(보호법익은 채권자의 채권)를 해한 자는 3년 이하의 징역 또는 1천만원 이하의 벌금에 처한다.

1. 주 체

채무자뿐만 아니라 제3자(예, 채무자의 법정대리인, 법인의 기관, 기타 제3자)도 본죄의 주체가 될 수 있다(통설).

2. 행위 상황

강제집행을 받을 위험이 있는 객관적 상태 존재이다.

① 민사집행법에 의한 강제집행 또는 가압류·가처분 등의 집행을 당할 구체적 염려가 있는 상태를 말하며, 여기에는 채권자가 강제집행·가압류·가처분을 신청하거나 민사소송의 제기, 지급명령의 신청은 물론 채권자가 채권확보를 위

90) 중상해 중유기 중권리행사방해는 생명에 대한 위험발생이나, 중손괴는 생명 신체에 대한 위험발생을 요한다. 중체포감금은 가혹행위죄이다.

하여 소송을 제기할 기세를 보이는 상태도 포함된다. (법원서기보)

② 형사소송법상의 벌금 · 과료 · 몰수의 재판의 집행은 물론 국세징수법에 의한 체납처분은 민사가 아니므로 여기의 강제집행에 해당하지 않는다. (검찰 승진, 법원서기보)

③ 본죄는 채권자가 채권을 보호하는 데 근본취지가 있으므로 채권이 존재하여야 하고 채권이 존재하지 아니한 때에는 본죄가 성립할 여지가 없다. (법원서기보)

3. 객 체(재산)

재산이란 재물뿐 아니라 권리도 포함되며, 동산 · 부동산을 불문한다. 다만, 그것이 강제 집행의 대상이 될 수 있어야 하며(특허 포함) 강제집행의 대상이 될 수 없는 것은 제외된다.

4. 행 위

재산을 은닉 · 손괴 · 허위양도 또는 허위의 채무를 부담하여 채권자를 해하는 것이다.[91]

은닉이란 강제집행을 실시하려는 자에 대하여 재산의 발견을 불가능하게 하거나 곤란하게 만드는 것을 말한다. 재산의 소유관계를 불명하게 하는 경우(예, 강제집행을 면할 목적으로 우선순위의 가등기권자 앞으로 소유권이전의 본등기를 한 경우)도 포함된다.

손괴란 재물의 본질적 훼손뿐 아니라 그 가치를 감소케 하는 일체의 행위를 의미한다.

허위양도란 실제로는 재산양도가 없음에도 불구하고 표면상 진실한 양도인 것처럼 가장하여 재산의 명의를 변경하는 것(예, 가옥대장의 소유자 명의를 허위로

91) 렌트카 회사 A회사의 대표이사와 사내이사인 피고인들이 B회사 등의 명의로 저당권등록이 되어 있는 다수의 차량들을 사들여 A회사 소유의 영업용 차량으로 등록한 후 차량구입자들 또는 지입차주들로 하여금 차량을 관리 · 처분하도록 함으로써 그 차량들의 소재를 파악할 수 없게 하고, 나아가 자동차대여사업자 등록이 취소되어 그 차량들에 대한 저당권등록마저 직권말소되도록 한 경우, 그 자체로 저당권자로 하여금 자동차등록원부에 기초하여 저당권의 목적이 된 자동차의 소재를 파악하는 것을 현저하게 곤란하게 하거나 불가능하게 하는 행위에 해당한다

변경, 허위채무 담보를 위한 부동산 소유권 이전등기)을 말한다. 진실한 양도는 강제집행을 면할 목적이 있는 경우에는 본죄가 성립하지 않는다. (경위승진)

허위의 채무를 부담한다는 것은 채무가 없음에도 불구하고 제3자에게 채무를 부담한 것처럼 가장하는 것을 말한다. 다만 타인에게 가등기를 해준 것만으로는 허위채무를 부담한 것으로 볼 수 없다. (경감승진)

채권자를 해할 것이란 채권자가 현실적으로 해를 입었을 것을 요하지 않고 채권자를 해할 위험성이 있으면 된다(추상적 위험범). (경감승진, 법원서기보)

5. 주관적 구성요건

고의 이외에 강제집행을 면할 목적(초과주관적 불법요소)이 있어야 성립하는 목적범이다.

제2편

사회적 법익에 대한 죄

1
chapter

공공의 안전과 평온에 대한 죄

<학습 길잡이>

범죄단체조직죄, 소요죄, 다중불해산죄, 공무원자격사칭죄는 가끔씩 출제되므로 구성요건 중심으로 정리한다. 범죄단체조직죄의 범죄에 '경범죄나 조직범죄'는 포함되지 않으며, 소요죄는 필요적 공범으로서 최광의 폭행개념을 행위로 한다. 다중불해산죄는 진정부작위범이고, 사칭한 직권 행사가 있어야만 공무원자격사칭죄가 성립한다는 점을 유의한다.

출제빈도가 높은 분야는 방화와 실화에 관한 죄이다. 추상적 위험범과 구체적 위험범을 구별해야 하며 실행의 착수시기와 기수시기의 정리가 필요하고 현주건조물 등 방화치사상죄가 부진정결과적 가중범이라는 점도 유념한다.

제1절 공안을 해하는 죄

Ⅰ. 총 설

1. 의 의

공안을 해하는 죄란 공공의 안전과 평온을 해하는 범죄를 말한다. 미수와 예비음모는 벌하지 않는다.

형법은 각칙 제5장 공안을 해하는 죄에서 ① 범죄단체조직죄 ② 소요죄 ③ 다중불해산죄 ④ 전시공수계약불이행죄 ⑤ 공무원자격사칭죄를 규정하고 있다.(경위승진)

2. 보호법익

보호법익은 공공의 안전과 평온, 보호정도는 추상적 위험범이다(미수 불벌).

II. 범죄단체조직죄

제114조(범죄단체의 조직) 사형·무기 또는 4년 이상 징역에 해당하는 범죄를 목적으로 하는 단체 또는 집단을 조직하거나[1] 이에 가입 또는 그 구성원으로 활동한 사람은 그 목적한 죄에 정한 형으로 처벌한다. 단, 형을 감경할 수 있다.

1. 의 의

본죄는 범죄를 목적으로 하는 단체를 조직 또는 이에 가입하거나, 병역 또는 납세의무를 거부할 목적으로 단체를 조직 또는 가입함으로써 성립하는 범죄를 말한다.[2]

2. 행위(범죄목적의 단체조직 또는 가입, 납세·병역 거부목적 단체조직 또는 가입)

1 범 죄

범죄목적의 범죄란 형법뿐만 아니라 특별형법에 규정된 범죄도 포함된다. 다만 범죄 목적 단체의 조직·가입이 본죄의 규율대상이므로 단체의 조직과 가입을 처벌하는 조직범죄(예, 국가보안법의 반국가단체구성·가입범죄)나 경범죄처벌법이 적용되는 가벼운 범죄는 여기에서 제외된다.

1) 폭처법에 범죄단체 집단구성에 대한 특별규정이 있다.
2) 목적범이며 필요적 공범 중 집합범이다. 예비음모 처벌규정은 없다.

2 단 체

단체란 공동목적을 가진 특정다수인의 계속적인 결합체[3]를 말한다. 본죄의 단체가 되기 위해서는 그 단체를 주도하는 최소한의 통솔체제를 갖추고 있어야 하며, 이는 어느 정도 시간적 계속성을 함께 갖고 있어야 한다.

3 조직 또는 가입

단체를 조직하거나 가입하는 방법에는 제한이 없다. 자발성유무를 불문한다.

4 기수시기

범죄를 목적으로 하는 단체를 조직하였거나 이에 가입함으로써 본죄는 성립하며, 그 후 목적한 범죄를 실행하였는가의 여부는 본죄의 성립에 영향이 없다(=추상적 위험범).

3. 주관적 구성요건

본죄의 주관적 구성요건으로는 고의 외에 범죄를 범하거나 병역·납세의무를 거부할 목적이 있어야 한다(=목적범).

4. 처 벌

그 목적한 죄에 정한 형으로 처벌한다. 병역·납세의무를 거부할 목적으로 단체를 조직하거나 이에 가입한 자를 포함하고 있다.

Ⅲ. 소요죄

제115조(소요) 다중이 집합하여 **폭행, 협박 또는 손괴**(=소요)의 행위를 한 자

3) 피고인 甲은 무등록 중고차 매매상사(외부사무실)을 운영하면서 피해자들을 기망하여 중고차량을 불법으로 판매해 금원을 편취할 목적으로 외부사무실 등에서 범죄집단을 조직·활동하고, 피고인 甲, 乙을 제외한 나머지 피고인들은 범죄집단에 가입·활동하였다는 내용으로 기소된 사안에서, 위 외부사무실은 특정 다수인이 사기범행을 수행한다는 공동목적 아래 구성원들이 대표, 팀장, 출동조, 전화상담원 등 정해진 역할분담에 따라 행동함으로써 사기범행을 반복적으로 실행하는 체계를 갖춘 결합체, 즉 형법 제114조의 '범죄를 목적으로 하는 집단'에 해당한다(대판 2019도 16263)

는 1년 이상 10년 이하의 징역이나 금고 또는 1천500만원 이하의 벌금에 처한다.[4)]

1. 의 의

본죄는 다중이 집합하여 폭행 · 협박 또는 손괴행위를 함으로써 성립하는 범죄를 말한다.

2. 법적 성격

소요죄는 다중의 집합을 요건으로 하는 필요적 공범이며, 집합범이다. 또한 소요죄는 공공의 안전을 보호법익으로 하는 추상적 위험범이다.[5)]

3. 주체(집합한 다중의 구성원인 개인)

4. 행위(다중이 집합해 폭행 · 협박 또는 손괴하는 것, 인식대상인 소요행위)

1 다중의 집합

다중이라 함은 적어도 한 지방의 평온 내지 안녕을 해할 수 있을 정도의 다수인의 집합을 말한다.

집합이란 다수인이 일정한 장소에 모여 집단을 형성하는 것을 말한다. (내란죄[6)]와는 달리) 소요죄에서는 집단이 조직적일 것을 요하지 아니하며, 주모자가 필요 없고, 공동목적의 유무나 집합의 목적 여하도 불문한다.

2 폭행 · 협박 · 손괴 (= 소요 인식)[7)]

폭행이란 사람 또는 물건에 대한 일체의 유형력 행사를 말한다(최광의).

협박이란 공포심을 일으키기 위해 해악 고지하는 일체 행위를 말한다(광의).

---

4) 목적범 아니고, 미수 처벌이 없다.
5) 한 지방의 평온 안전에 위험성이 있으면 기수가 된다.
6) 국토참절 국헌문란 목적의 폭동, 조직범죄이다.
7) 주관적 구성요건으로서 고의는, 다수인이 집합하여 합동력으로 소요(=폭행 · 협박 · 손괴)한다는 인식인 **공동의사**가 필요하다(사전 의사연락은 불요함). 여기서 폭행 · 협박 · 손괴는 사람 또는 물건에 대한 공격적이고 적극적인 행위일 것을 요한다(따라서 단순한 소극적인 저항이나 연좌농성은 여기서 폭행 등에 해당하지 않는다).

손괴란 재물의 효용가치를 침해하는 일체의 행위를 말한다.

③ **기수시기**

한 지방의 평온·안전을 해할 수 있을 정도의 위험성이 있는 행위가 있으면 기수이다.

현실적인 침해결과를 요하는 것은 아니다(추상적 위험범).

5. 공범규정의 적용문제

① **집합한 다중의 내부참가자 사이**

본죄는 집합범이므로 내부참가자 사이에는 임의적 공범을 전제로 한 총칙상의 공범규정이 적용될 여지가 없다.

② **집단 밖에서 관여한 자**

예, 외부에서 돈 정보를 제공한 자 등이다.

총칙상의 공범규정(교사·방조)이 적용된다(다수설).

6. 타죄와의 관계

소요죄보다 법정형이 중한 살인죄·방화죄 등은 소요죄와 상상적 경합관계이다.

다만 형이 가벼운 공무집행방해죄나 주거침입죄 등은 모두 소요죄에 흡수된다.

내란죄가 성립하면 소요죄는 이에 흡수된다.

Ⅳ. 다중불해산죄(=소요죄의 예비단계)

제116조(다중불해산) 폭행, 협박 또는 손괴의 행위를 할 목적(범)으로 다중이 집합하여 그를 단속할 권한이 있는 공무원으로부터 3회 이상의 해산명령을 받고 해산하지 아니한(인식) 자는 2년 이하의 징역이나 금고 또는 300만원 이하의 벌금에 처한다.

1. 법적 성격

다중불해산죄는 진정부작위범(미수불벌)이며, 목적범이다. 또한 소요죄의 예비단계의 행위를 처벌하기 위해, 독립된 범죄로 규정한 것이다.[8)]

2. 기수시기

해산명령을 3회 이상[9)] 받고 해산하지 아니하면 바로 기수가 된다(진정부작위범). 따라서 미수범 처벌규정이 없다.

V. 전시공수계약불이행죄

제117조(전시공수계약불이행) ① 전쟁, 천재 기타 사변에 있어서 국가 또는 공공단체와 체결한 식량 기타 생활필수품의 공급계약을 정당한 이유없이 이행하지 아니한 자는 3년 이하의 징역 또는 500만원 이하의 벌금에 처한다. (진정부작위범으로 미수범불벌)

② 전항의 계약이행을 방해한 자도 전항의 형과 같다.

VI. 공무원자격 사칭죄

제118조(공무원자격의 사칭) 공무원의 자격을 사칭하여 그 직권을 행사한 자는 3년 이하의 징역 또는 700만원 이하의 벌금에 처한다.

1. 의 의

본죄는 공무원의 자격을 사칭하여 그 직권을 행사함으로써 성립하는 범죄이다(예, 형사라 사칭하고 행인을 체포한 경우).[10)]

---

8) 따라서 다중불해산죄성립 후 소요행위로 나가면 소요죄만 성립한다.
9) 4회 해산명령받고 해산한 경우, 다중불해산죄가 아니다.
10) 공무원이 다른 공무원의 자격을 사칭하는 경우도 포함한다.

2. 행 위

본죄의 행위는 공무원의 자격을 사칭하고[11] 그 직권을 행사하는 것이다. 직권행사가 사칭한 그 공무원의 직권에 속하지 않는 경우에는 본죄가 성립하지 않는다.

공무원자격사칭죄가 아닌 경우	공무원자격사칭죄인 경우
• 청와대 민원비서관임을 사칭하고 시외전화선로 고장을 수리하게 한 경우 • 경찰관이라 사칭하여 세금을 받는 경우 • 순경임에도 경위라고 사칭한 경우 • 판사를 사칭하여 피의자를 신문하여 조서를 작성한 경우 • 국세청사무관이라 속여 결혼한 경우	• 세무서직원이 아니면서도 세무서직원이라고 사칭하여 세금을 받은 경우 • 형사라고 사칭하여 사람을 체포한 경우 • 세관원이라고 사칭하여 밀수품휴대 여부를 수색하는 경우 • 보건소직원이라고 속여 식당의 위생검사를 한 경우

3. 타죄와의 관계

① 경찰관을 사칭하여 운전자로부터 범칙금을 받은 경우 ⇨ 공무원자격사칭죄와 사기죄의 상상적 경합범

② 甲은 형사를 사칭하여 통행인 乙을 검문하고 차에 태워 경찰서에 가자고 하자 乙은 그럴 것이 없이 남산이나 돌면서 이야기하자고 하여 차에서 乙의 신분증과 주머니를 수색하고 조사하는 것처럼 하자 乙이 잘 봐달라는 뜻에서 주는 돈을 받고 보냈을 경우 ⇨ 공무원자격사칭죄와 공갈죄의 실체적 경합

11) 부작위에 의한 사칭도 가능하다.

제 2 절 폭발물에 관한 죄

본죄는 폭발물(처음부터 터뜨리려고 만든 물건)의 사용으로 인하여 사회 공공 생활의 질서가 침해된다는 사회적 위험성을 고려한 사회적 법익에 관한 죄이다.

보호법익은 사람의 생명 · 신체 또는 재산의 안전과 사회공공의 평온이며, 보호받는 정도는 구체적 위험범으로서의 보호이다.

Ⅰ. 폭발물 사용죄

제119조(폭발물사용) ① 폭발물을 사용(고의)하여 사람의 생명, 신체 또는 재산을 해하거나 기타 공안을 문란(고의)한 자는 사형, 무기 또는 7년 이상의 징역에 처한다.[12]

② 전쟁, 천재 기타 사변에 있어서 전항의 죄를 범한 자는 사형 또는 무기징역에 처한다.

③ 전2항의 미수범은 처벌한다.

제120조(예비, 음모, 선동) ① 전조 제1항, 제2항의 죄를 범할 목적으로 예비 또는 음모한 자는 2년 이상의 유기징역에 처한다. 단, 그 목적한 죄의 실행에 이르기 전에 자수한 때에는 그 형을 감경 또는 면제한다.

② 전조 제1항, 제2항의 죄를 범할 것을 선동한 자도 전항의 형과 같다.[13]

1. 폭발물의 사용

폭발물이란 자체 내의 폭발장치를 통하여 폭약을 급격하게 파열시켜 사람의 생명 · 신체 · 재산을 해할 수 있는 물건(예, 수류탄 · 시한폭탄 · 다이너마이트)을 말한다. 다만 소총의 실탄, 화염병, 원자핵 등은 본죄의 폭발물이 아니다.[14]

12) 문란하게 하지 못하면 (구체적 위험범이므로) 미수이다.
13) 유일하게 예비 음모 선동을 처벌한다(선제 제외).
14) 화염병은 화염병사용 등에 관한 법률의 적용을 받는다.

2. 공안의 문란

공안의 문란은 폭발물을 사용하여 한 지방의 법질서를 교란시키는 것을 말한다.

3. 미 수

공안을 문란케 하였을 때 기수가 되며, 폭발물이 폭발하였어도 공안을 문란케 하지 못한 경우에는 미수가 된다(=구체적 위험범).

II. 전시폭발물의 제조·수입·수출·수수·소지죄

제121조(전시폭발물제조등) 전쟁 또는 사변에 있어서 정당한 이유없이 폭발물을 제조, 수입, 수출, 수수 또는 소지한 자는 10년 이하의 징역에 처한다.[15)]

제3절 방화 및 실화의 죄

I. 총 설

1. 의 의

방화죄와 실화죄는 고의 또는 과실로 불을 놓아 현주건조물·공용건조물·일반건조물·일반물건을 소훼함으로써 성립하는 공공위험범을 말한다.[16)]

15) 폭발물사용죄의 예비죄성격이다. 운반은 포함되지 아니한다.

16) 공공위험이란 불특정 또는 다수의 생명 신체 재산을 침해할 가능성을 의미한다(예, 불이 옮겨 붙을 심리적인 가능성).

2. 보호법익

방화죄는 공공의 안전이라는 사회전체의 이익을 보호하지만, 부차적으로 개인의 재산권도 보호하는 이중의 성격을 가지는 범죄이다(통설 · 판례).

3. 보호정도

추상적 위험범[17]	구체적 위험범[18]
• **현주건조물 등 방화죄** • **공용공익건조물 등 방화죄** • **타인소유 일반건조물 등 방화죄** • 위 범죄들에 대한 실화죄 • 공공용의 가스 · 전기 등 공급방해죄 • 진화방해죄	• **자기소유의 일반건조물 등 방화죄** • **일반물건방화죄(자기, 타인 소유불문)** • 위 범죄들에 대한 실화죄 • 폭발성물건파열죄 • 가스 · 전기 등 공급방해죄 • 가스 · 전기 등 방류죄

II. 방화죄

1. 현주건조물 방화죄

제164조(현주건조물 등에의 방화) ① 불을 놓아 사람(범인 제외[19]))이 주거로 사용하거나 주거로 사용하지 않지만 사람이 현존하는 건조물, 기차, 전차, 자동차, 선박, 항공기 또는 광갱(지하채굴시설)을 소훼한 자(소훼결과발생시에 기수)는 무기 또는 3년 이상의 징역에 처한다(=추상적 위험범).

제174조(미수범) 미수범은 처벌한다.

제175조(예비, 음모) 죄를 범할 목적으로 예비 또는 음모한 자는 5년 이하의 징역에 처한다. 단, 그 목적한 죄의 실행에 이르기 전에 자수한 때에는 형을 감경 또는 면제한다.

---

17) 위험은 고의의 인식대상이 아니다.

18) 공공의 위험발생은 고의의 인식대상이다.

19) 범인이 자기 혼자 사는 집을 방화하면, (현주건조물방화가 아닌) 일반건조물방화이다.

1 의 의

현주건조물 등 방화죄는 불을 놓아 사람의 주거로 사용하거나 사람이 현존하는 건조물 · 기차 등을 소훼함으로써 성립하는 범죄이다(목적물의 소유는 불문).

2 객 체

본죄의 행위 객체는 사람이 주거로 사용하거나, 사람이 현존하는 건조물 · 기차 · 전차 · 자동차 · 선박 · 항공기[20] 또는 광갱이다.

사람이란 범인 이외의 모든 자연인을 말한다. 다만 범인 혼자 살고 있는 게 아니라 (처가 가출했어도) 처와 함께 살고 있는 집에 방화한 때에는 본죄의 대상이 된다.[21]

주거란 범인 이외의 사람이 일상생활의 장소로 사용되는 것을 말한다. 사실상 주거로 사용되면 충분하고, 꼭 주거에 사용하기 위해 건조된 것일 필요는 없다.[22] 사실상 주거로 사용되는 건조물이면 행위시에 주거자가 없어도 본죄의 대상이다.[23] 건조물의 일부만 주거에 이용하고 있어도, 건조물 전체가 주거사용으로 된다(예, 가옥일부인 축사에 대해 방화를 한 경우에도 현주건조물방화죄).[24] 거주하는 사람을 모두 죽이고 방화한 경우, 현주건조물방화죄가 성립한다.

'사람이 현존하는'이란 건조물 등의 내부에 범인 이외의 사람이 들어 있는 것을 말한다. 따라서 주거에 사용되지 않는 건조물 · 기차 · 전차 · 자동차 · 선박 · 항공기 · 광갱 · 방갈로 등에 사람이 들어 있을 때 방화하면 본죄가 성립한다.[25]

3 행 위

작위나 부작위로 불을 놓아 목적물을 소훼하는 것(방화)을 말한다.

불을 놓는 수단 · 방법에는 제한이 없다.[26] 방화죄의 실행 착수시기는 불을

20) 승객이 있는 비행기에 방화는 (일반건조물방화가 아닌) 현주건조물방화죄가 된다.
21) 갑과 을이 공모해서 갑의 부인이 없는 틈을 타서 방화한 경우, (일반건조물방화가 아닌) 현주건조물방화죄가 된다. 다만 범인 혼자 사는 집에 방화는 일반건조물방화죄가 된다.
22) 주거용 차량도 현주건조물방화죄의 대상이다.
23) 주거사용의 적법성 여부나 소유관계도 불문한다.
24) 즉 계속성을 요하지 아니한다(예, 별장, 숙직실).
25) 현주건조물을 소훼할 목적으로 비현주건조물에 방화했으나, 비현주건조물은 타고 현주건조물이 연소되지 않은 경우? (비현주건조물은 흡수되므로) 현주건조물방화 미수이다.
26) 직접목적물에 방화하건, 매개물을 이용하여 방화하건 불문한다. 따라서 판례도 방화

놓을 때이다.[27] 다만 목적물에 불붙지 않을 때(예, 甲이 현주하는 주택을 연소할 의사로 이에 인접한 甲소유창고에 불을 놓았으나 창고만이 타고 주택은 타지 않는 경우)에는 매개물발화시 실행착수를 인정한다(⇨ 현주건조물방화 미수).

본죄는 불을 놓아 목적물을 소훼(화력에 의한 목적물손괴)하면 바로 기수가 되고, 그에 못 미치면 미수이다(추상적 위험범). 언제 소훼되었다고 볼 것인가?

학 설		내 용
독립연소설 (다수설 · 판례)		불이 매개물을 떠나 목적물에 옮겨 붙어 독립하여 연소할 수 있는 상태에 이르렀을 때,[28] 소훼가 있고 기수로 된다는 견해이다.
효용상실설 (종래 다수설)		독립연소로는 부족하고 더 나아가 목적물의 중요부분이 소실되어 그 본래의 효용을 상실한 때, 소훼가 있고 기수도 된다는 견해이다.
절충설	중요부분 연소개시설	독립연소설을 기초로 하여 목적물의 중요부분에 연소가 개시되었을 때, 소훼가 있고 기수로 된다는 견해이다.
	일부손괴설	효용상실설을 기초로 하여 손괴죄에서 말하는 손괴의 정도, 즉 목적물의 일부분의 손괴가 있을 때에, 소훼가 있고 기수로 된다는 견해이다.

4 주관적 구성요건

본죄는 주관적 구성요건으로 불을 놓아 주거에 사용하거나, 사람이 현존하는 건조물 등을 소훼한다는 고의가 있어야 한다.[29] 추상적 위험범이므로 위험에 대한 인식은 필요치 않다.

방화의 목적물이 주거로 사용되지 않거나 사람이 현존하지 않는 것으로 오인한 경우, 구성요건의 착오로서 고의를 조각하여 제15조 제1항에 따라 일반건조물방화죄의 책임을 진다.[30]

목적물이나 매개물에 점화되지 못하면 실행착수를 부정한다(대판).

27) 방화목적물인 주택 자체에 옮겨 붙지 않았어도 매개물인 휘발유에 옮겨붙어 연소가 계속될 수 있는 상태에 이르고 피해자를 발생케한 제반사정을 보건대 현주건조물방화죄의 실행착수가 인정된다(대판 2002.3.26., 2001도6641).

28) 갑과 을은 공동으로 타인이 사는 빈집을 방화했는데 불길이 예상외로 크게 번지자 갑은 후회하고 진화했으나 을은 도주했다. 갑 혼자 진지한 노력으로 반소한 경우, (갑은 중지미수 을은 장애미수가 아닌) 갑과 을은 (독립하여 연소할 수 있는 상태에 이르렀기 때문에) 모두 방화죄의 기수범이 된다(대판).

29) 동거녀와 불화로 책을 마당에 내놓고 태우다 집에 옮겨 붙은 경우? 현주건조물방화의 고의가 없다. (법무사)

30) 소유자가 아닌 주거자나 현존자 승낙 후 현주건조물에 방화하면? 타인소유일반건조물방

5 죄수 및 타죄와의 관계

1개 방화로 수개의 건조물을 소훼한 경우, (공공위험범이므로) 1개의 현주건조물방화죄이다.

건물 안에서 살인한 후 죄적을 감출 의사로 방화한 경우, 살인죄와 사체손괴죄 및 현주건조물방화죄의 실체적 경합범에 해당한다.

화재보험금편취 목적으로 방화 후 보험금을 취득한 경우, 사기죄와 방화죄의 경합범에 해당한다.

방화를 교사했으나 살인을 한 경우(교사의 착오)에는 (교사내용의 질적 초과로) 방화교사자는 (과실치사가 아닌) 방화의 예비음모에 준해 처벌당한다.

2. 현주건조물방화치사상죄

제164조(현주건조물등에의 방화) 현주건조물방화죄를 범하여 사람을 상해에 이르게 한 때 무기 또는 5년 이상의 징역에 처한다. 사망에 이르게 한 때[31]에는 사형, 무기 또는 7년 이상의 징역에 처한다.

본죄는 중한 결과에 대하여 과실이 있는 경우뿐만 아니라 고의[32]가 있는 때에도 성립하는 부진정결과적 가중범이라는 입장이 다수설·판례이다(예, 甲이 乙을 구타하여 실신시킨 후 그 건물에 방화하여 乙을 소사시킨 경우 ⇨ 현주건조물방화치사죄).

3. 공용건조물[33]방화죄

제165조(공용건조물등에의 방화치사상죄) 불을 놓아 공용(국가 공공단체의 이익을

화죄이다(다만 소유자의 승낙을 얻었다면 자기소유일반건조물방화죄).

31) 갑은 자신의 안방에 자고 있던 아버지와 동생을 살해하려고 두루마리 화장지를 말아 장롱 뒤 구멍으로 집어넣고 라이터로 화장지에 불을 붙여 불이 번지자 빠져 나와 위 두 명이 질식사한 경우, 현주건조물방화치사와 존속살인죄의 상상적 경합범에 해당한다(대판). 피해자의 재물을 강취하고 살해목적으로 현주건조물에 방화하여 사망에 이르게 한 경우, 강도살인과 현주건조물방화치사의 상상적 경합범이 된다(대판).

32) 예, 사람을 살해할 목적으로 현주건조물에 방화하여 사망에 이르게 한 경우, 현주건조물방화치사죄만 성립한다(대판).

33) 사람이 주거로 사용하지 않거나 현존하지 않는 것이어야 한다.

위해 사용) 또는 공익(공중의 이익을 위해 사용)에 사용하는 건조물, 기차, 전차, 자동차, 선박, 항공기 또는 지하채굴시설을 불태운 자는 무기 또는 3년 이상의 징역에 처한다.[34]

제174조(미수범) 제164조제1항, 제165조, 제166조제1항, 제172조제1항, 제172조의2제1항, 제173조제1항과 제2항의 미수범은 처벌한다.

제175조(예비, 음모) 제164조제1항, 제165조, 제166조제1항, 제172조제1항, 제172조의2제1항, 제173조제1항과 제2항의 죄를 범할 목적으로 예비 또는 음모한 자는 5년 이하의 징역에 처한다. 단 그 목적한 죄의 실행에 이르기 전에 자수한 때에는 형을 감경 또는 면제한다.

4. 일반건조물방화죄

제166조(일반건조물등에의 방화) ① 불을 놓아 현주건조물 공용건조물에 기재한 이외의 건조물, 기차, 전차, 자동차, 선박, 항공기 또는 지하채굴시설을 불태운 자는 2년 이상의 유기징역에 처한다.

(타인소유일반건조물방화죄-추상적위험범이지만 예비음모 · 미수처벌)

② 자기 소유에 속하는 제1항의 물건을 불태워 공공의 위험을 발생하게 한 자는 7년 이하의 징역 또는 1천만원 이하의 벌금에 처한다.

(자기소유일반건조물방화죄-구체적위험범이지만 예비음모 · 미수불벌)[35]

제174조(미수범) 제164조제1항, 제165조, 제166조제1항, 제172조제1항, 제172조의2제1항, 제173조제1항과 제2항의 미수범은 처벌한다.

제175조(예비, 음모) 제164조제1항, 제165조, 제166조제1항, 제172조제1항, 제172조의2제1항, 제173조제1항과 제2항의 죄를 범할 목적으로 예비 또는 음모한 자는 5년 이하의 징역에 처한다. 단 그 목적한 죄의 실행에 이르기 전에 자수한 때에는 형을 감경 또는 면제한다.

1 의 의

불을 놓아 현주건조물방화죄와 공용공익건조물방화죄에 해당하지 않는 건조물 · 기차 · 전차 · 자동차 · 선박 · 항공기 또는 광갱을 소훼함으로써 성립하는 범죄이다.[36]

---

34) 자기소유, 타인소유를 불문한다.

35) 예비음모와 미수처벌규정이 없다.

① 타인소유 일반건조물 등 방화죄(제166조 ①) : 위 목적물이 범인자신의 소유에 속하지 않는 경우이다. 다만 자기소유일반건조물방화죄의 대상일지라도, 그 목적물이 압류 기타 강제처분을 받거나 타 권리(저당권, 전세권) 또는 보험의 목적물이 된 때에는 타인의 물건으로 간주한다. 예, 甲이 화재보험에 가입된 독거하고 있는 자기 가옥을 보험금을 사취할 목적으로 방화한 경우 ⇨ 자기소유가 아닌 (타인소유) 일반건조물 방화죄이다.

② 자기소유 일반건조물 등 방화죄(제166조 ②) : 목적물이 행위자 또는 공범자의 소유에 속하는 경우이다.[37] 다만 타인소유일반건조물방화죄의 대상일지라도 소유자의 동의가 있으면 자기소유 일반건조물 등 방화죄가 성립한다(예, 갑이 乙의 승낙을 얻어 乙이 독거하고 있는 乙 소유의 가옥에 방화한 경우 ⇨ 甲은 자기소유건조물방화죄 직접정범이고 乙은 자기건조물방화죄의 공동정범 또는 방조범).

2 법적 성격

타인소유일반건조물방화죄는 추상적 위험범이나, 미수범 및 예비음모를 처벌한다.

자기소유일반건조물방화죄는 구체적 위험범이므로, 소훼한 때에도 공공의 위험이 발생하지 않은 때에는, 자기소유일반건조물방화죄가 성립하지 않는다. 미수와 예비음모 처벌규정이 없다.

5. 일반물건방화죄

제167조(일반물건에의 방화) ① 불을 놓아 전3조(공용공익건조물, 타인소유일반건조물, 자기소유일반건조물)에 기재한 이외의 물건을 불태워 공공의 위험을 발생하게 한 자는 1년 이상 10년 이하의 징역에 처한다.[38]
② 위 물건이 자기소유에 속한 때에는 3년 이하의 징역 또는 700만원 이하의 벌금에 처한다.

36) 추상적 위험범이나 미수와 예비음모의 처벌이 있다.
37) 무주물인 일반건조물 등도 자기소유물에 준한다.
38) 자기소유일반건조물방화죄, 일반물건방화죄(자타소유 불문), 연소죄는 미수처벌이 없다.

본죄는 구체적 위험범이므로(타인소유 · 자기소유 불문) 공공의 위험이 발생하지 아니한 때에는 본죄가 성립하지 않으며, 타인소유 물건인 때에 한하여 손괴죄(예, 밭 한가운데 세워둔 경운기를 소훼한 경우)가 성립한다.

쓰레기 등 무주물에 불을 놓아 불태워 화재로 공공위험을 발생케 했다면 일반물건방화죄가 된다(대판).[39]

6. 연소죄

제168조(연소) ① 제166조 제2항 또는 전조 제2항의 죄를 범하여 제164조, 제165조 또는 제166조제1항에 기재한 물건에 연소한[40] 때에는 1년 이상 10년 이하의 징역에 처한다. (진정결과적가중범)

본죄는 자기소유의 건조물 또는 물건에 대한 방화가,[41] 예상을 넘어 현주건조물이나 공용건조물 또는 타인소유일반건조물 · 물건에 불이 옮겨 붙은 경우(예, 갑은 자기소유 빈집을 철거하려고 방화하여 타던 중에 때마침 불어온 강풍으로 이웃집에 불이 옮겨 붙어 전소한 경우)에 성립한다.[42]

과실로 불을 낸 경우에 성립하는 진정결과적 가중범이므로, (타인소유건조물이 연소된데) 옮겨 붙는데 과실이 인정되어야 한다.

미수범 및 예비 · 음모 처벌규정이 없다.

7. 진화방해죄

제169조(진화방해) 화재에 있어서 진화용의 시설 또는 물건을 은닉 또는 손괴하거나 기타 방법으로 진화를 방해한 자는 10년 이하의 징역에 처한다.

추상적 위험범으로 미수범 및 예비음모 처벌규정이 없다. 주관적 구성요건으

39) 대판 2009.10.15., 2009도7421. 무주물에 방화한 경우 타인 재산권을 침해하지 않은 점은 자기소유물 방화와 같아 무주동산을 소유의사로 점유하는 경우 소유권취득에 비춰 무주물방화는 그 무주물을 소유의사로 점유하는 것이라 볼 수 있으므로 제167조 제2항을 적용해서 일반물건방화로 벌할 수 있다.

40) 연소란 행위자가 예견할 수 없었던 물체에 불이 옮겨 붙어 소훼하는 경우이다.

41) 자기소유건조물. 물건의 방화는 자기소유물이 소훼하고 공공위험도 발생한 기수이어야 한다(미수 불벌).

42) 따라서 자기소유가 아닌 건조물에 불을 놓아 자기소유물에 옮겨 붙은 경우에는 (연소죄가 아닌) 일반건조물방화죄가 된다.

로, 행위상황의 인식과 진화를 방해한다는 의사(=고의)가 있어야 한다.

본죄는 화재에 있어서, 즉 화재시라는 특별한 행위상황을 전제로 하여 성립한다.

본죄의 객체는 진화용의 시설이나 물건(화재경보장치 · 소화전 · 소화용 저수시설 · 소화기 · 소방자동차 · 소방용 호스 등)이다.[43]

범행은 은닉 · 손괴 기타 방법으로 진화방해를 하는 것이다. 부작위에 의한 진화방해죄도 가능하다.[44] 다만 화재현장에서 진화협력을 요구를 받고 이에 응하지 않는 것은 경범죄처벌법위반에 해당될 뿐이다.

추상적 위험범으로 은닉 · 손괴 기타 방법에 의한 진화방해행위가 있으면 곧 기수가 된다.[45]

8. 폭발성물건 파열죄 및 파열치사상죄

제172조(폭발성물건파열[46]) ① 보일러, 고압가스 기타 폭발성 있는 물건을 파열시켜 사람의 생명, 신체 또는 재산에 대하여 위험을 발생시킨 자는 1년 이상의 유기징역에 처한다(=구체적 위험범).

② 제1항의 죄를 범하여 사람을 상해에 이르게 한 때에는 무기 또는 3년 이상의 징역에 처한다. 사망에 이르게 한 때에는 무기 또는 5년 이상의 징역에 처한다.

제174조(미수범) 제172조제1항의 미수범은 처벌한다.

제175조(예비, 음모) 제172조 제1항의 예비 · 음모 처벌

9. 가스전기방류죄 및 방류치사상죄

제172조의2(가스 · 전기등 방류) ① 가스, 전기, 증기 또는 방사선이나 방사성 물질을 방출, 유출 또는 살포시켜 사람의 생명, 신체 또는 재산에 대하여 위험을 발생시킨 자는 1년 이상 10년 이하의 징역에 처한다.

② 제1항의 죄를 범하여 사람을 상해에 이르게 한 때에는 무기 또는 3년 이상의

---

43) 원래 소화용 제작물이 아니면 여기에 해당하지 아니한다. 다만 상하수도시설은 진화용시설이 아니지만 끊으면 본죄가 된다.

44) 예, 소화활동에 종사해야 할 보증인 지위에 있는 소방관 경찰관이 보고 등 그 임무에 위배하여 진화를 방해하는 경우이다.

45) 현실로 진화방해의 결과가 발생할 것을 요하지 않는다.

46) 본죄는 형법의 방화실화죄에 규정되어 있으며, 폭발물사용죄 사용예비음모죄 사용선동죄 그리고 전시폭발물 제조 수입 수출 수수 소지죄는 형법의 폭발물에 관한 죄에 별도 규정되어 있다.

징역에 처한다. 사망에 이르게 한 때에는 무기 또는 5년 이상의 징역에 처한다.
제174조(미수범) 제172조의 2 제1항의 미수범은 처벌한다.
제175조(예비, 음모) 제172조의 2 제1항의 예비 · 음모 처벌

10. 가스전기공급방해죄 및 공급방해치사상죄

제173조(가스 · 전기등 공급방해) ① 가스, 전기 또는 증기의 공작물을 손괴 또는 제거하거나 기타 방법으로 가스, 전기 또는 증기의 공급이나 사용을 방해하여 공공의 위험을 발생하게 한 자는 1년 이상 10년 이하의 징역에 처한다.
② 공공용의 가스, 전기 또는 증기의 공작물을 손괴 또는 제거하거나 기타 방법으로 가스, 전기 또는 증기의 공급이나 사용을 방해한 자도 전항의 형과 같다.
③ 제1항 또는 제2항의 죄를 범하여 사람을 상해에 이르게 한 때에는 2년 이상의 유기징역에 처한다. 사망에 이르게 한 때에는 무기 또는 3년 이상의 징역에 처한다.
제174조(미수범) 제173조의 제1항 · 제2항의 미수범은 처벌한다.
제175조(예비, 음모) 제173조 제1항 · 제2항의 예비 · 음모 처벌한다.

III. 실화죄

1. 단순 실화죄

제170조(실화) ① 과실로 인하여 현주건조물 또는 공용건조물에 기재한 물건 또는 타인의 소유에 속하는 제166조에 기재한 물건을 불태운 자는 1천500만원 이하의 벌금에 처한다.[47]
② 과실로 인하여 자기의 소유에 속하는 제166조 또는 제167조에 기재한 물건을 소훼하여 공공의 위험을 발생하게 한 자도 전항의 형과 같다.[48]

과실로 불을 낸 자의 소화조치의무는 선행행위에 의한 작위의무이다.

47) 추상적 위험범이다.
48) 구체적 위험범이다. 과수원실화사건의 예, 담뱃불을 완전히 끄지 않고 과실로 과수원에 버려서 남의 사과나무를 소훼한 경우? 실화죄가 된다.

2. 업무상 실화죄 · 중 실화죄

제171조(업무상실화, 중실화) 업무상 과실 또는 중대한 과실로 인하여 실화죄를 범한 자는 3년 이하의 금고 또는 2천만원 이하의 벌금에 처한다(예, 성냥불로 담뱃불을 붙인 다음 확인없이 플라스틱 휴지통에 버린 것은 중실화죄).

3. 과실 · 업무상 과실 · 중과실의 폭발성물건파열죄

제173조의2(과실 폭발성물건 파열죄) ① 과실로 제172조 제1항, 제172조의2 제1항, 제173조 제1항과 제2항의 죄를 범한 자는 5년 이하의 금고 또는 1천500만원 이하의 벌금에 처한다.

② 업무상 과실 또는 중대한 과실로 제1항의 죄를 범한 자는 7년 이하의 금고 또는 2천만원 이하의 벌금에 처한다.

구 분	구성요건	미수	예비
현주건조물등 방화죄	불을 놓아 사람이 주거로 사용하거나 사람이 현존하는 건조물 · 기차 · 전차 · 자동차 · 선박 · 항공기 또는 지하채굴시설을 소훼하는 것	○	○
현주건조물등 방화치사상죄	현주건조물방호죄를 범하여 사람을 사상케 하는 것	×	×
공용건조물등 방화죄	불을 놓아 공용또는 공익에 공하는 건조물 · 기차 · 전차 · 자동차 · 선박 · 항공기 또는 지하채굴시설을 소훼하는 것	○	○
일반건조물등 방화죄	① 타인쇼유일반건조물 방화죄 불을 놓아 현주건조물과 공용 · 공익건조물에 해당하지 않는 일반의 건조물 · 기차 · 전차 · 자동차 · 선박 · 항공기 또는 지하채굴시설을 소훼하는 것	○	○
	② 자기소유일반건조물 방화죄 자기소유에 속하는 일반건조물 등의 물건을 소훼하여 공공의 위험을 발생하게 하는 것	×	×
일반물건 방화죄	불을 놓아 전 3조에 기재한 이외의 자기 또는 타인 소유의 물건을 소훼하여 공공의 위험을 발생하게 하는 것	×	×
연소죄	자기소유일반건조물 또는 물건에 대한 방화죄를 범하여 현주 · 공용 또는 타인소유일반건조물 · 물건에 연소한 경우	×	×

진화방해죄	화재에 있어서 진화용의 시설 또는 물건을 은닉 또는 손괴하거나 기타 방법으로 진화를 방해하는 것	×	×
폭발성물건 파열죄	보일러·고압가스 기타 폭발성있는 물건을 파열시켜 사람의 생명·신체 또는 재산에 대하여 위험을 발생시키는 것	○	○
폭발성물건 파열치사상죄	폭발성물건파열죄를 범하여 사람을 상해에 이르게 하거나 사망에 이르게 하는 것	×	×
가스·전기등 방류죄	가스·전기·증기 또는 방사선이나 방사성 물질을 방출 또는 살포시켜 사람의 생명·신체 또는 재산에 대하여 위험을 발생시키는 것	○	○
가스·전기등 방류치사상죄	가스·전기 등 방류죄를 범하여 사람을 상해 또는 사망에 이르게 하는 것	×	×
가스·전기등 공급방해죄	(1) 가스·전기 또는 증기의 공작물을 손괴 또는 제거하거나 기타 방법으로 가스·전기 또는 증기의 공급이나 사용을 방해하여 공공의 위험을 발생하게 하는 것 (2) 공공요의 가스·전기 또는 증기의 공작물을 손괴 또는 제거하거나 기타 방법으로 가스·전기 또는 증기의 공급이나 사용을 방해하는 것	○	○
가스·전기등 공급방해치사상죄	가스·전기등 공급방해죄를 범하여 사람을 상해에 이르게 하거나 사망에 이르게 함으로써 성립하는 범죄	×	×
실화죄	과실로 인하여 제164조 또는 제165조에 기재한 물건 또는 타인의 소유에 속하는 제166조에 기재한 물건을 소훼하거나, 과실로 인하여 자기의 소유에 속하는 제166조 또는 167조에 기재한 물건을 태워 공공의 위험을 발생하게 하는 것	×	×
업무상 실화죄·중실화죄	업무상 과실 또는 중대한 과실로 인하여 실화죄를 범하는 것	×	×
과실 폭발성 물건 파열등 죄	과실 또는 업무상 과실·중과실로 인하여 폭발성물건파열죄, 가스·전기등 방류죄, 가스·전기등 공급방회죄를 범함으로써 성립하는 범죄	×	×

제4절 일수와 수리에 관한 죄

Ⅰ. 총 설

일수와 수리에 관한 죄는 일수에 관한 죄와 수리방해죄로 구성되어 있다.

일수의 죄는 고의 또는 과실로 물난리를 일으켜 **공공안전(보호법익)**을 해하는 공공의 위험범이다.[49] 자기소유일반건조물일수죄와 과실일반건조물일수죄는 구체적 위험범이다. 그 이외는 추상적 위험범이다.

수리방해죄는 수리권을 보호법익으로 하며(공공의 위험범이 아니다), 추상적 위험범이다.

Ⅱ. 현주건조물 일수죄 · 일수치사상죄

제177조(현주건조물등에의 일수, 일수치사상죄) ① 물을 넘겨[50] 사람이 주거에 사용하거나 사람이 현존하는 건조물, 기차, 전차, 자동차, 선박, 항공기 또는 광갱을 침해한 자는 무기 또는 3년 이상의 징역에 처한다.[51]

② 제1항의 죄를 범하여 사람을 **상해**에 이르게 한 때에는 무기 또는 5년 이상의 징역에 처한다. **사망**에 이르게 한 때에는 무기 또는 7년 이상의 징역에 처한다. (부진정 결과적가중범)

Ⅲ. 공용건조물일수죄

제178조(공용건조물등에의 일수) 물을 넘겨 공용 또는 공익에 공하는 건조물, 기차, 전차, 자동차, 선박, 항공기 또는 광갱을 침해한 자는 무기 또는 2년 이상

49) 부수적으로는 개인의 재산권도 보호법익이다.
50) 수단 방법은 불문한다.
51) 추상적 위험범이나, 미수범을 처벌한다.

의 징역에 처한다.

Ⅳ. 일반건조물일수죄

제179조(일반건조물등에의 일수) ① 물을 넘겨 전2조에 기재한 외의 건조물, 기차, 전차, 자동차, 선박, 항공기, 광갱 기타 타인의 재산을 침해한 자는 1년이상 10년 이하의 징역에 처한다. (추상적 위험범)
② 자기의 소유에 속하는 전항의 물건을 침해하여 공공의 위험을 발생하게 한 때에는 3년 이하의 징역 또는 700만원 이하의 벌금에 처한다. (구체적 위험범)

타인소유 일반건조물 등 일수죄(제179조 ①) ⇨ 추상적 위험범이나, 미수범과 예비음모 처벌

자기소유 일반건조물 등 일수죄(제179조 ②) ⇨ 구체적 위험범 (미수 및 예비음모 불벌)

Ⅴ. 방수방해죄

제180조(방수방해) 수재에 있어서 방수용의 시설 또는 물건을 손괴 또는 은닉하거나 기타 방법으로 방수를 방해한 자는 10년 이하의 징역에 처한다(=추상적 위험범).

Ⅵ. 과실일수죄

제181조(과실일수) 과실로 제177조 현주건조물일수죄 또는 제178조 공용공익건조물일수죄에 기재한 물건을 침해한 자 또는 제179조 일반건조물일수죄에 기재한 물건을 침해하여 공공의 위험을 발생하게 한 자는 1천만원이하의 벌금에(만) 처한다.[52)]

52) 업무상 과실범이나 중과실의 가중처벌규정이 없다. 방화죄와 달리 자수범의 감면규정이 별도로 없다.

과실현주건조물 등 일수죄, 과실공용건조물 등 일수죄 ⇨ 추상적 위험범
과실자기소유일반건조물 등 일수죄 ⇨ 구체적 위험범(공공위험발생시 성립)
과실일수죄는 법정형이 벌금형으로만 규정되어 있다. (경사승진)

Ⅶ. 수리방해죄

제184조(수리방해) 제방을 결궤(물에 밀려 터져서 무너짐)하거나 수문을 파괴하거나 기타 방법[53]으로 수리를 방해한 자는 5년 이하의 징역 또는 700만원 이하의 벌금에 처한다.[54]

보호법익은 수리권이며, 추상적 위험범이다. 수리권의 근거에 대해서는 법령·계약은 물론 관습에 의한 경우도 해석자료가 되어 포함한다. 관습형법은 금지하나, 해석근거로는 가능하다(=보충적 관습법).

구 분	구성요건	미수	예비
현주건조물등 일수죄	물을 넘겨 사람이 주거에 사용하거나 사람이 현존하는 건조물·기차·전차·자동차·선박·항공기 또는 광갱을 침해하는 것	○	○
현주건조물등 일수치사상죄	현주건조물등일수죄를 저질러 사람이 상해 또는 사망에 이르게 되는 것	○	○
공용건조물등 일수죄	물을 넘겨 공용(公用) 또는 공익에 공하는 건조물·기차·전차·자동차·선박·항공기 또는 광갱을 침해하는 것	○	○
일반건조물 일수죄	(1) 물을 넘겨 현주건조물·공용건조물 이외의 건조물·기차·전차·자동차·선박·항공기 또는 광갱 기타 타인의 재산을 침해하는 것	○	○
	(2) 자기의 소유에 속하는 전항의 물건을 침해하여 공공의 위험을 발생하게 하는 것	×	×
방수방해죄	수재에 있어서 방수용의 시설 또는 물건을 손괴 또는 은닉하거나 기타 방법으로 방수(防水)를 방해하는 것	×	×

53) 수로의 폐쇄변경, 저수의 유출 등
54) 다만 음료수를 위한 물의 이용은 음용수에 관한 죄 규정을 적용한다.

과실일수죄	과실로 인하여 현주건조물등 일수죄(제177) 또는 공용건조물등 일수죄(제178)에 기재한 물건을 침해하거나 또는 일반건조물등 일수죄(제179)에 기재한 물건을 침해하여 공공의 위험을 발생하게 하는 것	×	×
수리방해죄	제방을 결궤(決潰)하거나 수문을 파괴하거나 기타 방법으로 수리를 방해하는 것	×	×

제 5 절 교통방해의 죄

Ⅰ. 총 설

1. 의 의

교통방해죄는 각종 교통로·교통수단 등 교통설비를 손괴·불통 그 밖의 방법으로 교통을 방해함으로써 성립하는 범죄이다.

2. 보호법익

객관적으로는 공중의 교통안전이지만, 공중의 생명·신체·재산의 안전도 부차적으로 보호법익이 된다(=추상적 위험범).

Ⅱ. 일반교통방해죄

제185조(일반교통방해) 육로, 수로 또는 교량을 손괴 또는 불통하게 하거나 기타 방법으로 교통을 방해한 자는 10년 이하의 징역 또는 1천500만원 이하의 벌금에 처한다.

제190조(미수범) 제185조 내지 제187조의 미수범은 처벌한다.

1. 객 체(육로, 수로, 교량)

육로에는 터널도 포함되지만[55] 제186조와의 관계상 **철로는 제외**된다.
교량에는 육교도 포함되나 **철교는 제외**된다.

2. 행위(손괴 · 불통 기타 방법으로 교통 방해)

손괴 · 불통행위에 한정되지 않고 교통방해가 초래될 수 있는 일체의 방법(예, 허위의 교통표지를 세운 경우, 폭력으로 통행을 차단한 경우)을 포함한다.

위의 행위가 있으면 기수가 되며, 현실적으로 교통방해의 결과가 발생하여야 하는 것은 아니다(=추상적 위험범).

III. 전차선박 교통방해죄

제186조(기차, 선박 등의 교통방해) 궤도, 등대 또는 표지를 손괴하거나 기타 방법으로 기차, 전차, 자동차, 선박 또는 항공기의 교통을 방해한 자는 1년 이상의 유기징역에 처한다.[56]
제190조(미수범) 본죄의 미수범은 처벌한다.
제191조(예비, 음모) 본죄의 예비 · 음모 처벌한다.

IV. 전차선박 전복죄

제187조(기차등의 전복등) 사람이 현존하는 기차, 전차, 자동차, 선박 또는 항공기[57]를 전복, 매몰, 추락 또는 파괴한 자는 무기 또는 3년 이상 징역에 처한다.
제190조(미수범) 본죄의 미수범은 처벌한다.
제191조(예비, 음모) 본죄의 예비 · 음모 처벌한다.

---

55) 관리자 소유자 불문한다.
56) 궤도상에 장애물을 놔두거나, 신호등을 끄거나, 교통신호표지를 이동시키는 행위이다.
57) 기능이 유지되는 이상, 차고에 있어도 본죄 성립에 이상이 없다.

V. 교통방해치사상죄

제188조(교통방해치사상) 제185조 내지 제187조의 죄를 범하여 사람을 **상해**에 이르게 한 때에는 무기 또는 3년 이상의 징역에 처한다. **사망**에 이르게 한 때에는 무기 또는 5년 이상의 징역에 처한다.

교통방해치상죄는 부진정결과적 가중범, 교통방해치사죄는 진정결과적 가중범이다.

VI. 과실에 의한 교통방해죄

1. 과실 교통방해죄[58)]

제189조(과실) ① 과실로 인하여 제185조 내지 제187조의 죄를 범한 자는 1천만원 이하의 벌금에 처한다.

2. 업무상과실 · 중과실 교통방해죄

제189조(업무상과실, 중과실) ② 업무상과실 또는 중대한 과실로 인하여 제185조 내지 제187조의 죄를 범한 자는 3년 이하의 금고 또는 2천만원 이하의 벌금에 처한다.

구분	구성요건	미수	예비
일반교통방해죄	육로·수로 또는 교량을 손괴 또는 불통하게 하거나 기타 방법으로 교통을 방해하는 것	○	×
기차·선박등 교통방해죄	궤도·등대 또는 표지를 손괴하거나 기타 방법으로 기차·전차·자동차·선박 또는 항공기의 교통을 방해하는 것	○	○

58) 성수대교 사건에서는 업무상 과실치사상죄, 업무상 과실일반교통방해죄, 업무상 과실 자동차전복(추락)죄가 성립한 바 있다.

기차등 전복죄	사람의 현존하는 기차·전차·자동차·선박 또는 항공기를 전복·매몰·추락 또는 파괴하는 것	○	○
교통방해치사상죄	일반교통방해죄(제185), 기차·선박등 교통방해죄(제186) 또는 기차등전복죄(제187)의 죄를 범하여 사람을 상해 또는 사망에 이르게 하는 것	×	×
과실교통방해죄	과실로 인하여 일반교통방해죄(제185), 기차·선박등 교통방해죄(제186) 또는 기차등 전복죄(제187)를 범하는 것	×	×
업무상과실·중과실교통방해죄	업무상 과실 또는 중대한 과실로 인하여 일반교통방해죄(제185), 기차·선박등교통방해죄(제186) 또는 기차등 전복죄(제187)를 범하는 것	×	×

2
chapter

공공의 신용에 대한 죄

<학습 길잡이>

통화 · 유가증권 · 문서에 관한 죄는 형법 각칙 중 재산범죄와 더불어 출제빈도가 높다.

우선 위조와 변조 그리고 행사의 개념정리가 필요하고, 행위객체가 되는 유가증권 문서(공문서 · 사문서) 등의 개념정리를 해야 한다. 통화에 관한 죄 중에서는 위조통화라도 단순히 신용력을 보이기 위한 제시는 행사가 아니라는 점, 처음부터 위화인 점을 알고 취득한 후에 행사한 경우에는 위조통화취득죄와 동행사죄의 경합범이 되지만, 그 정을 모르고 취득한 후에 행사한 경우에는 위조통화취득후 지정행사죄가 된다. 유가증권에 관한 죄에서는 차용증서 등의 증거권과 예금통장 · 철도수하물상환증 등의 면책증권은 유가증권이 아니라는 점, 유가증권의 발행일자 · 액면 · 지급인의 주소를 변경하는 경우에는 변조가 되나 발행인의 성명변경은 동일성을 상시하므로 위조가 된다는 점, 즉 위조와 변조의 구별에 주의한다.

문서에 관한 죄에 있어서는 문서의 개념, 공문서와 사문서의 구별, 유형위조와 무형위조의 구별, 공정증서원본부실기재죄, 허위공문서작성죄, 자격모용에 의한 문서작성죄, 위조문서행사죄와 문서부정행사죄의 구별 등에 유의한다. 출제빈도가 가장 높으므로 구체적 예를 기억한다.

제 1 절 통화에 관한 죄

Ⅰ. 총 설

통화에 관한 죄는 행사할 목적으로 통화를 위조·변조하거나 위조·변조한 통화를 행사·수입·수출 또는 취득하거나 통화유사물을 제조함으로써 성립하는 범죄이다.

보호법익은 통화에 대한 거래상 신용과 안전이다. 보호정도는 추상적 위험범으로서의 보호이다. 장소적 적용은 세계주의가 적용된다.

유가증권에는, 자수의 필요적 감면규정이 없다.

Ⅱ. 내국통화 위변조죄

제207조(통화의 위변조죄) ① 행사할 목적으로 (내국에서) **통용**하는 대한민국의 화폐, 지폐 또는 은행권(통화)을 위조 또는 변조한 자는 무기 또는 2년 이상의 징역에 처한다.

제212조(미수범) 본죄의 미수범은 처벌한다.

제213조(예비, 음모) 예비·음모 처벌한다.

1. 의 의

본죄는 행사 목적으로 대한민국의 화폐·지폐 또는 은행권을 위조·변조함으로써 성립하는 범죄이다.

2. 객 체(통용하는 대한민국 통화)

통화(화폐 지폐 은행권)란 국가나 국가가 위임한 기관이 발행한 금액이 표시된 지불수단으로서 강제통용력이 인정된 것(한국은행권과 주화)을 말한다.[1)]

1) 다만 통용기간의 경과로 인하여 교환중인 **구화**는 (강제통용력이 없어) 통화가 아니다. 따

통용이란 법률에 의하여 강제통용력이 인정되는 것을 말한다.[2]

3. 행위(위조 또는 변조하는 것)

구 분	위 조	변 조
의 의	• 위조란 통화발행권이 없는 자가 일반인이 오인할 수 있는 진정통화의 외관을 가진 물건을 만드는 것 • 다만 위조[3]의 정도에 이르지 못한 경우는 (모조로서) **통화유사물제조죄**(제211조)에 해당[4]	• 변조란 진정한 통화에 가공하여 그 가치를 변경시키는 것 • 다만 진화를 사용하여 전혀 다른 외관을 가진 위화를 제작하였다면, 동일성을 상실하였으므로 위조에 해당
예	• 사진·인쇄·복사 등 방법으로, 통화의 외관을 지닌 위화 제작 • 100원짜리 동전 2개를 녹여, 500원짜리 동전 하나를 만든 경우 • 고화 폐화를 이용해 새로운 통화 제작	• 10원짜리 동전표면에 백색칠을 하여 100원짜리와 색이 같도록 변경 • 1만원짜리 지폐 한 장을 앞뒤 분리하여, 한 면만 있는 두 장의 1만원권으로 만든 경우 • 1천원을 가공하여 5천원권으로 고침 • 금화를 감량해 실질적 가치를 줄임

4. 주관적 구성요건

대한민국의 통화를 위조·변조한다는 고의와 위조·변조한 위조를 진화처럼 사용하겠다는 행사목적이 있어야 한다(=목적범). 따라서 자신의 신용력 증명을 위해 타인에게 보일 목적, 기념품으로 보관할 목적 등으로 위조한 경우에는 본죄가 성립하지 않는다(대판). (경사승진)

5. 죄수 및 타죄와의 관계

① 한 번의 기회에 수많은 통화를 위조한 경우(예, 위조지폐를 제작하는 기계로, 1회에 1만원권 위조지폐 100장을 제작) ⇨ 1개의 통화위조죄 성립

라서 구화폐를 위조해 행사하면 (통화위조죄가 아닌) 사기죄가 될 수 있다.

2) 달러는 내국에서 유통되나, 통용되는 것은 아니다. 다만 북한에서 통용되는 소련군표는 내국에서 유통되는 외국지폐라고 볼 수 있다.

3) 위조는, 모조의 정도를 초과해야 한다.

4) 다만 1만원권 지폐의 전후면을 전자복사하여 비슷한 크기로 자른 것은 위조에 미치지 아니한다.

② 통화를 위조하고 그 위조통화를 행사한 경우 ⇨ 통화위조죄와 위조통화행사죄의 실체적 경합범

III. 내국유통 외국통화 위변조죄

제207조(통화의 위조등) ② 행사할 목적으로 내국(북한 포함[5]))에서 유통하는 외국의 화폐, 지폐 또는 은행권을 위조 또는 변조한 자는 1년 이상의 유기징역에 처한다.

제212조(미수범) 본죄의 미수범은 처벌한다.

제213조(예비, 음모) 예비 · 음모 처벌한다.

IV. 외국통용 외국통화 위변조죄

제207조(통화의 위조등) ③ 행사할 목적으로 외국에서 통용하는 외국의 화폐, 지폐 또는 은행권을 위조 또는 변조한 자는 10년 이하의 징역에 처한다.[6]

제212조(미수범) 본죄의 미수범은 처벌한다.

제213조(예비, 음모) 예비 · 음모 처벌

V. 위변조 통화행사 · 수출입죄

제207조(통화의 위조등) ④ 위조 또는 변조한 전3항 기재의 통화를 (단순 비치가 아닌)행사(예, 도박자금으로 사용)하거나(목적범 아님), 행사할 목적으로 수출입한 자(목적범)는 그 위조 또는 변조의 각 죄에 정한 형에 처한다.[7]

제212조(미수범) 본죄의 미수범은 처벌한다.

---

5) 북한에서 통용되는 소련군표는 한국에서 통용되는 화폐는 아니지만, 한국에서 유통되는 외국지표에 해당한다(대판).

6) 2004년 대법원은 강제적 통용력이 없는 지폐라도 일반인의 관점에서 통용될 것이라고 오인할 가능성이 있는 지폐까지 포함한다고 해석하는 것은 죄형법정주의의 원칙에 위반된다고 판시한 바 있다. (경찰시험)

7) 위조변조통화행사죄는 목적범이 아니지만, 위조변조통화수출입죄는 목적범이다.

1. 행위(행사하거나 행사목적으로 수입 또는 수출하는 것)

행사란 위조 · 변조된 통화의 점유나 처분권을, 타인에게 이전하여 진정한 통화처럼 유통되게 하는 것을 말한다.[8)]

단순히 진열장에 비치 또는 자기의 신용력을 보이기 위해 위조통화를 제시열람시키는 경우? 아직 유통 상태에 두지 않았으므로 위변조통화행사죄의 행사가 아니다. (경사승진)

단순히 위화인 사정을 아는 자에게 교부하는 것은 (진정한 통화처럼 유통에 제공하는 것이 아니므로) 위변조통화행사죄의 행사로 볼 수 없다. (경위승진)

2. 타죄와의 관계

① 통화를 위 · 변조하고 행사한 경우 ⇨ 통화위변조죄와 위변조통화행사죄의 실체적 경합

② 위 · 변조통화를 행사하여 재물을 취득한 경우 ⇨ 위변조통화행사죄와 사기죄의 실체적 경합(대판)[9)]

VI. 위변조통화 취득죄

제208조(위조통화의 취득) 행사할 목적으로 위조 또는 변조한 제207조 기재의 통화를 취득한 자(예, 위조통화를 행사목적으로 절취한 경우 ⇨ 위조통화취득죄만 성립)는 5년 이하의 징역 또는 1500만원 이하의 벌금에 처한다.

제212조(미수범) 본죄의 미수범은 처벌한다.

본죄에서 취득은 (원인방법을 불문) 절취 · 편취 · 갈취 · 도박 · 점유이탈물횡령 등 범죄행위로 인하여 취득한 경우도 포함된다. 다만 횡령은 (점유이전이 수반되지 않아) 취득이 될 수 없다. (경위승진)

예, 위조통화를 취득한 후 이를 행사한 경우 ⇨ 위조통화취득죄와 위조통화행사죄의 실체적 경합범이 된다.

---

8) 공중전화기, 자판기에 넣는 것도 행사이다. 행사에는 교부도 포함된다.

9) 다수설은, 양죄의 상상적 경합으로 본다.

Ⅶ. 위조통화취득후 지정(知情)행사죄

제210조(위조통화취득후의 지정행사) 제207조 기재의 통화를 취득한 후 그 정을 알고 행사한 자(예, 백화점 거스름돈에 위폐가 있는 것을 모르고 받아 나중에 알고 버리기 아까워서 음식점종업원에게 수고비로 준 경우[10])는 2년 이하의 징역 또는 500만원 이하의 벌금에 처한다.

예, 위변조통화임을 모르고 취득후 그 정을 알고 행사 ⇨ 위조통화취득후 지정행사죄 (경정승진)

예, 위조통화임을 알고 취득한 후에 이를 행사한 경우 ⇨ 위조통화취득죄와 행사죄의 실체적 경합

Ⅷ. 통화유사물(모조품) 제조죄

제211조(통화유사물의 제조등) ① 판매할 목적(행사목적 아님)으로 내국 또는 외국에서 통용하거나, 유통하는 화폐 지폐 또는 은행권에 유사한 물건을 제조 수출입한 자는 3년 이하의 징역 또는 700만원 이하의 벌금에 처한다.

② 전항의 물건을 판매한 자도 전항의 형과 같다.

제212조(미수범) 본죄의 미수범은 처벌

Ⅸ. 통화위조 예비음모죄

제213조(예비, 음모) 제207조 제1항 내지 제3항의 죄를 범할 목적으로 예비음모한 자는 5년 이하의 징역에 처한다. 단, 그 목적한 죄의 실행전에 자수한 때에는 형을 감경 또는 면제한다.

통화위조를 돕기 위하여 자금을 제공하였으나 거절당한 경우(실패한 방조) 처벌규정이 없어 불가벌이다. (경감승진)

10) 미수 처벌이 없다.

구 분	구성요건	미수	예비
내국통화 위조·변조죄	행사할 목적으로 통용(通用)하는 대한민국의 화폐·지폐 또는 은행권을 위조 또는 변조하는 것	○	○
내국유통 외국통화 위조·변조죄	행사할 목적으로 내국에서 유통(流通)하는 외국의 화폐·지폐 또는 은행권을 위조 또는 변조하는 것	○	○
외국통용 외국통화 위조·변조죄	행사할 목적으로 외국에서 통용하는 외국의 화폐·지폐 또는 은행권을 위조 또는 변조하는 것	○	○
위조·변조통화행사 등 죄	위조 또는 변조한 통화를 행사하거나 행사할 목적으로 수입 또는 수출하는 것	○	×
위조·변조통화 취득죄	행사할 목적으로 위조 또는 변조한 통화를 취득하는 것	○	×
위조통화취득후 지정행사죄	위조 또는 변조한 통화를 모르고 취득한 후 그 사정을 알고 행사하는 것	×	×
통화유사물제조 등 죄	판매할 목적으로 내국 또는 외국에서 통용하거나 유통하는 화폐·지폐 또는 은행권에 유사한 물건을 제조·수입 또는 수출하거나 이를 판매하는 것	○	×

제 2 절 유가증권·우표와 인지에 관한 죄

Ⅰ. 총 설

1. 의 의

유가증권에 관한 죄는 행사할 목적으로 유가증권을 위·변조 또는 허위작성하거나, 위변조·허위 작성한 유가증권을 행사나 수출입함으로써 성립하는 범죄이다.

2. 보호법익과 보호정도

보호법익은 유가증권의 거래상 신용과 안전이며, 보호의 정도는 추상적 위험범이다.

II. 유가증권 위변조죄

제214조(유가증권의 위조등) ① 행사할 목적으로 대한민국 또는 외국의 공채증서 기타 유가증권을 위조 또는 변조한 자는 10년 이하의 징역에 처한다.
제223조(미수범) 본죄의 미수범은 처벌한다.
제224조(예비, 음모) 예비 · 음모 처벌

1. 의 의

본죄는 행사할 목적으로 대한민국 또는 외국의 공채증서 기타 유가증권을 위조 또는 변조함으로써 성립하는 범죄이다.

2. 객 체(대한민국 또는 외국의 공채증서 기타 유가증권)

1 공채증서

국가 또는 지방자치단체에서 발행하는 국공채 또는 지방채의 증권을 말한다.

2 유가증권

재산권을 표시한 증권으로서 증권 상에 표시된 권리를 행사하기 위해서는 해당 증권을 점유하고 있어야 하는 것을 말한다.

유가증권이 아닌 경우	유가증권
㉠ 재산권이 표시되어 있지 않는 것(증거증권[11]) : 물품구입증, 영수증, 계약서, 차용증, 신용카드[12] ㉡ 증서점유가 권리행사의 요건이 아닌 것(면책증권) : 공중접객업소 신발표(경위승진), 우편예금통장, 정기예탁금증서, 수하물상환증	어음수표,[13] 주권, 사채권, 공채증서, 화물상환증, 창고증권, 선하증권, 승차권, 상품권, 극장입장권(영화관람권), 복권[14], 경품권, 경마투표권, 공중전화카드, 스키장리프트탑승권, 할부구매전표 등

11) 단지 법률관계의 존재여부 내용증명에 불과하다.
12) 신용카드는 유가증권이 아니지만, 다만 외환은행 소비조합이 그 소속원에게 발행한 신용카드는 유가증권이다.
13) 수표의 위변조는 형법이 아닌 **부정수표단속법**이 우선 적용된다.
14) 유통성이 없으나 유가증권이다.

① 유가증권은 민·상법상 유효하지 않아도 상관없다. 따라서 법률상 무효인 것이라도 일반인이 유효한 유가증권으로 오인할 정도의 외관을 가지고 있으면(예, 발행일자의 기재가 없는 수표, 대표자의 날인이 없는 주권, 무표의 화물상환증) 본죄의 객체가 된다.

② (유가증권은 유통성을 요건으로 하지 않으므로) 유통성 없는 철도·지하철의 승차권도 유가증권에 해당한다. 유가증권은 유통성보다 재산권의 화체에 더 중점이 있기 때문이다.

③ 유가증권의 발행자는 국가와 개인을 불문하며, 유가증권의 명의인은 허무인이라도 무방하다(판례). 유가증권거래에 대한 일반인의 신용은 명의인의 실재와는 무관하기 때문이다.

3. 행위(위조 또는 변조[15]))

구분	위 조	변 조
의의	유가증권 위조란 작성권한 없는 자가 타인명의의 유가증권을 작성하는 것[16]	• 유가증권 변조란 이미 진정하게 성립된 타인명의의 유가증권내용에 동일성을 해하지 않는 범위 안에서 변경[17]
예	• 찢어서 폐지로 된 타인의 약속어음을 짜맞추어 어음의 외형을 갖춘 경우 • 약속어음의 액면란에 보충권의 범위를 초월한 금액을 기입한 경우 • 타인이 위조한 백지약속어음을 완성 • 기간이 경과한 승차권의 날짜를 고치는 경우 (경장승진) • 폐공중전화카드의 자기기록부분에 전자정보를 기록해 사용가능카드 만듦	• 어음의 발생일자나 액면금액 또는 지급인의 주소 등을 변경

15) 사례연구
① 대리권·대표권의 범위 내에서 위임의 취지에 위배되거나 권한을 남용하여 유가증권을 작성하는 경우 ⇨ 유가증권의 위조 ×(배인죄나 허위유가증권작성죄 ○)
② 대리권·대표권 없는 자가 그 자격을 모용하여 유가증권을 작성한 경우 ⇨ 유가증권위조 × (자격모용에 의한 유가증권작성죄 ○)
③ 타인에 속한 자기명의 유가증권에 변경 ⇨ 유가증권 변조죄 ×(허위유가증권작성죄·문서손괴죄 ○)
④ 장님에게 클럽입회원서라고 거짓말하여 약속어음용지에 발행인으로 서명날인하게 한 뒤 교부받은 경우 ⇨ 간접정범에 의한 유가증권위조죄 (경위승진)

16) 기망수단으로 타인으로 하여금 약속어음용지에 발행인으로 서명날인하게 한 후 마음대로

4. 주관적 구성요건

유가증권을 위조 또는 변조한다는 고의와 행사할 목적이 있어야 한다(=목적범).

5. 죄수 및 타죄와의 관계

1 죄 수

죄수는 유가증권의 매수를 기준으로 정한다(예, 약속어음 2매를 위조한 것은 2개 위조죄의 실체적 경합범이 되고, 1매의 유가증권에 수개 위변조를 한 경우에는 포괄1죄).

2 타죄와의 관계

① 유가증권의 위조를 위하여 인장을 위조한 경우 ⇨ 유가증권위조죄만 성립(인장위조는 흡수)

② 절취한 유가증권용지를 사용, 위변조한 경우 ⇨ 절도죄와 유가증권위변조죄의 실체적 경합

III. 기재사항 위변조죄

제214조(유가증권의 위조등) ② 행사할 목적으로 유가증권의 권리의무에 관한 기재를 위조 또는 변조한 자도 전항의 형과 같다.
제223조(미수범) 본죄의 미수범은 처벌한다.
제224조(예비, 음모) 예비·음모 처벌

본죄는 기본적 증권행위가 진정하게 성립한 후에 그 부수적 증권행위와 관련된 범죄라는 점에서(예, 자기가 발행한 약속어음에 대하여 배서를 위조하거나, 진정하게 성립한 유가증권에 기재된 타인의 배서부분에 배서일자 변경 즉 변조), 기본적 증권행위에 대한 제214조1항의 유가증권 위변조죄와 구별된다.

어음요건을 기재해 어음발행한 경우? 유가증권위조죄의 간접정범이 된다. 발행권자를 기망하여 이미 기재한 수표용지에 날인하게 한 경우? 사기죄가 된다.

17) 동일성을 상실시키면 위조이다(예, 발행인의 성명을 변경하는 경우).

Ⅳ. 자격모용에 의한 유가증권작성죄

제215조(자격모용에 의한 유가증권의 작성) 행사할 목적으로 타인의 자격을 모용하여 유가증권을 작성하거나 유가증권의 권리의무에 관한 사항을 기재한 자는 10년 이하의 징역에 처한다.
제223조(미수범) 본죄의 미수범은 처벌한다.
제224조(예비, 음모) 예비 · 음모 처벌한다.

'타인의 자격을 모용하여'란 대리 또는 대표자격이 없는 자(처음부터 없는 자 및 상실한 자 포함)가 타인의 대리인 또는 대표자인 것처럼 그 자격을 사칭하여 유가증권을 작성하는 것(예, 갑은 A회사의 대표이사로 근무하다 그만 둔 자로서 유흥비가 궁한 나머지 「A회사 대표이사 '甲'」 명의의 액면 10만원짜리 수표를 발행한 경우)을 말한다.

대리권 또는 대표권 있는 자가 권한을 남용하여 본인 또는 회사 명의로 유가증권을 발행한 때에는, 본죄가 성립하지 않고 배임죄(또는 허위유가증권작성죄)가 성립한다.

Ⅴ. 허위유가증권 작성죄

제216조(허위유가증권의 작성등) 행사할 목적으로 허위의 유가증권을 작성하거나 유가증권에 허위사항을 기재한 자는 7년 이하의 징역 또는 3천만원 이하의 벌금에 처한다.
제223조(미수범) 본죄의 미수범은 처벌한다.

허위의 유가증권 작성이란 작성권한 있는 자가 작성명의를 모용하지 않고 단순히 유가증권에 허위의 내용을 기재하는 것(예, 갑이 실재하지 아니하는 유령회사인 미림목재주식회사 甲이라고 기재한 후 자기명의 인장을 찍어 위 회사명의 약속어음을 발행한 경우)을 말한다.[18]

허위의 사항기재란 기재권한이 있는 자가 기존의 유가증권에서 배서 · 인수 · 보증과 같은 부수적 증권행위를 할 때에 진실에 반하는 사항을 기재하는 것을 말한다. 따라서 허위기재가 기존권리관계에 아무런 영향을 미치지 않는다면(예, 배서인의 주소 허위기재) 허위유가증권작성죄는 성립하지 아니한다.

VI. 위변조 유가증권행사 · 수출입죄

제217조(위조유가증권등의 행사 등) 위조, 변조, 작성 또는 허위기재한 전3조 기재의 유가증권을 행사(목적범아님)하거나 행사할 목적으로 수입 또는 수출한 자(=목적범)는 10년 이하의 징역에 처한다.[19]

제223조(미수범) 본죄의 미수범은 처벌한다.

행사란 위조 · 변조 작성 또는 허위기재한 유가증권(사본 아님)을 진정하게 작성된 진실한 내용의 유가증권인양 그 용법에 따라 사용하는 것(예, 유가증권을 할인하기 위하여 제시하는 경우, 증거자료로서 진정한 어음이라고 법원에 제출하는 경우)을 말한다.[20]

VII. 우표인지의 위변조죄

제218조(인지 · 우표의 위조등) ① 행사할[21] 목적으로 대한민국 또는 외국의 인지, 우표 기타 우편요금을 표시하는 증표를 위조 또는 변조한 자는 10년 이하의 징역에 처한다.

제223조(미수범) 본죄의 미수범은 처벌한다.

제224조(예비, 음모) 예비 · 음모 처벌한다.

---

18) 예, 지급은행과 당좌거래사실이 없거나 거래정지를 당했음에도 불구하고 수표발행을 한 경우, 주권발행의 권한을 위임받은 경우라도 발행일자를 소급하여 허위내용의 주권을 발행한 경우 등

19) 위조 등 유가증권행사죄 ⇨ 목적범 ×, 위조 등 유가증권수출입죄 ⇨ 목적범 ○

20) 반드시 유가증권을 유통에 놓을 것을 요하지 않는다는 점에서 위조통화 등의 행사죄와 구별된다.

21) 반드시 우편요금납부용으로 사용하는 것에 한정하지 않고, 우표수집대상으로서 매매하는 경우도 해당된다.

Ⅷ. 위·변조 우표·인지 행사 · 수출입죄

제218조(인지 · 우표의 위조등) ② 위조 또는 변조된 대한민국 또는 외국의 인지, 우표 기타 우편요금을 표시하는 증표를 행사(목적범 아님)하거나, 행사할 목적으로 수입 또는 수출한 자(목적범)도 제1항의 형과 같다.
제223조(미수범) 본죄의 미수범은 처벌한다.

Ⅸ. 위·변조 우표·인지 취득죄

제219조(위조인지 · 우표등의 취득) 행사할 목적으로 위조 또는 변조한 대한민국 또는 외국의 인지, 우표 기타 우편요금을 표시하는 증표를 취득한 자는 3년 이하의 징역 또는 1천만원 이하의 벌금에 처한다.
제223조(미수범) 본죄의 미수범은 처벌한다.

Ⅹ. 우표·인지·소인 말소죄

제221조(소인말소) 행사할 목적으로 대한민국 또는 외국의 인지, 우표 기타 우편요금을 표시하는 증표의 소인 기타 사용의 표지를 말소한 자는 1년 이하의 징역 또는 300만원 이하의 벌금에 처한다.

Ⅺ. 우표 · 인지 유사물제조 · 수출입죄

제222조(우표인지 유사물제조) 판매할 목적으로 대한민국 또는 외국의 공채증서 인지 우표 기타 우편요금을 표시하는 증표와 유사한 물건을 제조 수출입한 자는 2년이하 징역 또는 500만원이하 벌금에 처한다.
제223조(미수범) 본죄의 미수범은 처벌한다.

XII. 예비음모죄

제224조(예비, 음모) 유가증권위변조죄 기재위변죄 자격모용유가증권작성죄 우표인지위조죄의 죄를 범할 목적으로 예비 또는 음모한 자는 2년 이하의 징역에 처한다.[22]

구 분	구성요건	미수	예비
유가증권위조 · 변조죄	행사할 목적으로 대한민국 또는 외국의 공채증서 기타 유가증권을 위조 또는 변조하는 것	○	○
기재의 위조 · 변조죄	행사할 목적으로 유가증권의 권리 · 의무에 관한 기재를 위조 또는 변조하는 것	○	○
자격모용에 의한 유가증권작성죄	행사할 목적으로 타인의 자격을 모용하여 유가증권을 작성하거나 유가증권의 권리 또는 의무에 관한 사항을 기재하는 것	○	○
허위유가증권 작성죄	행사할 목적으로 허위의 유가증권을 작성하거나 유가증권에 허위사항을 기재하는 것	○	×
위조등 유가증권행사등 죄	위조 · 변조 · 작성 또는 허위기재한 유가증권을 행사하거나 행사할 목적으로 수입 또는 수출하는 것	○	×
인지 · 우표 · 위조, 변조등 죄	행사할 목적으로 대한민국 또는 외국의 인지, 우표 기타 우편요금을 표시하는 증표를 위조 또는 변조한 자	○	○
위(변조)인지 · 우표 등 행사죄	위조 또는 변조된 대한민국 또는 외국의 인지, 우표 기타 우편요금을 표시하는 증표를 행사하거나 행사할 목적으로 수입 또는 수출한 자	○	×
위조인지 · 우표등 취득죄	행사할 목적으로 위조 또는 변조한 대한민국 또는 외국의 인지, 우표 기타 우편요금을 표시하는 증표를 취득한 자	○	×
소인말소죄	행사할 목적으로 대한민국 또는 외국의 인지, 우표 기타 우편요금을 표시하는 증표의 소인 기타 사용의 표지를 말소한 자	×	×
인지 · 우표유사물의 제조등 죄	판매할 목적으로 대한민국 또는 외국의 공채증서, 인지, 우표 기타 우편요금을 표시하는 증표와 유사한 물건을 제조, 수입 또는 수출한 자	○	×

22) 자수의 필요적 감면규정이 없다.

제3절 문서에 관한 죄

Ⅰ. 총 설

1. 의 의

문서에 관한 죄는 행사할 목적으로 문서를 위조 · 변조 또는 허위 작성하거나, 위조 · 변조 · 허위 작성된 문서를 행사하거나, 정당한 문서를 부정행사함으로써 성립하는 범죄를 말한다.

2. 보호법익

보호법익은 문서의 진정에 대한 공공신용(대판)과 거래안전이며, 보호받는 정도의 추상적 위험범이다.

3. 문서에 관한 죄의 본질

1 형식주의와 실질주의

본죄가 문서성립의 진정성을 보호하는가? 문서내용의 진실성을 보호하는가에 따라 형식주의와 실질주의로 견해가 대립된다(예, 갑이 을에게 빌린 돈을 갚았으나 영수증을 주지 않아 갑이 을 명의 영수증을 작성한 경우 ⇨ 형식주의는 위조, 실질주의는 위조 아님).

우리 형법은(형식주의 원칙하에) 작성명의에 허위가 있으면 (공사문서 불문) 모두 문서위조죄로 처벌하고, (예외로 실질주의하에) 내용에 허위가 있으면 허위진단서 작성죄만으로 처벌한다.

형식주의 (원칙)	• 문서에 관한 죄의 보호대상을 문서의 '성립의 진정성'으로 보고, 문서의 작성명의에 허위가 있을 때 처벌하는 입법형식 • 문서의 성립이 진정하지 않으면, 내용이 진실하더라도 문서위조죄 (즉 작성명의가 진정하면 내용이 거짓이라도 문서위조죄 불성립)

실질주의	• 문서에 관한 죄의 보호대상을 문서에 표시된 '내용의 진실성'으로 보고 문서의 내용을 허위로 작성하는 행위를 처벌하려는 입법형식 • 문서내용이 허위인 때에는, 작성명의의 진정여부에 관계없이 문서위조죄(즉 문서내용이 진실이면 작성명의에 허위가 있어도 문서위조죄 불성립)

② (작성권한의 존재여부에 따라) 유형위조와 무형위조

우리 형법조문은 유형위조를 위조, 무형위조는 작성이라 한다.

유형위조	• 문서작성 권한이 없는 자가 타인명의 문서를 작성하는 것(명의인 위조)[23] 예, 무권한의 갑이 을 명의 차용증 작성 ⇨ 문서위조죄 • 형식주의에서는 유형위조가 위조
무형위조	• 작성명의에는 허위가 없으나, 문서내용을 허위로 작성하는 것(내용위조) 예, 환자를 진찰한 의사가 허위내용의 진단서작성 ⇨ 허위진단서작성죄 • 실질주의에서는 무형위조가 위조

4. 문서의 개념

문서에 관한 범죄의 객체로서의 문서란, 문자 또는 부호에 의해 사상이나 관념을 표시하는 어느 정도 계속성 있는 물체로서(계속적 기능), 일정한 법률관계 또는 거래상 중요한 사실을 증명할 수 있고(증명적 기능), 특정한 작성명의인이 존재(보장적 기능)하는 것을 말한다.[24]

① 계속적 기능

문서는 사람의 의사(관념)가 외부적으로 표시된 것으로서 어느 정도 계속성을 가져야 한다.[25]

23) 공사문서 모두 처벌한다.

24) 판례에 의하면 문서란 문자 또는 가독적 부호로 계속적으로 물체상에 기재된 의사(관념)의 표시인 원본 또는 이와 시회기능 신용성 등을 같게 볼 수 있는 기계적 방법에 의한 복사본으로서 그 내용이 법상 사회생활상 주요사항에 관한 증거로 될 수 있는 것이라고 한다.

25) 2007년 길자사건(나이와 이름을 속이려고 주민등록증에 오려붙인 후 스캔하여 이미지파일을 만들어 컴퓨터모니터출력 후 이메일 전송)에서 대법원은 컴퓨터모니터 화면에 나타난 이미지의 문서성을 (계속성 결여를 이유로)부정한 바 있다. 2008년에도 컴퓨터스캔

① 의사표시

문서의 본질은 (문서라는 물체가 아니라) 그 속에 표현된 사상이나 관념(의사표시)이다.

따라서 의사표시라고 할 수 없는 것(예, 검증의 목적물, 번호표 · 신발표 · 물품예치표 · 명함 · 명찰 · 문패 등)은 문서가 아니다.

의사표시의 방법은 문자나 부호를 불문한다. 부호는 문자에 대신할 수 있는 가독적 부호이면 족하고(예, 속기용 부호, 전신 부호, 맹인점자), 반드시 발음적 부호임을 요하지 않는다.

예술가가 한 서명 · 낙관은 (문서가 아니라 인장의 일종) 인장에 관한 죄의 객체가 된다.

의사표시는 객관적 · 일반적으로 이해할 수 있는 정도여야 하고(따라서 암호를 사용한 문체는 문서가 아님), 의사표시는 구체적[26] · 확정적이어야 한다(예, 가계약서 · 가영수증). 다만 확정적 의사가 없는 초안 · 초고는 문서가 아니다. (법원서기보)

문서는 명의인의 의사를 표시한 물체 그 자체(원본)임을 요한다. 따라서 사본, 등본, 초본은 (인증이 없는 한) 문서라고 할 수 없다.[27] 다만 복본은 처음부터 수통의 문서를 작성한 경우이기 때문에 문서에 해당한다.

제237조의2 (복사문서 등)는 전자복사기, 모사전송기 기타 이와 유사한 기기를 사용하여 복사한 문서 또는 도화의 사본도 문서 또는 도화(예, 지적도 인체도[28])로 본다고 하여, 기계적 방법에 의한 전자복사 · 사진복사본 등 복사문서의 문서성을 인정한다.[29] (9급 검찰)

작업으로 만들어낸 공인중개사 자격증 이미지파일도 역시 문서성을 부인하였다.

26) 따라서 추상적 사상을 표시한 시나 소설은 문서가 아니다.

27) 즉 원본과 상위 없음이라는 인증이 있어야 한다. 필기 등의 방법에 의한 단순한 사본 역시 인증이 없는 한, 문서가 아니다. (법원서기보)

28) 수순한 미술상 도화는 문서가 아니다. 그러나 지적도처럼 일정한 법률관계의 증거가 될 수 있으면 문서죄의 객체가 가능하다(대판).

29) 위조된 문서원본을 단순히 전자복사기로 복사하여 그 사본을 만드는 행위 ⇨ 문서위조죄 (공공신용을 해할 우려가 있는 별개문서 창출행위로서)가 된다.

② 의사표시의 연속성

문서는 의사표시가 물체에 고정되어 어느 정도 계속성을 지녀야 한다. 따라서 모래나 눈 위에 쓴 글, 판자 위에 물로 쓴 글, 흑판에 백묵으로 쓴 글은 (계속성 결여로) 문서가 아니다.

의사표시의 내용은 시각적으로 이해할 수 있어야 한다. 따라서 음반 · 레코드 · 녹음테이프는 문서가 아니다.

2 증명적 기능

문서내용은 일정한 법률관계와 사회생활 중요사항을 증명할 수 있어야 한다.

증명적 기능이 있는 것(문서임)	증명적 기능이 없는 것(문서 아님)[30]
• 매매계약서, 예금청구서, 지급전표 • 고소장, 신분증명서 • 이력서, 추천서, 안내장, 영수증 • 입장권, 우체국일부인, 은행출금표	• 예술작품(시 · 소설) • 개인의 일기장 • 연애편지, 가계부 • 단순한 메모나 비망록

3 보장적 기능

문서에는 의사표시의 내용을 보증할 수 있는 의사표시의 주체, 즉 명의인이 있어야 한다. 따라서 명의인이 없는 문서는 문서가 아니다. (경감승진)

① 명의인이 특정되어 있으면, 반드시 그 성명이 표시될 필요는 없다. 문서내용 · 형식 · 외관 등에 비추어 작성명의인을 알 수 있으면 되고, 서명날인이 있어야 하는 것도 아니다.

② 문서의 명의인은 실재해야만 하는가(사자와 허무인 명의의 문서성 여부)

통설은 (공문서 · 사문서를 불문하고 명의인이 실재해야 할 필요는 없으므로) 사자나 허무인명의의 문서도 문서에 해당한다고 본다.

판례에 의하면 (공문서는 명의인이 실재할 필요가 없지만) 사문서의 경우에는 명의인이 실재해야 한다.[31] 다만 사자명의 사문서에 있어서는 문서의 작성일자가 생존일자인 때에 한하여 사문서의 위조죄를 인정한다.[32]

30) 기명 서명 날인은, 인장에 불과하여 문서가 아니다.

31) 다만 법인이나 단체명의 문서에서는 요건이 구비된 이상 작성자로 표시된 사람의 실존 여부는 위조죄성립에 아무런 지장이 없다(대판).

5. 문서의 종류(공문서와 사문서) (경사승진)

공문서와 사문서는 작성명의인이 누구인가에 따라 아래와 같이 구별된다. (경장승진)

1 공문서

공문서란 (외국이 아닌) 우리나라의 공무소 또는 공무원이 직무와 관련하여 작성한 문서, 즉 작성명의인이 우리나라의 공무소 또는 공무원으로 되어 있는 문서를 말한다(예, 서울대학생증, 국립경찰병원장 명의 진단서, 합동법률사무소 명의 공증문서).

작성명의인이 공무소 또는 공무원인 때에도 그 직무권한 내에서 작성한 것이 아니면(예 : 공무원 개인명의의 매매계약서) 공문서가 아니다.

2 사문서

사문서란 사인 명의로 작성된 문서로서 '권리 · 의무와 사실증명에 관한 문서' 만이 형법상 사문서로 된다(예, 신분증, 이력서, 영수증, 현금보관증).[33] 명의인은 내국인 · 외국인을 불문하며, 자연인 · 법인 · 법인격 없는 단체 등을 불문한다. 특히 외국공무소나 외국공무원이 작성한 문서(예, 외국경찰서장이 발행한 운전면허증)도 우리형법상으로는 공문서가 아닌 사문서에 불과하다.

II. 사문서 위변조죄

제231조(사문서 등의 위조 · 변조) 행사할 목적으로 권리의무[34] 또는 사실증명에 관한 타인의[35] 문서 또는 도화를 위조 또는 변조한 자는 5년 이하의 징역 또는 1천만원 이하의 벌금에 처한다.

---

32) 예, 갑은 을을 살해한 후 술에 취해 옆에 4시간 반을 있다가 을의 통장과 도장을 가지고 나와서 은행에서 을 명의의 예금청구서를 작성한 다음, 은행원에게 제출해 예금을 인출한 경우 갑은? 살인, 절도, 사문서위조와 동행사죄, 사기죄의 경합범

33) 2000년도 판례에 의하면 십지지문대조표는 사문서가 아니다.

34) 법률행위위임장, 매매계약서, 차용증서, 인감증명교부 신청서 등이 있다.

35) 타인명의를 사칭하여 허위로 꾸미는 것으로서 문서내용의 진실을 불문한다.

제235조(미수범) 본죄의 미수범은 처벌한다.

1. 객 체

공·사법상 권리의무 기재문서[36] 또는 사실증명에 관한[37] 타인의 문서(도화) 등이다.

2. 행 위(위조 또는 변조[38]))

	위 조	변 조
의의	작성권한 없는 자가 타인 명의를 사용, 문서를 작성하는 것.	정당한 권한 없이 이미 진정하게 성립된[39] 타인명의의 문서에 (동일성을 해하지 않는 범위 내에서) 변경을 가하는 것.
예	• 유효기간이 경과한 문서의 발행일자를 정정 • 기존의 미완성 문서에 가공하여 그 문서를 완성 (백지보충) • 증명서의 성명을 고쳐 별개의 문서를 작성한 경우 • 2인이상 연명문서에 명의자 중 1인이 타 명의자와 합의없이 행사목적으로 타명의를 지우고 제3자의 이름을 기재한 경우 • 성명기재가 없는 사립대 졸업증명서를 임의로 만든 경우 • 백지문서에 명의자의 진정 날인을 받았더라도 그 후 명의자 의사에 반해 원래 허용된 범위보다 훨씬 넓은 범위의 권리처분을 하는 내용을 기재하여 넣었다면, 사문서위조 (법무사) • 위조된 문서원본을 전자복사함 • 추천서에 추천인 성명의 변경	• 타인 사립대 학생증 떼고 자기것 부착 • 차용증서에 보증인으로 서명한 자가 임의로 '보증인 '문구를 '입회인'문구로 변경, 학원수강 중 효력기간중인데 유효기간변경 ⇨ 사문서 변조 (법원서기보) • 첨부된 도면을 떼고 새로 작성한 도면을 편철 (경감승진) • 2인 이상의 명의인이 있는 부동산 매매계약서에 그중 1인이 다른 사람과 합의없이 행사목적으로 그 문서의 내용(금액, 일자)을 변경 ⇨ 사문서 위조 (경감승진)

36) 예, 위임장, 매매계약서, 차용증, 영수증, 주민등록증, 예금청구서 등
37) 예, 추천서, 이력서, 안내장, 인사장 등
38) 방법에는 제한이 없다.
39) 따라서 위조문서나 허위문서는 변조대상이 아니다.

3. 주관적 구성요건

본죄가 성립하기 위해서는 고의와 행사 목적이 있어야 한다(목적범).

4. 타인과의 관계

[1] 위변조 사문서행사죄와의 관계

문서를 위조 · 변조하고 이를 행사한 경우에, 양죄의 실체적 경합이 된다는 견해(판례[40], 다수설)와 상상적 경합이 된다는 견해가 대립된다.

[2] 사기죄와의 관계

① 명의인이 문서 내용을 모르고 문서를 작성한 때(예, 甲이 문맹자인 乙로부터 금100만원을 차용하면서 거꾸로 甲을 대주, 乙을 차주로 하는 차용증서를 작성한 경우) ⇨ 사문서위조죄

② 명의인에게 문서 내용을 진실한 것으로 오신시켜 그 내용을 아는 가운데 작성케 하여 이를 취득한 경우 ⇨ 사기죄

[3] 손괴죄와의 관계

(자기명의 문서에 대해서는 본죄가 성립할 수 없으므로) 타인 소유의 자기명의 문서 내용을 임의로 변경한 경우(예, 채무자가 채권자로부터 차용증서를 잠시 반환받아 문서에 금액변경을 가한 경우) ⇨ 문서손괴죄(타인명의 문서에 변경을 가한 것이 아니므로 문서변조 아님) (경사승진)

[4] 인장위조죄와의 관계

위조사문서에 위조인장사용 ⇨ 사문서위조죄만 성립(위조인장은 흡수) (법원서기보, 경위승진)

---

40) 변호사인 피고인이 대량의 저작권법 위반 형사고소 사건을 수임하여 피고소인 30명을 각 형사고소하기 위해 20건 또는 10건의 고소장을 개별적으로 수사관서에 제출하면서 각 하나의 고소위임장에만 소속변호사회에서 발급받은 진정한 경유증표 원본을 첨부한 후 이를 일체로 하여 컬러복사기로 20장 또는 10장의 고소위임장을 각 복사한 다음 고소위임장과 일체로 복사한 경유증표를 고소장에 첨부하여 접수한 경우 사문서위조죄 및 동행사죄에 해당한다(대판 2016도2081).

III. 자격모용에 의한 사문서작성죄

제232조(자격모용에 의한 사문서의 작성) 행사목적으로 타인의 자격을 모용, 권리의무 또는 사실증명에 관한 문서도화를 작성한 자는 5년이하의 징역 또는 1천만원이하의 벌금에 처한다.
제235조(미수범) 본죄의 미수범은 처벌한다.

타인자격 모용이란 무권대리가 대리대표 자격을 사칭하여 자기명의 문서도화를 작성하는 경우(예, 대리권 없는 甲이 乙의 대리인으로 자기명의 -乙 대리인 '甲'-의 문서를 작성)이다.

대리권자 또는 대표권자가 그 권한의 범위 내에서 권한을 남용하여[41] 문서를 작성한 경우(예, 주식회사 대표이사가 회사공금으로 쓰기위하여 1백만원을 차용하면서 2백만원의 차용증서를 회사명의로 발부한 경우) ⇨ 배임죄 (문서죄 아님)

IV. 사전자기록 위·변작죄

제232조의2(사전자기록위작·변작) 사무처리를 그르치게 할 목적(행사목적 아님)으로 권리의무 또는 사실증명에 관한 타인의 전자기록등 특수매체기록을 위작 또는 변작한 자는 5년 이하의 징역 또는 1천만원 이하의 벌금에 처한다.
제235조(미수범) 본죄의 미수범은 처벌한다.

1. 객체(권리·의무 또는 사실증명에 관한 타인의 전자기록 등 특수매체기록)

전자기록이란 일정한 매체(직접회로, 자기디스크, 자기테이프 등)에 전기적·자기적 방식으로 저장된 기록을 말한다. 특수매체기록은[42] 광기술이나 레이저

41) 권한을 초과하여 대리인으로서 본인 명의의 문서를 작성 ⇨ 자격모용 사문서작성죄
42) 예, CD·DVD·레이저디스크 등이다. 한편 기록매체물 그 자체를 파손한 경우 ⇨ 재물손괴죄

기술을 이용한 기록(광디스크)을 말한다.

마이크로필름기록은 (문서의 단순한 축소 내지 기계적 확대에 의한 재생에 불과하므로) 본죄의 객체가 아니며, 음반이나 콤팩트디스크는 (전자기록이 아닌 음성신호의 일종이므로) 본죄의 객체가 아니다.[43]

2. 행위(위작 또는 변작)

[1] 위 작

권한 없이 또는 권한의 범위를 일탈하여 처음부터 허위의 전자기록을 만들어 내어 저장 · 기억시키는 행위를 의미한다.

[2] 변 작

권한 없이 또는 권한의 범위를 일탈하여 기존의 기록을 변경하는 것을 말한다.

3. 주관적 구성요건

본죄가 성립하기 위해서는 고의와 사무처리를 그르치게 할 목적이 있어야 한다.

V. 공문서[44] 위변조죄

제225조(공문서등의 위조 · 변조) 행사할 목적으로 공무원 또는 공무소의 문서 또는 도화를 위조 또는 변조한 자는 10년 이하의 징역에 처한다.[45]
제235조(미수범) 본죄의 미수범은 처벌한다.

종래의 판례는 운전면허증의 사진교체를 공문서 변조로 보았으나, 판례(대판

---

43) 모니터상에 화상형태로만 존재하는 데이터도 본죄의 객체가 아니다.
44) 공사법관계는 불문하고 공무원 공무소가 직무상 작성한 문서이다.
45) 국립경찰병원장 명의의 진단서를 허위로 작성, 예비군중대장직에서 면직된 자가 진실확인서를 새 중대장 명의로 작성한 경우, 허무인명의 공문서작성(허무인명의 사문서는 사문서위조 불성립), 행사목적으로 타인주민증에 본래사진 떼고 자기사진 부착 ⇨ 공문서위조죄 ; 구청세무과의 재산세과세대장 작성권한이 있는 공무원이 인사이동으로 권한이 없어졌는데도 대장의 기재내용을 변경한 경우 ⇨ 공문서변조죄 ; 주민번호일부를 고쳐 조잡하게 테이프부착 ⇨ 무죄

1991. 9. 10, 91도1610)는 주민등록증의 사진교체를 공문서 위조에 해당한다고 판시하였다. (법원서기보, 7급 검찰, 경감승진, 9급 검찰)

Ⅵ. 자격모용에 의한 공문서작성죄

제226조(자격모용에 의한 공문서등의 작성) 행사할 목적으로 공무원 또는 공무소의 자격을 모용하여 문서 또는 도화를 작성한 자(예, 갑 구청장이 을 구청장으로 전보된 후 갑 구청장권한에 속하는 건축허가기안용지 결재란에 서명한 경우)는 10년 이하의 징역에 처한다.

제235조(미수범) 본죄의 미수범은 처벌한다.

Ⅶ. 공전자기록 위변작죄

제227조의2(공전자기록위작 · 변작) 사무처리를 그르치게 할 목적으로 공무원 또는 공무소의 전자기록등 특수매체기록을 위작(예, 경찰관이 고소사건을 처리하지 않았는데도 경찰범죄정보시스템에 그 사건을 검찰에 송치한 것처럼 허위입력한 경우) 또는 변작한 자는 10년 이하의 징역에 처한다.

제235조(미수범) 본죄의 미수범은 처벌한다.

Ⅷ. 허위진단서 작성죄

제233조(허위진단서등의 작성) 의사, 한의사, 치과의사 또는 조산사가 진단서, 사체검안서, 생사에 관한 증명서(예, 출생증명서, 사망진단서)를 허위로 작성한 때에는 3년 이하의 징역이나 금고, 7년 이하의 자격정지 또는 3천만원 이하의 벌금에 처한다(목적범 아님).

제235조(미수범) 본죄의 미수범은 처벌한다.

1. 법적 성격

형법은 작성권한 있는 자가 허위내용의 사문서를 작성하는 경우(=무형위조)에 원칙적으로 처벌하지 않으나, 예외적으로 진단서 등의 경우에는 처벌하고 있다.

2. 주 체

의사, 한의사, 치과의사 또는 조산사(=진정신분범) 등이다.

공무원이 아닌 경우를 의미한다. 진정신분범으로, 의사가 아닌 자가 의사명의를 모용하여 진단서를 작성한 경우에는 사문서위조죄에 해당된다.

3. 객 체

진단서(소견서라도 내용이 치료기간 등 진단서라면 포함), 사체검안서, 생사증명서 등이 있다.

4. 행위(허위의 작성)

허위로 작성한다는 것은 작성권한 있는 자가 허위 내용을 기재하여 허위문서를 작성하는 것(예, 2주 치료를 요하는 상해 환자에게 10주 치료요망, 진단서 발급)을 말한다(자수범).

5. 주관적 구성요건(인식)

허위의 사실을 작성한다는 인식이 필요하다. 물론 허위라는 인식을 해도 진실과 일치하면 본죄 불성립한다. 또한 오진으로 진실에 반한 진단서작성시 본죄가 불성립한다.

IX. 허위공문서 작성·변개죄

제227조(허위공문서작성등) 공무원이 행사할 목적으로(허위진단서작성죄는 목적범아님) 그 직무에 관하여 문서 또는 도화를 허위로 작성(예, 공무원이 -직무

상 권한의 범위 내에서 자기명의로 문서에 작성하였으나 그 권한을 남용한 경우) 하거나 변개(권한 있는 공무원이 허위로 고침)한 때에는 7년 이하의 징역 또는 2천만원 이하의 벌금에 처한다.

제235조(미수범) 본죄의 미수범은 처벌한다.

1. 법적 성격

(사문서와 달리) 공문서 무형위조를 일반적으로 처벌하는 구성요건이다.

2. 주 체

직무에 관하여 공문서 또는 공도화를 작성할 권한이 있는 공무원이다(진정신분범).

공무원도 작성 권한이 없는 자는 (본죄의 주체가 아니고) 공문서위조가 성립한다.

문서 작성보조자가 결재없이 허위문서를 작성한 경우 (본죄가 아니라) 공문서위조이다.

3. 객 체

공문서(예, 사법경찰관작성의 피의자신문조서) 또는 공도화 등이 있다.

4. 행위(공문서 또는 공도화를 허위로 작성하거나 변개하는 것)

1 허위작성

작성 권한(관례포함 : 대판) 범위 내에서 허위내용(진실에 합치되지 않는 내용)을 기재하는 것을 말한다.

2 변 개

작성권한 있는 공무원이 진정하게 성립한 기존문서를 허위로 고치거나 가필하는 것을 말한다.[46]

46) 변조는 무권한장의 변경이고, 작성은 처음부터 허위의 내용 공문서를 만드는 것이다.

5. 주관적 구성요건

본죄는 고의[47](허위임을 알며 기재)와 행사목적이 있어야 한다. (7급 검찰)

6. 간접정범 성부

① 작성권한이 있는 공무원이, 권한 없는 자를 이용하여 허위공문서를 작성케 한 경우 ⇨ 허위공문서작성죄의 간접정범[48]

② 공문서의 작성권한이 있는 공무원을 보좌(동사무소 방위병사건)하여 공문서의 기안을 담당하는 보조공무원이, 허위공문서를 기안·작성하여 그 정을 모르는 상사(작성권한이 있는 공무원)의 결재를 받아[49] 공문서를 완성한 경우 ⇨ 허위공문서작성죄의 간접정범 인정(다수설·판례) (경감승진, 9급 검찰, 법원서기보)

③ 일반인(비공무원)이 허위신고를 하여 이를 믿는 공무원이 허위내용의 공문서를 작성 ⇨ 일반인에게는 본죄의 정범적격이 없으므로 허위공문서작성죄 간접정범 부정

7. 타죄와의 관계

① 공무원인 의사가 허위진단서를 발행 ⇨ 허위진단서작성죄와 허위공문서작성죄의 상상적 경합

② 허위공문서를 작성하는 행위가 동시에 직무유기에 해당하는 때 ⇨ (법조

47) 피고인들을 비롯한 경찰관 들이 피의자 4명을 현행범으로 체포하거나 현행범인체포서를 작성할 때 체포사유 및 변호인 선임권을 고지하지 아니하였음에도 불구하고, '체포의 사유 및 변호인 선임권 등을 고지 후 현행범인 체포한 것임'이라는 내용의 허위의 현행범인 체포서 4장과 '현행범인으로 체포하면서 범죄사실의 요지, 구속의 이유와 변호인을 선임할 수 있음을 고지하고 변명의 기회를 주었다'는 내용의 허위의 확인서 4장을 각 작성한 경우, 당시 피고인들에게 허위공문서작성에 대한 범의도 있었다고 보아야 한다(대판 2008도11226).

48) 갑은 예비군훈련을 받은 적이 없는 데도 예비군중대방위병 을에게 부탁하여 승낙을 받았다. 을은 갑이 훈련받았다고 거짓보고를 하여 중대장으로부터 확인서발급을 해 주도록 지시를 받았고 을은 미리 직인을 찍어 보관하던 훈련확인서용지에 갑의 부탁내용을 기재한 경우 ⇨ 을은 허위공문서작성죄의 간접정범, 갑은 허위공문서작성죄의 간접정범의 공범이 된다. (법무사)

49) 결재를 거치지 않고 임의로 허위공문서를 완성한 경우 ⇨ 공문서위조죄

경합으로 직무유기죄는 허위공문서작성죄에 흡수되어) 허위공문서작성죄만 성립

X. 공정증서원본 부실기재죄

제228조(공정증서원본등의 부실기재) ① 공무원에 대하여 허위신고(실행착수)를 하여 공정증서원본 또는 이와 동일한 전자기록등 특수매체기록에 부실의 사실을 기재 또는 기록(기수)하게 한 자는 5년 이하의 징역 또는 1천만원 이하의 벌금에 처한다(목적범 아님).

② 공무원에 대하여 허위신고를 하여 면허증, 허가증, 등록증 또는 여권에 부실의 사실을 기재하게 한 자는 3년 이하의 징역 또는 700만원 이하의 벌금에 처한다.

제235조(미수범) 본죄의 미수범은 처벌한다.

1. 법적 성격

공정증서(권리의무에 관한 사실을 증명하는 효력이 있는 공문서) 원본 등 부실기재죄는 허위공문서작성죄가 진정신분범죄로 신분 없는 자는 간접정범으로 범할 수 없음을 보충하기 위한 범죄로서, 간접정범 형태에 의한 허위공문서 작성행위를 처벌하기 위하여 규정된 범죄이다(간접적 무형위조를 처벌하기 위한 규정).[50] (경위승진, 법원서기보)

2. 주 체

본죄의 주체에는 제한이 없다. 공무원도 주체가 될 수 있다.

다만 그 신청을 받은 작성권한이 있는 공무원은 (자기가 자신한테 허위신고를 한다는 것은 있을 수 없어) 본죄의 주체가 될 수 없다.

3. 객 체

공정증서원본·이와 동일시되는 전자기록 등 특수매체기록, 면허증, 허가증, 등록증 또는 여권이다.

---

50) 허위신고를 예외적으로 처벌하는 경우이다.

1 공정증서원본

공정증서원본이란 공무원이 직무상 작성한 공문서로서 권리 · 의무에 관한 사실을 증명하는 공문서에 한정된다.

공정증서원본 예	공정증서원본이 아닌 예
• 부동산 등기부, 상업등기부, 호적부, 화해조서 • 간이절차에 의한 민사분쟁사건처리특례법에 의하여 합동법률사무소 명의로 작성된 공정증서	• 주민등록 부(증), 인감대장, 토지대장, 임야대장, 가옥대장, 지적도 • 공증인이 인증한 사서증서 • 공정증서의 정본, 부본, 등본, 초본, 사본,[51] 수사기관의 진술조서

2 공정증서원본과 동일한 전자기록 등 특수매체기록(예, 전산자료화한 부동산등기부 파일 · 호적부 파일 · 특허원부, 자동차등록파일 등)

3 면허증(예, 의사 · 약사면허증, 운전면허증, 그러나 일정한 자격을 표시하는 것임에 불과한 교사자격증 · 시험합격증서는 면허증이 아니다), 허가증(예, 고물상 영업허가증, 자동차영업허가증, 주류판매허가증), 등록증(예, 변호사 · 공인회계사 · 법무사 · 감정평가사의 등록증, 중개사무소등록증),[52] 여권

4. 행위(공무원에 허위신고를 하여 부실의 사실을 기재 또는 기록하게 하는 것)

여기의 공무원은 기재사실이 부실인 정을 모르는 자라야 한다.[53]

허위신고의 방법에는 제한이 없다. 다만 기재절차에 하자가 있더라도 기재내용이 당사자의 의사나 실체권리관계와 일치하는 경우에는 부실기재가 아니다.

허위신고의 예	• 사자명의로 소유권보존등기를 신청한 경우 법원을 기망하여 확정판결을 받아 그 내용이 허위임을 알면서 이를 제출하여 등기신청을 하는 경우 • 화해조서의 내용이 허위임을 알면서 등기신청을 하는 경우 • 해외이주목적으로 위장결혼을 하고 혼인신고 (법원서기보)

51) 정본이란 원본은 아니지만 같은 급인 경우, 부본은 원본과 동일 내용의 예비 보관문서, 등본은 원본 내용을 입증하는 것, 초본은 등본 중 일부, 사본은 복사본으로 원본을 카피한 것이다.

52) 2005년 대법원판례에 의하면 사업자등록증은 공정증서에 해당하지 아니한다.

53) 따라서 공무원이 그 정을 알면서도 기재한 때에는 그 공무원은 허위문서작성죄가 성립하고, 허위신고자는 그 공범이 된다.

부실사실의 기재가 아닌 예[54]	• 해외이주의 목적으로 이혼신고를 한 경우(일시이혼의사가 있어 유효) • 계약당사자의 합의로 등기의 편의상 진정한 채무자가 아닌 제3자를 채무자로 등재케 한 근저당권설정등기 • 부동산에 가장매매를 원인으로 한 소유권이전등기(이전등기의사는 없어서 본죄 불성립) (법원서기보) • 매매를 원인으로 하는 소유권이전등기소송을 제기하여서 의제자백에 의한 승소판결을 받아 경료된 피고인명의의 소유권이전등기 • 재산상속인이 상속을 원인으로 한 소유권이전등기 • 권리의무관계가 없는 예고등기말소 • 등기원인을 명의신탁대신 매매라고 기재

5. 실행의 착수 및 기수시기

실행의 착수시기는 공무원에 대하여 허위신고를 한 때이다.

기수시기는 공무원이 공정증서원본 등에 부실기재를 한 때이다.

6. 타죄와의 관계

[1] 사기죄와의 관계

법원을 기망하여 승소판결을 받고 그 확정판결에 의한 허위신고로 소유권이전등기를 경료한 경우 ⇨ 사기죄와 공정증서원본부실기재죄의 실체적 경합범

[2] 행사죄와의 관계[55]

등기부에 부실한 기재를 하게 하고 그 부실기재한 등기부를 등기소에 비치하

54) 피고인이 甲유한회사를 설립한 후 회사 명의로 통장을 개설하여 이른바 대포통장을 유통시킬 목적이었을 뿐 회사를 설립한 사실이 없는데도 허위의 회사설립등기 신청서를 법원 등기관에게 제출하여 등기관으로 하여금 상업등기 전산정보처리시스템의 법인등기부에 위 신청서의 기재 내용을 입력하고 이를 비치하게 하였다고 하여 공전자기록 등 불실기재와 불실기재 공전자기록 등 행사의 공소사실로 기소된 사안에서, 피고인이 실제 유한회사를 설립하려는 의사를 가지고 상법이 정하는 유한회사 설립에 필요한 정관 작성, 출자 이행, 임원 선임 등의 절차를 이행함으로써 甲회사 설립등기는 공전자기록 등 불실기재죄에서 말하는 '불실의 사실'에 해당하지 않는다(대판 2019도7729).

55) 실제로는 채권·채무관계가 존재하지 아니함에도 공증인에게 허위로 신고하여 가장된 금전채권에 대하여 집행력이 있는 공정증서원본을 작성하고 이를 비치하게 한 것이라면 공정증서원본부실기재죄 및 부실기재공정증서원본행사죄의 죄책을 면할 수 없다(대판 2008도7836). 또한 채권·채무관계가 존재하지 아니함에도 허위의 채무를 가장하고 담보한다는 명목으로 허위의 근저당권설정등기를 마친 것이라면 공정증서 원본 등 부실기재죄 및 부실기재공정증서원본 등의 행사죄가 성립한다(대판 2014도2415).

게 된 경우 ⇨ 공정증서원본부실기재죄와 부실기재공정증서원본 행사죄의 실체적 경합범

XI. 위변조 사문서행사죄

제234조(위조 사문서등의 행사) 제231조 내지 제233조의 죄에 의하여 만들어진 문서, 도화 또는 전자기록등 특수매체기록을 행사한 자(추상적 위험범으로, 문서를 인식할 수 있는 상태에 두면 기수)는 그 각 죄에 정한 형에 처한다(=행사목적 불요).

제235조(미수범) 본죄의 미수범은 처벌한다.

1. 주 체

본죄의 주체는 제한이 없다.

2. 객 체

본죄의 객체는 위조·변조 또는 자격모용에 의하여 작성된 사문서·도화와 허위로 작성된 진단서·검안서·생사에 관한 증명서, 그리고 위작·변작된 사전기록 등 특수매체기록이다.

3. 행 위(행사하는 것)

1 의 의

행사란 위조·변조 또는 작성된 문서를, 진정 문서 또는 내용이 진실한 문서로서 사용하는 것을 말한다.

2 행사 방법

상대방이 문서의 내용을 인식할 수 있는 상태에 두는 것이면 족하며, 그 방법(제시, 제출, 교부, 송부, 우송, 비치, 열람 등)을 불문한다.[56]

56) 그러나 자신이 문서를 소지하고 있음을 고지하는 것은 행사가 아니다.

③ **행사의 상대방**

행사의 상대방에는 제한이 없다. 문서나 기록이 위조·변조·허위 작성한 사실을 알지 못한 자임을 요한다.[57)]

④ **복사본의 사용문제**

행사는 위조문서·허위문서의 원본을 사용이 원칙이다. 예외적으로 위조·변조 문서를 기계적 방법(전자복사, 사지복사)으로 복사한 복사본을 사용한 것도 행사가 된다(모사전송 포함).

⑤ **기수시기**

문서나 기록을 상대방이 인식할 수 있는 상태에 둠으로써 기수가 된다. 상대방이 문서 등의 내용을 현실로 인식할 필요는 없다.

XII. 위변조 공문서행사죄

제229조(위조 등 공문서의 행사) 제225조 내지 제228조의 죄에 의하여 만들어진 문서, 도화, 전자기록등 특수매체기록, 공정증서원본, 면허증, 허가증, 등록증 또는 여권을 행사한 자는 그 각 죄에 정한 형에 처한다(예, 취업을 위하여 변조

57) 따라서 그 정을 알고 있는 자에게 제시·교부함은 본죄의 행사가 아니다. 그러나 위조통화행사죄 위조유가증권행사죄는 그 정을 아는 자에게 교부해도 행사죄에 해당한다. 통화·유가증권·문서죄의 '행사'를 비교하면 다음과 같다.

구분	위조통화행사	위조유가증권행사	위조문서행사
개념	위조·변조된 통화를 진정한 통화로서 유통될 수 있게 하는 것(유통 불요)	위조 등의 유가증권을 진정하게 작성 기재된 진실한 내용의 유가증권으로 사용하는 것(유통 불요)	위조 등의 문서를 지정문서 또는 내용이 진실한 문서로서 사용하는 것(유통 불요)
신용력을 보이기 위한 제시	행사 ×	행사 ○	행사 ○
정을 아는 자에게 제시·교부	행사 ×	행사 ○	행사 ×

된 서울대성적증명서를 제출하다가 발각되어 취업에 실패한 경우 ⇨ 변조공문서행사죄의 기수).

제235조(미수범) 본죄의 미수범은 처벌한다.

XIII. 사문서 부정행사죄

제236조(사문서의 부정행사) 권리·의무 또는 사실증명에 관한 타인의 문서 또는 도화를 부정행사한 자(예, 갑은 을의 유원대학교 학생증으로 도서관이용)는 1년 이하의 징역이나 금고 또는 300만원 이하의 벌금에 처한다.

부정행사란 진정하게 성립한 타인의 사문서를 사용권한 없는 자가 문서 명의자를 가장하여 사용하거나, 사용할 권한이 있는 자라도 본래의 사용목적 이외의 사실을 직접 증명하는 다른 용도에 이를 사용하는 것을 말한다.

문서에 관한 죄 중에서 미수범 처벌규정이 없는 유일한 범죄이다.

XIV. 공문서 부정행사죄

제230조(공문서등의 부정행사[58]) 공무원 또는 공무소의 문서 또는 도화를 (본래 용도에서) 부정 행사한 자는 2년 이하의 징역이나 금고 또는 500만원 이하의 벌금에 처한다.

제235조(미수범) 본죄의 미수범은 처벌한다.

사문서부정행사죄에 대하여, 객체로 인한 불법이 가중된 가중구성요건이다.

본죄는 공문서의 사용목적이 특정되어 있는 경우에 그 사용권한이 없는 자가 사용권한이 있는 것처럼 가장하여 사용하거나(예, 타인의 국립대학교학생증을 도서관출입용으로 사용한 경우, 타인의 운전면허증을 소지하다가 경찰에 제시), 권한 있는 자라도 정당한 용법에 반하여 부정하게 행사하는 경우에 성립하는

58) 본래 용도에 따라 해야 부정행사가 가능하다. 인감증명서, 등기필증, 신원증명서, 주민등록등본 (사용권한 자가 특정된 게 아니어서)은 본죄의 객체가 아니다.

범죄이다.[59] (9급 검찰)

구 분	구성요건	미수	예비
사문서 위조·변조죄	행사할 목적으로 권리·의무 또는 사실증명에 관한 타인의 문서 또는 도화를 위조 또는 변조하는 것	○	×
자격모용에 의한 사문서작성죄	행사할 목적으로 타인의 자격을 모용하여 권리·의무 또는 사실증명에 관한 문서 또는 도화를 작성(作成)하는 것	○	×
사전자기록 위작·변작죄	사무처리를 그르치게 할 목적으로 권리·의무 또는 사실증명에 관한 타인의 전자기록 등 특수매체기록을 위작 또는 변작하는 것	○	×
공문서 위조·변조죄	행사할 목적으로 공무원 또는 공무소의 문서 또는 도화를 위조 또는 변조하는 것	○	×
자격모용에 의한 공문서작성죄	행사할 목적으로 공무원 또는 공무소의 자격을 모용(冒用)하여 문서 또는 도화를 작성하는 것	○	×
공전자기록 위작·변작죄	사무처리를 그르치게 할 목적으로 공무원 또는 공무소의 전자기록 등 특수매체기록을 위작 또는 변작하는 것	○	×
허위진단서등 작성죄	의사·한의사·치과의사 또는 조산사가 진단서·검안서 또는 생사에 관한 증명서를 허위로 작성하는 것	○	×
허위공문서 작성죄	공무원이 행사할 목적으로 그 직무에 관하여 문서 또는 도화를 허위로 작성하거나 변개하는 것	○	×
공정증서 원본등의 부실기재죄	공무원에 대하여 허위신고를 하여 공정증서원본 또는 이와 동일한 전자기록 등 특수매체기록이나 면허증·허가증·등록증 또는 여권에 부실의 사실을 기재하게 하는 것	○	×
위조·변조·작성 사문서행사죄	제231조 내지 제233조의 죄[사문서등의 위조·변조, 자격모용에 의한 사문서의 작성, 사전자기록 위작·변작, 허위진단서등의 작성]에 의하여 만들어진 문서·도화 또는 전자기록 등 특수매체기록을 행사하는 것	○	×

59) 판례연구

① 자신의 사진과 지문이 찍힌 다른 사람의 주민등록증을 발급받아 소지하다가 검문 경찰관에게 제시한 경우 ⇨ 공문서부정행사죄

② 신분확인을 위해 주민등록증 제시를 요구받고 타인의 운전면허증을 제시하는 경우 ⇨ 운전면허증 사용용도에 따른 행사가 아니어도 신분확인도 인정, 공문서부정행사죄 (경감승진)

③ (인감증명서나 등기필증 등과 같이) 사용권한자가 특정되어 있지 않고 용도도 다양한 공문서를 본래의 취지에 따라 행사한 경우 ⇨ 공문서부정행사죄 아님

위조등 공문서의 행사	제225조 내지 제228조의 죄에 의하여 만들어진 문서·도화·전자기록 등 특수매체기록, 공정증서원본·면허증·허가증·등록증 또는 여권을 행사하는 것		
공문서 부정행사죄	공무원 또는 공무소의 문서 또는 도화를 부정행사하는 것	○	×
사문서 부정행사죄	권리·의무 또는 사실증명에 관한 타인의 문서 또는 도화를 부정행사하는 것	×	×

제 4 절 인장에 관한 죄

I. 총 설

1. 의 의

인장[60]에 관한 죄는 행사할 목적으로 개인이나 공무원 또는 공무소의 인장·서명·기명 또는 기호를 위조 또는 부정사용하거나, 위조 또는 부정사용한 인장 등을 행사하는 것을 내용으로 하는 범죄이다. 형식주의로, 성립의 진정만 보호하며, 내용의 진실은 불문한다.

2. 보호법익

보호법익은 인장 등에 대한 공공의 신용과 거래의 안전이다. 보호정도는 추상적 위험범으로서의 보호이다(인장변조 불벌, 내용위조인 무형위조 불벌).

II. 사인위조죄·사인부정행사죄

제239조(사인등의 위조, 부정사용) ① 행사할 목적으로 타인의 인장, 서명, 기명 또는 기호를 위조 또는 부정사용한 자는 3년 이하의 징역에 처한다.

60) 고무인은 stamp, 직인은 seal. 인장에는 (찍은 자국인) **인영**과 (인영을 현출시키는데 필요한 문자나 부호를 새긴 물건) **인과**를 모두 포함한다.

제240조(미수범) 본장의 미수범은 처벌한다.

1. 의 의

사인 등 위조·부정 사용죄는 행사할 목적으로 타인의 인장, 서명, 기명, 기호를 위조 또는 부정사용(변조 아님)함으로써 성립하는 범죄이다(예, 음주무면허로 경찰조사를 받던 중 조카인 갑으로 행세한 후 피의자신문조서에 조카 갑의 이름을 쓰고 서명을 위조한 경우 ⇨ 사서명위조죄[61]). 소유자의사에 반해 사용할 경우에만 범죄이다.

2. **객체**(타인의 인장[62], 서명, 기명, 기호)

1 인 장

인장이란 특정인의 동일성을 증명하기 위하여 사용되는 상징물을 말한다.[63]

2 서 명

서명이란 특정인이 자기를 표시하기 위하여 성명 기타의 호칭(성 또는 명, 상호, 약호, 아호)을 문자로 표기한 것으로 자서인 것을 말한다. 적어도 법률상·거래상 중요사항에 관련된 것이어야 하므로 연예인의 '사인(sign)'은 서명은 아니다.

3 기 명

대필하거나 인쇄 등에 의해 특정인을 표시한 것으로 자서 이외의 것을 말한다.

4 기 호

기호란 (**검인**과 같이) 물건에 압날하여 일정한 사실을 증명하는 것이다. 이 또한 넓은 의미에서 인장의 일종이다.

---

61) 그것을 모르는 경찰에게 준 경우 ⇨ 사서명 부정행사죄

62) 인영과 인과가 포함된다.

63) 서화에 사용된 낙관 ⇨ 인장 ○
명승지 기념스탬프 ⇨ 인장 × (법적 거래상 사실증명에 관한 것이 아니므로)
우편물에 찍힌 우체국의 일부인(소인) ⇨ 문서(문서죄 대상)

3. 행 위(위조 또는 부정사용) (경위승진)

1 위 조

권한 없이 타인의 인장, 서명, 기명, 기호를 제작하거나 물체상에 현출 내지 기재하는 것(일반인이 명의인의 진정한 사인으로 오신케 함)을 말한다.

2 부정사용

진정한 인장·서명 등을 권한 없이 사용하거나, 권한 있는 자가 그 권한을 남용하여 부당하게 사용하는 것을 말한다.

4. 주관적 구성요건

본죄는 고의와 행사목적이 있어야 한다(=목적범).

5. 타죄와의 관계

① 인장 등의 위조·부정사용이 유가증권·문서위조의 수단으로 행해진 경우 ⇨ 유가증권위조죄 또는 문서위조죄에 흡수된다(법조경합 중 흡수관계). (법원서기보)

② 인장을 위조한 후 행사한 경우 ⇨ 인장위조죄와 행사죄의 실체적 경합

Ⅲ. 위조인장 행사죄

제239조(사인등의 위조, 부정사용) ② 위조 또는 부정사용한 타인의 인장, 서명, 기명 또는 기호를 행사한 때에도 3년 이하의 징역에 처한다.(목적범 아님)
제240조(미수범) 본장의 미수범은 처벌한다.

Ⅳ. 공인위조죄·공인부정사용죄

제238조(공인등의 위조, 부정사용) ① 행사목적으로 공무원 또는 공무소의 인장, 서명, 기명 또는 기호(전매청기호, 택시미터기의 검정납봉[64]봉인, 차량번호표)

를 위조 또는 부정사용(무권한 사용이나 권한초과사용)한 자는 5년이하의 징역에 처한다(예, 갑은 빌린 차의 번호판을 떼어 절도차에 부착 운행 ⇨ 공기호부정사용죄와 부정사용공기호행사죄-운행했으니까-의 경합범).

제240조(미수범) 본장의 미수범은 처벌한다.

V. 위조 공인행사죄

제238조(공인 등의 위조, 부정사용) ② 위조 또는 부정사용한 공무원 또는 공무소의 인장, 서명, 기명 또는 기호를 행사한 자도 5년 이하의 징역에 처한다.

제240조(미수범) 본장의 미수범은 처벌한다.

구 분	구성요건	미수	예비
사인 등 위조·부정사용죄	행사할 목적으로 타인의 인장·서명·기명 또는 기호를 위조 또는 부정사용하는 것	○	×
위조사인 등 행사죄	위조 또는 부정사용한 타인의 인장·서명·기명 또는 기호를 행사하는 것	○	×
공인 등 위조·부정사용죄	행사할 목적으로 공무원 또는 공무소의 인장·서명·기명 또는 기호를 위조 또는 부정사용하는 것	○	×
위조공인 등 행사죄	위조 또는 부정사용한 공무원 또는 공무소의 인장·서명·기명 또는 기호를 행사하는 것	○	×

64) 택시미터기의 검정납봉봉인을 철사로 절단했다가 임의로 재봉인한 경우 ⇨ 공기호부정사용죄

3 chapter

공중건강에 대한 죄

<학습 길잡이>

음용수에 관한 죄와 아편에 관한 죄는 모두 공중의 건강을 보호법익으로 하며, 보호정도는 추상적 위험범으로서의 보호이다. 출제되지 않는 편이며, 죄명과 구성요건을 연결시켜 기억한다.

제 1 절 음용수(먹는 물)에 관한 죄

Ⅰ. 보호법익

공중의 건강(보건)을 보호법익으로 하는 공중위험범이며, 보호받는 정도는 추상적 위험범이다. 다만 미수 및 예비음모 처벌이 있다.

II. 음용수(먹는물) 사용방해죄

제192조(먹는 물 사용방해) ① 일상 생활에서 먹는 물로 사용되는 물에 오물을 넣어 먹는 물로 쓰지 못하게 한 자는 1년 이하의 징역 또는 500만원 이하의 벌금에 처한다.[1)]

1. 객 체(일상 음용에 공하는 정수)

일상의 음용에 제공하는 정수란 불특정 또는 다수인이 반복·계속적으로 사용하는 깨끗한 물을 의미한다(자기 소유도 해당).

불특정 또는 다수인이 사용할 것을 요하므로 일가족이 음용하기 위해 담아 둔 물은 본죄의 객체가 되나, 특정인이 컵에 담아 둔 물은 본죄의 객체가 아니다.

계속·반복하여 사용하는 것이어야 하므로, 계곡에 흐르는 물과 같이 일시적으로 이용되는 정수는 본죄의 객체가 아니다.

2. 행 위

쓰레기 등 오물을 혼입(섞는 것)하는 행위이다.

여기에서 오물은 독물이나 건강을 해치는 물질을 제외한 물질을 말한다.

III. 음용수 독물·유해물 혼입죄

제192조(음용수의 사용방해) ② 전항의 음용수에 독물 기타 건강을 해할 물건을 혼입한 자는 10년 이하의 징역에 처한다.

제196조(미수범) 본죄의 미수범은 처벌한다.

제197조(예비, 음모) 본죄의 예비·음모 처벌한다.

---

1) 음용이 가능하면, 경범죄처벌법 문제이다.

Ⅳ. 수도음용수(수돗물) 사용방해죄

제193조(수도음용수의 사용방해) ① 수도에 의하여[2] 공중의 먹는 물로 사용하는 물 또는 그 수원에 (인분 등)오물을 넣어 먹는 물로 쓰지 못하게 한자는 1년 이상 10년 이하 징역에 처한다.[3]

Ⅴ. 수도음용수 독물 등 유해물 혼입죄

제193조(수도음용수의 사용방해) ② 전항의 음용수 또는 수원에 독물 기타 건강을 해할 물건(예, 농약)을 혼입한 자는 2년 이상의 징역에 처한다.

제196조(미수범) 본죄의 미수범은 처벌한다.

제197조(예비 음모) 본죄의 예비 · 음모 처벌

Ⅵ. 음용수 혼독 치사상죄

제194조(음용수 혼독치사상) 제192조제2항 또는 제193조제2항의 죄를 범하여 사람을 상해에 이르게 한 때(부진정 결과적가중범)에는 무기 또는 3년 이상의 징역에 처한다. 사망에 이르게 한 때(진정 결과적가중범)에는 무기 또는 5년 이상의 징역에 처한다.

본죄는 음용수(독물 · 유해물)혼입죄 및 수도음용수(독물 · 유해물)혼입죄에 대한 결과적 가중범이다.

Ⅶ. 수도불통죄

제195조(수도[4]불통) 공중의 음용수를 공급[5]하는 수도 기타 시설을 손괴 기타[6]

2) 일시목적 시설을 포함한다. 다만 수도법 상수도는 일시는 제외된다.
3) 사용 못하게 하더라도 해당한다.
4) 수원은 포함하지 않는다. 수원의 파괴나 폐쇄는 수리방해죄가 된다.

방법으로 불통하게 한 자는 1년 이상 10년 이하의 징역에 처한다.
제196조(미수범) 본죄의 미수범은 처벌한다.
제197조(예비음모) 본죄의 예비 · 음모 처벌한다.

본죄는 음용수를 공급할 수 없게 하는 정도의 손괴행위나 기타 수도불통행위가 있어야 성립한다.

구 분	구성요건	미수	예비
먹는 물 사용방해죄	일상생활에 사용하는 먹는 물에 오물을 넣어 먹는 물로 쓰지 못하게 하는 것	×	×
먹는 물 유해물혼입죄	일상생활에 사용하는 먹는 물에 독물 기타 건강을 해할 물질을 넣는 것	○	×
수돗물 사용방해죄	수도에 의하여 공중의 먹는 물에 사용하는 정수 또는 그 수원(水源)에 오물을 넣어서 먹지 못하게 하는 것	×	×
수돗물 유해물혼입죄	수도에 의하여 공중의 먹는 물에 사용하는 정수 또는 그 수원에 독물 기타 건강을 해할 물질을 넣는 것	○	○
먹는 물 혼독치사상죄	먹는 물 유해물혼입죄(제192조 제2항) 또는 수돗물 유해물혼입죄(제193조 제2항)의 죄를 범하여 사람을 상해 또는 사망에 이르게 하는 것	×	×
수도불통죄	공중의 먹는 물을 공급하는 수도 기타 시설을 손괴 기타 방법으로 불통하게 하는것	○	○

제 2 절 아편에 관한 죄

Ⅰ. 총 설

조제연 뿐만 아니라 생아편을 포함하며, 아편 몰핀 아편흡식기 등이 본죄의 객체이다.

본죄의 보호법익은 공중의 건강이며, 보호의 정도는 추상적 위험범이다.

5) 공공위험범죄로, 보호법익은 공중의 건강(보건)이다.
6) 예, 수도배관 단수조치.

미수범은 처벌하나, 예비음모는 불벌한다.

마약류관리법이 있고 특정범죄가중처벌법에 가중처벌 규정이 있다.

II. 아편흡식죄 · 장소제공죄

제201조(아편흡식, 동장소제공) ① 아편을 흡식하거나 몰핀을 주사한 자는 5년 이하의 징역에 처한다.

② 아편흡식 또는 몰핀 주사의 장소를 제공하여 이익을 취한 자도 전항의 형과 같다.

제202조(미수범) 본죄의 미수범은 처벌한다.

제206조(몰수, 추징) 필요적 몰수 · 추징

아편을 흡식하거나 몰핀을 주사하기 위하여 일시 소지 ⇨ 아편 등 소지죄는 본죄에 흡수됨.

아편 · 몰핀 아편흡식기구를 소지하고 있던 자가 그 후에 흡식 · 주사 ⇨ 본죄와 아편소지죄의 경합범

III. 아편제조죄 · 아편수입판매목적 소지죄

제198조(아편등의 제조등) 아편, 몰핀 또는 그 화합물을 제조, 수입 또는 판매하거나 판매할 목적으로 소지한 자는 10년 이하의 징역에 처한다.

제202조(미수범) 본죄(제201조 ① · ②)의 미수범은 처벌한다.

제206조(몰수, 추징) 필요적 몰수 · 추징

예, 판매할 목적으로 소지한 경우 ⇨ 판매목적아편소지죄(목적범, 제198조)

예, 판매목적 없이 소지한 경우 ⇨ 아편소지죄(제205조)

Ⅳ. 아편흡식기 제조죄 · 수입판매죄 · 판매목적소지죄

제199조(아편흡식기의 제조등) 아편을 흡식하는 기구를 제조, 수입 또는 판매하거나 판매할 목적으로 소지한 자는 5년 이하의 징역에 처한다.
제202조(미수범) 본죄(제201조 ①·②)의 미수범은 처벌한다.
제206조(몰수, 추징) 필요적 몰수·추징

예, 판매목적 없이 아편흡식기구 소지 ⇨ 아편흡식기소지죄

Ⅴ. 세관공무원의 아편 수출입허용죄

제200조(세관공무원의 아편등의 수입) 세관의 공무원이 아편, 몰핀이나 그 화합물을 또는 아편흡식기구를 수입하거나 그 수입을 허용한 때에는 1년 이상의 유기징역에 처한다.[7)]
제202조(미수범) 본죄(제201조 ①·②)의 미수범은 처벌한다.
제206조(몰수, 추징) 필요적 몰수·추징한다.

Ⅵ. 아편소지죄

제205조(아편등의 소지) 아편, 몰핀이나 그 화합물 또는 아편흡식기구를 소지한 자는 1년 이하의 징역 또는 500만원 이하의 벌금에 처한다.
제206조(몰수, 추징) 필요적 몰수·추징한다.

7) 세관공무원의 수입허용 받아서 수입한 자는 수입죄로 처벌될 뿐, 본죄 공범이 아니다.

구 분	구성요건	미수	예비
아편흡식죄	아편을 흡식하거나 몰핀을 주사하는 것	○	×
아편흡식장소제공죄	아편흡식 또는 몰핀주사의 장소를 제공하여 이익을 취하는 것	○	×
아편 등 제소·수입·판매·판매목적소지죄	아편·몰핀 또는 그 화합물을 제조·수입 또는 판매하거나 판매할 목적으로 소지하는 것	○	×
아편흡식기 제조·수입·판매·판매목적소지죄	아편을 흡식하는 기구를 제조·수입 또는 판매하거나 판매할 목적으로 소지하는 것	○	×
세관공무원의 아편 등 수입·수입허용죄	세관의 공무원이 아편·몰핀이나 그 화합물 또는 아편 흡식기구를 수입하거나 그 수입을 허용하는 것	○	×
아편 등 소지죄	아편·몰핀이나 그 화합물 또는 아편흡식기구를 소지하는 것	×	×

4
chapter

사회 도덕에 대한 죄

<학습 길잡이>

성풍속에 관한 죄에는 음행매개죄 음란물죄 공연음란죄 등이 있으며, 강간과 추행에 관한 죄가 개인적 법익에 관한 죄인 것과는 달리 사회적 법익에 관한 죄이다. 간통죄는 필요적 공범(대향범)으로서 쌍방 모두 처벌하는 친고죄이며, 음행매개죄는 목적범이며 침해범이라는 점, 음화판매죄는 필요적 공범(대향범)으로서 판매자 일방처벌 등이 자주 출제되고 있다.

도박과 복표 죄에서는 도박죄의 기수시기, 도박개장죄, 상습범 등이 가끔 출제되고 있다.

제 1 절 성풍속에 관한 죄

Ⅰ. 총 설

성풍속에 관한 죄란 성도덕 또는 건전한 성적 풍속을 보호하기 위한 성생활에 관계된 범죄를 말한다.

II. 음행매개죄

제242조(음행매개) 영리의 목적으로 사람를 매개(알선)하여 간음하게 한 자는 3년 이하의 징역 또는 1천 5백 만원 이하의 벌금에 처한다(미수 불벌).[1]

1. 주 체

제한이 없다.

부모나 감독자 또는 남편도 본죄의 주체가 될 수 있다. (경감승진)

2. 객체(사람[2])

3. 행위(사람을 매개하여 간음하게 하는 것)

1 매 개

매개란 간음에 이르게 알선하는 일체의 행위를 말한다.

2 간 음

매개에 의하여 간음하게 하여야 한다. 따라서 추행은 제외된다. 본죄는 침해범이어서 간음함으로써 기수가 된다. 따라서 간음을 매개하였지만 부녀가 이에 응하지 않거나 간음을 결의하였으나 실행에 이르지 않은 때에는 본죄는 성립하지 않는다. (경감승진)

4. 주관적 구성요건

본죄는 고의 이외에도 영리 목적이 있어야 한다(=목적범).

1) 윤락행위를 하게 하면 성매매알선행위처벌법(구 윤락행위방지법)의 적용대상이 된다.
2) 18세 미만은 아동복지법, 19세 미만 청소년에게 성매매알선은 아동청소년성보호법이 적용된다. 성매매 강요 알선은, 성매매알선행위처벌법이 적용된다.

III. 음화 반포 · 판매 · 임대 · 전시 · 상영죄

제243조(음화반포등) 음란한 문서, 도화, 필름 기타[3] 물건을 반포, 판매 또는 임대하거나 공연히 전시 또는 상영한 자는 1년 이하의 징역 또는 500만원 이하의 벌금에 처한다.

1. 의 의

본죄는 음란한 문서 · 도화 · 필름, 기타 물건을 반포 · 판매 또는 임대하거나 공연히 전시 또는 상영함으로써 성립하는 범죄이다. 음화 등 제조 · 소지 · 수출입죄와 함께 음란물죄라고 부른다. 음란물에 관한 죄는 선량한 성풍속(보호법익)을 보호하기 위한 추상적 위험범(보호정도)이다.

2. 객 체(음란한 문서 · 도화 · 필름 · 기타 물건)

1 음란성

음란성은 그 내용이 사람의 성욕을 자극 · 흥분시켜서 보통인의 정상적인 성적 수치심을 침해하여 선량한 성적 도의관념에 반하는 것을 말한다(통설 · 판례). 음란은 행위자의 주관적인 의도와 상관없이 사회통념에 따라 작품전체를 고찰해 객관적으로 판단한다.[4] 학문성 · 예술성과 음란성은 차원을 달리하는 관념이므로 학술서적 · 예술작품이라 해서 음란성이 당연히 부정되는 것은 아니다.[5]

2 기타 물건

모조여성성기, 조각품, 음반, 녹음테이프 등이 포함된다.[6]

---

3) 인터넷에 올린 경우는 정보통신망이용촉진 및 정보보호법이 적용된다.
4) 행위자의 주관적인 의도는 고려대상이 아니다.
5) 따라서 성교를 취급한 학술논문을 신문에 게재한 경우, 음란문서가 될 수 있다. 과학성, 예술성과 음란성은 양립이 가능하다.
6) 2000년도 판례에 의하면 여성용 자위기구와 돌출콘돔은 음란한 물건이 아니다. 성기확대기도 아니다(대판).

3. 행 위

반포[7] · 판매 · 임대하거나 공연히 전시 또는 상영 등이 있다.

4. 주관적 구성요건

고의 외에 특히 음란성에 대한 인식이 필요하다.

5. 필요적 공범

본죄는 상대방이 있어야 하나, 상대방을 처벌하지 않는 필요적 공범(대향범)이다. (경사승진)

Ⅳ. 음화 제조 · 소지 · 수출입죄(음화반포의 예비처벌규정)

제244조(음화 제조등) 제243조 음화 등 반포죄의 행위에 공할 목적으로 음란한 물건을[8] 제조, 소지, 수입 또는 수출한 자는 1년 이하의 징역 또는 500만원 이하의 벌금에 처한다.[9]

Ⅴ. 공연음란죄

제245조(공연음란) 공연히 음란한 행위(예, 성행위, 스트립쇼, 성기노출 알몸시위)를[10] 한 자는 1년 이하의 징역, 500만원 이하의 벌금, 구류 또는 과료에 처한다.

---

7) 예, 명화집에 실려 있는 고야의 나체화를 성냥갑 속에 넣어 시판한 경우 (상대적 음란개념이론). 무상교부로, 현실로 교부함을 요한다.

8) 소설 반노는 음란작품이 아니다.

9) 음화반포죄의 예비처벌규정이다. 혼자 감상할 목적으로 여관에 투숙한 남녀의 동침장면을 녹화한 경우, 형법상은 무죄이나 성폭력범죄처벌법상 카메라이용촬영죄에 해당한다.

10) 2006년 판례에 의하면 요구르트 홍보를 위해 전라 여성누드 모델이 알몸공연을 한 경우, 본죄로 처벌한 바 있다. 다만 2004년 판례(똥구멍사건)에 의하면 말다툼 후에 항의표시로 엉덩이를 노출시킨 것은 음란행위가 아니고 경범죄처벌법 위반이다. 성기노출은 공연음란죄 인정하였다.

제 2 절 도박과 복표에 관한 죄

Ⅰ. 총 설

1. 의 의

도박과 복표에 관한 죄라 함은 도박을 하거나 도박을 개장하거나 복표를 발매·중개 또는 취득함으로써 성립하는 범죄이다.

2. 보호법익

보호법익은 국민 일반의 건전한 근로의식과 공공의 미풍양속, 사회의 경제도덕이다. 보호정도는 추상적 위험범으로서의 보호이다(미수 불벌).

Ⅱ. 단순도박죄

제246조(도박) ① 재물로써 도박한[11] 자는 1천만원 이하의 벌금 또는 과료에 처한다. 단, 일시오락정도[12](예, 판돈 7,000원에 점 100원 정도의 고스톱)에 불과한 때에는 예외로 한다.

1. 주 체

주체에는 제한이 없다. 도박의 성질상 2인 이상의 참여를 요하는 필요적 공범(대향범)이다.

---

11) 불법 스포츠토토는 게임산업진흥법(구 국민체육진흥법) 위반으로 5년 이하 징역이나 5천만원 이하 벌금 대상이다.
12) 기준은, 사회통념에 의한다.

2. 행 위(재물로써 도박하는 것)

1 재물로써의 의미

재물로써란 재물을 승자에게 제공할 것을 약속하는 것을 말한다(재산상 이익 포함). 재물이 도박현장에 있을 것을 요하지 않으므로, 외상도박도 가능하다.

2 도 박

도박은 당사자가 서로 재물을 걸고 우연한 승부에 의하여 그 재물의 득실을 결정하는 것을 말한다. 편면적 도박(사기도박)의 경우에는 우연성이 결여되어 있으므로 사기 도박자에게(만) 사기죄가 성립하고, 그 상대는 (불능미수가 될 수 있으나 미수불벌이라) 처벌되지 않는다(통설 · 판례).[13)]

3 기수 시기

추상적 일시오락의 정도에 불과한 때에는 본죄는 성립하지 않는다. 일시오락의 정도는 도박죄의 위법성조각사유가 된다.

III. 상습도박죄

제246조(상습도박) ② 상습(예, 2월 10일 동안 9회 반복)으로 제1항의 단순도박죄를 범한 자는 3년 이하의 징역 또는 2천만원 이하의 벌금에 처한다.[14)]

상습성은 행위자의 속성이므로 상습도박죄는 부진정 신분범이다. 따라서 상습자와 비상습자가 공범관계에 있으면 제33조 단서가 적용된다(다수설).

13) 도박은 정당한 이익이 아닌 즉 부당성을 요한다. 보험계약은 부당성이 없으므로 도박이 될 수 없다.

14) 상습도박은 집합범이므로, 수십 회 도박을 하더라도 포괄하여 하나의 상습도박죄가 된다.

Ⅳ. 도박장 개장죄

제247조(도박장소 개장) 영리의 목적으로 도박을 하는 장소나 공간을 개장한 자는 3년 이하의 징역 또는 2천만원 이하의 벌금에 처한다.

1. 행위(도박을 개장하는 것)

도박개장은 스스로 도박의 주재자(주최자)가 되어 그 지배하에 도박장소를 개설하는 것을 말한다. 다만 영리목적 없이 단순히 도박장소만 제공한 경우에는 도박죄의 종범이 된다(통설).

도박을 개장하면 족하며 도박할 자를 유인하거나 도박죄 자체가 성립되었을 것을 요하지 않는다. **자신이 도박행위를 할 필요도 없다.** (경위승진)

도박개장을 방조한 자는, 도박방조가 아닌 도박 개장죄의 방조범이 된다.

2. 주관적 구성요건

본죄는 고의와 영리 목적이 있어야 한다(=목적범).

3. 타죄와의 관계

도박을 개장한 자가 도박을 한 경우에는 도박 개장죄와 도박죄의 경합범이 된다. (경위승진)

Ⅴ. 복표발매죄 · 발매중개죄 · 복표취득죄

제248조(복표의 발매등) ① 법령에 의하지 아니한[15] 복표를[16] 발매한 자는 3년 이하의 징역 또는 2천만원 이하의 벌금에 처한다.

② 전항의 복표발매를 중개한 자는 1년 이하의 징역 또는 500만원 이하의 벌

15) 복표단속법 증권거래법 한국마사회법 등 법령에 의한 경우에는 정당행위가 된다.

16) 복표란 특정한 표찰을 발매하여 다수로부터 금품을 모아 추천을 통해 당첨자에게 재산상 이익을 제공하고 다른 사람에게는 손해를 주는 것을 말한다.

금에 처한다.
③ 제1항의 복표를 취득한 자는 500만원 이하의 벌금이나 과료에 처한다.

제3절 신앙에 관한 죄

Ⅰ. 총 설

신앙에 관한 죄의 보호법익은 사회풍속으로서의 종교적 평온과 사자에 대한 일반의 경건함을 존중하여 사회의 평화를 이룩하기 위한 것이다(추상적 위험범). 다만 변사자검시방해죄는 종교적 평온 등과 무관한 규정으로 공무방해죄로서의 성질을 가진 범죄이다.

Ⅱ. 장례식 방해죄

第158조(장례식 등의 방해) 장례식, 제사, 예배 또는 설교를 방해[17]한 자는 3년 이하의 징역 또는 500만원 이하의 벌금에 처한다.[18]

Ⅲ. 사체오욕죄

第159조(사체오욕) 사체(인공가공물인 금니 금속뼈 사태포함, 해부용 표본용은 제외), 유골 유발을 오욕(예, 간음 방뇨 침뱉기)한 자는 2년 이하의 징역 또는 500만원 이하의 벌금에 처한다.[19]

---

17) 예배시간에 소음내기, 성직자 행동을 제지시키는 경우.
18) 사체가 없더라도 본죄는 성립한다. 교회에서 이루어지는 **결혼식은 본죄와 무관**하다. 제사는 밀접한 준비나 진행 중일 때만 대상이 된다. 예배는 다수의 참여를 요한다.
19) 오욕이란 (손괴가 아닌) 폭행 등 유형력 행사로 모욕적 의사를 표현하는 것이다. 다만 **언어에 의한 사체오욕은 포함되지 아니**한다. 2011년 7월 청주에서는 고교생이 70대 할머니의 시신을 간음한 사건이 있었다.

IV. 분묘발굴죄

제160조(분묘의 발굴) 분묘(사태 매장 포함)를[20] 발굴한 자는 5년 이하의 징역에 처한다.

제162조(미수범) 본죄의 미수범은 처벌한다.

V. 사체 등 손괴 · 유기 · 은닉 · 영득죄

제161조(사체등의 영득) ① 사체, 유골, 유발 또는 관내에 장치한 물건(客體)을 손괴, 유기, 은닉 또는 영득한 자는 7년 이하의 징역에 처한다.[21)]

② 분묘를 발굴하여 전항의 죄를 범한 자는 10년 이하의 징역에 처한다.

제162조(미수범) 본죄(제161조 ① · ②)의 미수범은 처벌한다.

VI. 변사체검시방해죄

제163조(변사체검시방해) 변사자사체 또는 변사의[22] 의심있는 사체(客體)를 은닉 또는 변경하거나 기타 방법(예, 화장)으로 검시를 방해한 자는 700만원 이하의 벌금(만)에 처한다.[23]

검시란 수사기관이 변사자의 상황을 조사하는 것으로 수사단서에 지나지 않는다는 점에서, 수사처분인 검증(검사해서 증명)과 구별된다.

사산아를 은닉, 부당히 변사체 사산아 현장을 변경해 놓으면 경범죄처벌법 제3조 위반이 되며, 선장이 항해중 배안 사망자를 수장할 경우 선원법 위반이다.

---

20) 암매장도 분묘이다. 다만 고분은 이에 해당하지 아니한다.
외부인지설이 있으나, 복토제거시 기수범(복토제거설)이 된다.

21) 사람을 살해한 후 증거인멸을 위하여 다른 장소로 옮긴 경우, 살인죄와 사체유기죄의 경합범이 된다.

22) 범죄로 인한 사망이 분명하면 변사가 아니다. 사망원인이 명백하면 변사체라 할 수 없다.

23) 보호법익은 수사목적달성에 있다.

국가적 법익에 대한 죄

1
chapter

국가의 존립과 권위에 대한 죄

<학습 길잡이>

내란죄에서는 필요적 공범(집합범)으로서 목적범이며, 그 주체는 소요죄와는 달리 조직화된 다수인의 공동이 필요하다. 외환의 죄 중에서는 간첩죄에 중점을 두어 살피되 특히 실행의 착수시기와 간첩죄의 방조가 독립된 범죄로서 총칙상의 종범규정은 적용되지 않는다는 점에 유의한다. 또한 사형만을 법정형으로 규정하고 있는 범죄는 여적죄뿐이라는 점도 유념한다. 국가에 관한 죄의 행위태양, 외국국기국장 모독죄는 국기가 아닌 국교에 관한 죄라는 점, 공용에 공하는 외국국기·국장만이 객체라는 점에 유의한다. 내란죄와 간첩죄가 출제된다.

제1절 내란의 죄

Ⅰ. 총 설

1. 의 의

내란의 죄는 국토를 참절하거나 국헌을 문란할 목적으로 폭동하거나(=내란죄), 그러한 목적으로 사람을 살해함으로써(=내란목적살인죄) 성립하는 범죄이

다.[1)]

2. 보호법익

내란죄의 보호법익은 국가의 내적 안전이며 보호정도는 구체적 위험범이다.

내란목적살인죄의 보호법익은 국가의 내적 안전과 사람의 생명이며 보호정도는 침해범이다.[2)]

II. 내란죄(국가보안법 우선 적용)

제87조(내란) 대한민국 영토의 전부 또는 일부에서 국가권력을 배제하거나 국헌문란[3)]하게 할 목적으로 폭동을 일으킨 자는 다음 각 호의 구분에 따라 처벌한다.

1. 우두머리는 사형, 무기징역 또는 무기금고에 처한다.
2. 모의에 참여하거나 지휘하거나 그 밖의 중요한 임무에 종사한 자는 사형, 무기 또는 5년 이상의 징역이나 금고에 처한다. 살상, 파괴 또는 약탈 행위를 실행한 자도 같다.
3. 부화수행(附和隨行)하거나 단순히 폭동에만 관여한 자는 5년 이하의 징역이나 금고에 처한다. [전문개정 2020.12.8.] [시행일 2021.12.9.]

제89조(미수범) 본죄의 미수범은 처벌한다.

제90조(예비, 음모, 선동, 선전) ① 제87조 또는 제88조의 죄를 범할 목적으로 예비 또는 음모한 자는 3년 이상의 유기징역이나 유기금고에 처한다. 단, 그 목적한 죄의 실행에 이르기 전에 자수한 때에는 그 형을 감경 또는 면제한다.
② 제87조 또는 제88조의 죄를 범할 것을 선동 또는 선전한 자도 전항의 형과 같다.

---

1) 총론의 공범은 임의적 공범에 관한 규정이어서 적용되지 아니한다.
2) 내란죄가 국가법익 목적범 미수처벌 조직범죄 구체적 위험범인 반면, 소요죄는 사회법익 非목적범 미수불벌 추상적 위험범에 속한다.
3) 형법 제91조(국헌문란의 정의) 국헌을 문란할 목적이라 함은 다음 각호의 1에 해당함을 말한다. 제1호 헌법이나 법률에 정한 절차에 의하지 아니하고 헌법이나 법률의 기능을 소멸시키는 것. 제2호 헌법에 의해 설치된 국가기관을 강압에 의해 전복 또는 그 권능행사를 불가능하게 하는 것.

1. 주 체

주체에는 제한이 없다.

내외국인을 불문하나, 상당한 정도의 조직화된 다수인의 공동이 필요하다(필요적 공범 중 집합범). (법원서기보)

2. 행위(=폭동)

폭동이란 다수가 결합하여 (최광의) 폭행·협박하는 것으로서 적어도 한 지방의 평온을 해할 정도이어야 한다.[4]

1 폭행·협박

최광의의 것으로 사람과 물건에 대한 일체의 유형력 행사를 의미한다.

2 기수 시기

폭행·협박이 한 지방의 평온을 해할 정도에 이르면 기수가 된다(=구체적 위험범[5]).

3. 주관적 구성요건

다수인이 집합하여 폭동한다는 고의와 국토를 참절하거나 국헌을 문란할 목적이 있어야 한다.[6]

1 국토참절의 목적

영토주권의 일부나 전부를 배제할 목적(=영토내란의 목적)을 말한다.

2 국헌문란의 목적

우리 헌법의 기본질서를 침해할 목적(=헌법내란의 목적)을 말한다.[7] (법원서기보)

---

4) 폭행에 수반된 상해나 살인은 내란죄에 흡수되지 않고 상상적 경합범이 된다.
5) 소요죄는 추상적 위험범이다.
6) 목적에 대한 인식은 확정적 인식을 요한다.
7) 정권타도나 대통령살해 등은 (제도자체의 변혁을 목적으로 하는 것이 아니므로) 국헌문란이 아니다.

우리 형법규정에 따르면, 국헌을 문란할 목적이란 헌법 또는 법률에 정한 절차에 의하지 아니하고 헌법 또는 법률의 기능을 소멸시키는 경우, 헌법에 의하여 설치된 국가기관을 강압으로 전복 또는 그 권능행사를 불가능하게 하는 경우이다.

4. 처 벌

폭동의 역할(수괴, 모의참여자 · 지휘자 · 중요임무종사자 · 살상 · 파괴 · 약탈행위자 · 부하수행자 · 단순폭동 관여자)에 따라, 법정형에서 차이가 있다.

Ⅲ. 내란목적 살인죄

국토를 참절하거나 국헌을 문란할 목적으로 사람을 살해한[8] 경우(사형, 무기징역 또는 무기금고)로서, 미수범은 처벌한다. 예비 · 음모 · 선동 · 선전 또한 처벌한다.

내란목적으로 사람을 살해함으로써 기수가 된다. 폭동에 나아갈 것을 요하지 않는다.

구 분	구성요건	미수	예비
내란죄	대한민국 영토의 전부 또는 일부에서 국가권력을 배제하거나 국헌을 문란할 목적으로 폭동하는 것	○	○
내란 목적 살인죄	대한민국 영토의 전부 또는 일부에서 국가권력을 배제하거나 국헌을 문란하게 할 목적으로 사람을 살해하는 것	○	○

8) 살해하면 기수가 되며, 폭동은 불요한다.

제 2 절 외환의 죄

외환의 죄란 외환을 유치하거나 대한민국에 항적하거나 적국에 이익을 제공하여 국가의 안전을 위태롭게 하는 것을 내용으로 하는 범죄이다. 국가의 외적 안전을 보호법익으로 하며, 보호정도는 구체적 위험범으로서의 보호이다.

외국인의 국외범에도 적용한다.

Ⅰ. 외환유치죄

제92조(외환유치) 외국과 통모하여 대한민국에 대하여 전단을 열개(전쟁개시) 하거나, 외국인과 통모하여 대한민국에 항적한[9] 자는 사형 또는 무기징역에 처한다.

제100조(미수범) 미수범은 처벌한다.

제101조(예비, 음모, 선동, 선전) ① 예비음모 처벌(실행에 이르기 전 자수 ⇨ 필요적 감면) ② 선동 · 선전 처벌

Ⅱ. 여적죄

제93조(여적) 적국과 합세하여 대한민국에 항적한 자는 사형(만)에 처한다. (절대적 법정형)

제102조(준적국) 대한민국에 적대하는 외국 또는 외국인의 단체는 적국으로 간주한다.

제100조(미수범) 미수범은 처벌한다.

제101조(예비, 음모, 선동, 선전) ① 예비 · 음모 · 선동 · 선전 처벌한다.

---

9) 적국 군무에 종사하여 한국에 대해 적대행위를 하는 것이다.

III. 이적죄

제94조(모병이적) ① 적국을 위해 모병한 자는 사형 또는 무기징역에 처한다.
② 전항의 모병에 응한 자는 무기 또는 5년 이상의 징역에 처한다.

제95조(시설제공이적) ① 군대, 요새(군사방어시설), 진영 또는 군용에 공하는 선박이나 항공기 기타 장소, 설비 또는 건조물을 적국에 제공한 자는 사형 또는 무기징역에 처한다.
② 병기 또는 탄약 기타 군용에 공하는 물건을 적국에 제공한 자도 전항의 형과 같다.

제96조(시설파괴이적) 적국을 위하여 전조에 기재한 군용시설 기타 물건을 파괴하거나 사용할 수 없게 한 자는 사형 또는 무기징역에 처한다.[10)]

제97조(물건제공이적) 군용에 공하지 아니하는 병기, 탄약 또는 전투용에 공할 수 있는 물건을 적국에 제공한 자는 무기 또는 5년 이상의 징역에 처한다.

제101조(예비, 음모, 선동, 선전) 예비 · 음모 · 선동 · 선전 처벌한다.

구 분	구성요건	미수	예비
외환유치죄	외국과 통모하여 대한민국에 대하여 전단을 열게 하거나 외국인과 통모하여 대한민국에 항적하는 것	○	○
여적죄	적국과 합세하여 대한민국에 항적하는 것	○	○
모병이적죄	적국을 위하여 모병하거나 모병에 응하는 것	○	○
시설제공이적죄	군대 · 요새 · 진영 또는 군용에 공하는 선박이나 항공기 기타 장소 · 설비 또는 건조물을 적국에 제공하거나, 병기 또는 탄약 기타 군용에 공하는 물건을 적국에 제공하는 것	○	○
시설파괴이적죄	적국을 위하여 전조에 기재한 군용시설 기타 물건을 파괴하거나 사용할 수 없게 하는 것	○	○
물건제공이적죄	군용에 공하지 아니하는 병기 · 탄약 또는 전투용에 공할 수 있는 물건을 적국에 제공하는 것	○	○
일반이적죄	제92조 내지 제98조에 기재한 이외에 대한민국의 군사상 이익을 해하거나 적국에 군사상의 이익을 공여하는 것	○	○

10) 고의 외에 이적의사를 요한다. 만약 이적의사가 없다면 군사시설보호법의 적용을 받는다.

간첩죄	적국을 위하여 간첩하거나 적국의 간첩을 방조하거나 또는 군사상의 기밀을 적국에 누설하는 것	○	○
전시군수계약 불이행죄	전시 또는 사변에 있어서 정당한 이유 없이 정부에 대한 군수품 또는 군용공작물에 관한 계약을 이행하지 아니하거나, 계약이행을 방해하는 것	×	×

IV. 간첩죄

제98조(간첩) ① 적국을 위하여 간첩(간첩죄)하거나 적국의 간첩을 방조(간첩방조죄)한 자는 사형, 무기 또는 7년 이상 징역에 처한다.
② 직무에 관해 지득한 군사상 기밀을[11] 적국에 누설한 자도 전항의 형과 같다.

1. 적국을 위한 간첩행위

간첩이란 적국을 위하여 국가기밀 또는 군사기밀을 탐지·수집하는 행위를 의미한다. 간첩행위는 적국을 위한 것이어야 하므로, 적국과의 의사연락이 있어야 한다. 따라서 편면적 간첩은 있을 수 없어, 이는 간첩예비죄의 문제가 된다.

1 적 국

북한도 본죄의 적국에 해당한다. 대한민국에 적대하는 외국 또는 외국인의 단체는 적국이다.

다만 외교상 기밀을 적국 아닌 곳에 누설하면, 외교상 기밀누설죄이다.

2 국가기밀

군사기밀뿐만 아니라 정치·경제·문화·사회 등 각 방면에 걸쳐 우리나라의 국방정책상 북한에 알려지지 아니함이 우리나라의 이익이 되는 모든 기밀을 포함한다.[12] 신문에 보도된 사항이나 공지의 사실은 국가기밀에 포함되지 아니한다.[13]

11) 직무와 무관하게 알게 된 비밀을 누설하면, 일반이적죄가 된다.
12) Mosaik이론에 의하면 기밀이 아니지만 종합해 보면 중요한 사실을 판단하는 정보가 되는 경우, 기밀성을 인정한다.

3 간첩죄

① 착수시기 : 간첩목적으로 국내에 잠입·침투·상륙한 때(판례 : 주관설 또는 잠입시설)

② 기수시기 : 국가기밀을 탐지·수집함으로써 기수가 된다.[14]

2. 간첩방조

간첩방조는 간첩임을 알면서 국가기밀을 탐지·수집하는 간첩행위 그 자체를 원조하여 그 실행을 용이하게 하는 것(예, 대남공작원을 상륙시켜 준 경우, 접선방법을 합의하는 것, 합법적으로 신분을 가장하게 한 경우)이므로, 간첩행위가 아닌 간첩에게 숙식의 편의나 은닉처를 제공하거나 안부편지나 사진을 전달하는 것으로는 간첩방조로 되지 않는다.

간첩방조는 간첩과 대등한 독립범죄로, 간첩죄와 법정형이 동일하다.[15]

간첩방조에 있어서는 주범인 간첩의 미수·기수와 관계없이 방조행위 그 자체가 미수에 그친 때에 본죄의 미수범이 된다.

3. 군사상의 기밀누설

본죄는 직무에 관하여 군사상의 기밀[16](단 공지사실 제외)을 지득한 자가 그 기밀을 누설함으로써 성립하는 신분범이다. 따라서 본죄는 직무상 지득한 기밀을 누설한 경우에만 성립하고, 직무와 관계없이 알게 된 기밀을 누설한 때에는 일반이적죄가 성립할 뿐이다.

V. 일반이적죄

제99조(일반이적) 전7조에 기재한 이외에 대한민국의 군사상 이익을 해하거나 적국에 군사상 이익을 공여하는 자는 무기 또는 3년 이상의 징역에 처한다.

---

13) 위법한 국가기밀도 간첩죄의 대상이다.
14) 수집한 국가기밀을 지령자나 접선자에게 전달함을 요하지 아니한다.
15) 따라서 간첩방조죄는 총칙상의 종범규정(필요적 감경)이 적용되지 않는다.
16) 모든 국가기밀이 군사기밀이 된다(대판).

본죄는 외환의 죄에 대한 기본적 구성요건으로 다른 외환의 죄가 성립하지 않는 때에 보충적으로 적용된다(법조경합 중 보충관계).

VI. 전시 군수계약 불이행죄

제103조(전시군수계약불이행) ① 전쟁 또는 사변에 있어서 정당한 이유없이 정부에 대한 군수품 또는 군용공작물에 관한 계약을 이행하지 아니한 자는 10년 이하의 징역에 처한다(=진정 부작위범).[17] ② 전항의 계약이행을 방해한 자도 전항의 형과 같다(=작위범).

본죄는 외환의 죄 중에서 미수범, 예비·음모·선동·선전 처벌규정이 없는 유일한 예이다.

제3절 국기에 관한 죄

제105조(국기, 국장의 모독) 대한민국을 모욕할 목적으로 국기 또는 국장[18]을 손상, 제거 또는 오욕한 자는 5년이하 징역이나 금고, 10년이하 자격정지 또는 700만원이하 벌금에 처한다.

제106조(국기, 국장의 비방) 전조의 목적으로 국기 또는 국장을 비방한 자는 1년 이하의 징역이나 금고, 5년 이하의 자격정지 또는 700만원 이하의 벌금에 처한다.

기수시기는 대한민국 권위가 손상될 정도로 국기·국장의 효용을 멸각 감소시킨 때(=구체적 위험범)이다.

주관적 요건으로는 고의 외에 대한민국을 모욕할 목적이 요구된다.[19]

---

17) 전시 공수계약 불이행죄는 사회적 법익에 관한 죄이다.

18) 국장이란 나라문장 대사관휘장 등을 말한다. 국기국장은 공사용을 불문하나, 외국국기국장모독죄는 공용에 한한다.

19) 모욕죄와 손괴죄의 결합범 성격이다.

국가권위, 대외체면이 보호법익이고, 구체적 위험범이다.

제4절 국교에 관한 죄

국제법상 보호되는 외국의 이익을 침해하여 외국과의 국교 관계를 해하고, 자국의 국제관계를 위태롭게 하는 행위를 처벌하는 것이다.

보호법익은 외국의 이익 보호와 국가의 대외적 지위보호이다(이중법익설), 보호정도는 추상적 위험범이다.

Ⅰ. 외국원수 폭행죄

제107조(외국원수에 대한 폭행등) ① 대한민국에 체재하는 외국의 원수에 대하여 폭행 또는 협박을 가한 자는 7년 이하의 징역이나 금고에 처한다.
② 위 외국원수에 대해 모욕, 명예를 훼손한 자는 5년이하 징역이나 금고에 처한다.[20]

제110조(피해자의 의사) 본죄는 그 외국정부의 명시한 의사에 반하여 공소를 제기할 수 없다. (반의사 불벌죄)

Ⅱ. 외국사절 폭행죄

제108조(외국사절에 대한 폭행등) ① 대한민국에 파견된 외국사절에 대하여 폭행 또는 협박을 가한 자는 5년 이하의 징역이나 금고에 처한다.
② 전항의 외국사절(영사 아닌 공사·대사)에 대하여 모욕을 가하거나 명예를 훼손한 자는 3년 이하의 징역이나 금고에 처한다(반의사불벌죄).

20) 공연성을 요하지 아니한다.

III. 외국국기국장 모독죄

제109조(외국의 국기, 국장의 모독) 외국을 모욕할 목적으로 그 나라의 공용에 공하는 국기 또는 국장을 손상, 제거 또는 오욕한 자는 2년 이하의 징역이나 금고 또는 300만원 이하의 벌금에 처한다. (반의사 불벌죄)

외국의 국기·국장은 '공용에 공하는' 것만이 본죄의 객체가 될 수 있다. 따라서 장식용 만국기, 사인이 휴대한 외국기는 물론 소장중인 외국기와 국장은 본죄의 객체가 되지 않는다. UN기와 그 휘장도 본죄의 객체가 아니다. (경장승진)

IV. 외국에 대한 사전죄

제111조(외국에 대한 사전) ① 외국에 대하여 사전한[21] 자는 1년 이상의 유기금고에 처한다.
② 전항의 미수범은 처벌한다.
③ 제1항의 죄를 범할 목적으로 예비 또는 음모한 자는 3년 이하의 금고 또는 500만원 이하의 벌금에 처한다. 단 그 목적한 죄의 실행에 이르기 전에 자수한 때에는 감경 또는 면제한다.

V. 중립명령 위반죄

제112조(중립명령위반) 외국간의 교전에 있어서 중립에 관한 명령에 위반한 자는 3년 이하의 금고 또는 500만원 이하의 벌금에 처한다.

본죄는 구성요건의 내용이 중립명령에 의하여 결정되도록 위임되어 있고, 그 위반자에 대한 형벌만을 규정하고 있는 대표적인 백지형법(순정형법)이다.

---

21) 국가의 전투명령을 받지 않고 함부로 외국에 대해 전투행위를 하는 것이다.

VI. 외교상 기밀누설죄

제113조(외교상기밀의 누설) ① 외교상의 기밀을 누설한 자는 5년 이하의 징역 또는 1천만원 이하의 벌금에 처한다.

② 누설할 목적으로 외교상의 기밀을 탐지 또는 수집한 자도 전항의 형과 같다.

예, 외교상 기밀을 누설한 때 ⇨ 외교상 기밀누설죄가 된다.

예, 외교상의 기밀을 적국에 누설한 때 ⇨ 간첩죄가 된다.

2
chapter

국가의 기능에 대한 죄

<학습 길잡이>

본장은 재산에 대한 범죄, 통화 · 유가증권 · 문서에 관한 범죄와 더불어 출제빈도가 높다. 뇌물죄(수뢰죄 · 증뢰죄)는 추상적 위험범이라는 점과 뇌물의 개념, 사전 · 사후수뢰죄와 제3자 뇌물공여죄의 요건상 차이에 유의해야 한다. 공무집행방해죄에서는 공무집행의 적법성, 폭행 · 협박의 정도, 방해의사의 불필요에 유의해야 한다. 도주죄는 진정신분범이라는 점과 범인의 범위, 은닉 · 도피행위의 구체적 예를 정리해 둬야 한다. 위증죄에서는 진정신분범으로서 자수범이라는 점과 허위진술의 개념, 친족간 특례가 없다는 점에 유의한다. 증거인멸죄의 증거란 타인의 형사사건 또는 징계사건에 관한 것을 의미한다는 점과 인멸 이외의 다양한 행위태양을 기억한다. 무고죄는 추상적 위험범이자 목적범이라는 점과 허위사실의 개념, 사자 · 허무인무고와 승낙무고의 무고죄 성립여부 등을 정리한다.

제 1 절 공무원의 직무에 관한 죄

Ⅰ. 총 설

1. 의 의

공무원의 직무에 관한 죄란 공무원이 직무를 위배하거나 직권을 남용하거나 또는 뇌물을 수수함으로써 국가기능의 공정을 침해하는 것을 내용으로 하는 범

죄이다.[1]

2. 법적 성격

공무원의 직무에 관한 죄는 공무원이 범죄의 주체로 되는 신분범이며, 공무원의 직무와 관련된 범죄이므로 직무범죄라고도 한다.

3. 직무범죄의 종류 (경사승진)

1 일반직무범죄와 특수직무범죄

① 일반직무범죄(모든 공무원이 주체가 될 수 있는 직무범죄) : 직무유기죄(제122조), 직권남용죄(제123조), 공무상 비밀누설죄(제127조), 뇌물죄(제129조 내지 제134조)

② 특수직무범죄(특수한 지위에 있는 공무원만이 주체가 될 수 있는 직무범죄) : 불법체포 · 감금죄(제124조), 폭행 · 가혹행위죄(제125조), 피의사실공표죄(제126조), 선거방해죄(제128조)

2 직무위배죄 · 직권남용죄와 뇌물죄

① 직무위배죄 : 직무유기죄(제122조), 피의사실공표죄(제126조), 공무상비밀누설죄(제127조)

② 직권남용죄 : 직권남용죄(제123조), 불법체포 · 감금죄(제124조), 폭행 · 가혹행위죄(제125조), 선거방해죄(제128조)

③ 뇌물죄 : 단순수뢰죄(제129조 ①), 사전수뢰죄(제129조 ②), 제3자뇌물제공죄(제130조), 수뢰후부정처사죄(제131조 ①), 사후수뢰죄(제131조 ② · ③), 알선수뢰죄(제132조), 뇌물공여죄(제133조)

4. 직무범죄의 가중처벌

제135조(공무원의 직무상 범죄에 대한 형의 가중) 공무원이 직권을 이용하여 본장 이외의 죄를 범한 때에는 그 죄에 정한 형의 2분의 1까지 가중한다. 단 공무원의 신분에 의하여 특별히 형이 규정된 때에는 예외로 한다.

---

1) 직권남용죄는 개인자유, 신체완전성 등 개인적 법익도 보호하고 있다.

5. 공무원의 개념과 범위

[1] 개 념

공무원이란 법령에 의하여 공무(국가 또는 지방자치단체의 사무)에 종사하는 직원을 말한다.

[2] 범 위

① 고용직 공무원(청소부, 인부, 공원, 사환 등) : 단순한 기계적 · 육체적 노무를 직무내용으로 하므로 직무범죄의 주체에서 제외된다.

② 공법인의 직원 : 개별적으로 검토하여 행정기관에 준하는 공법인의 직원은 공무원에 속한다(통설 · 판례).

II. 직무유기죄

1. 직무유기죄

제122조(직무유기) 공무원이 정당한 이유없이 그 직무수행을 거부하거나 그 직무를 유기한 때에는 1년 이하의 징역이나 금고 또는 3년 이하의 자격정지에 처한다.

[1] 의의 및 주체

직무유기죄란 구체적인 직무수행의무가 있는 공무원이[2] 주체가 되며, 정당한 이유없이 그 직무수행을 거부하거나 유기함으로써 성립하는 부진정 부작위범이다.

직무유기죄는 국가기능을 보호법익으로 하며, 보호의 정도는 구체적 위험범설이 있으나[3] 추상적 위험범이라고 본다.[4]

2) 진정신분범 · 진정직무범 · 의무범 성격으로, 병가 중에 있는 공무원은 제외된다.
3) 백형구, 『형법각론』, 청림출판사, 1999, 651면.
4) 임웅, 『형법각론』, 법문사, 2012, 827면 ; 대판 1966.3.15, 65도984 ; 대판 1970.9.29, 70도1790 참조.
배종대 교수는 유기행위의 계속으로 위법상태가 존속하므로 상태범이라고 본다(배종대, 『

한편 폭력행위처벌법 제9조는 사법경찰관리 직무유기의 경우 1년 이상의 징역을 규정하고 있다.

2 행 위

본죄의 행위 내용은 정당한 이유없이 직무[5] 수행을 거부하거나 방임 포기 등 유기하는 것이다.[6] 따라서 직무집행을 수행한 이상 절차를 준수하지 않았거나 또는 내용이 부실한 것(예, 수사관이 허위내용의 진술조서작성, 공무원이 허위공문서를 작성한 경우 등)으로는 본죄는 성립하지 아니 한다. 즉 국가기능을 저해하고 국민에게 피해를 야기시킬 가능성이 있는 경우가 이에 속한다.[7]

경찰관이 장기간에 걸쳐서 여러 번 오토바이를 오토바이 가게의 운영자에게 보관시키고도 스스로 소유자를 찾아 반환하도록 처리하거나 이를 확인하지도 아니한 경우, 판례는 본죄의 성립을 인정하였다.[8]

3 주관적 구성요건

직무유기죄는 부진정 부작위범으로서 그 직무를 수행할 작위의무를 수행하지 않는 부작위의 상태가 계속하는 한 위법상태가 존재하므로[9] 본죄 성립의 주관적 구성요건으로서의 고의에는 직무수행을 거부하거나 유기한다는 인식과 의사만 있으면 되고 적극적 거동에 의하든 소극적 부작위에 의하든 불문한다.[10]

『형법각론』, 홍문사, 1994, 592면).

5) 공무원법상 본래직무(고유직무)로서 법령 또는 특별지시명령 등에 의한 것을 말한다. 따라서 부수적 파생적인 직무는 제외된다(예, 형사소송법상 고발의무 등).

6) 직무수행의 부실이나 단순한 직무태만(예, 근무중에 졸기)은 유기에 해당하지 아니하나, 의식적인 직무포기나 직장의 무단이탈은 직무유기죄가 된다.

7) 대판 1970.9.29, 70도1790 ; 이영란, 형법학 각론강의, 형설사, 2008, 753면 참조. 사법경찰관리가 직무집행의사로 위법사실을 조사하여 훈방하는 등 어떤 형태로든 직무집행행위를 하였다면 형사피의사건으로 입건수사하지 않았다고 하여 직무유기죄가 된다고 볼 수는 없다는 것 또한 판례의 입장이다(대판 2008.2.14, 2005도4202).

8) 대판 2002.5.17, 2001도6170

9) 본죄는 직무수행의 거부나 유기로 기수가 되나 이것이 계속되는 한 직무유기죄도 계속되는 계속범이다. 대판 1965.12.10, 65도826 ; 대판 1997.8.29, 97도675

10) 태만이나 착각 등의 경우에는 고의결여로 직무유기죄가 성립하지 아니 한다. 대판 1972.9.12, 72도1115 ; 대판 1983.12.13, 83도1157 ; 대판 1956.10.19, 4289형상244 ; 대판 2007.7.12, 2006도1390 참조.
직무유기의 범죄사실기재 실무사례는 중앙경찰학교, 수사, 수정사, 2011, 184면 참조.

2. 피의사실공표죄

제126조(피의사실공표) 검찰, 경찰 기타 범죄수사에 관한 직무를 수행하는 자 또는 이를 감독하거나 보조하는 자가 그 직무를 수행하면서 알게된 피의사실을 공소제기전에 공표한 때에는 3년 이하의 징역 또는 5년 이하의 자격정지에 처한다.

1 주체 및 객체·행위

피의사실공표죄란 검찰·경찰 기타 범죄수사에 관한 직무를 행하는 자 또는 이를 감독하거나 보조하는 자가[11] 주체가 되어(진정신분범) 그 직무를 행함에 당하여 지득한 피의사실(객체)을 진실과 허위여부를 떠나서 공판청구전(공소제기전)에 공표하는 행위를 말한다.[12]

따라서 본죄의 고의는 피의사실을 공판청구전에 공표한다는 인식이다. 즉 공소제기가 되었다고 믿고 피의사실을 공표한 경우에는 본죄의 고의는 없게 된다.[13]

본죄는 우리의 수사관행이 무죄추정의 원칙을 위반하는 경우가 많기 때문에 이를 지양하기 위하여 국가의 범죄수사권과 피의자의 인권을 그 보호법익으로 한다. 보호정도는 추상적 위험범이다.

2 위법성

위법성 문제에서 국가적 법익에 관한 죄이기 때문에 피해자의 승낙이 있더라도 본죄의 성립에는 영향이 없다. (경감승진) 다만 특정강력범죄처벌특례법에 따라 특정강력범죄사건에서 재범방지 등 공익을 위하여 피의자의 얼굴·나이·성명 등 신상정보를 공개하는 것은 정당행위로 위법성이 조각된다.[14]

수사기관의 피의사실 공표행위가 위법성을 조각하는지 여부에 대해서는 공표

---

11) 따라서 판사 법원서기 등은 주체에 해당하지 아니 한다.

12) 공표란, 불특정다수인에게 알리는 것을 말하며 그에 대한 인식은 요하지 않는다(추상적 위험범). 작위나 부작위로 가능하다. 다만 공소제기 후에 공표하는 것은 피의사실공표에 해당하지 않는다.

13) 정영일, 『형법각론』, 박영사, 2008, 733면.

14) 이에 대해 이재상 교수는 위법성이 조각되지 아니 한다는 입장을 취한다.

목적의 공익성과 공표내용의 공공성, 공표의 필요성, 공표된 피의사실의 객관성과 정확성, 공표의 절차와 형식, 그 표현방법, 피의사실의 공표로 인하여 생기는 피침해이익의 성질과 내용 등을 종합적으로 참작하여 판단할 문제라고 본다.

3. 공무상 비밀누설죄

제127조(공무상비밀의 누설) 공무원 또는 공무원이었던 자가 법령에 의한 직무상 비밀을 누설한 때에는 2년 이하의 징역이나 금고 또는 5년 이하의 자격정지에 처한다.

1 주체 및 객체

공무상 비밀누설죄란 공무원 또는 공무원이었던 자(주체)[15]가 자기 또는 타인의 법령에 의한 직무상 비밀을 누설한 경우를 말한다.

본죄의 보호법익은 공무상 비밀로 위협받는 국가기능이지, 비밀 자체가 본죄의 보호법익이 되는 것이 아니다.

본죄의 객체는 법령에 의한 직무상 비밀이다. 여기에서의 비밀은 특히 비밀로 할 것이 요구되는 사항에 한정된다는 것이 다수설의 입장이지만, 판례는 객관적이고 일반적인 견지에서 외부에 알려지지 않는 것이 국가에 상당한 이익이 되는 사항도 포함된다는 입장이다.[16]

감사원의 감사관이 기업의 비업무용 부동산보유실태에 관한 실질감사귀청 보고서를 공개한 것은 그 당시 부동산 투기가 심각한 사회문제로 대두되어 정부에서 토지공개념 도입 등의 대책을 강구하고 있었고 기업의 비업무용 부동산 보유실태에 관하여 국민의 관심이 집중된 상황 하에서 기업의 비업무용 부동산 보유실태가 공개되는 것이 국민 전체의 이익에 이바지한다고 할 수 있을 뿐 국가의 기능을 위협한다고 할 수 없으므로 그 보고서의 내용은 공무상 비밀에 해당하지 아니 한다(무죄).

15) 공무상 비밀누설죄는 신분범이지만, 외교상 기밀누설죄는 신분범이 아니다.
16) 비밀이란 실질적으로 그것을 비밀로서 보호할 가치가 있다고 인정할 수 있는 것이어야 한다(대판 1996.5.10, 95도780). 옷값대납사건의 내사결과보고서 내용이 비공지의 사실이기는 하나 실질상 비밀로서 보호가치가 있다고 인정할 수 없다(대판 2003.12.26, 2002도7339).

누설의 방법은 작위이든·직무상 비밀기재문서를 신문기자가 열람하도록 방치 묵인하는 부작위이든 그 제한이 없으나, 이미 알고 있는 자에게 알리는 것은 누설하는 행위에 해당하지 아니 한다.[17]

2 주관적 구성요건

본죄의 고의는 공무상 비밀을 누설한다는 인식이다. 따라서 공무상 비밀이 아니라고 오신하고 누설한 경우에는 고의가 없는 경우에 해당한다.

3 기수 시기

본죄는 추상적 위험범으로 누설행위의 종료로 기수가 된다.[18] 따라서 상대방이 이 비밀을 알 필요성을 요하지 아니 한다.

4 위법성

비밀누설로 위협받는 국가의 기능이 보호법익이므로 피해자의 승낙은 죄의 성립에 영향을 미치지 아니 한다. 그러나 정당한 근거에 의하여 이루어지는 비밀고지의 행위는 위법성이 조각된다(예, 공무원의 비밀누설이 공직자부패를 부패방지위원회에 신고하는 것인 경우에는 부패방지법 제25조에 근거한 정당행위).[19] 공무원이 차적을 조회하여 경찰단속차량임을 확인하여 주었어도 공무상 비밀누설로 벌할 수 없다(대판).

III. 직권남용죄

1. 직권남용죄

제123조(직권남용) 공무원이 직권을 남용하여 사람으로 하여금 의무없는 일을 하게 하거나 사람의 권리행사를 방해한 때에는 5년 이하의 징역, 10년 이하의

17) 경우에 따라서는 불능미수가 될 수 있다(김일수·서보학, 『형법각론』, 박영사, 2004, 802면).
18) 따라서 공무원인 자가 공무원채용시험문제를 수험생인 친구 아들에게 건네 준 경우, 수험생이 그 문제를 읽어보지 않았다고 하더라도 공무상 비밀누설죄의 기수가 되는 것이다.(경위승진)
19) 공무상 비밀을 공개하는 것이 국민전체의 이익에 부합하고 알권리 차원에서 요청도 있는 경우에는 위법성이 조각된다.

자격정지 또는 1천만원 이하의 벌금에 처한다.[20]

1 의의 및 주체

직권남용죄란 공무원(주체)[21]이 직권을 남용하여 사람으로 하여금 의무가 없는 일을 하게 하거나 사람의 권리행사를 방해하는 것을 말한다. 형식적 외형적으로 직무집행의 이름을 빌어 정당한 권한행사라 할 수 없는 위법한 조치를 행하면 직권남용이 된다.[22]

본죄의 성격에 관해서는 부진정신분범설[23]이 있으나, 국가기능의 공정을 보호법익으로 하는 점[24] 등에서 진정신분범이라고 본다.

국가기능의 공정한 행사를 보호법익으로 하며 미수처벌규정이 없다.

2 행위 및 기수시기

본죄의 행위에는 직권의 정당한 한계를 초과한 직권남용,[25] 의무가 없는 일을 하게 하는 것(예, 불법으로 과중한 납세의무의 부과),[26] 권리행사의 방해(예, 경찰관이 부당하게 영업정지를 명한 경우, 허가권자의 부당한 허가거부, 직권을 남용하여 도청장치를 한 경우) 등이 있다.[27]

---

20) 경찰이 경직법위반이나 직권남용으로 타인에게 해를 가하면 1년 이하 징역이나 금고 대상이 된다. 경직법 제12조 참조.

21) 성질상 명령이나 강제력을 수반할 수 있는 직무를 수행하는 공무원이다(예, 경찰 검찰 세관원 철도공안 근로감독관 집행관 등).

22) 그러나 일반적 직무권한과 무관한 행위나 단순히 지위를 이용한 부정행위는 본죄를 구성하지 아니 한다. 정영일, 『형법각론』, 고시계, 1991, 578면 참조.

23) 유기천, 『형법각론강의』 下, 일조각, 2012, 278면.

24) 대판 1978.10.10, 75도266 참조.

25) 경찰이 채무자를 체포한 경우 · 검찰이 친구부탁으로 채무자에게 채무이행을 권고한 경우 · 교직원이 공납금 미납 학생을 감금한 행위 등과 같이, 직무와 전혀 관련이 없거나 직무권한에 속하지 아니하는 사항에 대해서는 직권남용죄가 성립하지 아니한다.

26) 상대방에게 부담시키는 의무는 법률상 의무이면 되고 공법상의 것이든 사법상의 것이든 불문하나 도덕상 의무는 포함되지 아니한다.

27) 법무부 검찰국장인 피고인이 검찰국이 마련하는 인사안 결정과 관련한 업무권한을 남용하여 검사인사담당 검사 甲으로 하여금 2015년 하반기 검사인사에서 부치지청(지청장 밑에 차장검사가 없이 바로 부장검사가 있는 소규모 지청)에 근무하고 있던 경력검사 乙을 다른 부치지청으로 다시 전보시키는 내용의 인사안을 작성하게 함으로써 의무 없는 일을 하게 하였다고 하여 직권남용권리행사방해로 기소된 사안에서, 피고인이 甲으로 하여금 위 인사안을 작성하게 한 것을 두고 피고인의 직무집행을 보조하는 甲으로 하여금 그가 지켜야 할 직무집행의 기준과 절차를 위반하여 법령상 의무 없는 일을 하게 한 때에 해

기수시기는, 의무가 없는 일을 현실적으로 행하거나 권리행사가 현실적으로 방해되었을 때 본죄의 기수범가 된다고 보는 침해범설(대판)[28]이 있으나, 국가기능의 현실적인 침해를 요하지 않는다고 보는 추상적 위험범설이 타당하다고 본다.

3 주관적 구성요건

본죄가 성립하기 위해서는 직권을 남용하여 의무없는 일을 하게 하거나 권리행사를 방해한다는 주관적 구성요건인 고의가 있어야 한다. 따라서 접견업무를 담당하던 교도관이 접견신청에 대하여 행형법 소정의 필요한 용무가 있는 때에 해당하지 아니한다고 판단하여 그 접견신청을 거부하였다면 단지 접견신청거부 행위의 위법성에 대한 인식이 없었던 것에 불과한 것이 아니라 애초부터 직권남용에 대한 범의 자체가 없어 위 범죄를 구성하지 아니한다.[29]

2. 불법체포 · 감금죄

제124조(불법체포, 불법감금) ① 재판, 검찰, 경찰 기타 인신구속에 관한 직무를 행하는 자 또는 이를 보조하는 자가 그 직권을 남용하여 사람을 체포 또는 감금한 때에는 7년 이하의 징역과 10년 이하의 자격정지에 처한다.
② 전항의 미수범은 처벌한다.

1 의의 및 주체

불법체포감금죄란 재판·검찰·경찰 기타 인신구속에 관한 직무를 행하는 자(예, 교도소장, 항해 중에 있는 배의 선장) 또는 이를 보조(예, 사법경찰리, 검찰서기)하는 자(주체)[30]가 그 직권을 남용하여 사람을 체포 또는 감금하는 경

당한다고 보기 어렵다(대판 2019도11698).

정당의 회의가 있기 전에 정보과의 형사가 회의 장소에서 도청장치를 하다가 발각된 사건에 대해 검찰이 직권남용죄로 공소제기를 하였다. 문제는 권리행사의 방해가 있어야 기수인 데 그 직전에 발각된 바 미수로 처벌하여야 하나 본죄는 미수처벌규정이 없어서 주거침입죄로 처벌한 사례가 있다.

28) 오영근, 『형법각론』, 박영사, 2010, 895면 ; 대판 2002도3453 참조.

29) 종래에는 재정신청대상 범죄(직권남용죄 불법체포감금죄 폭행가혹행위죄 등)에 제한이 있었으나 2007년 형소법의 개정으로 재정신청의 대상이 모든 범죄로 확대되었다.

30) 민사소송법상 집행관도 강제력을 사용할 때에는 해당(대판 1969.6.24, 68도1218)한다고 하나, 집행관은 인신구속의 직무를 행하는 자가 아니어서 타당하지 않다고 본다.

우로 부진정신분범이다.[31]

본죄는 국가기능의 공정성과 국민의 인권을 보호법익으로 하며, 보호의 정도는 침해범이다.[32] 국가적 법익을 보호법익으로 하므로 피해자의 승낙이 있더라도 위법성이 조각되지 아니 한다.

2 행 위

본죄의 행위는 직권을 남용하여 사람을 체포(예, 경찰관이 사적인 감정을 풀기 위하여 영장없이 현행범이 아닌 자를 체포한 경우)·감금(예, 검사가 허위의 구속사유를 만들어 영장을 발부받아 사람을 구금하는 경우, 피해자가 경찰서 안에서 직장동료인 피의자들과 같이 식사도 하고 사무실내외를 드나들었다고 하더라도 피해자를 경찰서 밖으로 나가지 못하게 신체의 자유를 제한하는 유형 또는 무형의 억압한 경우)[33]하는 것이다. 만약 직권과 관계없이 체포·감금한 경우라면 일반체포감금죄(제276조)가 된다.

본죄의 고의는 사람을 불법으로 체포·감금한다는 인식이다.

불법감금은 부작위로도 할 수 있다(예, 구속기간의 만료로 인하여 구속영장이 실효된 피의자를 수사기관이 석방하지 아니한 경우, 무죄·면소·공소기각·벌금의 선고로 구속영장이 실효된 피고인을 검사가 석방하지 아니한 경우[34], 형기가 만료된 수형인을 교도관이 석방시키지 아니한 경우).

3. 폭행·가혹행위죄

제125조(폭행, 가혹행위) 재판, 검찰, 경찰 기타 인신구속에 관한 직무를 행하는

보조자란 범죄수사에 있어서 순경·헌병하사·검찰서기(보) 등과 같이 법령에 기한 직무상 보조자를 말하나, 현행범체포에 보조한 사인과 같이 사실상 보조하는 私人은 이에 포함되지 아니 한다. 사법경찰관의 직무를 행할 자와 그 직무범위에 관한 법률 참조.

31) 다수설과 달리 이재상 교수는 구속에 관한 국가기능의 공정을 보호하는 데 중점을 둔 독립된 특수범죄라는 견해를 취한다.

32) 본죄의 기수시기는 사람을 체포·감금한 때이며, 미수처벌규정이 있다. 본죄로 사람을 死傷에 이르게 하면 특정범죄가중처벌 등에 관한 법률 제4조의2가 적용된다.

33) 체포란 사람의 신체에 대한 사실적 지배를 설정하는 것이며, 감금이란 사람을 일정한 구획 장소에 유치하여 탈출을 불가능하게 하는 것을 말한다.

34) 형사소송법 제331조에 따라 선고와 동시에 구속영장이 실효되므로 검사는 즉석에서 석방을 지휘하여야 한다(이규호·이승준, 『맥형사소송법』, 서울고시각, 703면 ; 임동규, 『형사소송법』, 법문사, 2009, 643면).

자 또는 이를 보조하는 자가 그 직무를 행함에 당하여 형사피의자 또는 기타 사람에 대하여 폭행 또는 가혹한 행위를 가한 때에는 5년 이하의 징역과 10년 이하의 자격정지에 처한다.

1 주체 및 객체·행위

폭행가혹행위죄란 재판 검찰 경찰 기타 인신구속에 관한 직무를 행하는 자 또는 이를 보조하는 자가 주체가 되어 그 직무를 행함에 당하여[35] 형사피의자 또는 피고인·증인·참고인 등 기타 사람(객체)에 대하여 폭행[36] 또는 가혹행위[37](예, 장시간의 수면방해를 하거나 음식을 제공하지 않는 것, 피의자의 옷을 벗겨 수치심을 주거나 협박을 하여 자백을 요구하는 행위 등)를 하는 경우이다.[38] (경사승진)

2 보호법익 및 위법성

본죄는 인신구속에 대한 국가기능의 공정한 행사를 보호법익으로 보는 견해가 있으나[39] 수사단계에서 피의자·참고인·피고인·증인·피해자 등의 인권을 보장하는 것이 보호법익이라고 본다. 따라서 피해자의 승낙이 있더라도 위법성이 조각되지 아니 한다.[40]

본죄를 추상적이 위험범으로 보는 추상적 위험범설도 있으나,[41] 보호의 정도는 침해범이라고 본다.[42]

---

35) 직무를 행하는 기회에 있어서라는 의미로, 직권남용보다 넓은 개념이다. 직권남용이라는 표현대신에 직무를 행함에 당하여라고 한 것은 보다 포괄적인 의미를 나타내기 위한 것으로, 공무원이 폭행이나 가혹행위를 한 것은 처음부터 직무행위가 아니어서 직권남용이란 말이 부적합하기 때문이다. 따라서 직무를 행하는 기회에 폭행 등을 한 이상 개인적인 감정이나 욕망을 만족시키기 위한 것이라도 폭행가혹행위죄에 해당한다.

36) 사람의 신체에 대한 직간접인 유형력을 행사하는 것을 말한다(=협의의 폭행).

37) 정신적 육체적 고통을 주는 일체의 행위를 말한다.

38) 구금된 부녀를 강간한 경우에는 폭행가혹행위죄와 피구금부녀간음죄의 상상적 경합범이 된다. 폭행가혹행위죄를 범하여 사람을 사상에 이르게 하면 폭행가혹행위죄와 폭행치상죄의 상상적 경합범이 된다. 문귀동 경장이 여자피의자의 손목에 수갑을 채우고 추행한 경우 폭행가혹행위죄와 준강제추행죄의 상상적 경합이 된다(대판 1989.3.14, 88도2428).

39) 정성근·박광민, 『형법각론』, 삼지원, 2002, 727면.

40) 박재윤, 『고시형법연구』, 경진사, 1983, 72면.

41) 본죄는 목적범이 아니다.

42) 김일수, 『형법각론』, 박영사, 2001, 702면 : 박상기, 『형법각론』, 박영사, 2002, 635면.

4. 선거자유방해죄

제128조(선거방해) 검찰, 경찰 또는 군의 직에 있는 공무원이 법령에 의한 선거에 관하여 선거인, 입후보자 또는 입후보자가 되려는 자에게 협박을 가하거나 기타 방법으로 선거의 자유를 방해한 때에는 10년 이하의 징역과 5년 이상의 자격정지에 처한다.

1 의 의

선거방해죄란 검찰·경찰 또는 군의 직에 있는 공무원(不眞正身分犯)이 법령에 의한 선거에 관하여[43] 선거인·입후보자·입후보자가 되려는 자(객체)에게 협박을 가하거나 기타의 방법(행위)으로 입후보자유·선거운동자유·투표자유 등 선거의 자유(보호법익[44])를 방해한 경우를 말한다.[45]

입후보자가 되려는 자란 정당의 공천을 받으려는 자 또는 입후보등록절차를 밟고 있는 자와 같이 객관적으로 입후보의사를 밝힌 자를 말한다.

협박(해악을 고지하여 상대방에게 공포심을 일으키게 할 정도)은 예시에 불과한 행위이며, 방해의 수단과 방법에는 그 제한이 없다.[46]

2 기수시기

본죄는 선거의 자유를 방해할 위험성이 있는 행위를 함으로써 기수이고, 구체적인 방해결과의 발생을 요하지 아니하는 추상적 위험범(보호의 정도)으로[47] 미수범 처벌규정이 없다.

---

43) 여기의 선거란 법려에 의한 선거로, 공공단체의 선거라도 법령에 의하지 않거나 법령에 근거가 없는 경우에는 이에 해당하지 아니 한다.

44) 보호법익에 대해서는 이외에도 김일수 교수의 결합범설, 진계호 교수의 선거의 순정성보호설(진계호, 형법각론, 대왕사, 1996, 725면), 정성근 교수의 선거권 피선거권의 자유행사설 등이 있다.

45) 백형구 교수는 본죄의 행위규정이 추상적이어서 명확성의원칙에 위반된다고 한다.

46) 작위와 부작위를 구별하지 아니 한다.

47) 이에 대해 배종대 교수는 구체적 위험범설을 주장한다.

구 분	구성요건	미수	예비
직무유기죄	공무원이 정당한 이유없이 그 직무수행을 거부하거나 그 직무를 유기하는 것	×	×
피의사실 공표죄	검찰·경찰 기타 범죄수사에 관한 직무를 수행하는 자 또는 이를 감독하거나 보조하는 자가 그 직무를 수행하면서 알게된 피의사실을 공판청구전에 공표하는 것	×	×
공무상 비밀누설죄	공무원 또는 공무원이었던 자가 법령에 의한 직무상 비밀을 누설하는 것	×	×
직권남용죄	공무원이 직권을 남용하여 사람으로 하여금 의무없는 일을 하게 하거나 사람의 권리행사를 방해하는 것	×	×
불법체포 감금죄	재판·검찰·경찰 기타 인신구속에 관한 직무를 수행하는 자 또는 이를 보조하는 자가 그 직권을 남용하는 사람을 체포 또는 감금하는 것	○	×
폭행·가혹행위죄	재판·검찰·경찰 기타 인신구속에 관한 직무를 수행하는 자 또는 이를 보조하는 자가 그 직무를 수행하면서 형사피의자 또는 기타 사람에 대하여 폭행 또는 가혹한 행위를 가하는 것	×	×
선거방해죄	검찰·경찰 또는 군의 직에 있는 공무원이 법령에 의한 선거에 관하여 선거인·입후보자 또는 입후보자 되려는 자에게 협박을 가하거나 기타 방법으로 선거의 자유를 방해하는 것	×	×

Ⅳ. 뇌물죄

1. 총 설

뇌물죄란 공무원48) 또는 중재인이 그 직무에 관하여 대가로서 부당한 이득을 취하거나 이들에게 제공하는 범죄이다. 즉 수뢰죄와 증뢰죄가 있다.

여기에서 뇌물이란 공무원 또는 중재인이 직무에 관한 위법한 보수(부당 부정한 이익49))로서의 모든 이익으로 증뢰의 객체이자 수뢰의 수단이 된다.50) 따

48) 지방공사와 지방공단의 직원은 공무원으로 본다(대판 2001도6721). 도시정비업법상 정비사업조합의 임원도 공무원으로 보아야 한다(대판 2015도15798). 구 건축법 제4조 제1항의 건축위원회 위원은 공무원이 아니다(대판 2012도5692). 서울시 후생복지심의위원회 위원장에 의해 서울시청 구내식당 소속 시간제 종사원으로 고용된 자는 공무원이 아니다(대판 2011도12639).

49) 장차 예상되는 이익이나 조건부 이익도 무방하다. 다만 법령에 의한 봉급 수당 여비 정

라서 명절에 하는 단순한 사교적 의례는 뇌물이 아니지만 금액이 적더라도 직무행위와의 대가성이 있거나[51] 관습상 승인한도를 초과하는 다액의 금품이나 향응은 뇌물에 해당한다.[52]

직무란 공무원 또는 중재인이 그 직위에 따라 담당하는 일체의 사무로서 과거 또는 미래의 담당사무도 불문할 뿐만 아니라[53] 직무행위의 정당성여부나 적법여부 그리고 작위 부작위여부 또한 불문한다.[54]

직무에 관하여라는 것은 직무행위 뿐만 아니라 그와 밀접한 관계가 있거나 직무행위와 관련하여 사실상 처리하던 직무(예, 시청의 광산과장이 개인택시면허를 청탁받은 경우)도 포함된다.[55]

한편 전직과의 직무관련성 문제에 대해서는, 뇌물수수 시에 현재의 관하여 행하여지는 것이 수뢰죄의 요건이라는 점을 들어 부정설[56]을 취하는 견해가 있으나, 현재 뇌물과 관련된 직무를 담당할 것을 요하지 않는다는 점과 전직공무원이라고 하더라도 과거의 직무행위에 대한 공정과 이에 대한 사회신뢰를 보호할 필요가 있다는 점에서 긍정설이 타당하다고 본다.[57]

우리형법은 로마법에 따라 뇌물을 수수 요구 약속하면 직무상 의무위반과 관

당후원기부금, 기념품증정, 개인적인 친분자의 결혼식 축의금 등은 뇌물이 아니다.

50) 모든 이익이란 금전 물품 기타 재산상의 이익 뿐만 아니라 사람의 욕망을 충족시키기에 충분한 유형·무형의 이익을 포함한다(대판 2001.1.5, 2000도4714). 예, 융자기회 공여, 투기사업참여기회제공, 이성간의 성행위, 대가가 분명한 소액의 물건, 금전소비대차계약에 의한 금융이익, 시가앙등이 예상되는 주식을 액면가로 매수하게 하는 행위, 연대보증, 조합아파트가입권에 붙은 프리미엄, 해외여행 제공, 승진 등.

51) 백형구, 『형법각론』, 청림출판, 1999, 640면 이하 : 대판 2001.1.21, 99도4940 : 대판 1999.1.29, 98도3584 : 대판 1984.4.10, 83도1499 : 대판 1979.5.22, 78도296 참조. 경찰관이 재건축조합장직무대리에 대한 진정사건을 수사하면서 진정인측에서 재건축설계업체로 선정되기를 희망하던 건축사사무소대표로부터 금원을 수수한 경우에는 대가성이 인정된다(대판 2007.4.27, 2005도4204).

52) 성교도 뇌물에 해당한다(대판). 이영란, 『형법학각론강의』, 형설, 2008, 775면 : 이재상, 『형법각론』, 박영사, 1999, 633면 이하 참조.

53) 전직관련 수수는 뇌물이다.

54) 부작위의 예로는 수사경찰관의 수사중지, 세관공무원의 밀수 묵인 등이 있다.

55) 대판 1983.7.26, 82도1208 : 1996.6.14, 96도865 : 대판 1999.6.11, 99도275 : 신동운, 판례100선 형법각론1, 경세원, 1999, 163면 : 임웅, "수뢰죄의 본질과 구성요건", 고시연구(1992.12월), 84면 이하 참조.

56) 정영일, 『형법각론』, 박영사, 2008, 751면.

57) 배종대, 『형법각론』, 홍문사, 2003, 767면.

계없이 수뢰죄를 인정하는 것이 원칙이며 이에 따른 부정한 직무집행이 있으면 형을 가중함으로써 게르만법사상을 가미하고 있으므로, 본죄는 직무행위의 무상성(불가매수성)과 공정성을 그 보호법익으로 한다는 것이 종래판례의 입장이었으나[58] 최근에는 직무집행의 공정성과 이에 대한 사회신뢰 및 직무행위의 불가매수성이라고 판사하고 있다.[59] 보호의 정도는 추상적 위험범이라고 본다.[60]

수뢰와 증뢰죄의 관계에 대해서는 필요적 공범설,[61] 별개범죄설[62] 등이 있으나, 뇌물의 수수 공여 약속의 경우에는 수뢰와 증뢰죄가 필요적 공범관계이고 뇌물의 요구나 공여의사표시의 경우에는 양자가 별개의 독립범죄라는 구분설이 타당하다고 본다.

수뢰자와 증뢰자 사이에는 형법총칙의 공범규정이 적용되지 않으므로 공무원은 수뢰죄, 증뢰자는 증뢰죄로 처벌된다. 비신분자가 수뢰죄에 가담한 경우에는 비신분자는 수뢰죄의 공동정범·교사범·종범이 된다.

범인 또는 그 정을 아는 제3자가 받은 뇌물 또는 뇌물에 공할 금품은 몰수하되 몰수가 불가하면 그 가액을 추징한다(필요적 몰수 추징).[63] 다만 뇌물의 요구만 있는 경우에는 몰수할 수 없다.

몰수추징의 상대방문제는, 뇌물자체를 보관하다가 증뢰자에게 그 자체를 반환한 경우에는 증뢰자로부터 몰수추징하나, 뇌물을 소비하고 동일한 금액을 반환한 경우에는 뇌물 그 자체의 반환이 아니므로 몰수할 수 없고 수뢰자에게 추징한다. 수뢰자가 뇌물을 다시 제3자에게 공여한 경우에는 제1수뢰자로부터 전액 추징한다.

몰수추징의 방법은, 수인이 공동수수한 경우에는 각자가 실제 받은 금품을 몰수추징하나, 분배액이 불명확한 경우에는 평등하게 추징한다. 다만 정교는 추징할 수 없다.

---

58) 대판 1997.4.17, 96도3378 : 대판 1996.1.23, 94도3022 참조.

59) 대판 2001.1.21, 99도4940 : 배종대, 전게서, 823 : 임웅, 『형법각론』, 법문사, 2012, 851면 참조.

60) 미수범처벌규정이 없다. 경찰서장이 국토부장관에게 친지의 일을 부탁하고 그 사례금을 받아 부하직원의 후생비로 사용한 경우에도 수뢰죄가 성립한다.

61) 김성돈, 『형법각론』, 성균관대출판부, 2009, 713면.

62) 정영석, 『형법각론』, 법문사, 1985, 46면.

63) 가액산정 기준시기는 몰수불가 사유발생시이다(통설).

뇌물의 예	뇌물이 아닌 예
• 융자할 수 있는 기회의 공여(경장승진) • 투기적 사업에 참여할 기회제공 • 이성간의 정교나 성행위(법원서기보) • 대가관계가 분명한 소액의 물건 • 금전소비대차계약에 의한 금융이익 • 시가앙등이 예상되는 주식을 액면가로 매수하게 하는 것 • 조합아파트 가입권에 붙은 프리미엄 • 향응의 제공, 해외여행제공, 승진 • 수뢰가 공사현장이고 이를 인부식비로 사용해도 뇌물임	• 정당후원회원의 기부금 (법원서기보) • 범죄수사의 노고에 사례하기 위해 준 피해자의 기부금 • 환송회에서 술과 음식의 접대 • 친우관계로 세모에 준 금품 (경장승진) • 기념품의 증정 • 개인적 친분자의 결혼식 축의금 • 차비만원 받은 장학사 • 사회관습상 승인하는 한도 선물 • 추석 연말의 단순한 사교적 증여

종 류[64]	주 체	청 탁	부정한 행위
단순수뢰죄	공무원 또는 중재인	×	×
사전수뢰	공무원 또는 중재인이 될 자	청탁	×
제3자 뇌물공여죄	공무원 또는 중재인	부정한 청탁	×
수뢰 후 부정처사죄		×,청탁, 부정한 청탁	부정한 행위
부정처사 후 수뢰죄		×	부정한 행위
사후수뢰죄	공무원 또는 중재인이었던 자	청탁	부정한 행위
알선수뢰죄	공무원(중재인 ×)	×	×

2. (단순)수뢰죄

제129조(수뢰) ① 공무원 또는 중재인이 그 직무에 관하여 뇌물을 수수, 요구 또는 약속한 때에는 5년 이하의 징역 또는 10년 이하의 자격정지에 처한다.[65]

64) 단순수뢰죄는 '청탁'을 요건으로 하지 않는다. 사전수뢰죄와 사후수뢰죄는 '청탁'을 요건으로 한다. (경감승진, 법원서기보) 제3자 뇌물공여죄는 '부정한 청탁'을 요건으로 한다. (경위승진) 단순수뢰죄의 공무원은 현재 공무원의 지위에 있는 자만을 의미한다(법원서기보). 장래 공무원이 될 자는 사전수뢰죄의 주체이며, 공무원이었던 자는 사후수뢰죄의 주체이다.

65) 특가법 제2조 가중처벌 참조.

1 의 의

단순수뢰죄란 직무행위의 불가매수성과 공정성을 보호법익으로 하는 진정신분범으로 공무원[66] 또는 중재인[67]이 주체가 되어 그 직무에 관하여 영득의사로 뇌물(객체)을 수수,[68] 요구(청구),[69] 약속(합의)[70]한 행위를 말한다.

수수가 직무집행 전후임을 불문하며 상사의 승낙이 있더라도 본죄는 성립한다. 요구는 요구행위 자체만으로 기수범이 된다.[71]

장소 및 용도는 불문하며, 청탁유무 또한 단순수뢰죄의 성립과는 무관하다.

2 주관적 구성요건

본죄의 주관적 구성요건(고의)에는 뇌물이라는 점과 직무대가성이라는 점에 대한 인식이 요구되나,[72] 수뢰의 대가로서 어떠한 직무집행을 할 의사까지 요하는 것은 아니다.

3 타죄와 관계

타죄와의 관계를 보면, 뇌물을 요구 약속하고 수수한 경우에는 뇌물수수죄의 포괄일죄가 되고[73], 공무원이 직무집행 의사로 공갈하여 수수한 경우에는 단순

---

66) 전직 공무원(전직한 공무원이 전직전의 직무에 관해서 수뢰한 경우)이나 기한부 공무원은 본죄의 주체에 포함되지만, 상법상의 이사나 감사, 파산법상의 파산관재인이나 감사위원 등은 본죄의 주체에 해당하지 아니 한다. 공무원 중재인이 아닌 자도 본죄의 공동정범 교사범 종범이 될 수 있다. 한편 특정경제범죄가중처벌법 제5조 제1항은 금융기관의 임직원을 수뢰죄의 주체로 규정하고 있다.

67) 사실상의 중재만으로는 부족하고, 언론중재법 노동조합 및 노동관계조정법 등 法令에 의하여 중재직무를 담당한 중재위원을 말한다.

68) 용도(예, 부서의 후생비로 사용)는 불문(대판 1996.6.14, 96도865 ; 대판 1970.7.28, 70도824)하나, 영득의사를 요하므로 반환의사로 일시 받아 둔 것은 수수가 아니다(대판 1979.7.10, 79도1314). 물론 영득의사를 가지고 있다가 반환한 경우에는 수뢰죄가 된다. 무형의 이익은 이익을 현실로 받은 때에 수수가 된다.

69) 상대가 응했는지 여부나 현실적인 교부는 불문한다. 청구를 하는 때에 이미 기수가 된다.

70) 상대와 약속한 때에 기수가 되므로 나중에 약속한 대로 이행하지 않더라도 본죄는 성립한다.

71) 상대가 뇌물공여를 거절한 경우에도 뇌물요구죄가 된다.

72) 공무원이 대가적인 줄 알았으나, 관행성 허용한도내의 것이라고 오신하여 수령한 경우에는 법률의 착오문제가 된다.

73) 대판 2000.1.21, 99도4940 ; 대판 1967.10.31, 67도1123 참조.
동일인으로부터 연속하여 수회 수뢰한 경우에도 수뢰죄의 포괄일죄가 된다(대판

수뢰죄와 공갈죄의 상상적 경합이 된다. 공무원이 직무에 관하여 타인을 기망하여 재물을 교부받은 때에는 단순수뢰죄와 사기죄의 상상적 경합이 된다.[74] 공무원이 장물인 정을 알면서 수수하면 단순수뢰와 장물취득죄의 상상적 경합범이 된다.

3. 사전수뢰죄

제129조(사전수뢰) ② 공무원 또는 중재인이 될 자가 그 담당할 직무에 관하여 청탁을 받고 뇌물을 수수, 요구 또는 약속한 후 공무원 또는 중재인이 된 때에는 3년 이하의 징역 또는 7년 이하의 자격정지에 처한다.

1 의 의

사전수뢰죄란 공무원(예, 공무원발령대기자, 국회의원 입후보자 및 당선자, 당선만 한 상태에 있는 자) 또는 중재인이 될 자(주체)가 그 담당할 직무에 관하여 정당성여부를 떠나서 청탁을 받고[75] 뇌물을 수수·요구·약속한 후 공무원 또는 중재인이 된 경우를 말한다.[76]

2 객관적 처벌조건

공무원 또는 중재인이 된 때란 객관적 처벌조건으로, 그 인식은 요하지 아니한다.[77]

1999.1.29, 98도3584).

74) 대판 1985.2.8, 84도2625 ; 이영란, 형법학각론강의, 형설, 2008, 784면 이하 참조. 그러나 기망이 있다고 볼 수 없는 때에는 수뢰죄만 성립한다.
 공무원이 직무집행을 빙자하여 타인을 공갈한 후 재물을 교부받은 경우에는 공갈죄만 성립한다는 판례(대판 1969.7.22, 65도1166)에 대해, 임웅 교수는 직무집행의사여부에 따라 수뢰죄의 성립을 좌우하는 것은 부당하다고 한다.

75) 청탁이 명시적일 필요도 없고 청탁자체가 부정할 것을 요하는 것도 아니다. 대판 1999.7.23, 99도1911

76) 선거여론조사에서는 당선예상1위이어서 청탁받고 수뢰했는 데 낙선한 경우처럼 공무원으로 임명되지 않으면 처벌할 수 없다. 만약에 기소된 경우라면 형면제의 판결을 한다.

77) 고의의 대상이 아니라는 점에 대해 유기천 교수는 구성요건요소라고 한다(유기천, 형법학 각론강의 下, 일조각, 1981, 312면).

4. 제3자 뇌물공여죄

제130조(제3자뇌물제공) 공무원 또는 중재인이 그 직무에 관하여 부정한 청탁을 받고 제3자에게 뇌물을 공여하게 하거나 공여를 요구 또는 약속한 때에는 5년 이하의 징역 또는 10년 이하의 자격정지에 처한다.

1 의 의

제3자 뇌물공여죄란 공무원이나 중재인(주체)이 그 직무에 관하여 부정한 청탁(위법·부당한 청탁)을 받고 행위자와 공동정범외의 제3자에게[78] 뇌물을 공여하거나 공여를 요구·약속한 경우로 제3자가 받는 간접수뢰성격을 말한다.[79]

제3자가 뇌물을 현실적으로 수수할 것을 요하지 아니하며 제3자가 그 정을 알고 있느냐 여부도 본죄의 성립과 무관하다.[80]

2 부정한 청탁

위법·부당한 청탁을 말한다. 이 점에서 청탁의 부정을 요건으로 하지 않는 사전·사후 수뢰죄와 구별된다. (경감승진)

---

78) 교사자 방조자 간접정범의 도구도 제3자에 포함된다. 제3자가 뇌물수수를 거절하였어도 성립한다. 다만 처자나 생활관계를 같이하는 동거가족에게 제공하게 한 경우에는 제3자가 아니므로 단순수뢰죄가 된다. 공무원의 심부름꾼이나 대리인이 수뢰하는 경우에도 사회통념상 동일시 할 수 있다면 단순수뢰죄가 된다(대판 2004.3.26, 2003도8077 ; 대판 2002.4.9, 2001도7056).

79) 배종대 교수는 간접수뢰가 아닌 수뢰죄의 일정이라고 한다.

80) 어촌계장(뇌물공여자)이 공무원인 뇌물수수자(도 수산과장)가 제공한 명단 기재 대상자들에게 택배를 이용하여 뇌물수수자(수산과장)의 명의로 새우젓을 선물 발송한 사안에서, 뇌물공여자는 뇌물수수자가 지정한 자들에게 뇌물수수자의 이름으로 새우젓에 대한 배송업무를 대신하여 주었을 뿐이고 새우젓을 받은 사람들은 보낸 사람을 뇌물수수자로 인식하였으며, 뇌물공여자와 뇌물수수자 사이에 새우젓 제공에 관한 의사합치가 존재하고 위와 같은 제공방법에 관하여 뇌물수수자가 양해하였다고 보이므로, 이로써 뇌물공여자의 새우젓 출연에 의하여 뇌물수수자의 영득의사가 실현되어 단순뇌물공여죄 및 수수죄가 성립한다고 보아야 한다. 뇌물죄는 공여자의 출연에 의한 수뢰자의 영득의사의 실현으로서, 공여자의 특정은 직무행위와 관련이 있는 이익의 부담 주체라는 관점에서 파악하여야 할 것이므로, 금품이나 재산상 이익 등이 반드시 공여자와 수뢰자 사이에 직접 수수될 필요는 없다(대판 2017도12389).

5. 수뢰후 부정처사죄

제131조(수뢰후부정처사) ① 공무원 또는 중재인이 전2조의 죄를 범하여 부정한 행위를 한 때에는 1년 이상의 유기징역에 처한다.

1 의 의

수뢰후 부정처사죄란 수뢰한 공무원 또는 중재인(주체)이 나중에 직무에 위배되는 부정행위를 한 경우[81]에 성립하는 수뢰행위와 부정행위의 결합범(죄)이다.

뇌물의 수수 요구 약속과 부정행위 사이에는 불법한 대가관계가 요구된다.

2 부정한 행위

부정행위에는 다시 수사기록의 일부 파기 · 입찰업무 종사자의 응찰자에 최고가 고지 · 세금 감면 행위 등 작위에 의한 부정행위와 경찰관의 범죄 묵과 및 도주피의자 묵과 · 피의자의 요청에 따른 증거품압수의 포기 · 위원의 회의 불참 등 부작위에 의한 부정행위가 있다.

3 타죄와 관계

단순수뢰 · 사전수뢰 · 제3자뇌물제공과 본죄의 관계는 법조경합 중 특별관계로, 수뢰후 부정행위를 하면 수뢰후부정처사죄만 성립한다.

부정한 행위가 허위공문서작성죄 · 공용서류무효죄 · 간수자 도주원조죄를 구성하면 본죄와 상상적 경합범이 된다.[82]

6. 사후수뢰죄

제131조(사후수뢰) ② 공무원 또는 중재인이 그 직무상 부정한 행위를 한 후 뇌물을 수수, 요구 또는 약속하거나 제3자에게 이를 공여하게 하거나 공여를 요구 또는 약속한 때에도 전항의 형과 같다.

③ 공무원 또는 중재인이었던 자가 그 재직 중에 청탁을 받고 직무상 부정한 행위를 한 후 뇌물을 수수, 요구 또는 약속한 때에는 5년 이하의 징역 또는 10

81) 위법 부당 뿐만 아니라 직권남용 재량권의 일탈 남용도 포함된다. 직무외의 私的 行爲에 대해서는 수뢰 후 부정처사죄가 성립하지 아니 한다.

82) 대판 1983.7.26, 83도1378 참조.

년 이하의 자격정지에 처한다.

1 제131조 제2항의 죄(부정처사후 수뢰죄)

현재 공무원 또는 중재인의 지위에 있는 자가 먼저 부정한 행위를 한 후에 뇌물을 수수하는 등의 수뢰행위를 함으로써 성립하는 범죄로 수뢰후부정처사죄와 대칭되는 부정처사 후 수뢰죄이다.

2 제131조 제3항의 죄(사후수뢰죄)

과거에 공무원 또는 중재인이었던 자가 재직중에 청탁을 받고 부정한 행위를 한 후 퇴직한 다음에 수뢰하는 경우(예, 교통경찰관 甲이 교통사건 수사 중에 중소기업사장 乙의 부정한 청탁을 받고 원하는 대로 해결해 준 후 나중에 퇴직하고 찾아가서 뇌물을 요구하는 경우)에 성립하는 사후수뢰범죄로, 사전수뢰죄와 대칭된다.

7. 알선수뢰죄

제132조(알선수뢰) 공무원이 그 지위를 이용하여 다른 공무원의 직무에 속한 사항의 알선에 관하여 뇌물을 수수, 요구, 약속한 때에는 3년 이하의 징역 또는 7년 이하의 자격정지에 처한다.

1 의 의

알선수뢰죄란 영향력이 있는 공무원이[83] 주체가 되어 그 지위를 이용하여[84] 당해 공무원이 아닌 다른 공무원의 직무에 속한 사항[85]의 알선에 관하여[86] 뇌

83) 반드시 상하관계나 감독관계이거나 같은 부서일 것을 요하는 것이 아니고, 법률상 또는 사실상 영향력을 미칠 수 있는 지위의 공무원을 말한다(대판 1995.1.15, 94도2687 ; 대판 1982.6.8, 82도403 ; 김용세, "뇌물죄의 보호법익과 구성요건의 체계", 형사법연구 제8호, 1992.12월, 85면 이하 참조). 따라서 중재인은 제외된다. 한편 변호사법 제111조와 특정범죄가중처벌법 제3조는 비공무원의 알선수재죄를 규정하고 있다.

84) 단순히 공무원의 신분만 있으면 족하다는 의미라고는 할 수 없으며, 친구나 친척의 지위를 이용하는 것은 여기에 해당하지 아니 한다.

85) 과거 현재를 불문하며, 직무의 정당성여부를 불문하고, 청탁유무 역시 불문한다. 작위 부작위 또한 불문하며 자유재량에 속하는 사항·정당한 직무에 속하는 사항도 포함한다. 대판 1992.5.8, 92도532 참조.

86) 명함이나 소개장에 선처바람이라고 적어 교부하는 경우 등 알선방법에는 제한이 없다.

물(직무대가가 아닌 알선의 대가)을 수수·요구·약속한 경우를 말한다.[87]

직무의 공정성을 보호법익으로 하며, 간접적이라고 할지라도 이로 인하여 직무의 공정성을 해하게 된다는 점을 고려하여 자기의 직무에 관한 수뢰와 같이 처벌하려는 데 그 입법취지가 있다.

2 행 위

지위이용의 범위에 관하여는 다른 공무원의 지위에 일반적 또는 구체적으로 영향을 미칠 수 있는 관계에 있어야 한다는 설[88]과 직무의 공정성을 보장하기 위하여 제한없이 공무원의 지위를 넓게 인정해야 한다는 설[89]의 대립이 있으나, 대법원은 경찰국 면허계 기능반 경찰공무원이 관할내의 자동차운전면허 발급담당공무원의 직무에 관하여 알선한 사건에서 다른 공무원이 처리하는 사무처리에 법률상 사실상 영향을 줄 수 있는 관계에 있는 공무원이 그 지위를 이용하는 경우라고 판시한 바 있다.[90] 생각건대 다른 공무원에게 영향을 미칠 수 없는 경우까지 지위를 이용하였다고 보기는 어려우므로 이재상 교수의 견해가 타당하다고 본다.

지위이용의 경우로는 법원장의 예비법관 직무에 대한 관계·수사과장이 시청 건설과장에게 친구 일을 부탁하고 사례비를 받아 부하직원 후생비로 사용한 사례·검사가 후배검사에게 친구 일을 부탁하고 사례비를 받아 사무실 운영비로 사용한 사례·다른 세무서의 징세계장이 후임세무서직무에 관하여 알선하고 뇌물을 수수·요구·약속한 사례 등이 있다.[91]

여기서의 알선이란 일정한 사항을 중개하여 교섭이 성립하도록 편의를 제공하는 것으로, 청탁유무와 관계없이 가능하며, 알선행위는 장래의 것이라도 불문

다만 직접적인 알선행위를 요하지는 아니 한다. 한편 장래 알선행위의 경우에는 현실적으로 그 알선행위가 행하여지지 않더라도 알선수수뢰죄의 성립에는 영향이 없다.

87) 알선과 뇌물간에는 알선행위의 보수 즉 대가관계가 있어야 한다. 진정한 실비는 보수로서의 뇌물이 아니다.

88) 이재상, 전게서, 647면 이하 참조.

89) 정영일, 전게서, 769면 이하 참조.

90) 대판 2001.10.12, 99도5294 ; 대판 1995.1.12, 94도2687 참조.

91) 단순한 사적관계 이용·지위이용이 아닌 개인자격의 부탁·검찰주사의 검사의 직무·군청직원의 도지사의 직무에 대해서는 영향을 미치기 어렵다고 보아 지위이용이 부정되고 있다.

한다. 정당한 직무행위에 대한 알선도 무상성의 침해이므로 알선수뢰죄에 해당한다.

알선수뢰한 금품 중 일부를 알선대상인 다른 공무원에게 증뢰한 경우에는 본죄와 증뢰죄의 경합범이 된다.

공무원에 한하며 중재인은 제외된다. 여기서의 공무원은 그 지위를 이용하여야 하므로 적어도 직무를 처리하는 공무원과 직접·간접으로 연관관계를 가지고 법률상 또는 사실상 영향을 미칠 수 있는 공무원을 말한다.

지휘이용이 인정되는 경우의 예 ⇨ 알선수뢰죄 ○	지위이용이 부정되는 경우의 예 ⇨ 알선수뢰죄 ×
• 수사과장 甲이 시청건설과장 乙에게 친구 丙의 일을 부탁하고 그 사례금으로 100만원을 받아 전액 부하직원 후생비로 사용한 경우 (경위승진) • 검사 甲이 후배검사에게 친구의 일을 부탁하고 그 사례금을 받아 사무실운영비로 사용한 경우 • 법원장의 예하법관의 직무에 관한 관계 • 다른 세무서에서 징세계장으로 근무하는 징세계장이 후임 징세계장에 관하여 알선하고 뇌물을 수수, 요구 또는 약속한 경우	• 군청건설과 농림계 공무원의 도지사의 직무 • 검찰주사의 검사의 직무 단순히 사적관계를 이용한 경우(단순한 친구 친척 사이) • 지위를 이용하지 않은 개인자격의 부탁 • 직무와 관계없는 사항을 교섭하고 금품을 수수한 경우

8. 뇌물공여 등 죄(증뢰죄, 뇌물전달죄)

제133조(뇌물공여등) ① 제129조 내지 제132조에 기재한 뇌물을 약속, 공여 또는 공여의 의사를 표시한 자는 5년 이하의 징역 또는 2천만원 이하의 벌금에 처한다.

② 전항의 행위에 제공할 목적으로 제3자에게 금품[92]을 교부하거나 그 정을 알면서 교부를 받은 제3자도 전항의 형과 같다.

1 의 의

뇌물공여죄란 직무와 관련하여 뇌물을 약속·공여 또는 공여의 의사를 표시

92) 아직 뇌물성을 구비하지 못했어도 성립한다는 의미이다.

하거나 이에 공할 목적으로 제3자(공무원·중재인과 동거하는 가족 제외)에게 금품을 교부(목적범)하거나 그 정을 알면서 교부받아 성립하는 범죄이다.[93]

따라서 현실적으로 취득하지 않았더라도 상대방이 취득할 수 있는 상태 하에 두면 수뢰죄에는 해당하지 않더라도 뇌물공여죄는 성립한다.

본죄는 비신분범으로 공무원도 주체가 될 수 있다.

2 행 위

뇌물의 약속·공여·공여의 의사표시를 하거나 제3자에게 교부하거나 교부를 받는 것이다. (법원서기보)

공여란 뇌물을 취득하게 하는 것으로, 수수할 수 있는 상태에 두면 족하며, 현실적으로 취득하는 것을 요하지는 아니 한다. 공여의 의사표시는 상대방에게 뇌물을 제공하겠다는 일방적인 의사표시로서, 명시·묵시를 불문한다.

3 타죄와 관계

타죄와의 관계를 보면, 일개의 행위로 수인의 공무원에게 증뢰하면 증뢰죄의 상상적 경합범이 되고, 약속이나 공여의 의사표시를 한 후에 뇌물을 공여한 경우에는 공여죄 일죄가 된다.[94] 알선 의사없이 알선해 준다고 속여 타인으로 하여금 뇌물을 교부하게 하면 무대가성으로 사기죄만 성립하나, 알선 의사가 있으면서 그 내용에 관하여 타인을 기망하여 재물을 교부하게 한 때에는 사기죄와 알선수뢰죄의 상상적 경합범이 될 것이다.

알선수뢰를 범한 공무원이 수뢰한 뇌물을 다른 공무원에게 공여한 경우에는 알선수뢰죄와 뇌물공여죄의 실체적 경합범이 된다.

---

93) 제3자가 금품을 수뢰할 자에게 전달했는지는 뇌물공여죄의 성립에는 영향이 없다(대판 1997.9.5, 97도1572). 만약 제3자가 뇌물을 전달하지 아니하고 취득한 경우가 발생하더라도 이는 자기 소유가 되어서 횡령죄가 성립되지 아니 하며(형법상 무죄) 불법원인급여 문제가 된다.

94) 수뢰죄가 무죄가 되더라도 증뢰죄는 성립될 수 있다.

구 분	구성요건	미수	예비
수뢰죄	공무원 또는 중재인이 그 직무에 관하여 뇌물을 수수·요구 또는 약속하는 것		
사전수뢰죄	공무원 또는 중재인이 될 자가 그 담당할 직무에 관하여 청탁을 받고 뇌물을 수수·요구 또는 약속한 후 공무원 또는 중재인이 된 때에 성립하는 범죄		
제3자 뇌물공여죄	공무원 또는 중재인이 그 지묵에 관하여 부정한 청탁을 받고 제3자에게 뇌물을 공여하게 하거나 공여를 요구 또는 약속하는 것		
수뢰후 부정처사죄	공무원 또는 중재인이 수뢰죄·사전수뢰죄 또는 제3자 뇌물공여죄를 범하여 부정한 행위를 하는 것		
부정처사 후 수뢰죄	공무원 또는 중재인이 그 직무상 부정한 행위를 한 후 뇌물을 수수·요구 또는 약속하거나 제3자에게 이를 공여하게 하거나 공여를 요구 또는 약속하는 것		
사전수뢰죄	공무원 또는 중재인이었던 자가 그 재직 중에 청탁을 받고 직무상 부정한 행위를 한 후 뇌물을 수수·요구 또는 약속하는 것		
알선수뢰죄	공무원이 그 지위를 이용하여 다른 공무원의 직무에 속한 사항의 알선에 관하여 뇌물을 수수·요구 또는 약속하는 것		
증뢰죄 등	뇌물을 약속·공여 또는 공여의 의사를 표시하거나, 이러한 행위에 공할 목적으로 제3자에게 금품을 교부하거나 그 사정을 알면서 교부를 받는 행위를 하는 것		

제 2 절 공무방해에 관한 죄

I. 총 설

공무방해에 관한 죄는 국가 또는 공공기관이 행사하는 기능을 방해하는 것을 내용으로 하는 범죄를 말한다.

국가 또는 공공기관의 기능적 작용으로서의 공무 그 자체를 보호법익으로 하며, 보호정도는 추상적 위험범으로서의 보호이다.[95]

95) 공무원에 대한 폭행 협박만 있으면 즉시 기수가 된다. 즉 방해의 결과를 요하지 아니한다.

II. 공무집행방해죄

제136조(공무집행방해) ① (적법한)직무를 집행하는 공무원에 대하여 (광의)폭행 또는 협박한 자는 5년 이하의 징역 또는 1천만원 이하의 벌금에 처한다.

1. 의 의

직무를 집행하는 공무원에 대하여 폭행 또는 협박함으로써 성립하는 범죄이다.

2. 주 체

제한이 없다. 직무집행행위의 상대방이건 제3자이건 불문하여 공무원도 주체가 될 수 있다.

3. 객 체

직무를 집행하는 공무원이다.

1 공무원

청원경찰(청원경찰법), 파출소근무 방범대원(지방공무원법), 공소유지변호사(형소법 제265조 ③)도 포함된다.[96] 그러나 외국의 공무원은 제외된다.

2 직무집행

공무원이 직무상 취급할 수 있는 일체의 사무를 처리하는 것을 말한다.

직무집행은 법령에 의하건 공무소의 명령에 의하건 불문하며, 권력적 작용에 제한할 필요도 없다. (경위승진)

본죄는 직무를 집행하는 공무원에 대해서만 가능하므로, 공무원이 현재 구체적인 직무를 집행하고 있어야 한다. 직무집행에 착수하기 전의 준비행위, 직무집행의 대기, 일시휴식도 직무집행에 포함된다. 다만 단순히 직무집행이 예상된다는 것(예, 공무원의 출근행위)만으로는 직무집행에 해당한다고 할 수 없다.[97]

96) 1999년도 대법원은 노원구의 주차단속 공무원 폭행도 본죄를 인정한 바 있다.

3 직무집행의 적법성

직무집행은 적법한 것이어야 한다.[98)]

① 적법성의 요건

직무집행행위가 당해 공무원의 추상적 · 일반적 직무권한에 속해야 한다.

당해 공무원이 직무집행에 관하여 구체적 권한이 있어야 한다.

직무집행이 법령이 정한 방식과 절차에 따른 것이어야 한다.

적법성의 판단[99)]에 대하여 학설대립이 있으나, 판례는 일반인의 입장에서 공무집행 행위로 인정할 수 있을 때 적법하다고 하는 일반인표준설[100)]에 입각하고 있다. 공무집행 행위당시의 구체적인 상황에 기하여 객관적 · 합리적으로 적법성을 판단해야 하며(객관설), 사후적으로(재판시를 기준으로) 판단해서는 안 된다.

적법한 공무집행의 예	적법한 공무집행이 아닌 예
• 공무원의 내부적 사무분담(교통경찰관이 불심검문을 하는 경우) ⇨ 적법한 직무집행 • 경찰관의 임의동행의 요구에 대하여 폭행한 경우 ⇨ 공무집행방해죄 (9급 검찰) • 피고인이 도주하는 방법으로 차량 블랙박스 활인을 위한 임의동행 요구를 거부하였더라도 이미 착수한 음주측정에 관한 직무를 계속하기 위하여 피고인의 도주를 제지하는 것은 도로교통법상 음주측정에 관한 일련의 직무집행 과정에서 이루어진 행위로써 정당한 직무집행	• 경찰이 조세를 징수하거나 사법상의 분쟁해결에 관여한 경우, 법관이 수사상의 강제처분을 하는 경우 ⇨ 적법한 직무집행 × • 임의동행 요구를 거절하거나 불응한 자를 현행범이 아닌데도 체포하려고 하자 이를 제지하기 위하여 폭행 · 협박을 한 경우 ⇨ 공무집행방해죄 × • 사법경찰관이 현행범이 아닌 자를 법원의 영장도 없이 체포하려고 그의 집에 강제로 들어오려는 것을 폭행 · 협박으로 제지한 경우 ⇨ 공무집행방해죄 ×

97) 따라서 출근 중인 경찰에 대한 폭행은 단순폭행죄가 된다.

98) 위법한 직무집행 직권남용에 대해서는, 정당방위가 가능하다.

99) 적법성 판단기준에는 주관설과 절충설이 있으나, 법원이 법령을 해석하여 객관적으로 판단해야 한다고 보는 객관설이 통설의 입장이다. **판례는 일반인 표준설**을 취한다(대판 2011도4763).

100) 공무집행방해죄는 공무원의 적법한 공무집행이 전제로 되는데, 추상적인 권한에 속하는 공무원의 djEJ ㅏㄴ 공무집행이 적법한지 여부는 행위 당시의 구체적 상황에 기하여 객관적 · 합리적으로 판단하여야 하고 사후적으로 순수한 객관적 기준에서 판단할 것은 아니다. 마찬가지로 현행범 체포의 적법성은 체포 당시의 구체적 상황을 기초로 객관적으로 판단하여야 하고, 사후에 범인으로 인정되었는지에 의할 것은 아니다(대판 2011도4763)

에 해당한다. 음주운전 신고를 받고 출동한 경찰관이 만취한 상태로 시동이 걸린 차량 운전석에 앉아 있는 피고인을 발견하고 음주측정을 위해 하차를 요구함으로써 도로교통법(제44조 제2항)이 정한 음주측정에 관한 직무에 착수하였다고 할 것이고, 피고인이 차량을 운전하지 않았다고 다투자 경찰관이 지구대로 가서 차량 블랙박스를 확인하자고 한 것은 음주측정에 관한 직무 중 '운전' 여부 확인을 위한 임의동행 요구에 해당하고, 피고인이 차량에서 내리자마자 도주한 것을 임의동행 요구에 대한 거부로 보더라도, 경찰관이 음주측정에 관한 직무를 계속하기 위하여 피고인을 추격하여 도주를 제지한 것은 도로교통법상 음주측정에 관한 일련의 직무집행 과정에서 이루어진 행위로써 정당한 직무집행에 해당한다(대판 2020도7193).	

4. 행위(폭행 · 협박)

1 폭 행

공무집행중인 공무원에 대한 직접 · 간접적 유형력의 행사를 말한다(광의의 폭행). 따라서 공무원의 보조자나 물건에 대한 유형력의 행사라도 간접적으로 공무원에 대한 유형력의 행사가 되면(예, 파출소 바닥에 인분을 던지고 재떨이에 인분을 담아 바닥에 던지는 행위) 본죄가 성립한다. (9급 검찰, 경위승진)

2 협 박

공무집행중인 공무원에게 공포심을 야기할 목적으로 해악을 고지하는 것을 말한다(=광의의 협박).

3 폭행 · 협박의 정도

공무원의 직무집행을 방해할 수 있는 정도여야 한다. 따라서 공무원이 개의치 않을 정도의 경미한 폭행 · 협박이나 소극적인 거동 · 불복종(예, 체포당하지 않으려고 손을 뿌리치고 도주하는 경우, 체포를 방해하려고 누워 있는 경우, 공무

원의 출입을 막기 위하여 문을 열어주지 않거나 풀려진 맹견을 묶지 않는 경우)은 제외된다. (9급 검찰)

④ **기수시기**

폭행 · 협박이 가해짐으로써 기수가 되고, 직무집행이 현실적으로 방해될 것을 요하지 않는다(추상적 위험범). (경위승진)

5. 주관적 구성요건(고의)

고의의 내용은 상대방이 공무원이고 직무집행중이라는 사실 및 이에 대해 폭행 · 협박을 가한다는 인식 · 인용이다. 따라서 상대방이 공무원임을 모르거나 혹은 공무원임은 알았으나 직무집행중임을 모르고 폭행 · 협박한 경우에는 본죄는 성립하지 않는다(폭행 · 협박죄만 성립). 그러나 고의 이외에 공무집행의 방해의사는 필요하지 않다. (경위승진)

6. 죄수 및 타죄와의 관계

① 죄수 결정 : 동일한 공무를 집행하는 여러 명의 공무원을 동시에 폭행한 경우

통설 : 공무의 수를 기준으로 죄수를 결정 ⇨ 1개의 공무집행방해죄

판례 : 공무원의 수를 기준으로 결정 ⇨ 수죄의 상상적 경합

② 폭행 · 협박은 법조경합으로 본죄에 흡수되나(예, 순찰 중인 경찰을 폭행한 경우, 공무집행방해죄만 성립), 상해죄 · 살인죄 · 강도죄 · 소요죄와는 상상적 경합이 된다(예 : 순찰 중인 경찰을 폭행하여 상해를 입힌 경우, 공무집행방해죄와 폭행치상죄의 상상적 경합). (경위승진, 법원서기보)

③ 공무는 업무방해죄의 업무가 아니므로, 본죄가 성립하면 업무방해죄는 성립되지 아니한다.

III. 직무강요 · 사직강요죄

제136조(공무집행방해) ② 공무원에 대하여 그 직무상의 행위를 강요 또는 저지[101]하거나, 그 직을 사퇴하게 할 목적으로 폭행 또는 협박한 자도 전항의 형과 같다.

1. 법적 성격

공무원의 장래의 직무집행 이외에 그 직무상의 지위의 안전도 보호법익으로 한다. 보호정도는 추상적 위험범으로서의 보호이다.

2. 공무집행방해죄와의 차이

구 분	공무집행방해죄	직무 · 사직강요죄
보호대상	현재의 직무집행	장래의 직무집행
행위객체	직무집행중인 공무원	공무원
주관적 요소	고의	고의 · 목적

3. 객체(공무원)

공무집행중의 공무원뿐만 아니라 장래에 직무를 집행할 공무원도 포함된다.

4. 주관적 구성요건

고의 이외에 직무상의 행위를 강요 · 저지하거나 그 직을 사퇴하게 할 목적이 있어야 한다(목적범). 공무방해의사는 요하지 않는다.

101) 공무원에게 부작위처분을 하게 하는 것을 말한다.

Ⅳ. 위계에 의한 공무집행방해죄

제137조(위계에 의한 공무집행방해) 위계로써 공무원의 직무집행을[102] 방해한 자는 5년 이하의 징역 또는 1천만원 이하의 벌금에 처한다.

1. 행 위

위계(타인의 부지 착오를 이용하는 행위)로써 직무집행을 방해하는 것이다.

1 위 계

목적달성을 위하여 타인의 부지 또는 착오를 이용하는 일체의 행위를 말한다.

위계의 수단 · 방법에는 제한이 없다(기망이나 유혹, 공연 · 비밀을 불문).

위계의 상대방은 직무담당공무원뿐만 아니라 제3자를 기망하여 공무원의 직무를 방해하는 경우도 포함된다.

위계에 의한 공무집행방해죄 ○	위계에 의한 공무집행항해죄 ×
• 입학고사문제를 사전에 입수하여 미리 알고 응시한 경우 • 음주사고시 혈액바꿔치기(2003 대판) • 감독관의 눈을 피하여 답안쪽지를 전달한 경우 (9급 검찰) • 운전면허시험에 대리응시한 경우 • 자격시험 응시자격을 증명하는 수료증명서를 허위작성 제출한 경우 • 허위사실의 신고, 진술	• 수사기관에 대하여 피의자 또는 참고인으로서 한 허위진술 또는 목적없이 허위신고를 한 경우 • 행정관청에 대한 허가출원사유에 허위신고를 한 경우(경감승진) • 전화가입청약순위에 관하여 허위신고를 한 경우 • 생활이 궁해 직장 구하려고 간첩이라고 허위 자수 • 자가용 운전자가 사고낸 후 영업용으로 냈다고 허위신고한 경우

2 공무집행방해

본죄는 추상적 위험범이므로 방해의 (결과가 현실적으로 발생할 필요는 없고) 그 위험성만 있으면 (기수) 성립된다.

102) 2003년도 판례에 의하면 비권력적 작용도 포함한다.

2. 주관적 구성요건

공무집행방해죄와 달리 고의 외에 공무집행방해 의사가 있어야 한다(판례[103]). 그 이유는 공무집행방해의 구체적 위험이 객과넉 구성요건요소인 한 인식과 의욕의 대상이 되어야 하기 때문이다.

구 분	공무집행방해의 수단	객체(행위대상)	공무방해 의사	목적범
공무집행방해죄	폭행 · 협박	직무집행중인 공무원	불요	×
위계에 의한 공무집행방해죄	위계	직무집행중인 공무원+장래 직무집행이 예상되는 공무원	필요	×
직무 · 사직강요죄	폭행 · 협박	직무집행중인 공무원+장래 직무집행이 예상되는 공무원	불요	○

V. 법정모욕죄 · 국회회의장모욕죄

제138조(법정 또는 국회회의장모욕) 법원의 재판 또는 국회의 심의를 방해 또는 위협할 목적(=목적범)으로 법정이나 국회회의장 또는 그 부근에서 모욕 또는 소동한 자는 3년 이하의 징역 또는 700만원 이하의 벌금에 처한다. (경장승진)

VI. 인권옹호직무방해죄

제139조(인권옹호직무방해) 경찰의 직무를 행하는 자 또는 이를 보조하는 자(예, 일반 및 특별 사법경찰관리. 단, 헌병 제외)가 인권옹호에 관한 검사의 적법한 직무집행(예, 구속장소감찰)을 방해하거나 그 명령을 준수하지 아니한 때(예, 검사가 불법구속자를 즉시 석방토록 경찰에 지시했으나 구속시킨 경우)에는 5

103) 등기신청은 단순한 '신고'가 아니라 신청에 ㄸ·른 등기관의 심사 및 처분을 예정하고 있으므로, 등기신청인이 제출한 허위의 소명자료 등에 대하여 등기관이 나름대로 충분히 심사를 하였음에도 이를 발견하지 못하여 등기가 마쳐지게 되었다면 위계에 의한 공무집행방해죄가 성립할 수 있다. 등기관이 등기신청에 대하여 부동산등기법상 등기신청에 필요한 서면이 제출되었는지 및 제출된 서면이 형식적으로 진정한 것인지를 심사할 권한은 갖고 있으나, 등기신청이 실체법상의 권리관계와 일치하는지를 심사할 실질적인 심사권한은 없다고 하여 달리 보아야 하는 것은 아니다(대판 2015도17297).

년 이하의 징역 또는 10년 이하의 자격정지에 처한다.

Ⅶ. 공무상 비밀표시무효죄 및 공무상 비밀침해죄

제140조(공무상비밀표시무효) ① 공무원이 그 직무에 관하여 실시한 봉인 또는 압류 기타 강제처분의 표시를 손상 또는 은닉하거나 기타 방법으로[104] 그 (표시의) 효용을 해한 자[105]는 5년 이하의 징역 또는 700만원 이하의 벌금에 처한다.[106]

제140조(공무상비밀침해) ② 공무원이 그 직무에 관하여 봉함 기타 비밀장치한 문서 또는 도화를 개봉한 자도 제1항의 형과 같다.

③ 공무원이 그 직무에 관하여 봉함 기타 비밀장치한 문서, 도화 또는 전자기록등 특수매체기록을 기술적 수단을 이용하여 그 내용을 알아낸 자도 제1항의 형과 같다.

제143조(미수범) 본죄의 미수범은 처벌한다.

1 객 체

주체에는 제한이 없다.[107]

객체는 공무원이 그 직무에 관하여 실시한 봉인 또는 압류나 기타 강제처분의 표시이다.

① 봉인 : 물건을 임의적으로 처분하지 못하게 하기 위해 봉함, 기타 이와 유사한 장치를 한 것을 말한다.

② 압류 : 공무원이 직무상 보전해야 할 물건을 자기의 점유로 옮기는 강제처분을 말한다.

③ 기타 강제처분의 표시 : 봉인·압류 이외에 타인에게 일정한 작위 또는 부작위를 명하는 처분을 말한다.

---

104) 예, 팔아버린 경우 등

105) 예, 영업금지가처분에 위반하여 판매업무를 하는 경우 등

106) 유체동산에 채무자가 자기소유지만 빨간딱지가 붙은 이상 그것을 마음대로 뜯어내고 처분하지 못하는 데 이를 위반하면, 공무상 비밀표시무효죄가 성립한다.

107) 다만 가처분의 경우 특정한 채무자만이 주체가 된다. 한편 남편을 채무자로 한 출입금지가처분 명령의 효력은 그 아내에게는 (채무자가 아니므로) 미치지 아니한다.

④ 강제처분의 유효성 : 강제처분이 유효해야 한다. 다만 (강제처분결정이 정당한가의 여부는 불문하므로) 부당한 가처분결정에 따른 강제처분의 표시를 훼손한 경우 본죄가 성립한다(예, 부당한 출입금지가처분명령을 받은 자가 출입금지장소에 출입한 경우). (경감승진)

강제처분의 표시는 적법해야 한다.

2 행 위

손상·은닉, 기타 방법으로 효용을 해하는 것이다. 기타 방법으로 효용을 해하는 경우로는 압류물건의 매각·절취, 봉인한 통에서 탁주를 누출시키는 것, 영업금지가처분에 대해 고시 내용에 위반되는 판매업무를 계속하는 것, 압류물건을 원래의 보관장소에서 먼 거리에 있는 다른 장소로 이전하는 것 등이 있다.

3 주관적 구성요건

고의의 내용으로서 강제처분의 적법성과 유효성에 대한 인식도 필요한가에 대해서는 필요설(판례)과 불필요설이 대립되어 있다.

판례는 가압류의 효력이 없다고 믿었거나 담보당사자의 합의로 담보가 취소되어 가압류의 최소절차를 밟을 필요가 없다고 믿고 가압류 물건을 가져간 경우에는, 사실의 착오로 고의가 조각되어 본죄는 성립하지 않는다고 한다. (경감승진)

Ⅷ. 부동산강제집행 효용침해죄

제140조의2(부동산강제집행효용침해) 강제집행으로 명도 인도된 부동산에 침입하거나 기타(손괴) 방법으로 강제집행효용을 해한 자는 5년 이하 징역 또는 700만원 이하 벌금에 처한다.

제143조(미수범) 미수범은 처벌한다.

1. 주 체

제한이 없다. 강제집행을 받은 자는 물론이고, 그 친족이나 제3자도 주체가 될 수 있다.

2. 객 체

강제집행으로 명도 또는 인도된 부동산이다.

3. 타죄와의 관계

본죄가 성립하면 주거침입죄나 손괴죄는 별도로 성립되지 않는다(법조경합 중 보충관계).

IX. 공용서류 등 무효죄

제141조(공용서류 등의 무효) ① 공무소에서 사용하는 서류[108] 기타 물건 또는 전자기록 등 특수매체기록을 손상 또는 은닉하거나 기타 방법으로 그 효용을 해한 자(예, 경찰이 피의자를 임의동행해 신문조서 작성했는 데 완성되기 전에 전화받는 틈을 타 찢은 경우)는 7년 이하의 징역 또는 1천만원 이하의 벌금에 처한다.

제143조(미수범) 미수범은 처벌한다.

1. 주 체

제한이 없다. 공무원도 주체가 될 수 있다.

2. 객 체

공무소에서 사용하는 서류, 기타 물건 또는 전자기록 등 특수매체기록이다.

공공조합·영조물 법인·공법인도 공무소에 포함된다. 그러나 사립 중·고등·대학교는 공무소가 아니므로, 사립대학교에 비치된 공용문서를 손상·은닉하더라도 본죄가 성립하지 않는다. (경위승진)

공무소에서 사용하는 서류인 이상, 공문서·사문서 또는 완성·미완성을 불문

108) 공용서류의 예를 들면, 검찰에 증거로 제출된 사문서, 무권한자가 작성하여 공문서가 될 수 없는 문서, 보존기간 경과 후 문서, 미완성의 피의자신문조서, 수사기록에 편철되지 않은 진술조서 등이 있다.

하며, 정식절차를 밟아 접수·작성된 여부를 불문하고, 내용의 진위나 누구의 소유인가도 불문한다.

따라서 경찰서장 명의의 범칙금부과 통고처분 스티커, 상사에게 보고 안 되고 수사기록에도 아직 편철하지 않은 진술조서, 허위의 혼인신고가 되어 있는 호적원부 ⇨ 본죄의 객체이다. (경위승진)

3. 행 위

손상, 은닉 기타 방법으로 그 효용을 해하는 것(예, 작성권자가 변경할 수 없는 단계에서 변경한 경우, 판사가 판결원본의 일부기재사항을 잉크로 지운 경우)이다.[109)]

Ⅹ. 공용물 파괴죄

제141조(공용물의 파괴) ② 공무소에서 사용하는 건조물, 선박, 기차 (자동차 아님) 또는 항공기를 파괴한[110)] 자는 1년 이상 10년 이하의 징역에 처한다.

제143조(미수범) 미수범은 처벌한다.

Ⅺ. 공무상 보관물 무효죄

제142조(공무상보관물의 무효) 공무소로부터 보관명령을 받거나 공무소의 명령으로 타인이 관리하는 자기의 물건을 손상 또는 은닉하거나 기타 방법으로 그 효용을 해한 자는 5년 이하의 징역 또는 700만원 이하의 벌금에 처한다.

제143조(미수범) 미수범은 처벌한다.

---

109) 2011년 판례에 의하면 G20 정상회의 홍보포스터에 쥐그림을 그린 대학강사에게 공용물손상죄로 벌금형을 가한 바 있다.

110) 파괴의 정도가 손괴에 이르면 공용서류무효죄이다.

XII. 특수공무방해죄 · 특수공무방해치사상죄

제144조(특수공무방해) ① 단체 또는 다중의 위력을 보이거나 위험한 물건(예, 자동차)을 휴대하여 제136조, 제138조와 제140조 내지 전조의 죄를 범한 때에는 각조에 정한 형의 2분의 1까지 가중한다.

② 제1항의 죄를 범하여 공무원을 상해에 이르게 한 때에는 3년 이상의 유기징역에 처한다. 사망에 이르게 한 때(예, 신호위반 도주차가 경찰을 매달고 가다가 가로수를 받아 경찰 사망)에는 무기 또는 5년 이상의 징역에 처한다.

특수공무방해치사상죄(제144조 ②)는 특수공무방해죄(제144조 ①)의 부진정 결과적 가중범이다.

구 분	구성요건	미수	예비
공무집행방해죄	직무를 집행하는 공무원에 대하여 폭행 또는 협박을 하는 것	×	×
직무 · 사직 강요죄	공무원에 대하여 그 직무상의 행위를 강요 또는 저지하거나 그 직을 사퇴하게 할 목적으로 폭행 또는 협박하는 것	×	×
위계에 의한 공무집행방해죄	위계로써 공무원의 직무집행을 방해하는 것	×	×
법정 · 국회회의장모욕죄	법원의 재판 또는 국회의 심의를 방해 또는 위협할 목적으로 법정이 나 국회회의장 또는 그 부근에서 모욕 또는 소동을 하는 것	×	×
인권 옹호 직무방해죄	경찰의 직무를 행하는 자 또는 이를 보조하는 자가 인권 옹호에 관한 검사의 직무집행을 방해하거나 그 명령을 준수하지 아니하는 것	×	×
공무상 비밀표시 무효죄	공무원이 그 직무에 관하여 실시한 봉인 또는 압류 기타 강제처분의 표시를 손상 또는 은닉하거나 기타 방법으로 그 효용을 해하는 것	○	×
공무상 비밀침해죄	① 공무원이 그 직무에 관하여 봉함 기타 비밀장치한 문서 또는 도화를 개봉하는 것 ② 공무원이 그 직무에 관하여 봉함 기타 비밀장치한 문서 · 도화 또는 전자기록 등 특수매체 기록을 기술적 수단을 이용하여 그 내용을 알아내는 것	○	×

부동산강제집행효용침해죄	강제집행으로 명도 또는 인도된 부동산에 침입하거나 기타 방법으로 강제집행의 효용을 해하는 것	○	×
공용서류 등 무효죄	공무소에서 사용하느 서류 기타 물건 또는 전자기록 등 특수 매체 기록을 손상 또는 은닉하거나 기타 방법으로 그 효용을 해하는 것	○	×
공용물파괴죄	공무소에서 사용하는 건조물·선박·기차 또는 항공기를 파괴하는 것	○	×
공무상보관물 무효죄	공무소로부터 보관 명령을 받거나 공무소의 명령으로 타인이 관리하는 자기의 물건을 손상 또는 은닉하거나 기타 방법으로 그 효용을 해하는 것	○	×
특수공무방해죄	단체 또는 다중의 위력을 보이거나 위험한 물건을 휴대하여 공무집행 방해죄, 직무·사직강요죄, 법정·국회회의장모욕죄, 공무상비밀표시무효죄, 공용서류등 무효죄·공용물파괴죄, 공무상 보관물무효죄 및 그 미수죄를 범하는 것	×	×

제3절 도주와 범인은닉의 죄

Ⅰ. 총 설

1. 의 의

1 도주의 죄

법률에 의하여 체포·구금된 자가 도주하거나(단순도주죄), 타인이 이에 관여함으로써(도주원조죄) 성립하는 범죄이다.

2 범인은닉의 죄

벌금 이상의 형에 해당하는 죄를 범한 자를 은닉 또는 도피케 함으로써 성립하는 범죄이다.

2. 보호법익

1 도주의 죄

국가의 구금권을 보호법익으로 하며, 침해범으로서의 보호이다.

2 범인은닉의 죄

국가의 사법기능(국가의 수사권 · 재판권 · 형집행권의 행사)을 보호법익을 하며, 보호정도는 추상적 위험범으로서의 보호이다(미수 불벌).

II. (단순)도주죄

제145조(도주) ① 법률에 의하여 체포 또는 구금된 자가 도주한 때에는 1년 이하의 징역에 처한다.111)
제149조(미수범) 본죄의 미수범은 처벌한다.

1. 주 체

법률에 의하여 체포 또는 구금된 자이다(=진정신분범).112)

본죄의 주체에 해당되는 자	주체로 될 수 없는 자
① 긴급구속이나 현행범으로 체포된 자(단, 사인이 체포한 경우는 국가기관에 인도 전까지는 본죄의 주체가 아니다) ② 수형자(기결수) : 벌금미납에 대한 환형처분으로 노역장에 유치된 자 포함 ③ 미결구금자(미결수) : 구속 · 체포된 피고인 · 피의자 또는 긴급체포 · 구속된 자 ④ 보호처분으로 소년원이나 감별소에 수용된 자 ⑤ 감정유치중인 자	① 가석방이나 보석중에 있는 자 ② 형의 집행정지나 구속의 집행정지중에 있는 자(경위승진) ③ 경찰관직무집행법에 의하여 보호 중에 있는 자 ④ 아동복지법에 의하여 복지시설에 수용된 자 ⑤ 전염병예방법에 의하여 격리 수용된 자 ⑥ 불심검문으로 연행중인 자, 사인에 의해 현행범으로 체포된 자 ⑦ 구인된 증인, 보안처분을 받은 자

111) 살인의 누명을 쓰고 사형으로 기소후 구속됐다 도주, 이후 진범이 체포된 경우 ⇨ 살인의 무죄판결을 받더라도 도주죄는 성립한다(현실적 구금권 침해이유로).

112) 사법경찰관이 피고인을 수사 관서까지 동행한 것이 사실상의 강제연행, 즉 불법체포에 해당하고 불법체포로부터 6시간 상당이 경과한 후에 이루어진 긴급체포 또한 위법하다면, 피고인은 불법체포된 자로서 형법 제145조 제1항에 정한 '법률에 의하여 체포 또는 구금된 자'가 아니어서 도주죄의 주체가 될 수 없다(대판 2005도6810).

2. 행 위

도주하는 것이다.

도주란 피체포·감금자가 체포·구금상태로부터 이탈하는 것을 말한다. 작위·부작위를 불문하며, 일시적인 이탈로도 족하다.

실행의 착수시기는 체포·구금작용에 대한 침해가 개시된 때이다.

기수시기를 보면, 본죄는 침해범이므로 체포·구금으로부터 벗어난 때, 즉 체포자 또는 간수자의 실력적 지배로부터 벗어났을 때 기수가 된다. 미수범은 처벌한다. (경사승진)

III. 집합명령위반죄

제145조(집합명령위반) ② 전항의 구금(체포아님)된 자가 천재, 사변 기타 법령에 의하여 잠시해금된 경우에 정당한 이유없이 그 집합명령에 위반한 때[113]에도 전항의 형과 같다.[114]

본죄는 집합명령에 응하지 않음으로써 성립하는 진정부작위범으로 미수범은 있을 수 없다. 그러나 미수처벌 규정이 있다.

IV. 특수도주죄

제146조(특수도주) 수용설비 또는 기구를 손괴하거나 사람에게 폭행 또는 협박을 가하거나 2인 이상이 합동하여 전조 제1항의 죄를 범한 자는 7년 이하의 징역에 처한다.

제149조(미수범) 본죄의 미수범은 처벌한다.

113) 전쟁으로 안양교도소에서 행형법에 따라 1일 후 청주교도소에 모이라고 한 바 모이지 않은 경우이다. 한편 안양에서 지진발생으로 안양교도소 수감자에게 집합명령 발송시 안 모이면 ⇨ 도주죄가 된다.

114) 탈영병은 매년 복귀명령을 발하기 때문에 공소시효가 끝나지 아니한다.

손괴란 물리적 훼손만을 의미하므로, 자물쇠를 열거나 포승 · 수갑을 풀고 달아난 것은 손괴가 아니다(단순도주죄 성립).

손괴는 도주수단으로 행해져야 하므로, 수갑을 찬 채로 도주하고 나중에 이를 손괴한 경우에는 단순도주죄이다.

Ⅴ. (단순)도주원조죄

제147조(도주원조) 법률에 의하여 구금된 자를 탈취하거나 도주하게 한 자는 10년 이하의 징역에 처한다.
제149조(미수범) 본죄의 미수범은 처벌한다.
제150조(예비, 음모) 예비 · 음모 처벌한다.

1. 법적 성격

본죄는 도주죄에 대한 교사 · 방조행위를 독립된 구성요건으로 규정한 것으로 총칙상의 공범규정이 적용 안 된다(다수설 · 판례).

2. 주 체

제한이 없다. 따라서 법률에 의하여 구금된 자도 다른 구금자를 도주하게 한 때에는 본죄의 주체로 된다.

3. 객 체

법률에 의하여 구금된 자이다. 따라서 체포되어 연행중인 자는 본죄의 객체가 아니다.

4. 행 위

탈취하거나 도주하게 하는 것이다.

① 탈취 : 피구금자를 구금상태에서 이탈시켜 자기 또는 제3자의 실력적 지배로 옮기는 것을 말한다.

② 도주하게 하는 것 : 피구금자의 도주를 야기시키거나 도주를 용이하게 하

는 일체의 행위를 말한다.[115]

VI. 간수자 도주원조죄

제148조(간수자의 도주원조) 법률에 의하여 구금된 자를 간수 또는 호송하는 자가 이를 도주하게 한 때에는 1년 이상 10년 이하의 징역에 처한다.

제149조(미수범) 본죄의 미수범은 처벌한다.

제150조(예비, 음모) 예비·음모 처벌한다.

VII. 범인은닉죄

제151조(범인은닉과 친족간의 특례) ① (법정형)벌금 이상의 형에 해당하는 죄를 범한 자를 은닉 또는 도피하게 한 자[116]는 3년 이하의 징역 또는 500만원 이하의 벌금에 처한다.

② 친족 또는 동거의 가족이 본인을 위하여 전항의 죄를 범한 때에는 처벌하지 아니한다.

1. 주 체

범인 이외의 자이다.

① 범인이 제3자를 교사해 자신을 은닉·도피하게 하였을 경우 ⇨ 범인은닉죄의 교사범

② 범인 자신의 자기도피가 아니라면 공동정범 중의 1인이 다른 공동정범을 도피시킨 경우 ⇨ 범인은닉죄 성립

③ 무면허운전사고를 낸 자가 동생을 경찰에 대신 출두시켜 피의자로 조사받게 한 경우 ⇨ 범인도피의 교사범(2006 대판)

115) 도주죄의 범인이 도주하여 기수에 이른 후에 제3자가 범인의 도피를 도와준 경우 ⇨ 제3자는 범인도피죄(도주원조죄가 아님)이다.

116) 독립적 구성요건으로, 계속범이다.

2. 객 체

벌금 이상의 형에 해당하는 죄를 범한 자이다.

1 벌금 이상의 형에 해당하는 죄(법정형 의미)

2 죄를 범한 자(정범, 교사범, 종범, 예비 · 음모자 불문)

죄를 범한 자라고 하기 위하여는 구성요건에 해당하고 위법 · 유책할 뿐만 아니라 처벌조건과 소소조건까지 갖추어야 한다.

따라서 무죄 · 면소판결의 확정, 공소시효의 완성, 형의 폐지, 사면 등으로 소추나 처벌이 불가능한 경우에는 벌금 이상에 해당하는 죄를 범한 자라도 본죄의 객체가 아니다.

친고죄에서 단순히 고소가 없는 경우는 본죄의 객체가 되나, 고소권이 소멸한 경우(예, 강간당한 자가 고소취소 후 강간범을 은닉해도)는 본죄의 객체가 아니다. (법원서기보)

검사의 불기소처분을 받은 자도 소추 처벌가능성은 남아 있으므로 본죄의 객체이다.

죄를 범한 자라고 하여 유죄판결이 확정되었거나 공소가 제기되었을 것을 요하지 않는다. 수사개시의 전후도 불문한다. (법원서기보) 구속수상의 대상이 된 피의자가 그 후 무혐의로 석방되어도 본죄의 객체인 죄를 범한 자에 해당한다.

죄를 범한 자란 진범만을 의미한다는 견해와 진범인 이외에 범죄혐의로 수사 · 소추중인 자도 포함한다는 견해(판례)가 대립한다.

3. 행 위

은닉 또는 도피하게 하는 것이다.117) (경위승진, 7급 검찰)118)

117) 경찰이 검사의 범인검거지시에도 불구하고 범인에게 도피를 권유하여 도피한 경우 ⇨ 법인은닉죄만 성립한다.

118) 피의자가 실제 업주로부터 금전적 이익 등을 제공받기로 하고 단속이 되면 실제 업주를 숨기고 자신이 대신하여 처벌받기로 하는 역할(바지사장)을 맡기로 하는 등 수사기관을 착오에 빠 · 뜨리기로 하고, 단순히 실제 업주라고 진수하는 것에서 나아가 게임장 등의 운영경위, 자금출처, 게임기 등의 구입경위, 점포의 임대차계약 체결 경위 등에 관하여서까지 적극적으로 허위로 진술하거나 허위 자료를 제시하여 그 결과 수사기관이 실제 업주를 발견 또는 체포하는 것이 곤란 내지 불가능하게 될 정도까지 이른 것으로 평가되

은닉 · 도피 긍정되는 예 ⇨ 범인은닉 · 도피죄 ○	은닉 · 도피가 부정되는 예 ⇨ 범인은닉 · 도피죄 ×
• 진범을 대신하여 자기가 범인이라고 허위신고한 경우 • 도피자금이나 은신처의 제공 • 도피중인 자에게 피의자를 만나게 해주거나 안부 · 수사상황을 알려주는 경우 • 변장용의 의류 · 장신구의 제공 • 범인의 자수를 저지하는 경우 • 검찰 · 사법경찰관리가 범인을 알면서 체포하지 않고 방임한 경우 • 범인추격 경찰차진행을 물리적 방해 • 기소중지자임을 알면서 부탁받고 타인명의로 대신 임대계약을 하게 해준 때	• 일반인이 고소 · 고발하지 않거나 범인을 신고하지 않는 경우 • 피고인이 공범의 이름을 진술 않고 묵비한 경우 • 범인에게 안부를 묻거나 통상적인 인사말만을 한 경우 • 변호사가 증언거부권자에게 증언을 거부하게 하는 경우 • 신원보증서를 작성하여 수사기관에 제출하는 보증인이 피의자인적사항을 허위기재한 경우(적극 기망해 석방한 정도의 특별한 사정이 없다면) • 고소권자가 고소를 태만히 한 경우 • 일반인이 범인체포했으나 수사기관에 인계를 안 한 경우 • 피의자나 피고인에게 진술거부권행사를 권유한 경우

4. 친족간의 특례

친족 · 호주 또는 동거의 가족이 본인을 위하여 범인은닉죄를 범한 때에는 벌하지 아니한다. (경장승진) 내연관계, 출생자를 포함한다고 보나 2003년 판례는 사실혼을 부정하였다.

'본인을 위하여'에서 본인(벌금 이상의 형에 해당하는 죄를 범한 자를 말함)의 형사책임상의 이익을 말하며 재산상의 이익은 포함되지 않는다. 본인의 불이익을 위하거나 공범자의 이익을 위한 경우에는 특례가 적용되지 않는다.

〈특례와 공범관계〉

① 친족 아닌 자가 친족과 공동으로 본죄를 범한 경우 ⇨ 친족에게만 특례적용

② 제3자가 친족을 교사하여 범인은닉죄를 범하게 한 경우 ⇨ 친족은 불벌, 제3자는 본죄의 교사범으로 처벌

③ 친족이 제3자를 교사하여 범인은닉죄를 범하게 한 경우 ⇨ 친족은 범인은

는 경우 등에는 범인도피죄를 구성할 수 있다(대판 2010도13694).

닉의 교사범[119]

구 분	구성요건	미수	예비
도주죄	법률에 의하여 체포되거나 구금된 자가 도주하는 것	○	×
집합명령위반죄	법류에 의하여 구금된 자가 천재지변·사변 기타 법령에 의하여 잠시 석방된 경우에 정당한 이유 없이 그 집합 명령에 위반하는 것	○	×
특수도주죄	수용설비 또는 기구를 손괴하거나 사람에게 폭행 또는 협박을 가하거나 2인 이상이 협동하여 도주하는 것	○	×
도주원조죄	법률에 의하여 구금된 자를 탈취하거나 도주하게 하는 것	○	○
간수자도주원조죄	법률에 의하여 구금된 자를 간수 또는 호송하는 자가 이를 도주하게 하는 것	○	○
범인은닉죄	벌금 이상의 형에 해당하는 죄를 범한 자를 은닉 또는 도피하게 하는 것	×	×

제 4 절 위증과 증거인멸의 죄

Ⅰ. 총 설

1. 의 의

1 위증의 죄[120]

법률에 의하여 선서한 증인이 허위의 진술을 하거나, 법률에 의하여 선서한 감정인·통역인·번역인이 허위의 감정·통역 또는 번역을 함으로써 성립하는 범죄이다.

119) 범인이 친족을 교사해서 자기를 은닉시킨 경우 ⇨ 범인 친족 모두 범인은닉죄가 아니다.
120) 무형적 방법으로 증거의 증명력을 해치는 범죄이다.

[2] 증거인멸의 죄[121]

타인의 형사사건 또는 징계사건에 관한 증거를 인멸·은닉·위변조하거나 위변조한 증거를 사용하거나, 또는 타인의 형사사건 또는 징계사건에 관한 증인을 은닉 또는 도피케 하여 국가의 심판기능을 방해하는 범죄이다.

2. 보호법익

국가의 사법(司法)기능을 보호법익으로 한다(징계처분과 같은 사법 유사기능 포함). 보호정도는 추상적 위험범으로서의 보호이다.

II. 단순위증죄

제152조(위증) ① 법률에[122] 의하여 선서한 증인이 허위의 진술을 한 때에는 5년 이하의 징역 또는 1천만원 이하의 벌금에 처한다(미수 불벌).

제153조(자백, 자수) 전조의 죄를 범한 자가 그 공술한 사건의 재판 또는 징계처분이 확정되기 전에 자백 또는 자수한 때에는 그 형을 감경 또는 면제한다(필요적 감면).

1. 주 체

법률에 의하여 선서한 증인이다(진정신분범, 자수범) (법원서기보)

[1] 법률에 의한 선서

법률에 근거하여 법률이 정한 절차와 형식에 따라 유효하게 행해지는 것을 말한다.

선서무능력자(16세 미만자 또는 선서의 취지를 이해하지 못한 자)의 선서나 이들이 착오로 한 선서는 무효이므로, 본죄의 주체가 될 수 없다. (법원서기보)

참고인의 검사 또는 사법경찰관에 대한 선서는 무효이므로, 본죄의 주체가 될

121) 유형적 방법으로 증거의 증명력을 해치는 범죄이다.
122) 민형사 특허 비송사건 및 법률의 위임을 받은 명령을 포함한다.

수 없다. (경감승진, 법원서기보)

선서나 증언절차상의 사소한 하자(예, 위증의 벌을 경고하지 않고 선서하게 한 경우, 선서한 법원에 관할위반이 있을 경우)만으로는 선서의 유효성에 영향이 없다.

선서는 증언 이전에 하는 사전선서가 원칙이나, 사후선서의 경우도 포함된다.

2 증인적격

검사가 아닌 법원 또는 법관에 대하여 과거의 경험사실을 진술하는 제3자를 말한다.

① 증인이 아닌 피고인이[123] 자기의 피고사건에 관하여 허위진술을 하거나, 참고인이 경찰이나 검찰에서 허위의 진술을 한 경우 ⇨ 본죄의 주체가 될 수 없다. (법원서기보, 7급 검찰)

② 공범자인 공동피고인은 증인적격이 없으므로 본죄의 주체가 아니다(다수설 · 판례). 다만 공동피고인이라도 자기의 피고사건과 관련성이 없는 사건에 대해서는 증인으로 신문할 수 있으므로, 공범자아닌 공동피고인은 본죄의 주체가 될 수 있다.[124]

③ 증언거부권자가 증언거부권을 행사하지 않고 선서한 후 위증한 경우, 형사소추가 두려워 위증을 한 경우 ⇨ 본죄의 주체가 된다.

2. 행 위

허위의 진술을 하는 것이다.

1 허위의 의미

① 허위란 증인이 자기의 기억에 반하는 진술을 하는 것을 의미하며,[125] 그 진술내용이 객관적 진실과 일치되는가는 불문한다(주관설 : 다수설 · 판례).[126]

---

123) 민사소송 당사자인 (증인은 당사자 아님) 법인대표가 증인선서하고 허위증언 ⇨ 위증죄 불성립 (법무사)

124) 공동피고인 상호간이라도 이해가 상반된 경우에는 증인적격이 있다.

125) 기억에 반한다는 고의(주관적 구성요건)를 요한다.

126) 과실 위증을 불벌한다. 한편 객관설(객관적 진실에 반하는 것)은 보호법익의 관점상 객관적 진실이야기는 사법기능에 위험을 초래하지 아니한다.

(법원서기보, 7급 검찰)

② 전문(傳聞)한 사실을 직접 목격한 것처럼 진술한 경우, 잘 알지 못하면서 잘 알고 있다고 진술한 경우, 기억이 불확실함에도 불구하고 확실히 기억하고 있다고 진술한 경우 ⇨ 허위의 진술이다. (경사승진)

② 진 술

① 진술의 대상 : 경험한 사실에 한하고 이에 대한 가치판단(예, 진술자의 주관적 평가나 법률적 효력에 관한 의견)은 본죄의 진술이 아니다. (경사승진)

② 진술의 방법 : 제한이 없다(구두 · 몸짓 · 표정, 부작위로도 가능).

③ 진술의 내용 : 증인신문의 대상이 되는 것이면 무엇이든지 해당되므로, 요증사실일 필요도 없고 재판결과에 영향을 미치는 것이 아니어도 무방하다. (법원서기보)

진술의 전체적 취지가 자기의 기억과 일치하면 일부 근소한 부분에 다른 점이 있어도 위증은 되지 않는다.

진술의 내용이 된 사실 자체의 적법 · 부적법, 유무효는 허위의 진술과 관련이 없다.

증거능력이 없는 증언이나 공판절차가 위법하여 무효로 된 경우의 증언도 본죄의 성립에 영향이 없다.

③ 기수시기

① 선서 후에 증언하는 경우 ⇨ 신문절차가 종료한 때에 기수가 된다.

증언(진술)한 후에 선서한 경우 ⇨ 선서가 종료한 때에 기수가 된다. (경위승진)

② 허위진술은 신문이 끝나기 전에 이를 취소 · 시정한 경우, 당사자의 신문에 대하여 한 허위진술을 반대당사자 또는 재판장의 신문시에 취소 · 시정한 경우 ⇨ 위증죄가 성립하지 않는다(본죄의 미수범 처벌규정은 없다).

③ 본죄는 추상적 위험범이므로, 허위의 진술이 판결에 영향을 미쳤는가의 여부는 위증죄의 성립에 영향이 없다. (법원서기보)

3. 주관적 구성요건(=고의)

법률에 따라 선서한 증인이란 점(신분 인식)과 그 진술이 자신의 기억에 반한다(허위진술의 인식)는 고의가 있어야 한다.

4. 공 범

비신분자는 본죄의 간접정범이나 공동정범이 될 수 없으나, 제33조에 의해 교사범 · 종범은 가능하다. (법원서기보)

형사피고인이 타인(증인)을 교사하여 자기의 형사사건에 대해 위증하게 한 경우 ⇨ 위증죄의 교사범 성립 (판례)

5. 자백 · 자수의 특례[127]

1 자 백

자백이란 허위진술한 사실을 고백하는 것을 말한다.[128]

2 자 수

자수는 범인 자신이 자발적으로 자기의 범죄사실을 수사기관에 신고하여 그 소추를 구하는 의사표시이다.[129]

3 시 기

신문절차가 종결하여 위증죄가 기수로 된 이후부터, 재판확정 전 또는 징계처분이 확정되기 전까지이다.

4 필요적 감면

진술한 사건의 재판 또는 징계처분이 확정되기 전에 자백 또는 자수한 때에는 형을 감경 또는 면제한다. (법원서기보, 법무사)

---

127) 위증죄는 자수 · 자백의 특례가 있으나 친족간의 특례는 없다. (7급 검찰, 경위승진) 증거인멸죄는 친족간의 특례가 있으나 자수 · 자백의 특례는 없다

128) 진술이 허위였다는 사실을 고백하는 것으로 충분하며 적극적으로 진실을 말할 것을 요하지 않는다.

129) 법원에 대한 자백은 가능하나, 자수는 불가능하다.

6. 타죄와의 관계

① 타인으로 하여금 형사처분을 받게 할 목적으로 허위신고한 후, 그로 인한 재판에서 증인으로 나와 위증을 한 경우 ⇨ 무고죄와 위증죄의 경합범

② 재물편취의 의사로 사기소송을 제거한 후 위증한 경우 ⇨ 사기죄와 위증죄의 경합범

③ 위증죄는 증거인멸죄에 대하여 특별관계에 있으므로 선서 있는 자의 위증은 위증죄가 성립하고, 선서 없는 자의 위증은 증거인멸죄가 된다.

III. 모해위증죄

第152조(모해위증) ② 형사사건 또는 징계사건에 관하여 피고인, 피의자 또는 징계혐의자를 모해(불이익하게)할 목적으로 위증죄를 범한 때에는 10년 이하의 징역에 처한다.[130]

第153조(자백, 자수) 자백·자수의 특례(위증·모해위증죄를 범한 자가 그 공술한 사건의 재판·징계처분이 확정되기 전에 자백·자수한 경우 필요적 감면)

헌법 제12조 제2항에 정한 불이익 진술의 강요금지 원칙을 구체화한 자기부죄거부특권에 관한 것이나 기타 증언거부사유가 있음에도 증인이 증언거부권을 행사하는데 사실상 장애가 초래되었다고 볼 수 있는 경우에는 위증죄의 성립을 부정하여야 한다(대판 2008도942 전합).

IV. 허위의 감정죄·통역죄·번역죄

第154조(허위의 감정, 통역, 번역) 법률에 의하여 선서한 감정인, 통역인 또는 번역인이 허위의 감정, 통역 또는 번역을 한 때에는 전2조의 예에 의한다.

130) 甲은 형사사건 피고인 丙을 모해할 목적으로 증인 乙에게 위증을 교사하여 위증한 경우 ⇨ 乙은 모해목적이 없으면 위증죄의 정범, 甲은 모해위증죄의 교사범이 된다. /위증죄(진정신분범) ⇨ 목적범 ×, 모해위증죄(부진정신분범) ⇨ 목적범 ○

V. 증거인멸죄

제155조(증거인멸등과 친족간의 특례) ① 타인의 형사사건 또는 징계사건에 관한 증거를 인멸, 은닉, 위조 또는 변조하거나 위조 또는 변조한 증거를 사용한 자는 5년 이하의 징역 또는 700만원 이하의 벌금에 처한다.
④ 친족 또는 동거의 가족이 본인을 위하여 본조의 죄를 범한 때에는 처벌하지 아니한다.

1. 법적 성격

(무형적 방법으로 증거의 증명력을 해하는 위증죄와 달리) 유형적 방법으로 증거의 증명력을 해하여 국가의 심판기능을 방해하는 범죄이다.[131)]

다만 추상적 위험범으로 미수처벌이 없다. (경찰 1차)

2. 주 체

제한이 없다.

3. 객 체

타인(자기 아님)의 형사사건 또는 징계사건에 관한 증거이다.[132)]

[1] 타 인

행위자외의 자를 말한다. 따라서 자기의 형사·징계사건에 관한 증거는 본죄 객체가 아니다.

공범과 자기에게 공통된 증거를 인멸한 경우, 다른 공범자를 위한 의사로 한 때에는 본죄가 성립하여도 자기 또는 공범자와 자기를 위한 때에는 본죄가 성립하지 않는다.

타인을 교사하여 자기의 형사사건에 관한 증거를 인멸하게 한 경우, 증거인멸

131) 국가의 형사사법기능을 보호하는 추상적인 위험범이다.
132) 증거란 범죄의 성립여부나 태양, 형의 가중 감면, 정상 등을 인정할 수 있는 일체의 자료이다.

죄의 교사범 성립긍정설(2000대판)과 부정설이 대립한다. (경위승진)

2 형사 또는 징계 사건

민사사건, 행정사건, 선거사건, 비송사건에 관한 증거는 본죄 객체가 아니다.

형사사건인 이상 피고사건이외의 형사피의자사건도 포함된다. 또한 형사사건이면 수사개시 이전의 사건도 포함된다(다수설 · 판례).

형사사건 · 징계사건인 한 범죄의 경중이나 유죄판결의 선고여부는 불문한다.

3 증 거

증인 이외의 모든 물증 · 인증을 말한다.

증인은 (증인은닉죄의 객체이므로) 본죄의 증거에서 제외된다. (경위승진)

피고인 · 피의자에게 유리 불리한 것을 불문하며, 증거가치의 유무도 불문한다.[133)]

4. 행 위

증거의 인멸 · 은닉 · 위변조하거나 위변조한 증거를 사용하는 것이다. (경사승진)

1 인 멸

물질적 멸실 뿐만 아니라 그 가치 · 효용을 멸실 · 감소시키는 일체의 행위를 말한다.

2 은 닉

증거를 숨기거나 그 발견을 곤란하게 하는 일체의 행위를 말한다.

---

133) 참고인이 타인의 형사사건 등에 관하여 제3자와 대화를 하면서 허위로 진술하고 위와 같은 허위 진술이 담긴 대화 내용을 녹음한 녹음파일 또는 이를 녹취한 녹취록을 만들어 수사기관 등에 제출하는 것은 참고인이 타인의 형사사건 등에 관하여 수사기관에 허위의 진술을 하거나 이와 다를 바 없는 것으로 허위의 사실확인서나 진술서를 작성하여 수사기관 등에 제출하는 것과는 달리 증거위조죄를 구성한다. 그 진술내용만이 증거자료로 되는 것이 아니고 녹음 당시의 현장음향 및 제3자의 진술 등이 포함되어 있어 그 일체가 증거자료가 된다고 할 것이므로, 이는 증거위조죄에서 말하는 '증거'에 해당한다(대판 2013도8085).

3 위조[134] · 변조

증거를 위변조와는 달리 그 작성권한의 유무나 문서로서의 내용의 진위는 문제되지 않는다.

4 사 용

위조 또는 변조된 증거를, 법원 수사기관 또는 감독기관에 진정한 증거인 것처럼 임의로 또는 요구에 따라 제공하는 것을 말한다.

5. 죄수 및 타죄와의 관계

① 증거를 위조한 후 이를 사용한 경우 ⇨ 증거인멸죄의 포괄1죄 (경위승진)

② 타인의 형사사건에 대한 증거를 인멸하기 위하여 장물을 은닉한 경우 ⇨ 증거인멸죄와 장물죄의 상상적 경합범

③ 증인을 살해하거나 감금한 경우 ⇨ 증인은닉죄와 살인죄 · 감금죄의 상상적 경합

④ 타인의 형사사건에 관한 증거로서 문서를 위조한 경우 ⇨ 증거인멸죄와 문서위조죄의 상상적 경합범

6. 친족간의 특례

친족, 호주 또는 동거가족이 본인을 위하여 본죄를 범한 때에는 처벌하지 않는다.[135]

VI. 증인은닉죄 · 증인도피죄

제155조(증거인멸등과 친족간의 특례) ② 타인의 형사사건 또는 징계사건에 관한 증인(수사상 참고인 포함)을 은닉 또는 도피하게 한 자도 제1항의 형과 같다.
④ 친족 또는 동거의 가족이 본인을 위하여 본조의 죄를 범한 때에는 처벌하지 아니한다.

---

134) 예, 범행장소에 다른 사람의 범행을 암시하는 타인의 소지품을 놓아둔 경우 등

135) 위증죄와 무고죄는 친족간 특례가 적용되지 아니한다.

증인은 형사소송법상의 증인뿐만 아니라 수사기관에서 조사하는 참고인도 포함된다.

단순한 타인이 피의사건에 관하여 수사기관에서 허위의 진술을 하거나 이를 교사하는 것으로는 증인을 은닉 또는 도피하게 하였다고 할 수 없다.

2003년 판례에 의하면, 피고인이 자기 이익을 위해 증인될 자를 도피케 하면 (동시에 다른 공범사건에 관한 증인을 도피하게 한 결과가 되더라도) 증인도피죄로 처벌하지 못한다.

Ⅶ. 모해증거인멸죄 (국가보안법 적용)

제155조(증거인멸등과 친족간의 특례) ③ 피고인, 피의자 또는 징계혐의자를 모해할 목적으로 전2항의 죄를 범한 자는 10년 이하의 징역에 처한다.
④ 친족 또는 동거의 가족이 본인을 위하여 본조의 죄를 범한 때에는 처벌하지 아니한다.

피고인·피의자 또는 징계혐의자를 모해할 목적으로 타인의 형사사건 또는 징계사건에 관한 증거를 인멸·은닉·위조 또는 변조하거나 위조 또는 변조한 증거를 사용하는 행위와 타인의 형사사건 또는 징계사건에 관한 증인을 은닉 또는 도피하게 함으로써 성립하는 범죄이다.

구 분	구성요건	미수	예비
위증죄	법률에 의하여 선서한 증인이 허위의 진술을 하는 것	×	×
모해위증죄	형사사건 또는 징계사건에 관하여 피고인·피의자 또는 징계 혐의자를 모해할 목적으로 위증죄를 범하는 것	×	×
허위감정·통역·번역죄	법률에 의하여 선서한 감정인·통역인·번역인이 허위의 감정·통역·번역을 하는 것	×	×
증거인멸죄	타인의 형사사건 또는 징계사건에 관한 증거를 인멸·은닉·위조 또는 변조하거나 위조 또는 변조한 증거를 사용하는 것	×	×

증인은닉 · 도피죄	타인의 형사사건 또는 징계사건에 관한 증인을 은닉 또는 도피하게 하는 것	×	×
모해증거인멸죄	피고인 · 피의자 또는 징계혐의자를 모해할 목적으로 증거인멸죄와 증인은닉 · 도피죄를 범하는 것	×	×

제5절 무고죄

Ⅰ. 총 설

1. 의 의

무고의 죄란 타인으로 하여금 형사처분 또는 징계처분을 받게 할 목적으로 공무소 또는 공무원에 대하여 허위의 사실을 신고함으로써 성립하는 범죄이다.

2. 보호법익

학설의 대립이 있으나, 국가 심판기능의 적정과 피무고자의 법적 안전성을 보호법익으로 하는 절충설이 타당하다.

보호정도는 추상적 위험범으로서의 보호이다.

Ⅱ. 무고죄(誣告罪)

제156조(무고) 타인으로 하여금 형사처분 또는 징계처분을 받게 할 목적으로 공무소 또는 공무원에 대하여 허위의 사실을 신고한 자는 10년 이하의 징역 또는 1,500만원 이하의 벌금에 처한다.

제157조(자백 · 자수) 제153조는 전조에 준용한다 (필요적 감면).

1. 주 체

주체에는 제한이 없다.[136)]

2. 행위의 대상(相對方)

형사 · 징계처분에 대한 직권행사를 할 수 있는 공무소 · 공무원에게 하여야 한다. (7급 검찰)

형사처분에 있어서 검사 · 사법경찰관, 그 보조자 그리고 기타 범죄수사에 종사하거나 이를 감독하는 공무원을 포함한다.

징계처분에 있어서 소속기관장 뿐만 아니라 징계처분을 촉구할 수 있는 기관(수사기관을 통할하는 대통령, 경찰서장을 지휘하는 도지사 · 감사원장 · 국세청장)도 포함된다.[137]

3. 행위(허위사실을 신고하는 것)

[1] 허위의 구체적 사실

(자신의 기억에 반해야 하는 것이 아니라) 객관적 진실에 반하는 사실을 말한다(따라서 허위라고 믿고[138] 신고한 것이, 객관적 진실에 합치하는 경우에는 무고가 아니다). (7급 검찰 · 경감승진)

한 통의 고소 · 고발장에 의해 수개 혐의사실을 들어 무고로 고소 · 고발한 경우, 그 중에 일부는 진실이나 다른 사실은 허위인 때에는 허위부분만이 독립하여 무고죄를 구성한다(대판). (경위, 경찰 1차)

허위인가의 판단은, 사실의 중요내용이 진실에 반하는가에 따라 판단한다. 따라서 (신고의 허위부분이 범죄의 성부에 영향을 미치는 중요부분이 아니고[139]) 사실을 다소 과장한 정도로는 허위사실이라고 할 수 없다[140] (예, 강간을 강간

---

136) 2007년도 판례에 의하면, 타인명의 고소장으로 대리작성해 고소한 경우는, 명의자는 고소없이 이름만 빌려준 것이고 대리자가 고소의사로 주도한 경우로, 대리자를 신고자로 보아 주체로 본다.

137) 처벌을 요구하는 (허위사실로) 진정서를 제출하는 것 ⇨ 무고죄

138) 대판 2008.1.24, 2007도9057 (가령 허위사실을 신고했더라도 그 사실 자체가 형사범죄로 구성되지 아니한다면, 무고죄는 불성립한다). (7급 검찰)

139) 주의. 위증혐의로 고소한 경우 그 고소사실 중 허위로 인정된 사실이 위증한 당해사건의 요증사실이 아닐 뿐 아니라 재판결과에 영향을 미치지 않았더라도 무고죄의 성립에는 영향이 없다. (사법시험)

140) 대판 2004.1.16, 2003도7178.

치상이라고 신고한 경우). (경감승진, 사법시험, 법원사무관)

신고사실이 객관적 사실관계와 일치하는 경우에는 법률적 평가나 죄명을 잘못 적은 경우(예, 횡령을 절도로 기재) 허위신고라고 할 수 없다. (경감승진)

신고사실이 진실한 이상 범죄주체를 잘못 지목한 경우에도 허위신고가 아니다.

범죄성립을 조각하는 사유를 알고 있었음에도 불구하고 이를 숨기고 신고하거나,[141] 공소시효가 완성되지 않은 것처럼 신고한 때에는 (위계에 의한 공무집행방해가 아닌) 허위의 사실을 신고한 경우에 해당한다. (경감승진, 경찰 1차)

허위사실은 형사처분 또는 징계처분의 원인이 될 수 있는 것이어야 한다. 허위사실의 적시정도는 수사기관·감독기관에 대해 수사권·징계권의 발동을 촉구할 수 있는 정도의 것이면 충분하고, 반드시 범죄구성요건사실이나 징계요건사실을 구체적으로 명시하거나 법률적 평가까지 기재하여야 할 필요는 없다. 신고사실에 대해 벌칙규정이 없거나, 사면 또는 공소시효완성이 명백한 사실을 구체적으로 명시하거나 법률적 평가까지 /*기재하여야 할 필요는 없다. 신고된 사실이 구체성을 가져야 하며, 추상적 사실의 신고로는 족하지 않다. 그 신고를 받은 공무원이 수사에 착수하였는지의 여부는 범죄의 성립에 영향을 주지 않으며 또한 고소장을 되돌려 받더라도 본죄의 성립에 영향이 없다.

2 자발적 신고

자진하여 사실을 고지하는 것을 말한다.[142] (경감승진)

수사기관의 요청에 의해 알고 있는 사실을 말하는 경우, 수사기관의 신문(요청)에 대해 허위의 진술을 하는 것은 (자발성의 결여로) 무고죄의 신고가 아니다.[143]

---

141) 대판 2008.8.21, 2008도3754 (피고인 자신이 상대범행에 공범으로 가담했음에도 자신의 가담사실을 숨기고 상대만을 고소한 경우, 피고인의 고소내용이 상대방의 범행부분에 관한 한은 진실에 부합하므로 이를 허위사실로 볼 수 없고 상대방의 범행에 피고인이 공범으로 가담한 사실을 숨겼다고 해도 그것이 상대방에 대한 관계에서 독립하여 형사처분 대상이 되지 않을뿐더러 전체적으로 보아 상대방의 범죄사실성립여부에 직접 영향을 줄 정도에 이르지 아니하는 내용에 관계되는 것이므로 무고죄가 불성립한다). (9급 법원직)

142) 익명신고를 포함하나, 누구인지 알 수 있도록 특정되어야 한다.

143) 대판 2005.12.22, 2005도3203 참조. (사법시험) 다만 당초 고소장에 미기재된 사실을, 수사기관에서 고소 보충조서를 받을 때에 자진진술을 했다면 ⇨ 무고죄. (경찰 2차)

신고의 방법은 제한이 없다. 서면 · 구두, 자기명의 · 타인명의, 서면의 명칭여하를 불문한다. 그러나 부작위에 의한 무고는 인정되지 않는다. (법원서기보)

3 기수시기

허위의 신고가 당해 공무소 또는 공무원에게 도달한 때 기수가 된다.

도달한 이상 수사착수여부나 공소제기여부는 불문하고 도달후 무고문서를 되돌려 받았다 하더라도 본죄는 성립한다(추상적 위험범[144]). 다만 도달前에 분실되면 (무고죄의 미수처벌규정이 없어서) 본죄는 성립하지 않는다. (경사승진, 경찰 1차)

4. 주관적 구성요건

1 고 의

허위의 사실 신고에 대한 인식도 고의의 내용에 포함된다.[145]

객관적으로 허위사실을 진실한 사실로 오인하고 신고한 경우 ⇨ 고의가 없어, 무고죄 불성립한다. 허위사실로 인식하고 신고했으나, 진실인 경우 ⇨ 무고죄 불성립한다 (허위판단은 객관적으로).

본죄의 고의는 허위사실에 대한 미필적 인식(고의)으로 족하며[146] 확정적 고의(인식)임을 요하지 않는다(다수설 · 판례).[147] (경감승진) 따라서 신고자가

---

144) 대판 2008.3.27, 2007도11153 (범행일시를 특정하지 않은 고소장을 제출한 후 고소보충진술시에 공소시효 미완성으로 진술한 피고인이, 그 이후 검찰이나 1심 법정에서 다시 공소시효가 완성된 것으로 정정 진술한 경우, 이미 고소보충진술시 무고죄가 성립한다). (의경특채)

145) 진실과 불일치해도 진실이라고 확신 후 신고하면 ⇨ 무고(죄) 아니다. (경찰)
다만 진실이라 확신한다 함은 신고자가 알고 있는 객관적인 사실관계에 의하더라도 신고사실이 허위라거나 허위일 가능성이 있다는 인식을 하지 못하는 경우를 말한다 (신고자가 알고 있는 객관적 사실관계에 의하여 신고사실이 허위라거나 허위일 가능성이 있다는 인식을 하면서도 이를 무시한 채 무조건 자신의 주장이 옳다고 생각하는 경우까지 포함하는 것은 아니다). 대판 2008.5.29, 2006도6347. (의경특채)
허위사실을 신고하는 것이 아닌 이상 형사책임부담자를 잘못 택해 신고했더라도 ⇨ 무고 아니다. (경찰)

146) 2007년도 판례에 의하면 신고자가 진실이라는 확신이 없는 사실을 신고함으로써 성립한다. 고소목적이 시비를 가려달라는 데 있더라도 범의가 인정된다.

147) 대판 2007.3.15, 2006도9453 (고소당한 범죄가 유죄로 인정되는 경우에, 고소를 당한 사람이 고소인에 대해 '자신이 고소당한 죄가 무혐의인정이 된다면 고소인이 자기를 무고

진실하다는 확신이 없는 사실을 신고한 경우에는 무고의 고의가 인정된다. (경찰 2차)

2 목 적

타인으로 하여금 형사처분 또는 징계처분을 받게 할 목적이 있어야 한다(목적범).

① 존재하는 특정의 타인 : 특정되고 인식할 수 있는 범인(자기) 이외의 제3자(자연인, 법인 불문)를 말한다.

(타인은 살아 있는 실재인이어야 하므로) 사자·허무인에 대한 무고 ⇨ 무고죄의 구성요건해당성이 없다. (7급 검찰, 경위승진, 경찰 2차)

(타인이므로) 자기무고 ⇨ 무고죄의 구성요건해당성이 없다. 다만 타인에게 자기를 무고토록 교사한 경우에 자기무고의 교사방조는 인정한다(대판).

실재인인 이상 의사무능력자나 책임무능력자 또는 징계처분의 대상인 신분을 가지지 못한 자라도 무고의 대상이 된다.

② 공동무고 즉 자기와 타인이 공범관계에 있다고 허위사실을 신고한 경우 ⇨ (자기무고는 무고죄가 불성립하므로) 타인에 대한 부분에 관하여만 무고죄가 성립한다.

승낙무고 즉 피무고자의 동의(승낙, 촉탁)에 의한 무고 ⇨ (본죄의 주된 법익은 국가의 심판기능의 적정이므로) 무고죄가 성립한다. (경감승진, 법원서기보, 경찰 2차)

③ 형사처분은 형벌, 보안처분, 보호처분 등을 포함한다. (법원서기보) 징계처분은 공법상의 특별권력관계에 의한 제재를 의미한다는 견해(다수설)와 모든 종류의 징계·징벌을 의미한다는 견해가 있다.

목적의 내용을 보면, 형사처분 또는 징계처분을 받게 할 목적으로 인정하기 위해서는 그 결과 발생에 대한 미필적 인식만으로 충분하며 그것을 희망·의욕할 필요는 없다는 견해(판례)와 무고가 궁극의 목적으로 되었거나 유일한 주된

한 것에 해당하므로 고소인을 처벌해 달라'는 고소장을 제출한 경우, 설사 그것이 자기의 결백을 주장하기 위한 것이더라도 방어권행사를 벗어난 것으로서 고소인을 무고(죄)한다는 범의를 인정할 수 있다). (사법시험) ***

동기일 필요는 없으나 본죄에 있어서의 목적은 확정적 인식이 있어야 한다는 견해(유력설)가 대립한다.

5. 죄수 및 타죄와의 관계

[1] 죄수결정의 기준

피무고자의 수를 표준으로 죄수를 결정한다.

[2] 무고행위를 한 후 피무고자가 피고인이 된 재판에서 다시 무고와 동일내용의 위증을 한 때 ⇨ 무고죄와 위증죄의 경합범

6. 자백 · 자수에 대한 특례(제157조)

무고죄를 범한 자가 그 신고한 사건에 대하여 재판 또는 징계처분이 확정되기 전에 자백(자인) 또는 자수한 때에는 형을 감경 또는 면제한다(필요적 감면). (7급 검찰, 여경 101단 1차)

다만 단순히 신고내용이 객관적인 사실에 반한다고 인정함에 지나지 아니한 경우, 무고죄에서 형의 필요적 감면사유인 자백을 한 것으로 볼 수 없다.

[저자 소개]

성　명 : 이규호(李揆浩)
연락처 : 연구실 041-536-5921/ 043-740-1574
이메일 : doclkh @ chol. com

1. 학 력

중앙대학교 경영학학사, 숭실대대학원 형법학석사
숭실대대학원 법학박사(형법 전공・행정법 부전공)
동신대대학원 소방학박사(소방사범, 소방행정 전공)
서울대 법학전문대학원 인권전문가과정 수료

2. 학회 활동

심원학술재단 감사
대한범죄학회・한국보호관찰학회・한국경찰연구학회・한국교정상담학회 이사
한국장애아동인권학회・한국교불련학회 부회장
한국법학회 회장 및 이사장・한국법무보호학회 회장
한국인권연구학회 회장

3. 언론 및 기업관련 활동

한국경제TV・부동산TV 등 외래교수
국제경찰신문 객원기자, 경찰신문 자문위원
남도산업(주)・미래환경강원(주)・충남자동차정비사업조합 법률자문
포인스(주) 법률자문

4. 사회봉사활동

한국범죄퇴치운동본부(사) 범죄예방위원, 유스투게더 복지법인 이사
국제경호무술연맹(사) 자문교수, 쿵푸 유원대학교 지부장
한국소방산업기술원 인사위원
영동군 자원봉사심의위원・성희롱심의위원
영동경찰서 징계위원・경미범죄심의위원・민원조정위원
옥천경찰서 징계위원・보은경찰서 경미범죄심의위원
충북지방경찰청 고객만족도 평가위원 ・징계위원
충북도교육청 주민참여 예산심의위원
충청북도 소청심사위원・충북도정 자문위원(자치경찰분과)
법무부 소년보호위원・검찰시민위원・형사조정위원, 대전고검 영장심의위원
소방청 연구용역 평가위원・자체평가위원(기획조정위원장)
경찰청 시험위원, 변호사 경감특채 면접위원

5. 강의 경력

경원대・건국대・가천길대・숭실대・강원대・한국표준협회・서울시공무원교육원・OCU・
동국대 행정대학원・경찰서・해양경찰서・중앙소방학교 간부반・중앙경찰학교 외래교수 역임
동우대 행정학과 교수 역임, 로마린다대 명예부총장・객원교수 역임
유원대 기획처장・교무처장・인재개발처장・입학처장・행정처장・학생처장・대학원장 역임
유원대 아산캠 경찰학부 및 영동캠 경찰소방행정학부 교수 & 대학원 행정과 주임교수

형법각론(신판)

2023년 9월 10일 초판인쇄
2023년 9월 15일 초판발행

저 자 이 규 호
발행인 유 성 열
발행처 청목출판사
서울특별시 영등포구 신길로 40길 20
전화 (02) 849-6157(代) · 2820 / 833-6091
FAX (02) 849-0817
등록 제318-1994-000090호

파본은 바꾸어 드립니다. 값 24,000원

http : //www.chongmok.co.kr

ISBN 978-89-5565-816-3